永州市地方志丛书

永州市教育志

（1992—2015）

永州市教育志编纂委员会 编

方志出版社
Publishing House of Local Records

图书在版编目（CIP）数据

永州市教育志：1992—2015 / 永州市教育志编纂委员会编．北京：方志出版社，2022.12

ISBN 978-7-5144-5716-2

Ⅰ.①永… Ⅱ.①永… Ⅲ.①地方教育-教育史-永州-1992-2015 Ⅳ.① G527.643

中国版本图书馆 CIP 数据核字（2022）第 256632 号

责任编辑：李晓晓
责任校对：张玉霞
责任印制：梅中英
出 版 者：方志出版社
地　　址：北京市朝阳区潘家园东里 9 号（国家方志馆 4 层）
邮　　编：100021
网　　址：http://www.zgfzcb.cn
发　　行：方志出版社图书营销中心（010-67110500）
印　　刷：永州市湘华印务有限公司
开　　本：787 毫米 ×1092 毫米 1/16
印　　张：29.5
字　　数：606 千字
版　　次：2022 年 12 月第 1 版
印　　次：2022 年 12 月第 1 次印刷
定　　价：360.00 元

序

“乱世筑城，盛世修志。”按照市委、市政府关于在“十三五”期间完成第二轮修志工作的要求，市教育局成立专门编纂委员会，组织工作专班于2016年7月启动《永州教育志（1992—2015）》编修工作。现即将付印出版，令人欣喜。

“挥毫当得江山助，不到潇湘岂有诗。”永州原为古郡零陵，历史悠久，文化底蕴深厚，人才辈出，“求学成圣书狂草”的怀素、宋明理学开山鼻祖周敦颐、“唐宋八大家”之一柳宗元、中国共产党创始人之一李达、卓越无产阶级革命家陶铸等一大批风流人物都曾生活于此。这不是历史的偶然，而是永州长期以来崇文重教、育才兴学、弦歌不辍、薪火相传的必然结果。古零陵虽地处湘西南边陲，但教育起步较早，秦汉时期就有私学建立；至唐代府学建立，各县逐步创立官学；宋代以来，书院广开，讲学著述，蔚然成风。近代，由于人们长期受封建思想禁锢，国家受列强侵略，内外交困，经济孱弱，永州教育的发展艰难而曲折，但新学逐步取代封建传统教育。新中国成立后，百废俱兴，永州教育迎来新的发展时期，全面焕发生机。党的十一届三中全会以后，永州教育满帆起航，特别是1992—2015年，沐浴着改革开放春风，历届党委政府高度重视教育，始终坚持教育优先发展，永州教育实现历史性跨越。学前教育有序发展，大力实施学前教育三年行动计划，形成政府主导、社会参与、公办民办并举的办学格局。到2015年，全市学前三年适龄幼儿入园率达81.96%。义务教育实现全面普及，完成基本普及九年义务教育、基本扫除青壮年文盲伟大历史任务；继东安县1995年率先实现“两基”后，其他10个县区在三年内先后实现“两基”目标，进而着力抓巩固提高，全面实施素质教育。普通高中教育内涵发展，全市先后创建12所省示范性高中和10所市示范性高中，向高等院校输送一大批优秀学生。职业教育快速发展，每个县区至少办好1所骨干职业中专，2015年全市有中职学校40所，在校学生5.3万人。高等教育跨越发展，零陵师专升格为本科院校，成为地方综合性大学；零陵卫校、零陵农校、零陵商校、零陵工业学校、零陵师范学校合并建成永州职业技术学院；永州高级技工学校升格为潇湘技师学院；湖南九嶷职业技术学院由民办转为公办，与潇湘技师学院合并办学；2015 年，全市 3 所高校在校学生 2.6 万人。民办教育长足发展，从学前教育到高等教育，每个层次教育都有社会力量参与办学，其中民办学前教育办学规模占据学前教育的半壁江山。

功不唐捐，玉汝于成。较上轮修志，本轮修志的时间跨度虽然不大，但因市教育局办公地址经历数次搬迁，人员多次调整变化，再加上之前档案管理不够规范，资料搜集难度很大。好在市教育局全局上下高度重视、齐心协力，各县市区教育局和局直属各单位大力支持，编修人员对全市教育工作情况较为熟悉，按照“客观公正、据事直书、忠于史实”的原则完成初稿后，我们多次请教育方面的专家和地方志编纂专家进行评审修改，精雕细刻后形成最终定稿。

“以史为鉴，可以知兴替。”《永州教育志（1992—2015）》鉴昔观今，承上启下，传光荣历史，载发展之道，唯愿本志能为致力于永州教育改革发展的有志之士提供借鉴和参考，并激励广大教育工作者为永州教育高质量发展贡献才智。

黄赞校

2023 年 5 月

凡 例

一、本志以马克思列宁主义、毛泽东思想、邓小平理论、“三个代表”重要思想、科学发展观、习近平新时代中国特色社会主义思想为根本遵循和指导，坚持辩证唯物主义和历史唯物主义的立场、观点和方法，以史实为依据，客观地反映1992—2015年永州市教育改革和发展历程。

二、本志依据横排竖写、事以类从的原则编排。全志分章、节、目三个层次。使用语体文。体裁有述、记、志、传、图、表、录，以志为主，照片少量附在卷首，多数随文插入，统计表附在相关章节中。

三、本志以1992—2015年为时间断限，上承《零陵地区志·教育志》下限，部分涉及全局性或连续性的事件适当上溯或下延。

四、零陵地区1996年改为永州市，地域范围并无变化。本志所述时间1996年前称零陵地区，1996年后称永州市。零陵区1992—1995年称永州市（县级），1995年11月—2005年5月称芝山区，2005年6月份更名为零陵区。冷水滩区1992—1995年称冷水滩市。

五、本志文字、称谓、纪年、数字、注释、引文、计量单位、标点符号等，均按《永州市志》编写行文通则规定执行。

永州市行政区划图

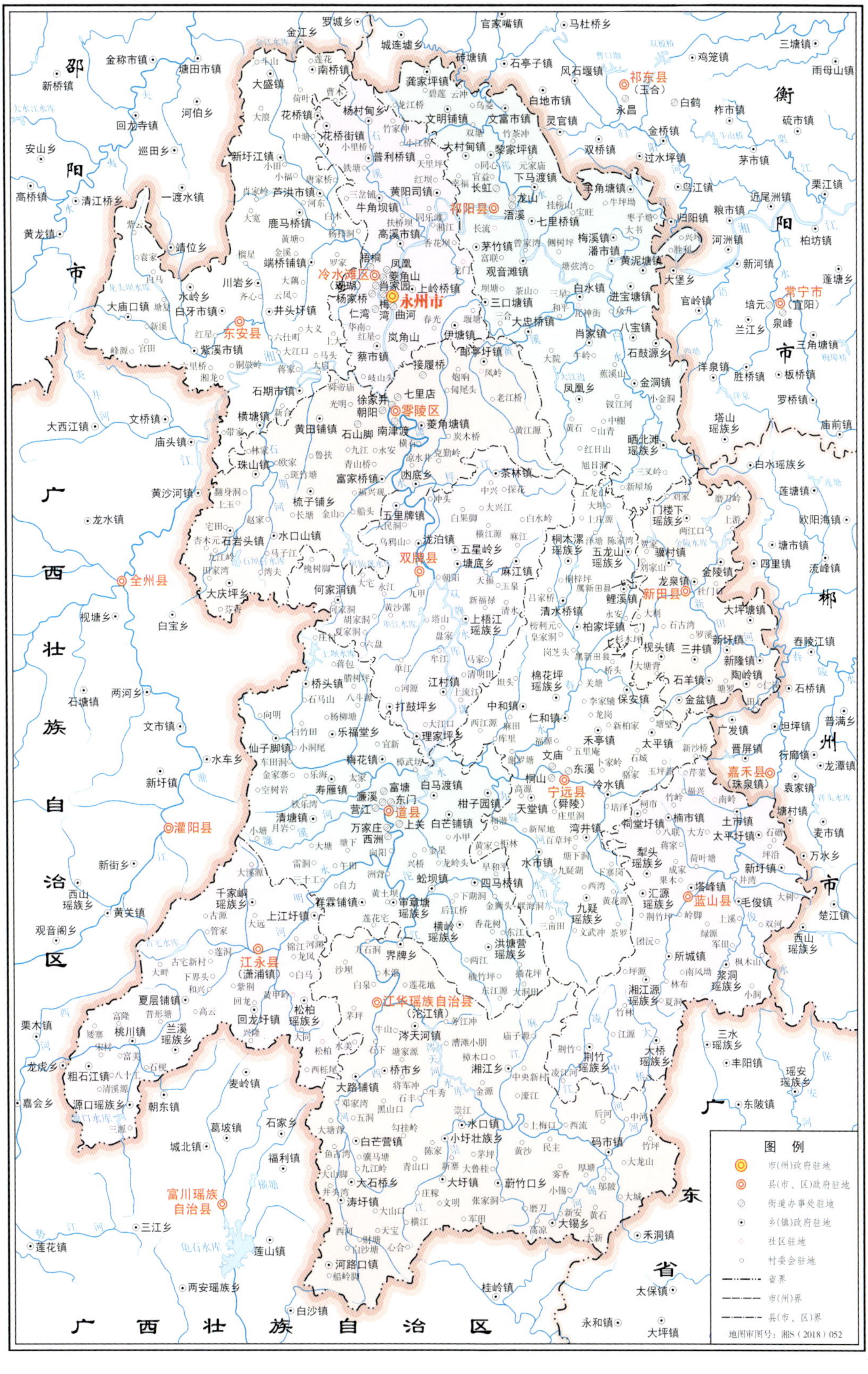

永州市
冷水滩区
零陵区
祁阳县
东安县
双牌县
道县
宁远县
新田县
江永县
蓝山县
江华瑶族自治县
（沱江镇）
邵阳市
衡阳市
郴州市
祁东县
（玉合）
常宁市
（宜阳）
嘉禾县
（珠泉镇）
全州县
灌阳县
富川瑶族自治县
广西壮族自治区
广东省
图例
市(州)政府驻地
县(市、区)政府驻地
街道办事处驻地
乡(镇)政府驻地
社区驻地
村委会驻地
省界
市(州)界
县(市、区)界
地图审图号：湘S（2018）052

① 2013 年 11 月 11 日，副省长李友志（右三）在双牌茶林乡学校视察调研

② 2015 年 6 月 8 日，副省长李友志（前排左二）深入宁远县检查高考工作

③ 2013 年 1 月 17 日，省教育基金会理事长许云昭（右四）在春节前走访慰问永州市教师代表

④ 2006 年 3 月 15—16 日，省教育厅厅长张放平（左四）在祁阳县调研工作

⑤ 2011 年 12 月 13 日，湖南省义务教育阶段省级课改样板校建设现场研讨会在永州市冷水滩区召开。省教育厅副厅长葛建中（右一）在省级课改样板校冷水滩区马坪学校听课

①

②

③

① 2012 年 11 月 29 日，全省职业教育服务湘南承接产业转移示范区建设工作推进会在永州召开

② 2015 年 8 月 12 日，市委书记陈文浩调研教育工作

③ 2015 年 9 月 10 日上午，全市第 31 个教师节庆祝大会在永州会堂隆重举行。市委书记陈文浩（左一），市长易佳良（左二）为受表彰教师颁奖

④ 2012 年 5 月 30 日，市长魏旋君（左二）到舜德小学看望慰问师生

⑤ 2016年6月6日，市长易佳良（左一）在永州一中为即将高考的学子加油鼓劲

④

⑤

① 2008 年 7 月，全市建设教育强市工作会议召开

② 2012 年 6 月 1 日，全市义务教育合格学校现场会在道县召开

③ 2004 年 9 月 10 日，永州市教育局党组书记、局长刘宏来（前排右一）出席永州市庆祝第 20 个教师节暨优秀教师表彰大会

④ 2012 年 4 月 26 日，永州市教育局党组书记、局长郑山明（右三）一行到东安县调研

⑤ 2015 年 6 月 3 日，永州市教育局党组书记、局长蒋俊林（左三）检查江永县高考准备工作

目　录

概 述

1992—2015 年，随着永州经济社会发展速度的加快，全市教育事业的发展也随之进入“加速期”。从基本普及九年义务教育、基本扫除青壮年文盲（以下简称“两基”）达标到调整优化学校布局、巩固“普九”成果，再到全面推进教育强市建设，永州教育事业在深化改革开放中不断发展。至 2015 年，全市有小学适龄人口 496638 人，入学率为 100%；初中适龄人口 203146 人，入学率为 100%；普通高中在校生为 81428 人，是 1991 年的 3 倍。高等教育从专科层次提升到本科，2015 年有在校本科生 14352 人，在校专科生 11448 人。中等职业教育发展迅猛，在校学生由 1991 年的 6279 人增加到 53689 人。民办教育、幼儿教育、特殊教育都取得令人瞩目的成就。其中，幼儿园、在园幼儿分别由 1991 年的 69 所 88340 人增加到 2015 年的 1876 所 216533 人；学前三年适龄幼儿入园率达到 81.96%，远远超过省定 72% 的目标，全市公办幼儿园和普惠性幼儿园占到总数的 50.17%。特殊教育从无到有，2015 年有特殊学校 7 所，在校学生 559 人。

一

1992—1999 年，永州市教育围绕“两基”达标，大力普及九年制义务教育，积极推行素质教育，促进全市教育事业发展水平提升。

1992 年，零陵地区贯彻落实省人大常委会会议于 1991 年 8 月通过的《湖南省义务教育实施办法》，地区和县（市）、乡镇分别完成义务教育发展规划的修订，确定 2000 年前全地区实现“两基”达标。从 1993 年开始，全地区把“两基”目标摆到教育工作重中之重的地位，“两基”进入攻坚的阶段。地委、行署高度重视，动员各级领导干部，集中精力抓“两基”，深入实际排忧解难。全区人民勒紧裤带办教育，节衣缩食为“两基”，涌现了许许多多可歌可泣的动人壮举。“人民教育人民办，办好教育为人民”“再穷不穷教育，再苦不苦孩子”成为深入人心的响亮口号。1995 年，东安县克服各种困难，在全地区率先实现“两基”目标，受到地委、行署的嘉奖和省政府的表彰。1996 年，冷水滩区、芝山区、江永县实现“两基”目标。1997 年初，永州市委召开常委会扩大会议，专题研究贯彻全省义务教育工作会议精神和省委领导批示的措施。决定组织三套人马，分头抓“两基”。一套抓已评估验收的四县区“两基”巩固提高工作，一套抓当年进入“两基”的三县迎评验收工作，一套抓1998年验收四县的准备工作。当年，江华瑶族自治县、祁阳县、双牌县“两基”验收合格，其中江华瑶族自治县为全省民族地区实现“两基”第一县，被评为“两基”先进县，得到省教委、省民委的嘉奖。1998年，道县、宁远、蓝山、新田四县“两基”达标，全市提前实现所有县区“两基”达标目标。

在抓好“两基”的同时，20世纪90年代后期，永州市教育系统学习湖南汨罗素质教育经验，克服应试教育倾向，推行素质教育。地区教委多次组织到汨罗参观学习，结合实际，出台“推行素质教育的实施办法”，各县市制定实施细则，构建重在量化考核与过程管理的评价体系。1996年，市教委组织开展全市范围内的全面推行素质教育的大讨论。市委、市政府在全市教育工作会议上提出“两基”“两全”一起抓，一手抓“普九”，一手抓教育质量。至1998年，永州市基础教育规模发展到历史顶峰时期，在校学生达到110万人左右。

二

2000年到2007年，永州市着力发展高等教育，推进义务教育课程改革，调整优化学校布局，全市教育进入巩固提升阶段。

2000年，永州市委、市政府召开全市教育科技工作会议，会议对全市教育改革与发展形势进行了客观全面的分析，做出《关于加快永州市教育改革与发展的决定》，提出到2010年，永州教育改革与发展的总体目标：全民受教育水平明显提高，城乡劳动者职前职后教育有较大发展，各行各业的劳动者素质和各类专业人才能基本适应经济社会发展的需要，基本形成与社会主义市场经济体制相适应的办学体制、管理体制、投资体制和运行机制，基本形成公办学校与民办学校共同发展的格局。在市委、市政府的战略决策推动下，永州高等教育得到了跨越式发展。按照“共建、调整、合作、合并”的基本思路，2000年，零陵卫校与零陵农校合并创建永州职业技术学院，零陵卫校为南院，零陵农校为北院。2003年，零陵商校、零陵工业学校和零陵师范学校并入永州职业技术学院，学院抓住高校扩招契机，在校学生达到10000多人。2002年3月6日，教育部批准零陵师专升格为本科院校，定名零陵学院。2004年，更名为湖南科技学院，学校学科专业水平进一步提高，办学规模迅速扩大，达到15000人左右。2005年3月，湖南省人民政府批准在原湖南九嶷山专修学院（民办）的基础上设置湖南九嶷职业技术学院。

2001年，在不断巩固“普九”成果的基础上，按照全省的统一部署，永州开始推进义务教育新课程改革。为稳步推进义务教育新课程改革，永州参照长沙市开福区制定的实验方案，并结合自己的实际情况进行部分调整。确立以提高学生的综合素质为宗旨，以促进学生素质的基础性和学业成绩的发展为双重目标，以“道德品质与公民素养、学习能力、实践能力、审美与表现能力、运动与健康状况和学科成绩”六个维度为评价要素。按义务教育新课程改革确定的要求选用教材，开齐课程，开足课时。课堂教学确立三个维度的目标，即知识与技能，过程与方法，情感、态度、价值观。东安县被确定为全省义务教育新课程改革的实验县之一。永州市教育局指导东安县教育局制定比较详细、具体、具有可控制性的实验方案，进行广泛深入的宣传发动和教材、设施设备准备工作，前期进行了短期的教师培训和教学讨论。东安县为稳步推进，在澄江中学等几所实验学校进行试点，很快摸索和总结出一套实践经验。市教育局及时以东安为现场召开经验交流和实验推广会议，使新课程改革在全市迅速推广，全市课堂教学出现新的生机与活力。义务教育新课程改革的实施，使全市学生素质趋于全面，尤其是实践能力得到很大提高，学生各方面的潜力被充分地发掘出来。义务教育新课程改革促进了学生综合素质的提升，同时也促进了学业成绩的提高。但是，义务教育新课程改革中的学生综合素质评价在永州市一些地方不能持续地开展下去，主要原因有两个：一是开展学生综合素质评价，教师特别是班主任工作量大大增加，教师激励机制没有很好建立起来。二是学校的教学成本均有较大幅度地增加，这部分经费缺乏筹措渠道。

随着学龄人口减少，城镇化进程加快，农村学校特别是村小办学规模逐步下降。为优化教育资源配置，2001—2007年，全市中小学进行较大规模学校布局调整。2007年，普通高中从原来的50所调减到47所，义务教育学校由原来高峰期的4000多所调整至2324所（含教学点）。

三

从2008年起，全市教育工作的重心由推动规模扩张转向内涵式发展，从重点追求发展速度转向重点追求质量效益，进入义务教育均衡发展、建设教育强市阶段。

2008年，市委、市政府出台《关于建设教育强市的决定》。市委、市政府从“教育发展环境、教育经费投入、办学条件、校长和教师队伍、教育发展水平”五个方面做出决策部署，对全市教育事业的改革与发展提出比以往更高的目标要求。要求全市各县、区要在2020年前全面建成教育强县、区。按照省委、省政府的要求，建设教育强市、县、区的一个前提条件，即必须先建设成教育均衡发展市、县、区。教育强市、县、区必须有一个较为完整的教育体制，有一个较为合理的教育结构，各类教育要协调、均衡可持续发展，这也促成全市各类教育顺应时代潮流、顺应改革开放的大势，均得到充分的发展。这段时期，全市的学前教育、义务教育、高中教育、职业教育、高等教育、成人教育、特殊教育都在改革中健康发展起来。

2008年以后，永州市学前教育事业发展步伐明显加快。2008年，永州市人民政府出台《关于促进学前教育发展的意见》，2011年开始实施永州市第一期学前教育三年行动计划，明确以农村公办幼儿园建设为重点，加大财政投入力度，学前教育事业向“公益性和普惠性”转变，逐步形成政府主导、社会参与、公办民办并举的发展格局。到2015年，全市有各级各类幼儿园1876所（其中公办幼儿园320所，民办幼儿园1556所），公办幼儿园和民办普惠性幼儿园为1317所，占全市幼儿园总数的70.2%；全市在园幼儿216533人，学前三年适龄幼儿入园率达到81.96%。

全市基本实现“两基”以后，农村义务教育阶段的校舍建设基本上处于停滞状态，农村学校办学条件已不适应教育发展的需要。2008年，根据省政府的统一部署，市政府决定在全市掀起建设合格学校的高潮，推进义务教育均衡发展。要求到2015年底全市完全小学以上的学校全部达到合格学校的标准，不但要求校园校舍、设施设备达到标准，还要求在骨干教师的配备、学校规范管理和教育教学质量等方面达到规定要求，做到学校硬件、软件建设两手抓，以合格学校建设推动学校内涵发展。合格学校建设任务每年都纳入各级政府为民办实事的内容，严格进行验收考核，与政府和教育部门的年度绩效挂钩。合格学校建设任务指标完不成，相关责任人年度考核不能评为“优秀”等级。市、县、区政府同时要求将合格学校建设与改造薄弱学校两者结合起来抓，很多薄弱学校改造力度大、进步快、提升为合格学校。至2015年，全市教育基本建设和修缮投资102亿元，共建成合格学校636所，农村完全小学和初中都建成寄宿制学校，城区学校增加学位近10万个，投入36亿元添置一批教育教学设备，教育信息化迈上新台阶。

全市采取一系列发展普通高中教育的措施。剥离普通高中“名校带民校”，1994—1995年，全市有7所普高“名校带民校”全部进行剥离，实现了独立办学，使普通高中的办学资源进一步扩充。到2006年，全市普通高中学校由1996年的38所增加到48所，在校学生从33029人增加到103702人，增长213.97%，在校学生数量达到历史顶峰，普通高中学位由原来的7.5万个增加至10万个左右。控制普通高中的重复教育，至2010年，高中学校高考复读班全部取消，结束高考复读的历史。2006年，剥离普通高中学校内初中班，举办独立高中。全市共23所省、市示范性高中剥离了初中部，办成独立高中。大力创建省、市示范性高中。1992年前，全地区仅两所省示范性高中，2015年发展至12所，同时创建10所市级示范性高中。积极实施新课改，2007年起，全市普通高中进入新课程改革实验阶段，高中课程结构发生明显变化，国家课程、地方课程的综合实施，提升学生的综合素质，使学生的知识结构、技能素质更为全面。考查科目的实施，提升学生的动手操作能力。到2015年秋，全市有普通高中学校31所，在校学生81428人，学校数量和在校学生人数均有所下降，分别较2007年减少16所和16674人。

建立完善的职业教育办学体系。2007年开始，永州职业教育坚持“以服务为宗旨，以就业为导向”，瞄准当地工业园区、经济开发区的人才需求，实行对口培养；瞄准国内发达地区的新兴产业、支柱产业、朝阳产业对技工、技师的需求实行“订单培养”。职业学校苦练内功，精益求精，着力培养用人单位需要的技工、技师和管理人才。到2015年底，全市创办高职院校2所，有国家中等职业教育改革发展示范学校3所、省级示范性中等职业学校9所及省级精品专业、特色专业和示范特色专业31个。中等职业教育学校在校学生达到53689人，基本建成高等职业技术院校、中等职业学校和职教中心及乡镇农科教中心等类型比较完善的职业技术教育体系。变通高考录取率由1999年的30%提高到60%左右。

支持高等教育升级提质，高等教育取得长足发展。2009年，永州市技工学校升格为湖南潇湘技师学院，2010年5月13日，湖南省人民政府批准湖南九嶷职业技术学院由民办转为公办，并与湖南潇湘技师学院合并办学。湖南电大零陵分校是全市唯一的一所成人高校，分本科、专科两个层次办学。至2015年，永州市有3所普通高校，即湖南科技学院（本科）、永州职业技术学院和湖南九嶷职业技术学院（湖南潇湘技师学院）。永州高等教育有在校本科生14352人，在校专科生11448人，高等教育取得长足发展。

大 事 记

1992 年

1 月 3—5 日　省教委、省农委、省科委在怀化联合召开湖南省农村职业技术教育经验交流会。江永县政府作为 6 个介绍经验的单位之一，在会上介绍发展农村职业技术教育的经验。

3 月　永州市特殊教育学校搬迁至永州市（县级）黄古山东路 338 号办学。

3 月　在全国第四次民族教育工作会议上，江华瑶族自治县被评为湖南唯一的县级先进集体，受到国家教委、国家民委联合表彰。

4 月　地区教委印发《关于进一步加强大中专毕业生分配工作廉政建设的意见》，提出增强分配工作透明度。

4 月 17—20 日　在湖南省中学生田径运动会上，永州一中学生唐君娥获女子 800 米赛冠军，其成绩达到国家一级田径运动员水平。

5 月 9—11 日　省教委在双牌县召开全省科教兴农（林）校、县挂钩现场会。会议总结、推广中南林学院与双牌县全方位合作，走“林科教结合”之路的成功经验。

5 月 11—13 日　省教委在零陵师专召开全省高等师范教育改革经验交流会。会议要求推广零陵师专与初中教育改革对接、进行师范教育综合改革的经验，构建高师教育新体系。

6 月　地区教委在江华瑶族自治县召开全区教育工作会议，部署切实抓紧乡镇农科教中心和示范乡镇农校建设。

7 月 31 日　地区教委印发《零陵地区社会团体、私人办学管理办法（试行）》，第一次对社会力量办学有关问题作出规定。

8 月 14 日　地区行政公署召开第二次全区农科教工作会议，各县（市）主管农业的副县（市）长和农科教三部门负责人参加会议。会议提出创建乡镇农科教中心的目标、任务、要求。

9 月 1 日　陶铸中学扩建奠基剪彩仪式暨陶铸中学基金会成立大会在祁阳县原三中举行，陶铸的女儿陶斯亮、省顾委副主任石新山等为扩建奠基剪彩，王任重题写校名。

9月下旬 地区教委对各县（市）区申报的第二批标准化中心小学进行检查验收，全区有52所中心小学达到合格和基本合格的要求。

10月9日 团省委、省教委、少工委联合在长沙举办全省第二届“十佳优秀少先队员”颁奖大会。江华瑶族自治县大路铺乡中心小学毛卫忠为“十佳优秀少先队员”之一受到表彰。

10月12日 省教委组织对零陵地区4所职工中专办学水平进行评估，祁阳卫校、地区财税职工中专被评为优秀学校；地区工业学校、供销学校2所职工中专被评为合格学校。

10月 新田县农民中专经省政府批准更名为新田县成人中等专业学校。

11月 省教委授权省教科所在澧县召开全省中小学劳动和劳动技术教学经验交流会。道县一中受到表彰。

12月17日 省教委在衡阳召开全省学校课余体育训练工作总结表彰大会。永州二中等12所中学被授予“湖南省培养体育运动后备人才重点学校”称号，并挂牌。

是年 江华瑶族自治县被评为全国“尊师重教先进县”。

是年 省教委检查组验收4所乡镇农校，祁阳县大忠桥镇、张公坪镇、永州市杨家巷镇3所镇乡农校达到省示范乡镇农校标准，在全省农村成人教育工作会上受到表彰，各校均获得奖金2000元。

是年 祁阳县人民政府被评为全国扫盲工作先进单位。

是年 地区成人招生办被评为全省成人招生先进单位。

是年 永州市泉陵学校被评为全省社会办学先进单位。

是年 全国人大常委会副主任许嘉璐专程到江华瑶族自治县考察民族地区“普九”工作，并为务江中心小学题赠“山清水秀人更好，师勤生笃校亦佳”。

1993年

2月5日 零陵地区解决部分“以工代教”人员转教问题。“以工代教”任教累计教龄10年以上，同时具有中师毕业以上学历且获得助理级职称、能胜任教学工作、表现好的城镇户口“以工代教”人员转为国家正式教师。

2月13日 零陵地区教育人才交流中心成立。

3月1日 永州市教委下发《永州市普通高中学科教学质量评价总体方案》

3月8日 地区教委授予张金秀（永州）、俞雪妹（东安）、罗丽菊（宁远）、蒋群珍（江华）、贺菊连（新田）、封玉娥（蓝山）、蒋美荣（双牌）等7位女教师零陵地区教育系统“巾帼建功”标兵称号，并通报表彰。

3 月 祁阳县教育局开办的兴华洋伞服装有限公司被省教委确定为全省首批（9 个）重点校办企业。

5 月 18 日 零陵地区行署办公室印发《零陵地区社会力量办学管理试行办法》。

5 月 永州市特殊教育学校获全省“希望之星”文艺会演一等奖。

5 月 零陵地区大中专毕业生就业指导中心成立，与毕业生分配办合署办公，实行一个机构、两块牌子。

6 月 20 日 全地区扫盲工作会召开，会议提出“向高标准无盲地区进军”的口号。

6 月 零陵地区教委发出通知，决定从 1993 年 6 月 1 日起，对全地区各级各类幼儿园实行办园许可证制度。

8 月 17—19 日 全省扫除文盲工作会议在长沙召开。省政府表彰 10 个扫除文盲工作先进县（市）、50 个先进乡。零陵地区江华瑶族自治县和祁阳县张公坪乡、宁远县官桥乡、江永县厂子新乡、新田县茂家乡、蓝山县祠堂圩乡受到表彰。

9 月 7 日 省政府发布《关于授予赵天从等 10 位同志徐特立教育奖的决定》。祁阳一中校长、特级教师、全国劳动模范曾昭绍获奖。

9 月 8 日 省教委、省人事厅发布《关于表彰唐指明等 999 名优秀教师的决定》。其中有 30 位教师被评为“全国教育系统劳动模范”。道县会潭乡白露小学教师何丽娟、东安县川岩乡中学教师唐昌鹤获得称号。

9 月 10 日 零陵地委、行署发文表彰全区 109 名优秀教师和教育工作者。

9 月 江永县文化馆艺术幼儿园成立。这是全地区第一所经正式审批创办的民办幼儿园。

10 月 2 日 宁远县三名学生代表湖南参加“天宇杯”全国少年举重大赛，夺得四枚金牌和四枚银牌。

10 月 26 日 零陵地区教委召开各县（市）主管计财工作的教委主任会议，贯彻《国务院办公厅加强中小学收费管理工作的通知》和国家教委、省教委中小学经费管理工作会议精神，研究本地区的教育经费管理、落实教师待遇等工作。

11 月 江永一中特级教师费得意主持研究的课题“协同思维教学法”，荣获湖南省第三届基础教育教研教改成果二等奖。

11 月 30 日 零陵地区教委制订《利用高中毕业会考成绩评价学科教学质量方案（试行）》。规定此方案自 1994 年起在全区试行，对全区普通高中学校，以当年毕业年级的所有会考成绩为依据进行教学质量评价。

12 月 16 日 零陵地区教委根据地区中波转播台关于成立地区广播电视技术学校的请示和地区广播电视局的意见，批复同意开办零陵地区广播电视职业技术学校。

是年 东安县建成“实验教学普及县”，经省检查验收，认定为合格，成为全区普及实验教学第一县。

是年 地委、行署召开教育工作会议，作出《关于零陵地区加快普及九年义务教育工作的决定》。

1994 年

2 月 20 日 零陵地区教委表彰 1993 年度普通中专招收初中毕业生工作先进单位和先进工作者。永州市教委等单位被评为先进单位，张继钧等 20 人被评为先进工作者，受到表彰。

2 月 周忠信任零陵地区教委第一副主任，党组副书记主持工作；9 月任主任、党组书记。

3 月 29—30 日 零陵地区教委召开 1994 年职业技术教育工作会议。决定当年起职教工作实行目标管理。

5 月 26 日 祁阳一中被授予“湖南省重点中学”和“湖南省实验中学”匾牌，是湖南省首批挂牌的省级重点中学（全省 20 所）和省级实验中学（全省 3 所）之一。

6 月 1 日 道县教委幼儿园被省教委认定为“湖南省示范性幼儿园”，成为全省 11 所省级示范性幼儿园之一。

6 月 24—25 日 零陵地委、行署召开教育工作座谈会，提出把教育作为零陵地区六大战略重点之一。

8 月 零陵地区工业职业中专经省政府批准，升格为普通中等专业学校——零陵工业学校。

10 月 永州市被评为全国特殊教育先进市。

12 月 25 日 地委召开扩大会议，听取关于贯彻落实全省教育工作会议精神的汇报，提出牢固确定教育优先地位。

1995 年

1 月 8 日 零陵地委书记邹金鹭主持召开以“普九”为主要议题的地委扩大会议，决定动员地直机关、企事业单位干部职工捐资办学，地委委员、行署副专员带头每人捐款 1000 元。

4 月 25 日 道县会潭乡中心小学何丽娟成为湖南省获评全国先进工作者的 6 名教师之一，受到省委、省政府表彰。

5月25日 零陵地区教委印发《关于对民办学校进行年度检查和换证工作的通知》。

6月7日 零陵行署专员办公会议决定，行署迁址以后，将机关大院无偿划拨，作为零陵工业学校新址予以改扩建。

6月20—24日 国家教委在石家庄市召开十二省“普九”工作碰头会，零陵地区行政公署副专员曾斌作为湖南代表在会上作典型发言，介绍地委、行署重视“普九”的经验。

8月23日 零陵地区教委和零陵地区财政局制定《零陵地区实现“两基”目标奖励办法》。

8月 江华瑶族自治县以美国国际济丰股份有限公司谈智隽和王芷颐夫妇捐赠的35万元港币为基础，在县城内创办一所初中。湖南省委副书记郑培民亲笔题写校名——“隽颐学校”（即沱江镇中学）。

10月15日 省教委作出《关于表彰扫除文盲先进单位和先进工作者的决定》，对全省50个扫盲先进单位和198名先进工作者予以表彰和奖励，零陵地区受表彰的单位有：江永县、双牌县、蓝山县正市乡、宁远县冷水乡、新田县新圩镇。

10月16日 东安县成为全省11个扫盲先进县之一，受到省政府表彰。

10月 东安县接受省政府“两基”评估验收团对“两基”工作进行评估验收，认定为合格，成为零陵地区实现“两基”目标第一县，受到省政府表彰和地委、行署嘉奖。

11月16—18日 湖南省高等师范专科学校教育改革暨教育实践基地建设表彰会议在零陵召开，会议对30所先进教育实践基地中学和4个支持教育实践工作先进单位进行表彰。零陵地区教委和东安县白牙市镇中学等6所实践基地中学受到表彰。

11月 江华瑶族自治县建县40周年，省教委致贺信，并拨款10万元，支持该县教育事业。

11月 祁阳县潘市镇农民文化技术学校被评为“全国农村成人教育先进学校”（全省6所之一）。

12月6—13日 地区教委印发《关于加强我区普通高校、成人高校函授站、教学工作站（点、班）建设和管理问题的通知》，对现有的函授站进行全面清理，重新登记备案。

是年 地委、行署召开1000余人参加的“两基”教育工作会议，层层签订包教保学责任状。

1996年

1月30日 地区教委发出通知，在全区中小学开展“爱科学、学科学、用科学”

读书活动。

2月3—4日 在全省第四次中小学教改经验交流会上，冷水滩市教育局作为十个重视教研的县级教育局之一受到奖励。

2月14日 国家教委发文公布首批国家重点职业高中名单，湖南省入选12所，道县职业中专名列其中。

2月 江华瑶族自治县教委被国家教委授予“民族教育宣传工作先进集体”荣誉称号。

3月25日 地区教委发文，成立中小学图书馆工作委员会，开始中小学图书馆（室）建设工作。

5月 零陵地区撤区设立地级永州市，零陵地区教育委员会更名为永州市教育委员会。

5月 零陵地区公安干部中等专业学校更名为永州市人民警察学校。

7月19日 市政府印发《关于做好大中专毕业生分配工作的通知》，提出大中专毕业生就业工作的8条具体意见。

9月下旬 全国教育工会在南京召开表彰大会，宁远县中和镇新福祥小学周中富荣获“全国‘三育人’个人”称号。

10月18日 《中国教育报》发表《湖南永州腾出机关大院办职教》一文，报道永州市委、市政府决定将原行署大院划拨给零陵工业学校办学的决策。

11月16日 永州市四中顺利通过省重点中学评估验收，正式挂牌“湖南省重点中学”。

12月3日 永州市教委、市科协联合发出第一届青少年发明创造比赛和科学讨论会评奖结果通报。共评出一等奖10个、二等奖20个、三等奖22个。

是年 省政府“两基”评估验收团对冷水滩区、芝山区、江永县进行“两基”工作评估验收，均认定为合格。当年，省教委分别在江永县、芝山区召开现场会，推广两地“两基”工作经验。

是年 江华一中从水口镇整体搬迁至新县城沱江镇。新校建设美观、大方、适用，受到时任省委书记杨正午的赞扬，省委、省政府给予嘉奖。

1997年

3月 省教委在永州召开湖南省社会力量办学现场经验交流会，参观零陵九嶷山专修学院。

4月1日 省委、省政府发出《关于表彰临澧县等13个“两基”工作先进县（市区）和刘春林等13名“教育功臣”的通报》。江永县被评为“两基”工作先进县，获10万元奖励，东安县县长文先赵被评为“教育功臣”，获1万元奖励。

5月20日　市教委召开全市扫盲工作会，对全市26个先进单位和80名先进个人进行通报表彰。

7月6日　市委办、市政府办下发《关于大力发展职业教育的通知》，提出全市“九五”末，职业教育学校招生数占高中阶段招生总数城镇要达到70%以上，农村要达到60%以上。每个县区都要办好一所示范性职业学校。

10月　江华瑶族自治县、祁阳县（含金洞林场）、双牌县接受省政府“两基”评估验收团对“两基”工作进行评估验收，全部达到合格标准。江华瑶族自治县成为全省民族地区实现“两基”第一县。

11月2日　市委副书记曾昭熏、市政府副巡视员曾斌主持召开全市教育宣传工作会议，市、县（区）教委和市直新闻单位的负责人参加会议。要求新闻单位和教育部门加强教育宣传工作。

11月20日　经逐级推荐，省教委审定，宁远一中刘国胜等25位教师为湖南省首批中小学青年骨干教师培训对象。市教委确定龙思善等50位教师为永州市首批中小学青年骨干教师培训对象。

11月　道县、宁远、蓝山、新田四县通过省“实验教学普及县”检查验收。

1998年

3月10日　市教委表彰全市教育系统关心下一代工作先进集体和先进个人。其中先进集体16个，先进个人32个。

4月8日　永州一中顺利通过省重点中学评估验收，当年12月18日，正式挂牌“湖南省重点中学”。

4月14日　市教委、市物价局联合印发《关于规范社会力量办学管理的通知》。

5月12日　市教委、市监察局联合下发《对招生考试中违纪违规行为进行处罚的通知》。

5月底　市教委举办省、市重点中学“迎澳门回归”文艺会演。

6月　宁远县通过教育部扫盲工作检查组检查，认定为达标（全省5个县之一）。

11月　道县、宁远、蓝山、新田四县接受省政府“两基”评估验收团对“两基”工作的评估验收，均被认定为合格。至此，全市实现“两基”目标。

是年　永州四中康中年、祁阳县浯溪镇二中罗艳萍被评为全国模范教师（全省34人之一）。

是年 芝山区在全市率先创建“图书馆（室）合格区”，经省“图工委”组织评估验收认定为合格。

是年 全市11个县区接受省政府扫盲评估验收，全部合格，通过国家扫盲评估验收团的验收复查，实现扫盲工作历史性跨越，完成基本扫除青年壮文盲的历史任务。

是年 省成人高校评估组对省电大零陵分校进行评估，认定达到合格标准。

1999年

1月 永州市委、市政府作出《关于表彰“两基”工作先进单位，“两基”工作先进个人、“两基”优秀工作者、优秀教师和优秀教育工作者的决定》。祁阳、芝山、东安、道县4县区被评为先进单位，“两基”工作先进教委为祁阳县教委、芝山区教委、道县教委。表彰13个先进乡镇、144名先进个人。

3月16日 市教委印发《关于换发教育部统一印制的社会力量办学许可证的通知》。5月11日开始，全市统一换发使用教育部印制的社会力量办学许可证。

5月 市教委组织参加“湖南省第五届青少年生物与环境科学实践活动”，市里评出一等奖5个、二等奖8个、三等奖27个、优秀组织奖2个。从中推荐10个优秀作品送省评选，2个作品获得省二等奖，8个作品获得省三等奖。

9月12—18日 市教委在全市开展第二届推广普通话宣传周活动。

11月20日 副省长唐之享、省教委主任许云昭等领导到零陵师范学校视察。

是年 东安县在全省创新教育成果评比中获一等奖，三篇创新教育教改论文分别获国家级二等奖和省一、二等奖。

是年 省教委授予祁阳县潘市镇农民文化技术学校“省级示范乡镇农校”牌匾（全省38所之一）。

2000年

1月9日 市委办下文成立永州职业技术学院筹建领导小组，组长由市长刘爱才兼任。零陵卫校校长刘平娥、零陵农校校长刘子秀均为成员。

4月20日 “‘湖南省创新教育基地县’挂牌仪式暨创新教育教学研讨会”在东安县育才中学举行。东安县成为湖南省创新教育基地县。

5月17日 湖南省支教组组长、省地税局第二分局副局长唐中山将省卫生厅捐赠的800套“小骑士”保健背心送到新田县三个边远贫困山区的孩子手中。

6月8日 零陵农业学校、祁阳县示范成人中等专业学校、道县职业中专和永州工商职业中专 4 所学校，被教育部认定为国家级重点职业学校（全省共 28 所）。

6 月 12 日 永州云龙中学经省教育厅批准设立，系永州市第一所自有校园的民办全日制完全中学。

6 月 20 日 省委副书记吴向东在市委书记邹金鹭等人陪同下，视察永州职业技术学院，对学校取得的成绩给予充分肯定，对学校的建设和发展提出意见。

7 月 22 日 省政府下文批复，撤销零陵农校和零陵卫校，两校合并组建永州职业技术学院。

8 月 21 日 市政府办下发传真电报，提出大中专毕业生就业工作的 10 条具体意见。大中专毕业生就业制度由计划分配转为自主择业。

2001 年

2 月 15 日 市教委出台“十五”期间义务教育阶段学校布局调整规划。明确：小学由 5261 所调减到 3908 所，初中由 394 所调减到 317 所；到“十五”期末，校均规模将有较大增加。

5 月 28 日 市教委召开普通中专招生工作会，根据省教育厅有关精神，从本年起，普通中专招生实行“市州统筹、学校录取、省里备案”的管理体制；普通高校招生实行“学校负责、招办监督”的管理体制。

6 月 18 日 市教委下发《永州市各类国家教育统一考试考点电子监控系统建设实施方案》，要求“所有的国家统一考试的考点都必须在 2003 年 6 月 25 日前建设好电子监控系统”。

是日 市教委下发《永州市 2001 年普通高校招生统一考试实行异地交叉监考实施方案》，第一次在全市范围内县区之间交换各考室的副监考，第一次实行异地交叉监考。

9 月 11 日 在省政府召开的全省基础教育工作会议上，永州市教委荣获“湖南省推进两基工作成就奖”和“两基”工作先进单位。江华瑶族自治县委书记荣燕明被评为湖南省“教育功臣。”

9 月 15 日 市委、市政府印发《永州市机构改革方案的实施意见》，明确永州市教育委员会更名为永州市教育局。

9 月 24 日 市委召开常委会扩大会议，听取全国、全省基础教育工作会议精神情况汇报。

9 月 刘宏来任永州市教委主任、党组书记。

12 月 冷水滩区教研室刘伟燕、秦四年、杨振华等在主持的“推广‘同步教学实验成果’，推进区域性素质教育”的教改实验课题，荣获湖南省第六届基础教育教研教改成果一等奖。

是年 祁阳县小学生门球运动队代表湖南省参加全国小学生门球比赛，获得第二名。

是年 省教育厅举办全省第二届中小学生电脑制作评选活动，永州市报送的作品获得 2 个二等奖、2 个三等奖。市教委被评为最佳组织单位。

2002 年

3 月 2 日 市招生办、自考办、成人招生办合并组建永州市教育招生考试中心，下设招生科、自考科、综合科，为全额拨款的副处级事业单位，作为市教育局具有行政管理职能的直属机构。

3 月 6 日 教育部批准零陵师专升格为全日制本科院校，定名为零陵学院。

3 月 31 日 市委、市政府召开全市基础教育工作会议。

4 月 22 日 市教育局成立“永州市社会力量办学审批领导小组”和评审委员会。

5—8 月 永州市遭受六次洪水袭击，400 余所学校、3000 余户教师家庭受灾，直接经济损失达 1.35 亿元。各县区在洪灾期间和灾后共筹集 300 余万元专款投入抗洪救灾和灾后重建，修复水毁围墙 5000 余米，重建水毁学校校舍 8000 多平方米。省教育工会于 10 月 23 日给永州市各县区学校和教师捐赠 3 万余件衣物、108 套课桌椅和 20 万元救灾款。

9 月 全国政协副主席毛致用到祁阳一中视察，并为学校题词“教书育人”。

10 月 30 日 全国高职、高专“产、学、研结合”经验交流会在永州市召开。教育部副部长周济和湖南省副省长唐之享等出席会议并讲话。周济将永州职业技术学院“产、学、研结合”的经验誉为“永州模式”，并向全国推广。

12 月 3 日 市政府召开第 36 次常务会，同意零陵商业学校、零陵工业学校、零陵师范学校并入永州职业技术学院，向省政府申报。

是年 祁阳县被评为全国“两基”工作先进县。

2003 年

1 月 15 日 市教育局下发《关于规范中等职业学校办学行为的通知》，规定各中等职业学校发布招生广告、印发招生简章等，必须按照学校管理权属到市、县（区）教育行政部门审批。

3 月 25—29 日 市教育局组织对 66 所民办学校进行评估，其结果为：合格 53 所、不合格 9 所、注销办学资格 4 所。

4 月 15 日 市教育局印发《永州市教育招生与考试工作管理水平评估暂行办法》，对县区的高考、成考、自考三项工作进行年度评估。

5 月 8 日 永州市大中专毕业生分配办公室更名为永州市毕业生就业管理办公室。

6 月 经省政府批准，零陵商业学校、零陵工业学校、零陵师范学校并入永州职业技术学院。学院设医学院、信息工程学院、商贸经管学院、理工电子学院、人文教育学院等 5 个二级学院。

是月 永州市人民警察学校并入市委党校，一个机构、两块牌子。市林业、政法、粮食等 3 所干部中等专业学校相继停止办学。

8 月中旬 市教育局在祁阳召开学习宣传、贯彻落实《中华人民共和国民办教育促进法》动员会，举行宣传月活动启动仪式，推广祁阳县发展民办教育的经验。

12 月 25 日 市教育局在零陵区召开幼儿教育工作现场会，推广零陵区利用农村小学因调整布局闲置的部分校舍创办幼儿园的经验。

是年 全市自学考试考点全部纳入有电子监控系统的国考考点，实现“四考统筹”，走在全省前列。

是年 宁远一中、蓝山二中经省专家组检查评估确认为省重点中学。

是年 全市完成教师核岗定编工作，共分流中小学教职工 5591 人，清退代课教师 3500 名。评选 363 名中学教师为学科带头人。

2004 年

2 月 16 日 市教育局印发《永州市幼儿园督导评估细则》。

4 月 13 日 永州市民办教育协会成立，原地区人大联工委副主任甘明俊任首届理事会会长，市教委原副主任杨平安任常务副会长兼秘书长。

5 月 20 日 零陵师范附属小学并入永州职业技术学院并更名为永州职业技术学院附属小学。

5 月 祁阳陶铸中学经市政府同意、市教育局审批改制为民办学校，更名为“永州陶铸中学”。

8 月 永州市机关幼儿园从零陵区高山寺搬迁至冷水滩区逸云路 266 号。

9 月 1 日 经省政府同意，报教育部批准，零陵学院更名为湖南科技学院。

9 月 永州市有 8 名教师被评为全国优秀教师、模范教师；24 名教师被评为全省优秀教师和教育工作者；100 名教师被评为全市优秀教师和教育工作者，10 名教师被评为全市师德标兵。分别受到表彰和奖励。

11 月下旬 省教育厅组织对永州 8 个普通高等学校成人教育函授站的教学工作进行评估，结果都达到合格等次。

2005 年

1 月 30 日 市教育局颁布民办教育机构审批条件。

3 月 湖南省人民政府批准在原湖南九嶷山专修学院（民办）的基础上，建立湖南九嶷职业技术学院，校址在永州大道 2 号，属专科层次的民办高等职业技术学院。

5 月 10 日 市教育局在江华瑶族自治县召开永州市师德师风建设工作会议，推介全市师德建设的先进经验。印发《关于规范教师职业道德行为“六条禁令”的通知》，建立约束教师职业道德行为的长效保障机制。

6 月 28 日 市教育局召开表彰大会，对被评为永州市“先进民办幼儿园”“先进民办学校”的 31 所民办学校（幼儿园）予以表彰奖励，颁发奖牌奖金。

8 月 4 日 市政府常务会议专题研究民办教育发展问题。会议要求各职能部门检查民办学校实行零收费、首查不罚制度；构建公、民办教育竞争互动的人才交流机制，公办学校和民办学校的教师可以双向流动。

9 月 6 日 市教育局聘任首届中学教师学科带头人 360 名。

10 月 永州职业技术学院主持的“地方性高职院校办学模式创新体系建设研究”，荣获国家级教学成果一等奖。

12 月 15 日 经专家组检查评估，市教育局认定零陵区机关幼儿园等 7 所幼儿园为“永州市示范性幼儿园”。

是年 市政府设立民办教育发展专项资金 20 万元。

是年 永州市机关幼儿园被评为“湖南省示范性幼儿园”。

2006 年

3 月 1 日 市教育局大力推进全市基础教育新课程改革，组织“基础教育新课程改革征文”活动，评出一等奖 22 名、二等奖 45 名、三等奖 84 名。

3 月 15—16 日 省教育厅厅长张放平到祁阳县调研教育工作。

4 月 27 日 在全省高校毕业生就业工作表彰会上，湖南科技学院、永州职业技术学院、江华瑶族自治县教育局、东安县教育局和宁远县教育局被评为“湖南省毕业生就业工作先进单位”，陈桂兰等 9 人被评为“湖南省毕业生就业先进工作者”，受到省教育厅表彰奖励。

4 月 市教育局组织各县区 29 所学校申报省部级“十一五”课题 46 个，全部得到省课题专家的论证立项。永州市教育局和冷水滩区教育局获得省教育厅颁发最佳组织奖。

5 月 18 日 根据省教育厅要求，市政府研究决定，从当年秋季起，公办重点高中学校举办的民办学校停止初中招生，不再享受公办高中资源，“名校带民校”办学模式全面停止初中招生。

5 月 19 日 双牌一小五年级的学生廖宇晨收到联合国秘书长安南从联合国总部寄来的回信及题写的“和”字。

7 月 28 日 市教育局召开表彰大会，对被评为永州市民办学校“十佳举办者”“十佳管理者”的 20 人予以表彰奖励，推进全市民办教育健康发展。

11 月 市教育局举办全市中学化学实验创新大赛、小学“自然”（科学）学具应用优质课竞赛和网络环境下信息技术与学科整合优质课竞赛活动。送省参评，5 件获一等奖。

是年 电大零陵分校经教育部评估为“人才培养模式改革和开放教育试点合格学校”。

是年 零陵区接受省政府督导评估组教育工作“两项督导评估”，被评为“全省教育工作先进县区”。

2007 年

2 月 2 日 市教育局印发《关于加强民办学校（幼儿园）安全和风险防范工作的通知》。

3 月 郑山明任永州市教育局局长、党组书记。

5 月 12—13 日 市委、市政府在冷水滩召开全市职业教育工作会议，并出台《关于加快发展职业教育的意见》，明确全市“十一五”职业教育发展规划、目标和任务，制定支持职业教育发展的政策措施。

8 月 31 日 评为全国模范教师的蓝山县楠市中心小学盘晓红，参加全国优秀教师代表座谈会，受到胡锦涛、温家宝等党和国家领导人的亲切接见。

9 月 4 日 江永县黄甲岭中学被评为全国教育系统先进集体，蓝山县楠市中心小学盘晓红、新田一中陈真雄被评为全国模范教师。

9 月 7 日 永州市委、市政府召开教师节表彰大会，表彰唐争春等 87 名市优秀教师、周海涛等 13 名市优秀教育工作者、欧阳美清等 11 名优秀校长和曾善文等 10 名市师德标兵。

9 月 10 日 永州工商职业中专学校校长陈文华获湖南省徐特立教育奖。

是年 实施义务教育经费保障机制改革，全市落实新机制经费 22184 万元。为 64.3 万名学生免除了杂费，金额 15500 万元，为 17.4 万名学生提供中央免费教科书，金额 2036 万元，为 5.33 万名贫困寄宿生提供生活补助费 780 万元。

是年 蓝山博爱学校、永州云龙中学被评为“湖南省民办教育先进单位”。

是年 永州市高中学校推行第二轮新课程改革。在课程管理中推行“学习模块”的建构，提倡实行学分制管理，提倡实行学生综合素质评价。

2008 年

1 月 21 日 市教育局召开民办教育表彰大会，表彰奖励民办教育“诚信单位”和“管理先进单位”13 个、民办教育“先进个人”和“优秀教师”52 名。

4 月 24 日 省教育厅在长沙召开全省第一次学校体育工作会议。祁阳县教育局被授予“学校体育工作先进单位”（全省 13 个之一）荣誉称号。

7 月 10 日 市教育局下发《关于加强中等职业学校教学管理的通知》，就中等职业学校教学计划、课程设计、教学评价、质量监控、教材管理和教学常规管理作出具体的规定。

7 月 15 日 市委、市政府召开全市建设教育强市工作会议，传达贯彻“湖南省委、省政府关于建设教育强省的决定”工作会议精神，对建设教育强市工作安排部署。

7 月 17 日 市政府下发《关于促进民办教育发展的决定》。

8 月 21 日 祁阳县被评为全省民办教育工作综合先进县，宁远县被评为全省民办教育事业发展工作单项先进县。

8 月 新田瑞华学校被新田县政府收购，改为公办普通初中学校。永州市第一所民办完全中学改制。

11 月 13 日 市教育局被评为全省民办教育优惠政策落实工作先进单位。

12 月 27—31 日 市民办教育协会在湖南科技学院举办全市民办教育管理者高级研修班，参加研修班的有民办教育机构董事长、校（园）长及各县区教育局民办教股（室）负责人共 128 人。

12 月 市委、市政府决定：根据民办湖南九嶷职业技术学院办学的情况，考虑永州高级技工学校准备申办技师学院的需要，同意永州高级技工学校自筹资金 3050 万元购买接管湖南九嶷职业技术学院。

是年 宁远、道县、蓝山、江永四县顺利通过省教育“两项督导”评估团的考核评估，宁远县被评为优秀等级，获省政府奖励。

是年 市教育局组织七个队参加省教育厅举办的湖南省电脑机器人竞赛，全部获奖。其中道县五中李勇获一等奖，并代表湖南参加全国电脑机器人初中组竞赛。永州市教育局获最佳组织奖。

2009 年

3 月 1 日 市教育局组织各县区教育局和各级各类教育单位共 45 家参加省教育厅在湖南科技学院举办的湘南地区高校毕业生招聘会。

3 月 26 日 永州高级技工学校成功申办为潇湘技师学院。湖南省人民政府下发批文，明确潇湘技师学院属高等职业教育培训机构，由永州市人民政府主办主管，教育业务由省人力资源和社会保障厅管理，全日制在校学生规模暂定为 8000 人。

4 月 24—25 日 全省教育财务建设工作会议在冷水滩区举行，省教育厅相关领导和各市州教育局计财科科长参加会议。会议就农村初中校舍改造工程建设、农村中小学闲置资产处置和基础教育财务管理体制等工作进行认真研讨。

4 月 27—29 日 全省大中学生武术比赛在永州八中举行。共有 27 个代表队近 200 名选手参赛。

5 月 市教育局会同市纪委、监察局、物价局等相关部门，采取明察暗访等形式，对义务教育阶段学校收费工作进行全面督查，进一步规范收费行为。

6 月 湖南省教育厅等单位组织评选出 10 名师德标兵、40 名师德先进个人。永州王小慧、冯冬春、唐代翠、谢冬阳 4 人被评为师德先进个人。

8 月 28—31 日 市教育局会同市委督查室、市政府督查室，组织力量对各县区教育强县区建设工作进行专项督查。

9 月 4 日 永州工贸学校尹存成、永州四中石明一、金洞林场中学邓先华被评为“全国模范教师”。

9 月 30 日 永州市教育招生考试中心更名为永州市教育考试院。

11 月 30 日 永州职业技术学院唐海君、湖南科技学院李年终被评为全国普通高等学校毕业生就业工作先进个人（全省 9 名）。

是年 永州职院旅游管理系导游专业 2003 届毕业生刘雯，在纽约、伦敦、米兰、巴黎四大国际时装周上连续 14 场大秀，成为中国最知名、具有世界影响的模特之一。

是年 全市首次全面实施高考考生网上填报志愿。

是年 湖南九嶷职业技术学院通过省教育厅办学水平评估。

是年 蓝山县政府出台《蓝山县民办学校聘用公办学校教师管理暂行规定》，对全市公、民办学校教师合理流动产生积极影响。

是年 蓝山博爱学校被评为“全国教育系统先进集体”。

是年 祁阳县被评为“湖南省民办教育先进县”。

2010年

1月4日 市委印发人大常委会会议纪要，出台贯彻落实全省推进教育强省工作会议精神的意见，强调坚定不移地坚持教育优先发展战略，统一认识，科学规划，加大投入，确保教育强市各项工作落到实处。

1月9—11日 省委常委、副省长郭开朗到永州视察教育工作，深入永州四中等学校检查指导。

3月28—29日 国家示范性高等职业院校建设项目验收工作专家组对永州职业技术学院国家示范性高等职业院校建设项目进行检查验收，获通过。

5月13日 经省人民政府批准，湖南九嶷职业技术学院由民办转为公办，由省教育厅和永州市人民政府共管，并与湖南潇湘技师学院合并办学，实行一个机构、两块牌子，成为湖南第一所由民办转为公办的高校。

6月1日 市教育局针对2009年高考组考工作存在的问题，出台《关于落实2010年普通高校招生考试工作责任制和责任追究制的通知》，对高考工作中考点主考、副主考、监考员、视频监控人员、试卷保密保卫人员、信息员的责任追究作出明确具体的规定。

7月31日 市政府常务会议专题研究教育工作，会议讨论并原则通过《永州市人民政府关于加快建设教育强市的实施意见》和《永州市2010—2020年学校布局规划调整意见》。

8月13日 市委常委会会议研究教育工作，决定永州一中、永州四中上收市直管。

9月1日 永州四中成建制搬迁至冷水滩区西区路166号。

9月4日 市教育局下发《关于开展无证幼儿园清理整顿工作的通知》。

9月26日 市政府召开市长办公会议，下发会议纪要，决定永州一中和永州四中移交市管后，实行“以市管为主，两区协管”的管理体制。

11月24日 市政府以永州工贸学校为现场在道县召开全市中职学校校企合作现场会。会前，省教育厅副厅长王键到永州工贸学校调研，对该校校企合作的经验给予充分肯定。会后，省教育厅号召全省中职学校学习永州工贸学校校企合作和经验。

12月29—30日 全省教育工作会议和2011年度全省教育工作会议在长沙召开。祁阳县被评为全省建设教育强县（区）先进集体。

是年 全市普通高中的高考复读班全部取消，转由社会力量举办复读学校。

2011 年

1 月 1 日 永州一中和永州四中正式移交市教育局管理。

2 月 15 日 市教育局组织各县区教育局开始清理整顿教师离岗外出情况，以此深化人事制度改革，提高教师队伍管理水平。

3 月 21 日 市政府常务会议听取教育工作情况汇报，研究贯彻落实全省教育工作会议精神的措施，并对事关教育发展的教育规划纲要的出台、全市教育工作会议的召开、道县师范和祁阳师范的搬迁以及永州一中、永州四中相关管理问题明确具体意见。

4 月 15 日 市教育局下文撤销永州致远电子工业学校等 17 所民办高中阶段学校办学资格，收回办学许可证。

4 月 18—20 日 湖南省市州教育（教师奖励）基金会年度研讨会在永州举行。会议旨在广泛募集资金，推进“爱烛行动”。会上，省教育基金会救助永州市 70 名特困教师，市教育基金会救助 30 名特困教师，每人发放救助金 1 万元。市政府决定由市财政局分两年给市教育基金会拨款 100 万元。省委常委、副省长郭开朗，省教育基金会理事长刘玉娥、副理事长张树海、肖求如、彭西斌、孔柳华，市委、市政府主要领导和相关领导出席。

5 月 23—26 日 省委督查组到永州市督查贯彻落实全省教育工作会议精神和职业教育工作情况。督查组先后到新田、道县和中心城区督查。市委书记黄天锡和相关市领导出席相关活动。

7 月 10 日 市教育局下发《关于实施永州市民办幼儿园教师学历提升工程的通知》。

7 月 18 日 市委常委会会议专题研究教育工作。会议议定市委中心组集中学习教育强市内容、召开全市教育工作会议、出台教育规划纲要以及建设教育强市实施意见等事项。

8 月 29 日 全市教育工作会议在冷水滩区召开。市委书记张硕辅出席会议并讲话，市委副书记、市长龚武生主持会议，市领导出席会议，各县（区）委书记或县（区）长，分管教育的副县（区）长，各县区发改委、财政、规划建设、教育等相关部门的主要负责人，市直和中央、省驻永各单位主要负责人参加会议。会议对 16 个推进教育强市（县）建设先进集体、19 名推进教育强市（县）建设先进个人、20 名优秀教育工作者、30 名优秀教师给予表彰奖励。

8 月 30 日 市委中心组开展 2011 年度第三次集中学习。邀请省教育厅党组成员、工委委员、副厅长陈湘生作关于建设教育强市的专题辅导报告。

8 月 31 日 全市公开选送定向公费培养初中起点大专层次农村小学教师 114 名、

幼儿园教师 32 名、本科层次农村小学教师 162 名、高中起点本科层次农村小学教师 52 名。同时，全市决定招聘录用特岗教师 458 人。

10 月 31 日 永州市 10 名中学生分别荣获第一届、第二届湖南省中小学生芙蓉创新奖。

10 月 省委常委、副省长郭开朗对蓝山县实施的“就读义务教育学校和县职业学校免费的‘9+3’”模式给予高度赞赏，并作出批示“蓝山抓职教的经验要在全省职教工作会上总结推广”。

11 月 2 日 加纳、阿根廷等非洲、南美洲 16 个国家的 24 名职业教育官员到永州职业技术学院等地考察永州市职业教育发展情况。

11 月 10 日 省委常委、副省长郭开朗在全省职业教育工作会议上要求在全省推广蓝山县职教“9+3”（九年义务教育加三年中职教育）免费教育模式。

12 月 13 日 湖南省义务教育阶段省级课改样板校建设现场研讨会在永州市冷水滩区召开。省教育厅党组成员、副厅长葛建中，永州市副市长刘尤碧等出席会议。省教育厅将冷水滩区马坪学校定为“湖南省课改示范校”和“湖南省中小学教师培训基地”。冷水滩区马坪学校“自主发现式教学模式”课改成果荣获湖南省第三届基础教育教学成果特等奖。

12 月 27 日 市教育局被评为全省民办教育管理工作综合先进单位。

2012 年

1 月 10—11 日 市教育局召开座谈会，邀请市党代表、人大代表、政协委员、企业界代表等社会各界人士座谈，建言献策，共商教育发展大计。

2 月 19 日 在全国教育督导工作研讨会上，永州市人民政府教育督导室被授予“全国教育督导先进集体”称号。

2 月下旬至 3 月上旬 市教育局关工委配合市关工委对永州市中小学安全状况进行专题调研。调研报告引起市领导高度重视，市委书记张硕辅作出批示。

3 月 22 日 市委副书记、市长魏璇君带队到蓝山县调研职业教育工作。

3 月 蓝山县楠市中心小学副校长，全国模范教师盘晓红开发的德育“美心课”，经过 2 年多的实践，取得良好效果。中央电视台、湖南卫视、湖南教育电视台等媒体相继报道。

4 月 16 日 2012 年“格润杯”湖南省青少年武术锦标赛暨东安县第二届武术节在东安一中体艺馆闭幕。

6 月 1 日 永州市义务教育合格学校现场会在道县召开。会议对合格学校建设工作进行再动员、再部署、再督办。

6 月 道县三中校长陈波浪主持研究的“完整教育模式”获湖南省第三届基础教育教学成果二等奖。

8 月 14 日 永州市 2012 年贫困大学新生政府资助金发放仪式在永州四中举行，市政府给 97 名贫困大学新生每人发放 2000 元资助金。

9 月 10 日 永州工贸学校校长何兆述荣获湖南省徐特立教育奖。

9 月 25—27 日 由省交警总队副总队长杨月光任组长的省学生用车督查组到永州市督查，先后到冷水滩区、宁远县等地学校实地察看学生用车运营情况。

10 月 15 日 永州市语言文字规范化示范校现场观摩会在宁远县莲花小学召开。全市 13 个县区 120 多名代表参加现场观摩会。

11 月 16 日 市教育局下发《关于开展普惠性民办幼儿园建设和认定工作的通知》，对普惠性民办幼儿园的认定条件、认定程序、认定工作要求等作出明确规定。

11 月 22 日 永州市教育局召开学习贯彻《教育督导条例》培训会。省政府教育督导室主任雷桂平、省教科院教育督导研究所所长黄龙威到会作辅导报告。

11 月 29 日 省教育厅、省商务厅以永州为现场召开全省职业教育服务湖南承接产业转移示范区建设工作推进会。与会代表参观永州职业技术学院和祁阳县职业中专学校，并听取永州工贸学校的经验介绍，省教育厅副厅长王键出席会议并讲话。

12 月 8 日 永州市首届“初中校长高峰论坛”在冷水滩区举办，各县区相关初中学校的校长参会。

12 月 28 日 市政府第 16 次常务会议决定，永州市特殊教育学校由零陵区管理上收归永州市教育局直接管理。

是年 市本级民办教育发展专项资金从 2012 年起由 50 万元增加到 100 万元。专项用于表彰奖励对民办教育有突出贡献者和扶持民办教育特色项目建设。

2013 年

1 月 17 日 省政协党组副书记、省教育基金会理事长许云昭到永州走访慰问 20 位优秀或家庭经济困难教师，每人发慰问金 2000 元。市委书记张硕辅等领导陪同。

4 月 10 日 省教育厅党组副书记、副厅长、省委教育工委副书记肖国安到永州市调研教育工作，先后深入冷水滩区马坪学校、永州市四中、市委市政府机关幼儿园指导，听取永州四中和冷水滩区教育工作情况汇报。

5 月 13—14 日 省民办教育协会常务副会长、省军区原副政委、少将魏永景，湖南同德职业学院院长管天球，省民办教育协会副会长欧阳勋等，到永州考察调研民办教育情况。

5月20日 省、市联合在永州八中组织开展以“珍爱生命、安全避险”为主题的避震及防火疏散逃生应急演练活动。副市长刘尤碧等到演练现场指导。市直相关部门负责人和各县区教育局主抓安全的副局长及冷水滩区中小学校校长观摩。

5月21日 市委书记陈文浩到湖南科技学院、永州一中、永州职业技术学院、潇湘技师学院等学校调研教育事业发展情况。陈文浩指出，要高度重视教育工作，坚定不移地推进支持教育发展，为永州经济社会发展提供坚实基础。

7月10日 江华瑶族自治县职业中专选送的江华瑶族织锦“瑶族八宝被”项目荣获全国职业院校技能大赛二等奖。

8月12日 永州职院附小学生机器人队唐睿翾、刘一宏代表永州市参加亚太青少年机器人竞赛中国区选拔赛，夺小学组城市旅行项目冠军，代表中国参加亚太青少年机器人竞赛2013年度总决赛，获少年创意组金奖。

8月15—24日 永州市先后受“尤特”“潭美”两次台风影响，全市普降暴雨，引发严重的洪涝灾害。全市有271所中小学受灾，倒塌校舍133间、9542平方米，形成危房496间计33263平方米，毁坏其他建筑15962平方米，毁坏教学仪器设备19725套（台、件）、课桌椅6626套、图书81398册，供水供电设施损失1233万元，直接经济损失达7611万元。

8月 湖南省评出师德标兵16人，永州市宁远县莲花小学王毅、新田县宏发圩中心小学陈楚玉、祁阳县黄泥塘镇一中毛顺涛、永州工贸学校柏先红入选。

9月10日 市委书记陈文浩到中心城区调研初、高中学校建设，看望慰问教师节工作在一线的教师。

10月16—18日 “2013年湖南省中小学管理专业委员会年会”在冷水滩区召开。全省110个县市区的校长代表及部分省外校长代表700余人参会。省教育工委委员、纪工委书记、省教育学会会长周德义出席并讲话。

11月11日 副省长李友志一行到双牌县茶林乡学校视察调研，现场察看学校的基础设施建设，与老师们座谈交流，对学校师生安全工作、营养餐实施、特岗教师的工作与生活等方面进行全面了解。

11月11—16日 在2013年全省中学生物和化学教师实验创新大赛中，东安澄江实验中学唐明杰等三位老师获省一等奖，永州市整体成绩列全省第一。

是年 永州一中学生张志宇在全国奥林匹克数学竞赛中获一等奖，并入选国家奥数冬令营。

是年 祁阳师范学校青年教师欧亮，获第六届湖南省艺术节“齐白石艺术奖”（政府奖）。他是湖南省加入中国书法家协会最年轻的会员之一。永州市书法家协会为他在潇湘意美术馆举办“闻道浯溪——欧亮书法展”。

2014年

1月14日 市委书记陈文浩主持召开示范性高中学校校长座谈会，听取意见和建议，研究全市普通中学教育发展问题。

1月21日 市政府办印发《关于促进全市普通高等学校毕业生就业创业的实施意见》，对高校毕业生创业带动就业的创业培训补贴、开办费补助、房租补助、小额担保贷款贴息补贴、一次性岗位补贴以及创业成功奖励等作出明确规定。

1月 永州市人民政府制定《关于加强中心城区义务教育学位建设工作的实施意见》，明确至2016年中心城区新增3万个义务教育学位。对教育附加和地方教育附加、土地出让收入提取教育资金、城市维护建设税安排教育资金、城市基础设施配套费划转为义务教育设施配套费等政策作出明确规定。

3月10日 市教育局在祁阳一中举行永州市汉字听写大会暨第二届“中国汉字听写大会”参赛队伍选拔赛。

4月15日 市教育局召开全市教育信息化和电教仪器工作会议，要求各县区和学校加大投入，加强管理，推进现代教育技术上新台阶。

5月24日 守望梦想“湖南最可爱的乡村教师”优秀事迹巡回报告会在永州四中举行。省教育厅原巡视员汤汉文出席报告会并讲话，副市长刘尤碧出席并致辞，市教育局全体干部职工，零陵区、冷水滩区部分教师代表共500余人参加报告会。

5月27日 在第65个“六一”国际儿童节来临之际，市委书记陈文浩先后到冷水滩区三多亭小学和市委市政府机关幼儿园走访慰问小朋友。

6月6日 在全市创建国家卫生城市工作会议上，市教育局荣获创建国家卫生城市先进单位（排名第一），并作为唯一的单位介绍工作经验。

7月17日 市委召开永州教育优先发展调研座谈会。市委书记陈文浩强调，坚持改革优先和保障优先，打破制约永州教育发展的瓶颈，释放体制机制活力。

8月9—12日 永州市首届民办幼儿园园长培训班在湖南广播电视大学永州分校开班。全市80多名民办幼儿园园长参加培训。

8月25日 《中国教育报》头版头条推介冷水滩区马坪学校课堂教学改革经验。

9月2日 冷水滩区马坪学校被评为全国教育系统先进集体、江华瑶族自治县桥市中学贺美玉、江永县允山镇中心小学谢志勇被评为全国模范教师。

10月 市委、市政府下发《关于加快永州市普通高中教育发展的若干意见》，对高中学校内涵发展、提高教育质量、创建品质学校提出要求。

11 月 30 日 中国社会福利基金会携手广东拍翼教育科技有限公司向永州市 300 所中小学校捐建总价值 3000 万元的“拍翼教学资源网”。

是年 全市评定 6 所民办小学、31 所民办幼儿园为市级骨干民办学校建设单位，有 3 所民办幼儿园入围省级骨干民办学校建设项目。

是年 永州市教育局被评为全省为民办实事先进单位，考核评估成绩为全省第一名。

2015 年

1 月 14 日 省教育工会为永州市 15 位困难教职工每人发放 2000 元慰问金。

2 月 8 日 《永州市人民政府关于鼓励和支持民间资本参与公共领域投资的实施意见》发布，在鼓励和支持民办教育发展方面提出 6 条具体措施。

2 月 9 日 市委书记陈文浩主持召开市委常委会会议，研究加快推进高中教育发展等问题。

2 月 27 日 全市部分高中学校校长座谈会在冷水滩区召开，会议提出将对全市普通高中学校校长实行任期制度，每届任期为 3 年，并加强对校长的考核，设立优秀校长奖励基金。

4 月 1 日 教育部“一村一名大学生培养计划”工作组组长（原中央广播电视大学常务副校长）严冰为宁远县首个“农民大学培养计划”学生欧阳植竹创办的创新企业基地“鑫农淮山种植专业合作社”揭牌。

4 月 9—10 日 永州市 2015 年中职学生技能大赛在永州工商职中、永州综合职中、祁阳职中 3 所学校进行。全市 10 所中职学校的 189 名中职学生报名，参加加工制造、交通运输、旅游服务、电子信息、文化艺术 5 个专业大类 19 个项目的比赛。

4 月 10 日 蒋俊林任永州市教育局党组书记，并提名为局长人选。

5 月 13 日 市人大常委会主要领导到市教育局主持召开中心城区学位建设督办座谈会，听取市直相关部门和零陵区、冷水滩区政府有关中心城区学位建设情况汇报。

6 月 17 日 代表永州市参赛的祁阳师范学校戏曲专业学生唐期在全国职业院校技能大赛中荣获地方戏曲项目一等奖。

6 月 23 日 市教育局在蓝山县召开全市中小学校学生食堂管理工作现场会，推进学生食堂管理工作。

6 月 25 日 永州市督学责任区升级版现场会在新田县召开，学习推介新田县在线网上督导与实地督导相结合的教育督导新模式。

7 月 10 日 在全省校车管理工作会议上，永州市作为全省两个先进典型之一作经验发言。东安县校车管理模式继宁远模式后再次在全省推广。

8月12日 市委书记陈文浩深入冷水滩区调研教育工作。要求充分落实教育优先政策，做好教育精准扶贫，强力推进学前教育，实现全市教育再上新台阶。

9月10日 永州市第31个教师节庆祝大会召开，市委书记陈文浩、市长易佳良出席会议。

10月 永州市委组织部和市教育局联合下发《永州市普通高中学校校长后备人才库建设实施方案》，在全市公开遴选100名普通高中学校校长后备人才，为优秀人才走上校长岗位搭建平台。

11月6日 “爱聚新华 书送希望”百万教辅助学捐赠仪式在冷水滩将军岭小学举行，市新华书店为全市十一个县区、上百所中小学校，4000多名贫困学生赠送价值100万元的教辅材料。

11月9日 湖南省中学地理教学竞赛暨湘江源学术研讨会在蓝山二中举行。

11月26日 湖南省、市、县教师发展中心建设现场研讨会暨2015年湖南省中小学教师培训机构管理专业委员会年会在东安县举行，省教育厅领导、全省各市县（区）教师培训机构负责人和国内知名教师培训专家共400多人与会，全省推广东安县教师发展中心建设模式。

12月9日 冷水滩区马坪学校、道县三中被省教育厅认定为全省基础教育课程改革样板校。

是年 市本级民办教育发展专项资金增加到600万元。

是年 全市普惠性民办幼儿园认定249所，共有普惠性民办幼儿园949所，占幼儿园总数的50.59%；普惠性民办幼儿园在园幼儿人数占总数的65.48%。

是年 市教育局连续第四年被评为全省教育考试工作先进单位。

是年 全市高考报名人数为30950人，较上年增加1164人；二本以上上线7721人，位列全省第七位。全省理科前300名的学生永州市人数位列第四位；清华、北大上线10人，录取8人。永州市四中高考上本科线1155人，位列全省同类学校第五位。

第一章

学前教育

第一章　学前教育

20 世纪 90 年代，零陵地区各级党委、政府和教育行政部门在大力推进九年义务教育的同时，协调其他教育事业的进步，学前教育事业得到不断发展。1992 年，永州市学前教育沿袭过去以小学附设学前班为主体的办学方式，每个县城办 1 所直属机关幼儿园，部分厂矿办有一些幼儿园，其余均为全日制小学办的学前班，全市有幼儿园 84 所，3696 个幼儿班（其中小学附设学前班 2913 个），在园幼儿 91840 人，教职工 4088 人。1992—2002 年，零陵地区学前教育事业适应政策的变化，逐步形成以教育部门办园为骨干，社会力量办园为主体的发展格局，集体办园和全日制小学附设的学前班逐步退出历史舞台。2002—2008 年，永州市学前教育事业逐步形成以公办园为骨干和示范，以社会力量办园为主体，公办与民办相结合的学前教育发展格局，学前教育事业发展步伐明显加快。2008 年以后，随着实施《关于促进学前教育发展的意见》和永州市第一期、第二期学前教育三年行动计划的先后实施，学前教育事业向“公益性和普惠性”转变，全市学前教育事业得到快速发展，逐步形成政府主导、社会参与、公办民办并举的发展格局。与此同时，永州市学前教育管理体制逐步完善，从 1992 年的“地方负责，分级管理、有关部门分工负责”的体制向 2002 年的“地方负责，分级管理，各级教育部门主管，有关部门分工负责的体制，再到“地方负责，分级管理，有关部门分工负责”的学前教育管理体制。2015 年，全市共有各级各类幼儿园 1876 所（其中公办幼儿园 320 所，民办幼儿园 1556 所），公办幼儿园和民办普惠性幼儿园为 1317 所，占全市幼儿园总数的 70.2%；全市在园幼儿数 216533 人，学前三年适龄幼儿入园率达到 81.96%。

1992—2015 年永州市学前教育发展基本情况表

表 1–1

年份	幼儿园所数（所）	班数（个）	在园幼儿（人）	教职工数（人）	
				合计	其中：教师
1992	84	3696	91840	4088	3908
1993	69	3840	93110	4075	3863
1994	67	4140	109504	4526	4253
1995	90	4058	102828	4462	4233
1996	97	3950	101344	4381	4264
1997	613	3573	68387	4003	3860
1998	888	3296	59583	3987	3837
1999	856	2713	46458	3338	3208
2000	907	2969	43629	3567	3422
2001	95	1801	33888	768	582
2002	114	1450	34706	891	547
2003	206	1593	42783	1236	769
2004	229	1397	42840	1312	792
2005	379	2157	56755	2098	1300
2006	383	2013	63015	2359	1446
2007	414	2268	67460	3131	1978
2008	458	2324	74943	3083	1844
2009	606	3563	118373	5127	3139
2010	784	4376	149643	6760	4265
2011	1245	5713	173715	9679	6108
2012	1457	6322	187684	12235	7889
2013	1636	6461	200377	13756	8086
2014	1715	7337	206836	15058	8394
2015	1876	7692	216533	15826	8807

1992—2015 年部分年份永州市办园主体变化情况表

表 1–2

年份	幼儿园数（所）	办园主体及所占比例					
		教育部门办园		其他部门办园		社会力量办园	
		数量（所）	比例	数量（所）	比例	数量（所）	比例
1992	69	58	84%	11	16%	—	—
2000	907	173	19.1%	16	1.7%	718	79.2%
2005	379	44	11.6%	31	8.2%	304	80.2%
2010	784	34	4%	7	1%	743	95%
2011	1245	36	2.9%	6	0.5%	1203	96.6%
2012	1457	53	3.6%	6	0.4%	1398	96%
2013	1636	95	5.8%	5	0.3%	1536	94%
2014	1715	116	6.8%	5	0.3%	1594	93%
2015	1876	316	16.8%	4	0.2%	1556	82.9%

第一节 发展规模

20 世纪 90 年代前半期，零陵地区、县（市）两级教育行政部门继续推进乡村集体兴办幼儿园，各地在利用闲置校舍办园外，大多在小学附设幼儿园或学前班，同时零陵地区地、县（市）行政机关和一些规模较大的厂矿、企事业单位，为解决干部职工后顾之忧，以举办幼儿园作为集体福利。农村学前教育仍以小学附设学前班为主。江华、江永及一些地处偏僻、人口居住分散的地方，存在学龄前儿童跟着哥哥、姐姐上小学的“跟读”现象，到 21 世纪初，随着经济发展和社会进步，学龄前幼儿的“跟读”现象逐渐消失。

1992—1994 年，随着经济体制改革向纵深发展，零陵地区幼儿教育发展面临新的新形势，机关事业单位机构改革，厂矿企业建设现代企业制度，农村集体经济的比重下降，不少单位的幼儿园停办或剥离到附近的小学学前班。如零陵煤矿幼儿园、零陵冶化总厂幼儿园、耐火材料厂幼儿园、造纸厂幼儿园等，祁阳县内的观音滩煤矿幼儿园、橡胶厂幼儿园、商业幼儿园、人民医院幼儿园、中南制药机械厂幼儿园、黎家坪水泥厂幼儿园相继停办。其他县市内企事业单位办的幼儿园，除零陵卷烟厂幼儿园和离县城较远的厂矿幼儿园继续开办外，大部分剥离到附近小学学前班。与此同时，城镇小学附设学前班得到发展，农村的学前教育难以为继，民办幼儿园开始出现并逐步发展起来。到1993年，全地区有幼儿园69所，在园幼儿增加到93110人。1993年4月，江永县文化馆举办江永县幼儿艺术学校，该园为永州市历史上第一所民办幼儿园。

1993年6月，零陵地区教委下发《关于加强学前班和附设幼儿班管理的意见》，要求提高办园质量，建立办园许可证制度，对各级各类幼儿园（班）（含省驻零企事业单位幼儿园）登记、注册做出明确规定。凡未领取许可证的幼儿园（班），从1993年秋季学期起一律不准开办，推动民办幼儿园逐步发展起来，但由于多数小学一时还难以撤销附设的幼儿园和学前班，该规定未对全市幼儿园总数产生明显的影响。

1994年，根据国家教委1989年发布的《幼儿园工作规程（试行）》和1991年省教委颁布的《湖南省示范性幼儿园标准（试行）》，湖南省教育委员会组织开展省级示范性幼儿园评估活动。零陵地区在深入学习、贯彻规程的同时，积极开展省级示范园创建活动。1994年，道县教委示范幼儿园率先通过省级示范性幼儿园验收，成为永州市第一所省级示范性幼儿园。

1996年1月，根据湖南省教委部署在全省开展创建合格幼儿园的安排，零陵地区教委组织开展幼儿园评估验收，全区认定合格幼儿园9所、基本合格幼儿园4所、合格学前班16个、基本合格学前班3个。

1996年零陵地区幼儿园评估验收汇总表

表1–3

合格幼儿园	基本合格幼儿园	合格学前班	基本合格学前班
新田县教委幼儿园	双牌县机关幼儿园	祁阳县张公坪中心学前班	东安塘夫荷叶塘学前班
零陵地区机关幼儿园	永州市工商职业中专幼儿园	祁阳县进宝镇石梓塘中心学前班	东安水岭乡学前班
冷水滩市机关幼儿园	宁远县机关幼儿园	祁阳县黎家坪镇中心学前班	东安一小学前班
冷水滩市铁路幼儿园	道县城北幼儿园	祁阳县黄泥塘中心学前班	
永州市机关幼儿园		道县车头中心学前班	
零陵地区卷烟厂幼儿园		道县清塘中心学前班	
零陵地区化工集团幼儿园		东安塘夫乡中心学前班	
江华瑶族自治县机关幼儿园		江华二小学前班	

续表 1-3

合格幼儿园	基本合格幼儿园	合格学前班	基本合格学前班
地矿三〇三队幼儿园		江华大石桥中心学前班	
		江华桥市中心学前班	
		江华濠江中心学前班	
		江永桃川镇小学学前班	
		江永桃川中心小学学前班	
		蓝山龙溪中心学前班	
		蓝山太平中心学前班	
		蓝山楠市中心学前班	

1997 年 7 月 31 日，国务院发布《社会力量办学条例》，湖南省也发布相应的文件规定，鼓励和支持社会力量办学办园。全国一盘棋，通过“关、转、招、辞、退”解决民办教师的问题，一些民办幼师转向民办学前教育，学前教育被加速推向社会，这为社会力量办园创造条件，民办学前教育的规模继续攀升，永州市学前教育办园体制逐步形成以教育部门办园为骨干、社会力量办园为主体的多元化办园格局。到 2000 年，全市幼儿园发展到 907 所，其中社会力量办园 734 所，占全市幼儿园总数的 80.9%，成为办园的主体。

1999 年，根据国家教委 1996 年 3 月 9 日发布的《幼儿园工作规程》和湖南省教育委员会的安排，永州市教委组织开展全市第二批合格幼儿园的评估验收工作，共认定 14 所合格幼儿园。

2002 年 12 月 28 日，《中华人民共和国民办教育促进法》发布和 2003 年 3 月 4 日《国务院办公厅转发教育部等部门（单位）关于幼儿教育改革与发展指导意见的通知》发布后，市教育局遵循“积极鼓励、大力支持、正确引导、依法管理”的原则，继续深化学前教育改革，将全日制小学附设的学前班逐步剥离或者停办，鼓励和支持民办学前教育事业发展，学前教育发展成为一个独立的教育体系。民办学前教育事业得到快速发展，逐步形成地方负责、分级管理，教育部门主管、有关部门分工负责的学前教育管理体系。由于受小学持续撤销附设幼儿园和学前班以及整顿非法民办幼儿园等诸多因素的影响，全市幼儿园总数、在园幼儿数均有所下降。到 2003 年，全市幼儿园由 2000 年 907 所降到 206 所，在园幼儿降到 42783 人，教职工 1236 人。这期间，市县两级党委、政府和教育行政部门继续扶持公办园建设和开展创建示范园活动，公办幼儿园的办园规模、办园条件和办园质量均获得较大提升，发挥出示范引领作用。

2003 年，芝山区利用农村小学因调整布局闲置的部分校舍创办幼儿园，又聘请因农村生源减少而多余的教师经过转岗培训改任幼儿教师。2003 年 12 月 25 日，永州市行署召开全区幼儿教育工作现场会，各县区分管教育的县区委副书记、副县区长、各县区教育局局长、分管基础教育的副局长、基础教育股股长及幼教专干参观珠山镇幼儿园、珠山明星幼儿园、阳河完小幼儿园、芝山区机关幼儿园等 4 个具有代表性的幼儿教育现场，确定全市幼儿教育今后五年的具体发展目标：0~3 岁婴幼儿入托率 20% 以上；学前三年儿童受教育率达 60%，学前一年儿童受教育率达 90%；力争在 2004 年每个县区创建一所市级示范性幼儿园，5 年之内创建一所中心幼儿园。会后，各地学习推广零陵区利用农村小学因调整布局闲置的部分校舍创办幼儿园和聘请因农村生源减少而多余的教师经过转岗培训改任幼儿教师的办园经验，新创办一批公办幼儿园，独立设置的三年制幼儿园不断增多，学前教育资源进一步扩大，在园幼儿人数开始攀升。到 2007 年，全市幼儿园增加到 414 所，小学附设学前班减少到 2268 个，在园幼儿从 2003 年 42783 人增加到 67460 人，教职工人数从 2003 年的 1236 人增加到 3131 人。

2003 年 9 月 2 日，湖南省教育厅颁布《湖南省示范性幼儿园标准》。市教育局指导各地各园对照标准积极申报创建省级示范园，结合创建工作对各地申报的永州市委市政府机关幼儿园、零陵卷烟厂幼儿园等幼儿园开展试评估，确保创建省级示范性幼儿园成功。2005 年，永州市委市政府机关幼儿园被评为湖南省示范性幼儿园。2008 年，永州市零陵卷烟厂幼儿园被评为湖南省示范性幼儿园。至此，永州市已经创建 3 所省级示范性幼儿园。2004 年 2 月 16 日，永州市教育局修订印发《永州市幼儿园督导评估细则》，评估细则一级指标四个：办园思想、办园条件、园务管理、保教质量。总分值为 400 分，达到了 360~400 分的为市级示范性幼儿园；达到 320~359 分的为规范化幼儿园；达到 280~319 分的为合格幼儿园；280 分以下的为不合格幼儿园。幼儿园督导评估得到进一步规范化、制度化，学前教育得到进一步规范发展。

2005 年 4 月 21 日，永州市教育局在总结创办省市级示范性幼儿园经验的基础上，结合永州市实际制定出台《永州市示范性幼儿园标准》。

2005 年 12 月，市教育局组织专家组对申报市级示范性幼儿园的零陵区机关幼儿园等 10 所幼儿园进行评估验收，认定零陵区机关幼儿园、零陵卷烟厂幼儿园、永州市百灵幼儿园、东安县机关幼儿园、江永县实验学校幼儿园、新田县机关幼儿园、东安县实验幼儿园 7 所幼儿园为永州市级示范性幼儿园。2006 年 12 月 13 日，永州市教育局经评估验收，确认江华瑶族自治县机关幼儿园、蓝山县机关幼儿园、双牌县机关幼儿园为永州市示范性幼儿园。到 2015 年，全市共有省级示范性幼儿园 3 所，市级示范性幼儿园 10 所。

1992—2015 年永州市省级、市级示范性幼儿园一览表

表 1-4

幼儿园名称	级别	认定时间	备注
道县教委示范幼儿园	省级	1994 年	2006 年省教育厅复查
永州市委市政府机关幼儿园	省级	2005 年	
零陵卷烟厂幼儿园	省级	2008 年	
零陵区机关幼儿园	市级	2005 年	
零陵卷烟厂幼儿园	市级	2005 年	
永州市百灵幼儿园	市级	2005 年	
东安县机关幼儿园	市级	2005 年	
东安县实验幼儿园	市级	2005 年	2008 年摘牌
新田县机关幼儿园	市级	2005 年	
江永县实验幼儿园	市级	2005 年	2014 年摘牌
江华瑶族自治县机关幼儿园	市级	2006 年	
蓝山县机关幼儿园	市级	2006 年	
双牌县机关幼儿园	市级	2006 年	
宁远县机关幼儿园	市级	2013 年	
祁阳县中心幼儿园	市级	2015 年	

2008 年 5 月 7 日，湖南省教育厅下发《关于促进农村学前教育发展的指导意见》，要求加快推进农村学前三年教育的发展，到 2010 年，全省学前三年教育毛入园率要达到 70%。2008 年 7 月 14 日，永州市委、市政府制定出台《关于促进学前教育发展的意见》，明确全市学前教育要形成以公办幼儿园为主体，多种形式办幼儿园的发展格局，同时明确提出教育行政部门对民办幼儿园要每年进行一次全面评估，不合格的要取消其办园资格，建立起能基本满足 0~6 岁接受学前教育的发展规模。各县区（管理区）以此为契机，将发展学前教育事业纳入本地经济社会发展总体规划予以推动，不断加快县级示范性幼儿园、乡镇中心幼儿园和城镇社区骨干幼儿园建设步伐，各县区把乡镇中心幼儿园建设与义务教育合格学校一并作为为民办实事的重要项目，纳入县乡镇工作业绩考核的重要内容，与地方党政领导的政绩直接挂钩。2010 年，零陵区被评为“全省学前教育先进县区”，受到省政府表彰。同时，将学校布局调整后闲置的学校教育资源，优先兴办公办幼儿园，在人口稀少的偏远山区小学和教学点附设幼儿园或附带幼儿班，满足学前教育需求。

2008 年，市政府先后颁布《关于促进学前教育发展的意见》和《关于促进民办教育发展的决定》，扶持、引导和推动全市学前教育特别是民办学前教育的可持续发展。到 2008 年，全市幼儿园增加 458 所，其中社会力量办园 435 所，2324 个教学班（其中小学附设的学前班 1141 个），在园幼儿 74943 人（其中小学附设学前班 37010 人），教职工 3083 人。到 2009 年，全市共有幼儿园 606 所（其中社会力量办园 572 所），3563 个教学班（其中小学附设的学前班 1785 个），在园幼儿 118373 人（其中小学附设的学前班 27226 人），教职工 5127 人。

国务院、湖南省政府先后于 2010 年 11 月 21 日、2011 年 6 月 17 日发布《关于当前发展学前教育的若干意见》和《湖南省人民政府关于加快学前教育发展的意见》，提出形成政府主导、公办民办并举的学前教育发展体制，永州市学前教育逐步从“公办幼儿园为骨干和示范，以社会力量办园为主体”的格局向“公益性和普惠性”转变，政府的主导地位不断凸显。2011 年后，省委、省政府将农村公办幼儿园建设纳入为民办实事进行考核，永州市公办幼儿园特别是农村公办幼儿园的建设步伐进一步加快。当年，永州市投入 2425.43 万元，建成农村公办幼儿园 19 所。2011 年底，全市有幼儿园 1245 所，在园幼儿 17.4 万人，幼儿教师 9679 人，学前一年适龄幼儿毛入园率 86%，学前三年适龄幼儿毛入园率 53.7%。

2011 年，湖南开始实施全省学前教育三年行动计划，要求各地坚持公益性、普惠性原则，大力发展公办幼儿园，引导和支持民办幼儿园提供面向大众、收费较低的普惠性服务，保障适龄儿童接受基本的、有质量的学前教育，提出到 2013 年，学前两年毛入园率达到 78%，学前三年毛入学率达到 62%，重视 0~3 岁婴幼儿早期教育，公办幼儿园和普惠性民办幼儿园占比达到 40% 以上。努力构建覆盖城乡、布局合理的学前教育公共服务体系，保障适龄儿童接受基本的、有质量的学前教育。2011 年 11 月 9 日，市政府发布《关于印发〈永州市学前教育三年行动计划（2011—2013 年）〉的通知》，规划投入 18283.1 万元，新建、改扩建公办幼儿园 242 所，普惠性民办幼儿园 127 所，每个县区建好 1~2 所公办示范性幼儿园，每个乡镇建好 1 所以上公办、普惠性中心幼儿园，学前一年适龄幼儿入园率在 95% 以上，学前三年适龄儿童入园率在 80% 以上，学前三年适龄儿童入园率在 80% 以上，学前三年适龄幼儿入园率在 65% 以上。各县区（管理区）按照省市要求，结合本地实际合理编制出台 2011—2013 年学前教育行动计划，明确以农村公办幼儿园建设为重点，健全财政投入保障体制机制。各县区（管理区）还充分利用农村乡镇中心小学闲置校舍、课桌椅、读书资源等富余教育资源，采用租赁承包等方式创办 100 多所公有民办幼儿园，为农村幼儿入园提供极大方便。据统计，2011—2013 年全市共投入 3.3 亿元，新建、改扩建各类幼儿园 592 所（其中新建、改扩建公办幼儿园 244 所），新增学位 65926 个，新增幼儿教师 4084 人。2011 年，永州市委、市政府投入1700万元，将市委市政府机关幼儿园异地新建成高标准幼儿园。到2011年底，全市有各类幼儿园1245所，全市在园幼儿总数173715人，全市保教人员总数9679人（幼师6108人，保育员3571人），其中在编的公办幼师221人；全市学前一年适龄幼儿毛入园率87.45%，学前三年适龄幼儿毛入园率66.01%。到2013年底，全市有各类幼儿园1636所，幼儿教师13756人。在园幼儿总数200377人，学前一年适龄幼儿毛入园率97.68%，学前三年毛入园率79.13%，三年行动计划的实施取得明显成效。2011年，道县在全省2011年学前教育工作会议上的发言，被评为“湖南省学前三年教育先进县区”。2012年，东安县被确定为“2011年度湖南省积极推进学前教育三年行动计划县”。2013年，东安县被确定为湖南省《3~6岁儿童学习与发展指南》实验县。

东安县将发展学前教育纳入《东安县“十二五”发展规划》，出台《东安县人民政府关于加快学前教育发展的意见》和《东安县学前教育三年行动计划（2011—2013年）》。2011年，全县投入1250万元，新建和改扩建水岭、大庙口两所中心幼儿园，改建面积14000多平方米。2012年，全县投入1941.48万元，新建和改建芦洪市、南桥、大江口、紫溪、川岩、鹿马桥等6所乡镇中心幼儿园，改建和新建面积16000多平方米。2013年，全县投入850万元，新建、改扩建新圩、凡龙圩、竹木町等中心幼儿园，改建和新建幼儿园面积8340平方米，增设附属幼儿园8455平方米，全县学前教育基础设施设备得到改善。

宁远县把学前教育发展纳入全县经济社会发展总体规划，下发《宁远县学前教育三年行动计划（2011—2013年）》和《宁远县学前教育三年行动计划督导评估实施方案》，成立县长任顾问，分管副县长为组长，教育、发改、规划建设、财政、人社、编制等19个县直单位和乡镇政府主要负责人为成员的学前教育工作领导小组。2011—2013年，全县三年总投入8570万元，新建、改扩建公办幼儿园23所、普惠性民办幼儿园101所。同时从2011年开始实施农村幼儿园提升工程，凡改建农村学校闲置校舍兴办学前教育的，县政府按照每平方米120元的标准给予奖励。2012年，全县已有128个村利用闲置的校舍举办了村级幼儿园，96个村依托现有村小建好了村小附属幼儿园。2012年宁远县被评为“2011年度湖南省积极推进学前教育三年行动计划县”。

2013年，全市在继续加大建设公办幼儿园的同时，积极引导和支持民办幼儿园向公益性、普惠性发展。2013年全市认定555所普惠性民办幼儿园。其中，冷水滩区39所，零陵区48所，祁阳县48所，东安县82所，双牌县28所，道县94所，宁远县48所，新田县77所，蓝山县35所，江华瑶族自治县27所，江永县26所，金洞管理区3所。

2014年，全市投入6052.368万元，建设28所农村公办幼儿园，认定普惠性民办幼儿园428所，组织开展贯彻《3~6岁儿童学习与发展指南》的实验工作，组织全市骨干实验幼儿园园长和骨干教师共66人参加省教育厅组织的实验工作培训，组织全市所有参加《3~6岁儿童学习与发展指南》实验的200所幼儿园参加园本培训。到2014年底，全市有各类幼儿园1715所，公办幼儿园和普惠性民办幼儿园为1195所，占全市幼儿园总数的69.68%，全市在园幼儿数达到206836人，学前三年适龄幼儿毛入园率达到81.41%，超过省定的70%的工作目标。

2015年11月16日，永州市教育局印发《永州市幼儿园一日活动常规》，督促和指导各级各类幼儿园科学合理地安排幼儿园一日活动，创造与教育相适应的良好环境，全面提高幼儿园一日活动质量，管理规范化水平迈上新台阶。

2015年12月16日，市政府出台关于印发《永州市学前教育第二期三年行动计划（2015—2017年）》的通知，提出到2017年全市学前三年毛入园率在85%以上，基本建成以公办幼儿园和普惠性民办幼儿园为主体的布局合理、资源充足、充满活力、公益性、普惠性的学前教育网络，公办幼儿园和民办普惠性幼儿园占幼儿园总数的70%，公办幼儿园和民办普惠性幼儿园在园幼儿数占在园幼儿总数的75%以上，逐步建立起以公共财政为主的学前教育成本分担机制，幼儿园办园水平和保教质量显著提高的工作目标。据统计，2015年，全市投入学前教育建设资金9500万元，新建、改扩建公办幼儿园73所，认定249所民办普惠性幼儿园。到2015年底，全市共有各级各类幼儿园1876所（其中公办幼儿园320所，民办幼儿园1556所），公办幼儿园和民办普惠性幼儿园为1317所，占全市幼儿园总数的70.2%；全市在园幼儿数216533人，学前三年适龄幼儿毛入园率达到81.96%，学前教育二期行动计划进展顺利，成效明显。

2015年永州市普惠性民办幼儿园情况汇总表

表1–5

县区	幼儿园总数（所）	民办幼儿园数（所）	截至2015年8月31日普惠性民办幼儿园总数（所）	其中：2015年认定数（所）	普惠性民办幼儿园占幼儿园总数比	在园幼儿总数（人）	其中：普惠性民办幼儿园在园幼儿数（人）	普惠性民办园在园幼儿数占幼儿总数比
合计	1876	1556	949	249	50.59%	216533	141792	65.48%
冷水滩区	162	161	100	31	61.73%	22018	15923	72.32%
零陵区	171	139	88	15	51.46%	19510	12000	61.51%
祁阳县	305	294	94	10	29.84%	24387	15562	63.81%
东安县	185	146	113	28	61.08%	22952	15395	67.07%
双牌县	54	47	43	4	83.33%	5858	4602	78.56%

续表 1–5

县区	幼儿园总数（所）	民办幼儿园数（所）	截至 2015 年 8 月 31 日普惠性民办幼儿园总数（所）	其中：2015 年认定数（所）	普惠性民办幼儿园占幼儿园总数比	在园幼儿总数（人）	其中：普惠性民办幼儿园在园幼儿数（人）	普惠性民办园在园幼儿数占幼儿总数比
道　县	185	184	158	18	85.41%	30509	24207	79.34%
宁远县	427	236	114	21	26.00%	33320	16217	48.67%
新田县	117	106	89	89	76.07%	11633	11227	96.51%
蓝山县	105	87	73	20	69.52%	15110	12564	83.15%
江永县	101	100	47	10	46.53%	11281	5245	46.49%
江华瑶族自治县	57	49	27	3	47.37%	19077	8222	43.10%
金洞管理区	5	5	3	0	60.00%	720	628	87.22%
回龙圩管理区	2	2	—	—	—	158	—	—

第二节　规范管理

一、保育教育

20 世纪 90 年代初期，永州市各幼儿园一直按照 1985 年 12 月卫生部颁布的《托儿所、幼儿园卫生保健制度》以及其他有关卫生保健的法规和制度执行，做好幼儿生理和心理的卫生保健工作，重视保育和教育的基本平衡，建立健全幼师健康检查制度、卫生消毒制度、幼儿园安全防护制度等，坚持做好预防接种、疫情报告工作。

1994 年 12 月 1 日，卫生部和国家教育委员会联合发布《托儿所、幼儿园卫生保健管理办法》，全市幼儿园卫生保健和一日保育常规管理工作得到加强，永州市各级各类幼儿园按照卫生保健要求，逐步配备幼儿园保健医生或兼职保健员，负责幼儿园的保育和卫生保健工作。零陵地区、县（市）两级教育行政部门和卫生保健或防疫部门加强合作，加强对幼儿园卫生保健工作的督查和指导力度。每年均组织召开全区卫生保健人员培训会，学习交流幼儿园卫生保健专业知识，提高卫生保健工作人员素养。

1993—1997年，零陵地区贯彻落实《幼儿园管理条例》和《幼儿园工作规程》两个重要的幼儿教育法规，通过幼儿教育研究会等途径组织开展“优化幼儿园一日活动”“完善幼儿园常规管理”等方面的专题研讨活动。1996年11月中旬，地改市后的永州市第一届幼儿园园长联谊会在东安县教委实验幼儿园召开，永州市委、市政府及各县区政府机关的幼儿园、县区教委举办的幼儿园、企事业单位举办的幼儿园和部分民办幼儿园的园长参加。

2001年，永州市教委认真贯彻教育部《幼儿园教育指导纲要（试行）》，进一步加强卫生保健工作，在幼儿心理健康、卫生、安全、消毒、健康监督、营养监测等方面取得一定的成效，重教轻保现象得到初步改变。

2003年，发生非典疫情和禽流感等传染病，全市各幼儿园按照市县两级教育主管部门、妇幼和卫生保健部门的要求，开展抗非典防治传染病宣传教育活动，强化入院监测和离园的管理，加强园内卫生消毒工作，实施每日报告制度，确保全市幼儿园安全平稳，没有发生大面积传染病。

2012年后，按照卫生部、教育部颁布的《托儿所幼儿园卫生保健管理办法》的要求，托幼机构聘用卫生保健人员应当按照150名儿童至少配备1名专职卫生保健人员，托收150名以下儿童的应当配备专职或兼职卫生保健员的要求，进一步加大专职或兼职保健员配备力度，但由于儿童保健专业的毕业生供不应求，加上受经济利益的驱动，部分幼儿园特别是民办幼儿园没有配备足够的卫生保健员和保育员。同时，积极加强健康检查，城镇幼儿园在幼儿入园前都坚持进行健康体检，不合格者（主要是患传染病者）不能入园。入园后，每学期进行1次体格检查，每季或每期测量身高、体重。乡镇村幼儿园每学期进行1次体格检查。每年或每学期对幼儿进行基础免疫和季节性免疫接种，以及乙型肝炎、肠道寄生虫等专项检查，定期进行疫苗注射、驱蛔等，教育行政部门在办园水平评估中对卫生保健不合格的幼儿园实行一票否决。

2013年，市教育局开展幼儿园卫生保健专项督查。在幼儿园和县区自查的基础上，2013年10月14—18日，市教育局联合市卫生局组成联合督查组对全市11个县区的疾控中心、社区卫生服务中心、乡镇卫生院及幼儿园、小学共计77个单位的秋季入托入学儿童接种证查验及疫苗补种情况进行督查和综合评估，确保幼儿安全。

2013年9月14—18日，组织全市骨干实验幼儿园园长和骨干教师共66人参加省教育厅组织的《3~6岁儿童学习与发展指南》实验工作培训。省级培训结束后，东安和江华两个实验区组织本县所有的实验园园长和教师培训，东安县培训122名园长，江华瑶族自治县共培训210名园长和骨干教师。县级培训结束后，全市所有参加《3~6岁儿童学习与发展指南》实验的200所幼儿园组织开展园本培训，有些幼儿园还组织幼儿家长进行培训。通过培训，全市实验园的园长、教师和家长深入学习《3~6岁儿童学习与发展指南》，进一步理解其精神。

2014年后，永州市继续以开展贯彻《3~6岁儿童学习与发展指南》实验工作、开展学前教育宣传月活动、开展第二期学前教育三年行动计划实施情况专项检查工作、贯彻落实《关于印发〈永州市幼儿园一日活动常规〉的通知》和保育员培训为抓手，重视培养幼儿良好卫生习惯，增强幼儿体质，提高幼儿的疾病抵抗能力，全市学前教育保育工作迈上新台阶。2014年和2015年，永州市委市政府机关幼儿园均组织开展全市幼儿园的保育员培训和开展“新生代教师保育技能比武”活动。

二、学制及课程

课程设置：20世纪90年代初至2002年，永州市学前教育的学制主要是学前一年制的学前班教育，市区所在地县城及规模较大的镇办有学前两年或学前三年的幼儿园。城乡幼儿园一般招收3~6岁的幼儿，分设小班（3~4岁）、中班（4~5岁）、大班（5~6岁）。在城市，部分幼儿园根据家长要求和自身条件，也招收3岁前的幼儿和尚未入学但年龄超过6周岁的幼儿。2002年后，由于国家政策不允许城区全日制小学设学前班，城区全日制小学学前班逐步转为幼儿园。农村一年制学前班一直到2008年前都在幼儿教育中唱主角。2008年后特别是实施学前教育三年行动计划后，全市学前教育三年制比例逐步上升，但仍有不少地区尤其是农村和偏远地区还是实行学前一年和学前两年制。永州市农村地区学前教育的学制一直没有硬性规定，幼儿入园随意性较大，很多幼儿学了一段又停学了，入园的起始年龄随意性也大，学制一般都由各幼儿园自主掌握。

1992—1997年，零陵地区（永州市）幼儿园（含学前班）一般设计“说说”“算算”“活动”等课程，有的还开设唱歌、体育、游戏、舞蹈、图画、手工、思想品德、算数等课程，大多每周上课12~16节，每节课多为30分钟，小学附设学前班基本上与小学统一，每节课40分钟。1995年7月29日至8月4日，市教育局在冷水滩区举办农村学前一年制新教材教法培训班，培训的学科为“说说”、“算算”和学前教育活动设计三科。

1998—2001年，永州市幼儿园（含学前班）设置的课程主要有：体育、语言、常识、计算、音乐、美术等，以游戏为上课主要形式，上课时间随幼儿的年龄而递增。一般情况是：小班每周上课6~8节，每节10~15分钟；中班每周上课10~11节，每节20~25分钟；大班每周上课12节，每节25~30分钟，大班末期每节课可适当延长5分钟。幼儿园不考试，不留家庭作业，注意保证幼儿有充足的户外和游戏时间，幼儿园一日生活由游戏、体育活动、上课、观察、劳动、娱乐和日常生活等活动组成。

2001年8月，教育部颁布《幼儿园教育指导纲要（试行）》。永州市幼儿园的课程设置为健康、语言、社会、科学、艺术五大领域，幼儿园改变长期以来的分科教学观念，通过综合教育以及设置活动区的方式，使各项教育内容相互渗透，从不同的角度促进幼儿知识、技能、能力、情感、态度等方面的发展，开始实施和推进幼儿园课程实验改革，主要有绘画、器乐、舞蹈、双语、围棋、钢琴以及早期阅读、经典诵读等。一些幼儿园特别是民办幼儿园开始设置特色教育课程，如设置特色艺术、体操、外语等课程，提高幼儿园对幼儿及其家长的吸引力。零陵红豆幼儿园的艺术体操曾在全国竞赛中获得一等奖。2008 年，《关于促进学前教育发展的意见》提出要贯彻落实《幼儿园工作规程》，各地各幼儿园坚持以游戏为基本活动，保教结合，寓教于乐，为幼儿提供符合年龄特点和身心发展规律的保育和教育，保障幼儿快乐健康成长。所有幼儿园不得使用小学低年级教材，防止和纠正学前教育“小学化”倾向。2012 年 10 月 15 日，教育部颁布《3~6 岁儿童学习与发展指南》，对防止和克服学前教育小学化倾向提出具体办法和建议。自该日起，市教育局多次组织学习和培训，各级各类幼儿园也认真组织学习《3~6 岁儿童学习与发展指南》，全市幼儿园的教育教学朝着更科学、更合理、更适合幼儿身心健康的方向良性发展。

2010 年 4 月 28 日，湖南省教育厅《关于推荐使用幼儿园教师指导丛书和配套教育资源包的通知》下发后，永州市部分幼儿园开始选用中国大地出版社《幼儿园创新课程》教师指导丛书和配套教育资源包及中国出版集团东方出版中心《多元整合幼儿园教育活动资源包》教师指导丛书和配套教育资源包。

三、特色教育

20 世纪 90 年代，永州市部分幼儿园适应幼儿教育发展的需要，开设美术、歌舞、国学、体能、绘画、围棋、经典诵读等兴趣班和特长班，培养幼儿的兴趣特长和个性发展，形成多元化的办园特色。永州市委市政府机关幼儿园以儿童发展为本，转变儿童学习和生活方式，重视环境创设，园所布置适合幼儿特点，活动室根据幼儿年龄特点设计不同区角或活动区域，并根据季节与教育主题的不同及时更换环境布置，为幼儿提供充分的游戏活动条件，探索出课程改革新路子。道县教委示范性幼儿园等幼儿园开展书画特色教育，培养儿童的早期艺术素养。零陵卷烟厂幼儿园树立“以幼儿发展为本”的理念，培养老师扮演的角色是生活中的妈妈、学习中的师长、游戏中的伙伴，将五大领域的活动内容合理渗透到区域活动中，让幼儿在学中玩、在玩中学。祁阳县机关幼儿园充分利用各种资源，建立专家团队“资源库”，对“协商式”早教的培训课程方案开发进行进一步期的思考和探讨。新田县机关幼儿园增设幼儿园阶梯阅读、蒙氏数学、美润童心、绘画、舞蹈、电脑等特色课程和“礼仪儿歌集”园本课程，使孩子们的综合素质得到全面的提高。江华瑶族自治县机关幼儿园重视幼儿综合素质培养，成为湖南省教育报刊社《幼儿画报》“蓝狐狸剧场”指定小演员基地。零陵卷烟厂幼儿园等幼儿园专注推进幼儿艺术体操素质培养，倡导儿童在活动中发展、在情景中体验、在游戏中成长。在1993—1995年全国幼儿体操比赛中，零陵卷烟厂幼儿园连续3年获得一等奖。

四、教学科研

从1992年起，地区教委每年召开一次幼儿教育研究会年会，每年确定一个研究主题。主题确定后，在年会召开前5个月通知各成员单位，以便进行调研并撰写研讨文章，每年进行研讨论文评比，获奖论文装订成册。启动课程改革后，全市幼儿园教学科研工作逐步形成以省市示范性幼儿园为龙头，围绕课程改革开展园本教研和园本课程的构建等实践进行研究，取得一定的成绩。1996年11月，在东安县教委实验幼儿园召开地改市后永州市第一届幼儿园园长联谊会，联谊会以“在社会主义市场经济建设的过程中，幼儿教育出现了哪些新情况新问题，当地政府、各有关部门、幼儿园主办单位以及幼儿园本身采取了哪些措施，出台哪些政策，有哪些成功的做法及经验，对城市幼教的建议”为中心议题。2013年，东安县和江华瑶族自治县成为全市省级《3~6岁儿童学习与发展指南》实验区，冷水滩区明星幼儿园等44所幼儿园成为省级实验园。永州市委市政府机关幼儿园相继编写《保育工作手册》《民间体育游戏》《体育园本教材》《艺术园本教材》等园本教材，同时以《湖南省0~3岁婴幼儿发展与教育研究》《幼儿园流动幼儿状况的调查和研究》《角色游戏中幼儿角色认知的观察研究》为载体，形成让幼儿主动探索的多元化学习方式及内容丰富、自主灵活的区域活动和主题游戏。江华瑶族自治县机关幼儿园“科学开展家园共育活动”载入湖南省贯彻《3~6岁儿童学习与发展指南》实验区总结材料汇编。零陵区机关幼儿园以学科领域为单位，全员参与教研教改，参与率100%，幼儿园申报的省级规划课题“幼儿户外体育活动大循环模式设计与实践研究”，被湖南省学前教育学会立项。

五、管理体制

1992—2015年，永州市学前教育行政管理体制经过两次大的调整。1992—1998年，各级托幼工作领导小组统管学前教育。托幼领导小组由地委、行署分管教育的领导挂帅，成员单位有妇联、教育局、共青团、民政局、人事局、劳动局、计委、卫生局等单位。具体工作由妇联牵头。1991年，《湖南省农村学前班管理办法》规定学前教育实行“地方负责，分级管理、有关部门分工负责”的体制。2002年12月27日，《湖南省学前教育机构管理暂行办法》颁布之后，永州市的学前教育逐步形成地方负责，分级管理，各级教育部门主管，有关部门分工负责，幼儿园的行政领导由主办单位负责的管理体制。

2000年以后，中央规定省政府统筹制定有关幼儿教育的政策及发展规划，市州县人民政府负责本行政区域幼儿教育的规划、布局调整、公办幼儿园的建设和各类幼儿园的管理，负责管理幼儿园园长、教师，指导教育教学工作；城市街道办事处配合有关部门制定辖区内幼儿教育的发展计划，乡镇政府承担发展农村幼儿教育的责任，负责组织举办乡镇中心幼儿园，统筹经费，改善办园条件。各级教育部门是幼儿教育的主管部门，其职责是认真贯彻幼儿教育的方针、政策，拟订有关规定和幼儿教育事业发展规划并组织实施；卫生部门拟订有关幼儿园卫生保健方面的法规和规章制度，监督和指导幼儿园的卫生保健业务工作。民政部门把发展幼儿教育作为城市社区工作的重要内容，与教育部门共同探索依社区发展幼儿教育的管理机制和有关政策。2005年省政府办公厅印发《关于加快幼儿教育改革与发展的意见》，永州市进一步建立健全“地方负责，分级管理，有关部门分工负责”的幼儿教育管理体制。

冷水滩区学前教育的管理体制是：公办幼儿园由区教育局统一管理，园长由教育局任命。各项管理体制与公办义务教育阶段学校相同。民办幼儿园的管理由冷水滩区教育局民办学前管理办公室、基教、人事、计划、财务、教研部门共同组织实施。其中，民办教育管理办公室负责核发民办幼儿园办学许可证，配合基教部门对民办幼儿园实施管理；基教部门负责民办幼儿园的管理和业务指导；人事部门负责民办幼儿园师资队伍的管理、培训、考核和资格认定；财务部门负责民办幼儿园的发展规划、布局制定、财务监督及有关数据的统计工作，教研部门负责民办幼儿园的业务指导和教育教学研究工作。双牌县所有公办幼儿园的人事、业务均由县教育局直接管理，民办幼儿园的业务由县教育局监督管理，人事则由各幼儿园自行聘请具有相关资格的管理人员、教学人员、保育人员和后勤服务人员。零陵区严格执行幼儿园年检制度，十分重视加强对幼儿园准入、安全和质量等方面的监督、管理和指导，对幼师资质、人员、流动、工资待遇、教育教学、卫生保障与安全管理等方面实行动态监管，规范办园行为，不断提高各类幼儿园的办园水平；区教育局每年组织相关部门对幼儿园进行年度评估，建立学前教育信息管理系统，及时向社会公布幼儿园资源信息；健全幼儿园安全责任制及责任追究制，建立完善幼儿园安全监测制度，100%落实配备安保人员和安全设施设备，确保在园幼儿安全健康成长。

永州市各幼儿园均实行园长负责制，园长在园举办单位（或个人）和教育行政部门领导下，负责领导全园工作。幼儿园一般都设有园务委员会，由保教、医务、财务等人员代表以及家长和社区工作人员组成。园长任园务委员会主任。园长定期召开园务会议，对全园工作计划，工作总结，人员奖励，财务预算和决算方案，规章制度的建立、修改、废除，以及其他涉及全园工作的重要问题进行审议。市县区办的骨干幼儿园还建立了职工代表大会制度。规模较大的幼儿园还成立家长委员会。

第三节　幼儿园选介

永州市委市政府机关幼儿园　原名零陵专署托儿所，创办于 1950 年，是永州市办园时间最长、规模最大的公办幼儿园，也是全市学前教育的排头雁。1992—2011 年，园址在零陵区中山北路 30 号。2011 年搬迁到冷水滩区逸云路 266 号，由永州市人力资源和社会保障局管理，2005 年被评为湖南省示范性幼儿园。新园占地面积 8 亩，建筑面积 7000 多平方米，绿化面积 1000 多平方米。2015 年，全园共有 13 个班，在园幼儿 400 余人，幼儿园 47 名专任教师全部具有学前教育中专以上学历，其中 24 人具有本科以上学历；有高级教师 3 人，其中特级教师 1 人；有市级学科带头人 3 人、市级骨干教师 3 人。园内环境优美舒适，办园条件优越，设施完备，拥有全市最优质的幼教资源，为幼儿的学习生活提供一体化的服务。永州市委市政府机关幼儿园秉承“给孩子最适合的教育，促进孩子全面发展”的办园理念，紧紧围绕培养幼儿“健康快乐，崇德尚礼，善于探索，富有创意”四大特质，确立“一切为了孩子，为了孩子的一切”的办园宗旨，着力营造奇趣的花园、温馨的家园、成长的乐园，在省、市示范性幼儿园办园水平督导评估中，连续 5 年被评为优秀等级。永州市委市政府机关幼儿园先后获得全国巾帼文明岗、省“三八”红旗集体、湖南省幼儿教师培训基地园、湖南省贯彻实施《3~6 岁儿童学习与发展指南》实验园、省示范性学校食堂、永州市名园、永州市文明校园、永州市先进基层党支部、永州市目标管理先进单位、永州市卫生保健先进单位等荣誉称号。

道县教育局示范幼儿园　创建于 1985 年 4 月，原名城南幼儿园，1990 年改名为道县教育局示范幼儿园。1994 年挂牌为市第一所省级示范性幼儿园。2007 年成为湖南省学前教育研究会理事单位。幼儿园占地面积 6000 多平方米，建筑面积 3000 平方米，其中草地面积 1000 平方米。2015 年该园有幼儿 417 名，11 个教学班，教职工 46 人。该园坚持“教学典型、环境美范、管理模范、特色示范、师资风范”的办园指导思想，倡导快乐学习，主动探索，坚持以园本研修的方式开展教研活动，大力提升办园品质，赢得了家长和社会各界的一致好评。园长黄颂、副园长周莉的“幼儿园生活数学活动的研究”获湖南省学前教育学会“十一五”课题立项，并于 2013 年 4 月顺利结题。曾被中国幼儿教育协会评为2012年度和2015年度优秀幼儿园、第十七届全国青少年儿童书画大赛”全国优秀教学基地、湖南省省级示范幼儿园、湖南省幼儿先进集体、湖南省文明卫生单位、湖南省学前教育研究会理事单位和永州市首届名园。

零陵卷烟厂幼儿园 创办于1976年6月，1996年由企业投资1253万元在原址上新建，历经红豆幼儿园、九子龙幼儿园、常德卷烟厂零陵卷烟分厂幼儿园、湖南中烟工业有限公司零陵卷烟厂后勤服务部幼儿园。2008年更名为零陵卷烟厂幼儿园并获得省级示范性幼儿园称号。园舍环境优美，建筑独立完整，呈四合院型，占地面积7404平方米，建筑面积8780平方米，户外活动面积3932平方米，设计14套教学活动室，可容纳450名幼儿就读。该园通过落实法治化、精细化、痕迹化、可视化管理，提升教师的保教水平与专业素质，按照《幼儿园教育指导纲要》《3~6岁儿童学习与发展指南》要求，科学实施一日教学活动，建立零陵幼儿活动体系，注重对幼儿习惯的养成培养。积极开展园本教研，注重对幼儿习惯的养成培养，多次承接永州市的教育教学培训任务。1993—1995年连续三届获得全国幼儿体操比赛一等奖。

零陵区机关幼儿园 创建于1985年，隶属零陵区教育局全日制公办市示范性幼儿园，有大、中、小7个班级，200多名幼儿，有在岗教职工41人，其中市、区级骨干教师3人，高级教师2人，一级教师12人。秉承“面向未来，追求卓越，全面育人，服务社会”的办园宗旨，以“幼儿园——家的延伸”为办园理念，严格按照《幼儿园教育指导纲要（试行）》和《3~6岁儿童学习与发展指南》开展活动，全面落实立德树人的根本任务，优化园务管理，改善办园条件，加强师资建设，强化保教工作，依法办园，规范办园，注重内涵，彰显特色，引导幼儿树立“自信、自立、关心、合作、探索、创造”的意识，促进幼儿体、智、德、美各方面协调发展。先后获得省“巾帼文明岗”单位、市“精神文明单位”“市示范性幼儿园”“优秀幼儿园”“三八红旗”先进集体、“三创一管”先进单位、“卫生合格”单位、“健康食堂”“无烟单位”等荣誉，在省、市示范性幼儿园督导评估中均被评为优秀等次。

2015年，永州市第一幼儿园

祁阳县中心幼儿园 创办于2013年8月，是县教育局唯一的一所直属公办幼儿园。该园占地面积10000平方米，建筑面积4295平方米，其中活动室面积1037平方米、寝室面积 934 平方米，绿化面积 1200 平方米。生均占地面积 25 平方米，户外活动面积 4505 平方米。全园共设大班 4 个、中班 4 个、小班 4 个，2015 年在园幼儿 395 人。全园教职工 49 人，其中专职幼师 26 人，均为学前教育专业毕业，本科率 75%，研究生 1 人，小学高级职称 1 人。该园坚持“立足幼教，着眼未来，为孩子一生的幸福奠基”的发展原则；以“阅读、艺术教育”为教学特色；以“真心关爱、真诚服务、真正教育”为办园宗旨；以“爱心、耐心、细心、热心”为服务宗旨；以“用爱养育、用心教育”为教育理念，深入贯彻教育方针和《3~6 岁儿童学习与发展指南》，保教并重的原则，促进幼儿体智德美全面发展，不断深化幼儿园内部改革，使幼儿园各项工作尽显特色，求得发展，将保护幼儿的生命安全和促进幼儿的健康放在工作的首位，完善各项安全制度，落实安全责任，杜绝事故发生，营造安全校园。老师在生活和游戏中努力走进孩子内心，成为孩子们的伙伴，积极开展家园共育，共同商讨适合幼儿身心发展的规律，努力办好师生群众满意的示范性幼儿园。园长黄雄被评为祁阳“十佳校（园）长”、优秀共产党员，她撰写的论文《浅谈幼儿园管理心经》荣获省一等奖，教师刘现玉“数字宝宝”荣获市科学优质课比赛一等奖，幼儿园先后荣获“芙蓉标兵岗”“先进工作单位”的称号，并成为“国培送教下乡”的培训基地。

东安县机关幼儿园　位于湖南省南部潇、湘二水汇合处的永州市东安县紫水河畔，成立于 1980 年，隶属县妇联，占地面积 3000 平方米，建筑面积 1500 平方米，绿化面积 600 平方米，有教学班级 8 个，教职工 32 人。幼儿园坚持以“面向全体，和谐发展”为原则，以“快乐生活、健康成长”为办园宗旨，确立了“健康、快乐、和谐、博爱”的园风，“爱、实、活、新”的教风，严格按照教学大纲和《3~6 岁幼儿学习与发展指南》来组织实施教学活动，关注幼儿学习的整体性和尊重幼儿的个体差异，面向全体幼儿实施德、智、体、美等方面教育。该园先后被评为“永州市示范性幼儿园”“《3~6 岁儿童学习与发展指南》推广实验园”、永州市“优秀示范园”。

江华瑶族自治县机关幼儿园　创建于 1959 年，占地面积 9466.7 平方米，有 11 个教学班、300 多名幼儿。教职工 53 名，其中高级教师 1 名、一级教师 16 名、二级教师 13 名、三级教师 6 名。有市骨干教师 2 名、市学科带头人 1 名、县骨干教师 1 名。幼儿园创办以来，始终坚持以“一切为了孩子，服务家长，服务社会，办好人民满意的教育”为最高宗旨，“倾心于孩子的今天，着眼于孩子的明天”的办园理念，用爱心、热心、耐心、细心、专心“五心”培养阳光健康、好奇探究、文明乐群、勇敢自信全面发展的育人目标，打造一个高品质、有特色、创一流的品牌幼儿园，社会声誉不断提高。先后获得省贯彻《3~6 岁儿童学习与发展指南》实验重点联系园、省卫生文明先进单位、湖南省教育报刊社《幼儿画报》“蓝狐狸剧场”指定小演员基地、市示范性幼儿园、市家长学校、道县师范学员实习就业基地等荣誉称号。

宁远县机关幼儿园 创建于1958年，是永州市示范性公办幼儿园，园区占地面积8190平方米，建筑面积8600平方米，设有教学班15个，在园幼儿528名。在园教职工78名，其中高级职称2名、一级教师14名、二级教师22名；本科学历20名，大专学历35名。教师学历合格率达到100%，市、县级优秀教师，先进教育工作者，骨干教师，学科带头人20人。幼儿园坚持“以生活为主体，以游戏促发展”的教育理念，强化“幼儿一日生活皆课程”的观念，坚持以游戏为基本活动形式，以促进幼儿身心和谐全面健康发展为根本，立足园本，创建特色课程，建立专业化、多元化的教学模式与课程，让孩子感知世界，感受生命，努力提高办园水平。先后获得“湖南省安全文明校园”“湖南省教师培训基地园”“永州市幼儿消防安全教育基地”“永州市示范性幼儿园”“宁远县示范性幼儿园”“示范家长学校”“中华国学实验幼儿园”“实习生就业基地”、消防工作“先进单位”、校园周边环境安全管理工作“先进单位”、综治安全工作“先进单位”荣誉称号。在保育教育常规工作中被评为“优秀单位”，在省市示范性幼儿园督导评估中被评为“优秀等次”，在年终考评中获得优秀等次；湖南教育电视台、湖南教育新闻网及《永州日报》等多家省、市级知名媒体进行专题采访报道。

2015年，宁远县机关幼儿园

新田县幼儿园 创建于1958年9月，是永州市示范性幼儿园，占地面积3200平方米，2015年有幼儿327名，教职工42人，所有教师均具有合格的学历和教师资格证。1995年12月经地区教委验收，成为零陵地区合格幼儿园。2005年，新田幼儿园通过市级示范性幼儿园评估，2014年被评为永州市优秀示范性幼儿园。该园以“发展能力，提升智力，塑造人格”为办园宗旨，以培养“健康、快乐、自信、成长”为核心，促进幼儿全面发展为教育目标，围绕“以游戏为幼儿园的基本活动，以幼儿一日活动”为基本课程，坚持“贴近生活，亲近自然”的大教育观念，大胆引进外地的双语教学模式，并结合本园实际创新发展，闯出一条以双语教学和艺术教育为特色的幼儿园教学新路子，培养幼儿学习、生活、卫生、行为习惯，面向全体幼儿实施全面发展的素质教育。先后被评为湖南省幼儿教育先进单位、湖南省文明卫生单位、永州市示范幼儿园，连续两次被评为永州市示范幼儿园督导评估优秀等次、永州市安全文明校园、永州市家长学校示范校、永州市无烟学校。2005—2015 年，连续 11 年被评为新田县“教育常规管理先进单位”“整洁文明卫生学校（园）”。2015—2017 年，全县学校综合目标管理考核中该园获得一、二、三等奖，先后获得县三八红旗集体、教师队伍建设先进单位、综治工作先进、十佳美丽校园、学校管理工作进步单位等荣誉。

第二章

义务教育

第二章　义务教育

1992—2015 年，义务教育经历两个发展阶段。第一阶段，1992—1998 年，主要是基本普及九年义务教育和基本扫除青壮年文盲，到 1998 年，全市所有县、区通过评估验收，提前两年完成“两基”任务。1998 年，全市小学阶段学校数由 1992 年的 6349 所调整为 5520 所，小学生在校人数 679289 人，教职工 27466 人（其中专任教师 25827 人）；全市初中学校从 1992 年的 459 所调整到 364 所，在校学生从 170694 人增加到 293955 人。第二阶段，1998—2015 年，主要是巩固提高，从外延式发展向内涵式发展转变。在实现“两基”目标后，全市继续通过对县区政府教育工作开展督导评估，以及针对学生变化进行中小学布局调整和合格学校建设等方式，实现全市中小学从外延式发展向内涵式发展，不断巩固提高“两基”成果。到 2015 年，全市有小学 1781 所，有教学点有 1320 个，在校学生 496638 人，适龄儿童入学率 100%，小学学年巩固率 100%；初中学校 305 所，在校学生 203146 人，年巩固率 99.5%；特殊教育学校从 1 所增加到 7 所，特殊教育学校学生 559 人，另有随班就读 1333 人，对重度残疾不能到校就读的学生采取送教上门的方式，全市三类残疾儿童少年的入学率为 87.7%。

全市义务教育坚持以改革为动力，深入推进学校课堂教学改革和校园文化建设，提升学校管理水平和教学质量，提升义务教育均衡发展水平，推动全市基础教育内涵式发展迈上新台阶。东安县推进集团化办学，先后组建 13 个协作型教育集团，新田县将 40 余所中小学组建为 6 个教育联盟，整体带动区域内薄弱学校办学水平的提升，实现办学水平高位均衡发展。到 2015 年，全市“普九”成果得到大力巩固和发展壮大，全市义务教育的发展体系基本建立健全。

第一节 普及巩固九年义务教育

一、“两基”达标

1992—2002年，零陵地区（1996年撤地建市）义务教育深化改革并迅速发展。这期间，在全面“普六”的基础上，制定全市“普九”工作规划，继续把“两基”作为重中之重，分区规划、分类指导、因地制宜、全面推进。1995年，东安在全市率先实现“普九”目标。1998年，全市11个县区全面实现“普九”目标，全市提前两年完成“两基”任务，全市义务教育事业得到迅速发展。从2002年起，永州教育进入新课程改革时期，全市上下认真贯彻国家《基础教育课程改革纲要（试行）》，建立和完善以全面提高学生素质为目标的课程体系，教育领域的改革进入“深水区”，带动全市义务教育阶段学校办学水平提升。2008年，永州着力建设教育强市，重点做好合格学校建设、城区义务教育学位建设和全面推进素质教育，努力提高教育教学质量，推进义务教育高质量发展。

1992—1998年，零陵地区（1996年撤地建永州市）各级党委、政府和教育行政部门积极启动和推进第一轮合格学校（标准化学校）的建设。1992—1998年，零陵地区教委先后组织4批249所合格学校（标准化学校）的评估验收，其中1992年第一批验收合格或基本合格的学校52所，1995年第二批验收合格或基本合格的学校85所，1997年第三批验收合格和基本合格的学校79所，1998年第四批验收合格或基本合格的学校33所，助力“两基”攻坚战。

1992—1998年永州市各县区合格学校评估验收统计表

表2-1 **单位：所**

县区	合格	基本合格	合计
祁阳县	22	19	41
冷水滩区	33	19	52
零陵区	3	13	16
东安县	13	24	37
双牌县	4	6	10
道县	0	10	10
江永县	0	7	7
江华瑶族自治县	9	17	26

续表 2–1

县区	合格	基本合格	合计
宁远县	1	24	25
新田县	2	5	7
蓝山县	5	13	18
全市合计	92	157	249

1993 年 2 月 13 日，国务院颁布《中国教育改革和发展纲要》，要求在 20 世纪 90 年代，在保证必要的教育投入和办学条件的前提下，全国基本普及九年义务教育（包括初中阶段的职业技术教育），全国基本扫除青壮年文盲，使青壮年文盲率降到 5%以下。零陵地区认真贯彻纲要精神，制订教育改革与发展的“八五”计划以及实施九年义务教育规划，以“两基”和“两全”（面向全体学生，全面提高教育质量）为重点推进教育事业发展。1993 年 5 月，省委、省政府召开全省义务教育工作会议，印发《关于加快普及九年义务教育的决定》，提出加快普及九年义务教育的具体要求。零陵地委、零陵行署组织“零陵地区普及九年义务教育”调研队伍，分别到 11 个县市和乡镇村及学校进行详细、具体的调查研究。是年，零陵地委组织召开零陵地区地委扩大议教会，研究全地区的“普九”工作；组织召开各县市委书记、县市长参加的全地区教育工作会议，研究和解决全市普及九年义务教育的突出问题，推进全区的“两基”工作。会后，地、市县又根据中央和省里的要求，结合当地实际，对“普九”规划作出进一步调整，经各县市人大通过后报省备案，明确零陵地区各县市实现“普九”的时限。1994 年，中共零陵地委、零陵地区行政公署作出《关于加快教育改革与发展步伐的决定》，明确永州“普九”目标、任务和措施，对全地区义务教育的普及工作进行整体部署和安排。

1994 年 6 月 24—25 日，零陵地区地委、行署组织召开零陵地区教育工作座谈会，中共零陵地委副书记、行署专员卞翠屏作重要讲话，要求各级政府要把教育作为战略重点来抓，明确当前教育发展的重点是“普九”，要用改革的精神、改革的办法发展教育。随后，零陵地区地委、行署出台《关于加快教育改革与发展步伐的决定》，确立各级党政一把手是教育工作的第一责任人，确保教育优先发展；进一步完善办学体制与管理体制，将基础教育、职业高中和中等以下成人教育以县市为主办学和管理，把发展地方教育的主体责任交给县市政府，将预算内经费归口到县一级政府管理，地区一级办学经费管理权和使用权下放到县级，县一级办学权和管理权扩大，调动地方发展基础教育的积极性，全市“普九”工作进入快车道。到 1996 年，全区力争三分之二的县市普及初中，到 1998 年实现全区基本普及九年义务教育，普通高中也要适度发展；多渠道增加教育投入，除全部落实中央、省、地已有的筹措教育经费的政策规定外，足额征收教育费附加，一直到“普九”为止。地、县（市）两级设立义务教育补助专款，同时依法、量力发动群众集资办学，对全区义务教育的普及再次进行整体部署和统筹安排。

1994年7月3日，国务院颁布《关于中国教育改革和发展纲要的实施意见》，具体部署实施“两基”的目标任务，把全国“普九”目标分成了1996年、1998年和2000年三个阶段，到2000年全国基本普及九年义务教育（包括初中阶段的职业教育），初中阶段的入学率达到85%左右，全国小学入学率达到99%以上。零陵地区积极贯彻文件要求，在1995年1月召开全区教育工作会议，宣布1998年全区实现“两基”目标，并和11个县（市、区）的县（市、区）委书记签订目标实施责任书，同时制定出台“两基”奖励办法，明确实现“两基”目标的年限为：东安县为1995年，永州市、冷水滩市、江永县为1996年，江华瑶族自治县、祁阳县、双牌县为1997年，道县、宁远县、蓝山县、新田县为1998年。1995年2月19日，零陵地区教育委员会下发《关于制定“两基”验收规划、确定“两基”验收年限的通知》，各县市按照全省教育工作会和全省“两基”督导工作会议要求制定“两基”验收规划，准确核定验收年限。对1998年及以前实现“普九”的县市，普及九年义务教育和扫除青少年文盲工作的评估验收同时进行，不另组织扫盲验收。在1999年及以后实现“普九”的县市，在1998年及以前对扫除青壮年文盲工作进行评估验收，再按实现“普九”规划年限，对普及九年义务教育工作进行评估验收。

1995年，为贯彻落实零陵地委、行署《关于加快教育改革与发展步伐的决定》筹措“普九”经费，零陵地委教委、财政局制定出台《零陵地区实现“两基”目标奖励办法》。对乡镇中学建设奖励：达到省颁合格乡镇中学标准的，每所奖励0.5万元。对实现“两基”的县市奖励，分三项计算：按县市“两基”验收合格的上年人口计算，每人0.3元；按县市“两基”验收合格的当年初中、小学在校生计算；按省验收确定的等级奖励，达到基本合格的县市，奖励4万元，达到合格标准的县市，奖励8万元。奖励条件：合格乡镇中学按省颁标准，由地区组织验收，一次性合格的，按奖励标准奖励；再次复查验收合格的，按标准的50%奖励。县市实现“两基”按省颁标准，经地区初查，省复查验收，认定基本合格或合格的，并在各县市长向行署签订责任状中规定的期限内完成的，按奖励标准奖励；推迟一年，扣减50%奖励，推迟两年不予奖励。为帮助县市完善办学条件，迎接省验收，在县市向省申报“两基”验收，并经地区初查认可的，地区拨50%的奖励经费，通过省验收合格后，再拨付余额。

东安县委、县政府认真落实文件精神，按照“积极推进、扎扎实实、因地制宜、保证质量、分级定标、有步骤实施”的方针，发动和组织全县干部群众以及广大教育工作者，在加大教育投入，改善办学条件，调整学校布局，加强师资队伍建设，提高教学质量各方面打基础、登台阶、使实劲、办实事、奋力开展“普九”各项工作。1995年3月，省教委对东安县就“两基”工作进行督导检查，检查的重点是入学率、辍学率、完成率、非文盲率等主要指标和经费投入问题。在检查督导中发现东安“两基”的主要问题是经费问题，办学条件还有相当差距，东安在当年列入验收的20个县市中，农民人均纯收入为倒数第二。1995年4月，省教委召开会议，通报检查督导的情况，对受检县市提出整改意见。东安县对照整改意见，采取有力措施迅速整改。1995年12月，湖南省教委对东安县“两基”工作进行正式验收，并在通报中对东安“两基”投入，改善办学条件给予充分肯定，认定东安县为“普及九年义务教育合格县”“湖南省两基合格县”。自此，东安成为零陵地区第一个实现普及九年义务教育的县。

1996年，撤地建市后，永州市委、市政府本着“积极进取，实事求是”的精神，在反复评估各县区经济、社会条件的基础上，再一次修订“普九”规划，要求到1998年底全面实现全市“普九”。具体时限为：东安县为1995年，冷水滩区、芝山区、江永县为1996年，祁阳县、江华瑶族自治县、双牌县为1997年，宁远县、新田县、蓝山县、道县为1998年。

1996年，芝山区、冷水滩区和江永县接受“普九”验收。零陵区委、区政府从1994年到1996年，投入资金16269万元，先后开工的校舍建设工程有107处，其中教学主楼44栋，新增校舍面积7万平方米。1996年改制的芝山区，区委、区政府实现“两基”目标的决心不减，工作劲头不减，经费投入不减，克服财政短收8000万元的缺口，仍投入资金7539万元，新建校舍21万平方米。冷水滩区于1996年初就召开实现全区“两基”动员大会，对学校的硬件建设定规划、定项目、定开工、定工期、定责任人、定奖罚措施，投入资金8991万元，新建校舍26万平方米，改造危房2.41万平方米。江永县以“一票否决”的权重将“两基”列入乡镇党政干部奖罚内容，规定对按期完成任务者必奖不误，若验收不合格，党政“一把手”和主管教育的副手就地免职。当年投入资金2618万元，新建校舍5万平方米，改造危房2.25万平方米。1996年5月，湖南省教委到三个县区进行“普九”情况的调查摸底和督查检查，要求下步重点工作是经费投入和改善办学条件，以及控流保率和提升“四率”。1996年10月，湖南省教委对芝山区、冷水滩区和江永县3个县区验收，三县区顺利通过“两基”目标评估验收。江永县被评为全省“两基”工作先进县，芝山区政府、区教育局和珠山镇镇政府被评为市“两基”工作先进单位。

1996年11月27—28日，市委、市政府在芝山区召开“两基”教育工作座谈会，总结全区1996年的“两基”工作情况，并就1997年全市的“两基”工作进行安排部署。1997年1月15—16日，市委、市政府又将各县区主管教育工作的副书记、副县区长和教委主任召集开会，听取各县区“两基”工作汇报。会上，市委副书记曾昭薰、市政府副巡视员曾斌明确要求各县区清底子、算细账，加大力度，加快速度，确保如期实现“两基”。会后，东安县、芝山区、江永县和冷水滩区4个验收合格或初审合格的县区均召开县区委常委会会议，研究巩固提高“两基”成果，进一步促进学校建设和管理上档次、上水平，进一步加快教育事业发展的办法和措施，其余7县均召开县委常委会会议，研究如期实现“两基”的措施。祁阳召开全县“两基”动员会，要求各乡镇立下军令状，一鼓作气，奋战一年必成功。道县召开乡镇书记会部署动员，减免建校规费，准备年内建校舍15万平方米，力争硬件建设基本到位，并组织到江永县参观。新田组织县党委、人大、政府、政协，各部办委局负责人，乡镇书记、镇长和学区主任到芝山、江永参观学习，年内筹资2500万元投入学校硬件建设。宁远县委、县政府决定拨442万元用于建校补助，并免除1997年建校的各种规费。

1997年，祁阳、江华、双牌等接受湖南省组织的评估验收。江华把实现“两基”作为1997年全县的第一件大事，出台凡在1997年“两基”评估验收中不合格的乡镇党政“一把手”和分管副职、学区主任和有关人员就地免职，验收合格的乡镇给予奖励，处于前三名的乡镇主要领导授予“教育功臣”称号，1997年学校基建项目的各种规费一律免除，凡“两基”不合格的，挂点乡镇的县级领导及县直单位负责人不能晋级评优等三条硬措施，确保成功创建全省少数民族“普九”第一县。双牌县全面落实各级党政“一把手”是实现“两基”的第一责任人、分管教育的领导是直接责任人的党政领导负责制和县级领导包乡镇场，乡镇场领导包村包校的分片包干责任制，县委书记、县长分别负责工作难度最大的理家坪、麻江、江村三个镇。对抓“两基”成效显著的单位和个人，财政安排3万元作为专项奖金进行奖励，对工作不利影响验收的，不提拔、不调动、不评优。祁阳县委、县政府投入“普九”经费1.8亿元，新建10所高标准初中，扩建、改建15所合格初中，新建35所合格中心小学，每个镇都建好一所占地面积80亩以上的初中。全县新增校园面积3000亩，新增校舍面积38万平方米。1997年10月，湖南省人民政府“两基”评估验收团认定祁阳、江华、双牌“两基”合格。其中江华瑶族自治县小学适龄儿童入学率100%，在校生年巩固率99.74%，小学六年完成率98.59%；初中适龄少年毛入学率106.25%，在校生年巩固率98.85%，初中完成率83.49%，青壮年非文盲率为99.05%。江华瑶族自治县成为湖南省民族地区实现“两基”的第一个县。省、市在江华瑶族自治县召开“普九”工作现场会，推介江华经验。

1998年，道县、宁远、新田、蓝山四县接受湖南省评估验收。道县成立以县长为组长的道县“两基”工作领导小组，从1995年起县委、县政府每年都与各乡、镇、场签订教育工作年度责任书。农村教育事业费附加从1996年起由农民上年度纯收入的1.5%提高到2%，把“两基”工作列入全县的“重中之重”。新田县实行“普九”目标管理责任制，实行挂乡县级领导定点责任制，各乡镇党政“一把手”向县委、县政府递交“普九”工作目标管理责任状，把“普九”纳入乡镇一级的奖惩机制中，规定凡未完成“普九”工作目标任务的相关责任人不能评优，严重失职者给予党纪政纪处分，村一级负责农村教育费附加的征集、村小危房改造和控流保学。县、乡、村三级责任明确、目标具体、任务落实。

1998年4月，湖南省教委对永州申报的道县、宁远、新田、蓝山四县的“两基”实施情况进行检查视导，对存在的薄弱环节提出改进意见。1998年10月，省政府“两基”评估团对永州市的宁远、道县、新田、蓝山四县“两基”进行评估验收，认定道县、宁远、新田、蓝山四县在“两基”普及程度、师资水平、办学条件、经费投入、教育质量等方面均已达到或基本达到国家和省定标准，确定为“两基”合格县。至此，永州全市已实现“两基”全覆盖。

1998年，湖南省“普九”巩固提高工作现场会在临澧县召开后，永州市继续把巩固、提高、发展“普九”成果作为基础教育工作的“重中之重”来抓，做到认识不减、劲头不减、经费不减、工作力度不减。1999年1月，中共永州市委、市人民政府作出《关于表彰“两基”工作先进单位、“两基”工作先进个人、“两基”优秀工作者、优秀教师和优秀教育工作者的决定》，获得表彰的先进县区有祁阳县、芝山区、东安县、道县，“两基”工作先进县区教委有祁阳县教委、芝山区教委、道县教委；“两基”工作先进乡镇有祁阳县浯溪镇、祁阳白水镇、芝山区珠山镇、冷水滩区岚角山镇、东安县芦洪市镇、双牌县塘底乡、道县清塘镇、道县梅花镇、江永县允山镇、江华瑶族自治县湘江乡、宁远县舜陵镇、蓝山县所城镇、新田县枧头镇。“两基”工作先进个人11人，均记二等功；“两基”优秀工作者33人，均记三等奖；优秀教师77人，均记三等功；优秀教育工作者77人，均记三等功；优秀教育工作者23人，均记三等功。祁阳县“两基”工作成绩特别突出，于1999年1月被评为湖南省“两基”工作先进县，2000年被评为全国“两基”工作先进县。

2000年，永州市委、市政府把“普九”的巩固提高作为教育工作的重中之重，建立“普九”年检制度，重点是普及程度、教育经费和基本的办学条件等方面的年检，同时完善和理顺基础教育的管理体制。2001年4月，召开全市教育工作会议，确定“十五”期间基础教育的工作目标为：巩固提高全市“普九”成果，小学、初中入学率分别稳定在99.8%和95%，辍学率分别控制在1%和2%以内；大力发展高中教育，办好一批重点高中，在高中学校内部挖潜，实行初、高中剥离，扩大高中规模。普高招生由年2.5万人扩大到年3.5万人，高中在校生规模到“十五”末期达到8.5万人。是年颁布的《永州市教育事业发展“十一五”规划（2001—2005年）》，明确“普九”仍是教育工作的重中之重。明确小学、初中年辍学率要分别控制在1%和3%以下；适龄人口入学率分别达到99%和95%以上；残疾儿童少年入学率达到90%以上，义务教育完成率达到50%，初中毕业生升学率达到70%，其余30%要接受多种形式的职业技能培训。永州市基础教育由基本“普九”向全面“普九”转变，从较高标准普及九年义务教育转入向推进基础教育全面现代化转变。

2001年9月11日，在省政府召开的全省基础教育工作会议上，永州市教育委员会获省政府颁发的“湖南省推进两基成就奖”和“两基”工作先进单位，江华瑶族自治县委书记荣燕明荣获“湖南省教育功臣”称号。

2003年5月，永州市教育局出台《关于进一步做好进城务工就业农民子女义务教育工作的意见》，明确要求各地各校要坚持以流入地政府为主、以公办学校为主的“两为主”义务教育的工作机制，深入推进“同城待遇、同班学习、同步发展、共同进步”一视同仁的教育模式，多渠道、多形式地为农民工随迁子女入学创设公平的受教育环境，保障他们的受教育权益。2007年，永州市首次把外来务工人员子女入学情况纳入事业统计，加强外来务工人员子女入学的组织协调与督促跟踪工作，外来务工人员子女入学的问题得到较好落实。据统计，当年全市农民工随迁子女4563人和农村留守儿童87307人的入学问题得到较好解决。2015年，全市公办中小学接纳外来务工人员子女就近入学，积极解决流动人口子女在各类公办学校接受义务教育问题。

二、调整学校布局

在推进“两基”工作的同时，受学龄人口变化等因素的影响，永州市义务教育学校布局和办学机制相应进行持续不断的调整优化。1995年，零陵地区教委下发《关于认真做好中小学布局调整规划的通知》，要求各地站在合理调整中小学布局是省委、省政府当年要办好三十件大事中的一项重要工作的高度，年内制定调整中小学布局规划，经过县市政府和人大审核同意后组织实施，用三年时间，到1997年全面完成调整布局的任务。是年，零陵地区实行撤区并乡建镇，零陵地区地委副书记曾昭薰在5月8日至9日召开的县市教委主任碰头会上要求，各地顺应撤区并乡建镇，严格按照《中华人民共和国教育法》和《中华人民共和国义务教育法》积极稳妥地调整学校布局，不能盲目超前，也不能总是滞后。到1998年，全市义务教育阶段学校从6808所调整到5884所，全市小学阶段学校由1992年的6349所调整到5520所，中学由459所调整到364所。

1997年，永州市在加快学校布局调整的同时，深化厂矿企业改革，剥离厂矿企业办的社会职能，厂矿企业办学校交由地方政府或合并到附近相同类型的学校。零陵区五厂一所子弟学校、地区公路局子弟学校、零陵卷烟厂子弟学校、零陵汽车修配厂子弟学校、零陵造纸厂子弟学校、耐火材料厂子弟学校、建华机械厂子弟学校和福田茶场子弟学校等改制的厂矿子弟学校先后撤并交由零陵区主办。冷水滩永州火车站子弟学校、耐火材料厂子弟学校、水运局子弟学校、五厂一队子弟学校、跃进厂子弟学校、冶金厂子弟学校等改制的厂矿子弟学校先后撤并移交冷水滩区主办。另外，祁阳观音滩煤矿子弟学校、祁阳水泥厂子弟学校、东安石矿子弟学校、东安湘器子弟学校、双牌南岭化工厂子弟学校、双牌水电站子弟学校、道县纺织厂子弟学校、江永铜山岭矿子弟学校、江华林场子弟学校、涔天河水电站子弟学校、蓝山三〇三矿子弟学校等撤并移交各县办学。到 2005 年，永州市境内的厂矿子弟学校全部移交地方管理和办学，办学体制进一步理顺。

1998 年后，全市学龄人口出现大幅度波动性变化，1998 年在校小学生 679289 人，至“九五”末的 2000 年，在校小学生下降到 595802 人，至“十五”末的 2005 年在校小学生下降到 406818 人，至“十一五”末的 2010 年在校小学生又回升到 482913 人，至“十二五”末在校小学生为 496638 人。2015 年与 1998 年比较，在校小学生减少近 20 万人，降幅达到 30% 左右。特别是受城镇化推动，进城务工和外出务工的农民工增加，农村学校的学生持续减少，为避免结构性浪费，提高教育的投资效益，巩固提高普及九年义务教育成果，全市义务教育阶段学校布局调整力度不断加大，全市义务教育阶段学校通过撤、并、扩、建、改等方式，将高年级学生集中到中心小学或片完小，村完小改为村小；居住分散、交通不便、学生不足 60 人的村小改为教学点。全市义务教育阶段学校数从 1998 年的 5884 所调整到 2015 年的 2086 所，减少 3798 所，其中小学从 5520 所调整到 1781 所，初中从 364 所调整到 305 所，中小学教育资源配置得到进一步优化，教育教学质量不断提升。

2007 年 8 月，市教育局组织开展一次全市教育情况调研。调研组通过深入中小学听课、检查教案、座谈讨论、走访教师学生等方式，全面深入地调查了解情况，形成调研报告。市教育局党组在此基础上进行认真的分析和研究，形成教育工作的初步意见，向市委、市政府作专题汇报，提出由市教育局直管 2 所高中、1 所初中和 1 所小学，带动全市教育质量整体水平提高的建议。2010 年 7 月，永州市三届人大常委会第二十八次会议听取市教育局工作报告的审议意见，就关于学校布局提出加强全市城乡学校布局调整，提出科学合理并切实可行的方案，促进教育资源合理配置。认真解决中心城区班额过大、学位严重不足的问题，尽快启动河东文家小学建设，加快永州四中搬迁及菱角山实验小学建设进度。高度重视农村教育资源闲置浪费的现象，帮助解决零陵区珠山镇珠山片学校配置不合理、小学班额过大的问题。2013 年，省教育厅下发《关于做好农村义务教育学校布局专项规划制定工作的通知》，在各地农村义务教育学校布局专项规划未经省政府批准并报国家教育体制改革领导小组备案之前，暂停农村义务教育学校（含教学点）撤并。自此，永州市义务教育学校布局调整工作告一段落。

附：

部分县区中小学校布局调整情况

零陵区 从1991年后开始调整中小学布局。至1994年，全区小学由原来的562所减少到496所。至2000年，小学数调整到487所。2000年后，零陵区城市化步伐加快，中心城区学位矛盾突出。2003年，零陵区委、区政府出台《2003—2010年全区小学布局调整规划》，将已有的城区小学挖潜扩充学位，2010年南津渡小学、柳子街小学改扩建工程竣工，新增学位1500个；2012年新建萍洲小学，2013年新建千秋岭小学，2014年新建神仙岭小学，2015年新建五里牌小学，新增学位8420个，城区小学班级达到427个，平均班额55人，城区小学学位不足的矛盾得到有效缓解。为缓解城区初中学位紧张矛盾，零陵区加快初中学校布局调整力度。2000年，将永州市一中、永州市三中的初中部全部剥离出去单独办学，创办国有民办的萍洲中学和零陵中学。2004年，将永州市九中改制，撤销高中部，改办独立初中，实验中学高中部撤并到永州市七中，实验中学全部办初中。2013年，永州市五中停止高中招生办成独立初中。这一系列举措使城区增加初中学位5000个，基本缓解城区初中学位紧张的矛盾。同时，零陵区加大农村学校调整布局力度，至2005年，全区农村初中仅保留29所，村小及教学点共153所。2008年开始建设合格学校时，零陵区决定农村每个乡镇仅保留原有的完全小学，集中力量建设好1所初中和1所中心小学，至2010年底，零陵区有村小、教学点40所，到2015年，村小、教学点调整到18所。

祁阳县 从1995年开始，结合撤乡建镇的实际，实施全县农村中小学布局调整的“三五”工程，即办好全县5所高中、50所初中、500所小学，对办学条件差、规模小、生源短缺、效益低、师生比例严重失调的小学进行调整，对服务半径小于2千米和学校低于4个班、每班学生少于30人以及小学额定班额大于45人的小学进行调整。至“普九”验收，全县基本实现“三五”工程的目标，小学调减至510所。至2002年，祁阳县小学调整到247所（教学点99个，村小10所，完小117所，中心小学21所）。至2015年，祁阳农村学校布局稳定，有各级各类学校129所（其中小学90所，初中28所，高级中学1所，完全中学2所，九年一贯制6所，十二年制2所）。

东安县 自2001年初加快推进学校布局调整，在巩固提高“普九”成果的同时提升农村教育教学质量。2001年1月，中共东安县委召开常委会扩大会议，通过《2001—2005年中小学布局调整规划》，按照“相对集中，方便入学，改善条件，确保质量，提高效益”的原则和“适度超前，一次定点，分步实施，分类指导，先易后难，先建后迁”

的方法，用五年时间要求分步骤完成调整任务。第一步，完成全县中心小学及教学点的撤并工作。根据教育部“交通不便利的山区适当保留低年级教学点”的政策精神，结合实际，“十一五”期间撤并教学点 28 个，合并 8 所中心小学，保留中心小学 28 所、教学点 26 个，基本解决农村小学布点过多、过散，办学效益低的历史问题，切实解决小学低年级学生上学难的问题。第二步，完成初中、中心小学的撤并工作。撤并初中 17 所，合并 8 所，保留 19 所；撤并九年制学校 1 所，新发展九年制学校 8 所。切实改变农村初中规模小，办学效益低的状况。第三步，完成农村完全中学的撤并工作。按照“高中设点以县镇和城市为主，农村高中为辅”的思路，逐步撤并 12 个班以上的东安县三中、四中、五中三所农村高中，做大做强东安一中、耀祥中学、职业中专，确保高中教育规模发展。第四步，加快寄宿制学校建设的步伐。坚持学校布局调整与中小学危房改造、寄宿制学校建设相结合，搞好已有的 7 所寄宿制小学配套设施建设，加大对镇所在地的中心小学、初中的投入，改扩建一批教学楼、学生宿舍、学生食堂等，为农村中小学生创造良好的寄宿条件。到 2015 年，通过撤、并、联、改等办法，东安县各级各类学校从 134 所（其中高中 6 所，初中 36 所，九年一贯制学校 3 所，中心小学 35 所，小学教学点 54 个），调整到 86 所（其中普通高中 3 所，初中 19 所，九年一贯制学校 10 所，中心小学 28 所，小学教学点 26 个），撤并高中 3 所、初中 17 所，撤并中心小学 7 所、撤并教学点 28 个，增加九年一贯制学校 7 所，是全市调整中小学布局幅度最大的县。

双牌县 1998—2002 年，进行较大规模的调整学校布局，共撤并小学 126 所。到 2005 年，双牌县所有乡镇的中心校都建成寄宿制学校。

江永县 于 1995 年借撤乡并镇之势调整中小学布局，全县原 11 所中心小学调整为 7 所，保留江永一小、实验小学 2 所城镇小学，全县初中由原来的 21 所减至 11 所（含回龙圩中学），另设 6 所九年一贯制学校。随着普及九年义务教育的需要，全县学校数有所增加，到 1998 年，全县共有学校 158 所，其中小学 143 所、普通中学 14 所、职业中学 1 所。到 2015 年，全县中小学调整为 36 所，其中小学 18 所、普通中学 18 所（初中 9 所，高级中学 1 所，完全中学 1 所，九年一贯制学校 7 所），另有教学点 61 个。

江华瑶族自治县 于 2003 年开始调整学校布局，当年撤并学校 40 所。在码市镇新铺完小进行寄宿制学校试点，新铺片 19 所村小全部撤并。2004 年，全县撤并学校 45 所，其中中河乡、花江洞乡、湘江乡撤并村小教学点 44 个，小贝中学并入白芒营中学。经过撤并等方式，到 2015 年，全县各级各类学校从 275 所（其中小学 247 所、普通中学 28 所），调整到 78 所（其中小学 52 所，普通中学 26 所），撤并小学 195 所、普通中学 2 所。

宁远县 从 1990 年以后开始调整布局，撤并村小教学点，2007 年撤并速度达到最高点。1990 年全县共有村片小学 467 所，2015 年减少到 225 所；农村初中由 1990 年的 41 所减少到 22 所。

三、义务教育合格学校建设

2008年8月25日，湖南省人民政府办公厅印发《湖南省人民政府办公厅关于推进义务教育均衡发展的意见》，提出全省力争用5～8年的时间，以县市区为单位，义务教育均衡发展分别达到如下发展目标：经济和教育基础较好的县市区（含市州本级所辖学校），95%的义务教育学校达到合格学校要求，学校之间教育质量差距较小，弱势人群义务教育状况根本改善；经济和教育基础相对薄弱的县市区（国家、省扶贫开发工作重点县，少数民族县），85%的义务教育学校达到合格学校要求，学校之间教育质量差距逐步缩小，弱势人群义务教育水平明显提高；其他县市区，90%的义务教育学校达到合格学校要求，学校之间教育质量差距缩小，弱势人群义务教育状况得到有效改善。永州市适应这一要求，加大投入，健全机制，强化措施，把义务教育均衡发展作为教育工作的重中之重来抓，取得义务教育学校在办学条件、管理水平、师资实力、教育质量等方面的基本均衡，启动全市义务教育合格学校建设。当年，永州市共完成投资1.23亿元，完成83所合格学校建设任务。2008年10月，市委、市政府颁布《关于建设教育强市的决定》，将建设教育强市和推进义务教育均衡发展作为全市教育工作的重点，提出到2015年底，全市义务教育学校90%以上要建成合格学校，全市合格学校建设有计划推进。永州市根据2008年4月12日省教育厅颁布的《关于印发〈湖南省义务教育学校办学标准（试行）〉的通知》要求，结合本市实际制定《永州市义务教育合格学校验收标准》，并作为验收依据。

2011年2月18日，湖南省教育厅《关于进一步调整和确认县域义务教育均衡发展规划的通知》，确认永州市各县区义务教育合格学校建设规划，明确2014年冷水滩区完成建设规划，其他10个县区在2015年完成。2011年11月11日，湖南省人民政府办公厅《转发〈省教育厅关于实施合格学校建设规划推进义务教育均衡发展意见〉的通知》，提出到2012年底，全省完全小学以上的义务教育学校完成合格学校建设任务的比例，均衡发展水平较高的县市区要达到100%，中等和较低水平的县市区分别要达到80%和60%以上，实现县域义务教育初步均衡目标。到2015年底，全省所有县市区完全小学以上义务教育学校全部完成合格学校建设任务，实现县域义务教育基本均衡发展，同时调整永州市各县区义务教育合格学校建设完成时间：2012年，冷水滩区和零陵区完成；2013年，双牌县、蓝山县和新田县完成；2014年，祁阳县完成；2015年，东安县、江永县、江华瑶族自治县、宁远县和道县完成。各县区（管理区）根据省、市要求，积极推进义务教育合格学校建设。

零陵区政府于2008年制定《义务教育合格学校建设规划》和《2008—2012年农

村中小学寄宿制学校建设规划》。这两个规划的实施，实际上是将农村合格学校与寄宿制学校捆绑进行规划建设。计划建设时间是五年，要求结合农村实际，高标准高质量完成建设任务。筹集建设资金的渠道有七条：政府筹、上级补、本级财政挤、教育费附加贴、从国有田地出让费和公务接待费中控调部分资金，以及争取社会捐资。至 2012 年底，零陵区 56 所农村中小学校全部建成合格学校，这些合格学校都基本具备学生在校寄宿的条件。零陵区于 2011 年被评为全省“校舍安全改造工程先进县区”，2011 年、2012 年连续两年被评为市合格学校建设先进单位。

东安县委、县政府对义务教育合格学校建设工作非常重视，县委书记唐能武和县长谢景林都作出批示，要求把合格学校建设办扎实，各职能部门要大力配合，做到要钱出钱、要物给物、保证验收过关。把合格学校建设作为建设教育强县、为民办实事的头等大事纳入东安县“十一五”发展规划。对创建合格学校实行“四包一合格”的机制，即县级领导包乡镇，乡镇主要领导包学校，县直部门包帮扶学校，学校包工作落实，确保合格学校建设合格。规定每个合格学校建设单位必须做到“五个一”，即一个项目学校，一名负责领导，一套创建班子，一个完整的实施方案，一个抓到底的工作作风。在合格学校建设过程中，做到科学规划。2008 年，县教育局四个组深入各乡镇场学校摸清底子，建立台账。在摸清实际情况的基础上，反复论证和进行可行性研究，出台《东安县义务教育阶段合格学校建设规划》。积极调整财政支出结构，多渠道筹措合格学校建设资金。做到硬件、软件一起抓，软件从严，硬件从实。硬件建设对照标准，逐项落实。着力抓师资队伍建设和规范教育教学管理，在保证合格的前提下，突出各校的办学特色。至 2015 年，全县共投入合格学校建设资金 116111 万元，创建成功 52 所义务教育阶段合格学校。是年，东安县被评为“永州市合格学校建设先进单位”。

双牌县自 2008 年启动合格学校建设，至 2015 年，共创建义务教育合格学校 26 所，共投入资金 7745.5 万元，全县所有乡镇中心小学和中学都建成合格学校。

2008—2015 年，江永县共创建义务教育合格学校 46 所，投入资金 1.48 亿元。合格学校建设做到“五抓五确保”，即学校实际情况调研，确保有的放矢；抓投入上项目，确保硬件达关；抓管理争效益，确保软件更优；抓规划明职责，确保责任到位；抓督查重落实，确保创建力度。遵循“缺什么，补什么”的原则，按照合格学校验收标准，认真规划建设项目，狠抓精细化管理，严保建设质量。县教育局分年度专门制定江永县义务教育合格学校建设实施方案，明确年度工作责任，严格督查落实。县委、县政府领导有明确的分工，把每所合格学校建设的责任分别落实到每个领导的肩上。相关部、办、委、局都有明确的分工责任。各乡镇向县委、县政府递交责任状。2015 年，永州市为民办实事评估组对江永县合格学校建设工作给予充分肯定。

蓝山县于 2008 年制定义务教育合格学校建设规划，至 2015 年底，蓝山县义务教育合格学校建设共有46所通过市验收，其中初中8所、九年一贯制学校13所、中心小学18所、村小教学点7所。

金洞管理区将义务教育合格学校建设作为教育强区发展的第一要务，实行“党委行政牵头，部门协同联动，教育系统亲力亲为，全区上下同心协力推进”的工作机制，形成一股强大的抓义务教育合格建设的合力。2008—2015年，投入资金2830万元，新建校舍6200平方米，刷新改造旧校舍82600平方米，新建体育运动场8个，添置体育器材680件，添置图书137500册，装备多媒体教室13个，配备电脑教室9个、电脑400台，配备电教仪器设备价值1530万元，装备液体电视机教室84个，实现“班班通”79个。到2015年，金洞林场中学和全区8所中心小学全部通过省、市义务教育合格学校验收并达标，实现全区中心小学和中学合格学校建设全覆盖。

道县县委于2008年召开议教会议，决定每年从土地收益金中拿出1000万元，用于建设义务教育合格学校。2008—2015年，共创建义务教育合格学校52所，投入资金39959.6万元。

据统计，至2015年，全市投入20.63亿元，建成合格学校636所，完小以上的义务教育学校全部建成合格学校，达到规定的建设标准和办学条件要求，弱势人群受教育状况根本好转，有学习能力的残疾儿童少年九年义务教育入学率达到85%，全市义务教育年巩固率达到99.86%。2012年和2013年，永州市教育局在全省教育为民办实事目标管理考评中排名第一和第三。2014年永州市教育局被省为民办实事考核办评为“先进集体”，得到省委、省政府和省教育厅的充分肯定。2015年4月3日，《湖南日报》头条《永州义务教育合格学校遍城乡》介绍永州市义务教育合格学校建设工作经验。

2008年永州市各县区建设的义务教育合格学校名录

表2–2

县区	学校名称
江华瑶族自治县	江华瑶族自治县东田中学、江华瑶族自治县沱江镇四小、江华瑶族自治县白芒营镇中心校
祁阳县	祁阳县茅竹镇中心校、祁阳县肖家镇中心小学、祁阳县白水镇中心小学、祁阳县羊角塘镇兰桥完小、祁阳下马渡镇云盘町完小、祁阳县黎家坪明德小学
宁远县	宁远县天堂镇中心校、宁远县实验小学、宁远县舜陵镇三小、宁远县城南小学
东安县	东安县鹿马桥中学、东安县山口铺中心小学、东安县端桥铺中心小学、东安县新圩中学、东安县芦洪市中心小学、东安县白牙市三小
道县	道县清塘镇中学、道县白马渡镇中学、道县寿雁镇中学、道县桥头乡中心小学、道县四马桥镇中心小学、道县洪塘营乡中心小学

续表 2–2

县区	学校名称
冷水滩区	冷水滩区黄阳司中学、冷水滩杨村甸乡中学、冷水滩区竹山桥学校、冷水滩区牛角坝镇中学、冷水滩上岭桥镇中心小学、冷水滩区杉木桥学校
双牌县	双牌县泷泊镇三小、双牌县何家洞乡中心小学、双牌县打鼓坪中心小学
零陵区	零陵区接履桥镇中学、零陵区梳子铺中心小学、零陵区富家桥镇中学、零陵区邮亭圩镇福田完小、零陵区凼底乡中心小学、零陵黄田铺鸟塘铺完小
新田县	新田县枧头镇学校、新田县骥村镇中学、新田县大坪塘乡中心校
蓝山县	蓝山县民族中学、蓝山县龙溪中学、蓝山县土市中学
江永县	江永县黄甲岭中学、江永县夏层铺学校

2009 年永州市各县区建设的义务教育合格学校名录

表 2–3

县区	学校名称
江华瑶族自治县	大石桥中学、涛圩中学、水口中学、湘江九年制学校、沱江镇一小
祁阳县	八宝镇中心学校、浯溪镇中心学校、下马渡镇中心学校、七里桥镇中心学校、文富市镇中心学校、黎家坪镇二中、潘市镇中心小学、进宝塘镇中心小学、龚家坪镇中心小学、黎家坪镇张公坪完小
宁远县	大阳洞完小、冷水镇中心校、中和镇中心校、九嶷山瑶族乡中心校、下坠中学、舜陵镇中学、湾井镇中心校、太平镇中心校、云潭中学、保安乡中心校、琵琶中学
江永县	允山镇中学、桃川镇中心校、江永县第三中学
东安县	井头圩中心小学、大江口中心小学、东安县横塘学校、大庙口中心小学、水岭学校、东安县南桥小学
道县	四马桥中学、柑子园中学、梅花中学、营江学校、寿雁中心小学、敦颐附小、道县清塘中心小学、道县祥林铺中心小学
冷水滩区	冷水滩区岚角山中学、冷水滩区普里桥中学、冷水滩区伊塘镇学校、冷水滩区蔡市学校、冷水滩区花桥街学校、冷水滩区凤凰小学、冷水滩区水浪坝中心小学
双牌县	双牌县第一中学、双牌县明德小学
零陵区	石岩头镇中学、黄田铺学校、石山脚乡中学、邮亭圩中学、富家桥镇中心小学、水口山镇宝安小学、珠山镇于家完小、零陵区大庆坪乡学校
新田县	知市坪乡中学、田家学校、冷水井学校、新圩镇中心小学、龙泉四完小
蓝山县	楠市中学、早禾中学、火市中学、蓝山县三中、所城学校、蓝山县田心中学

2010 年永州市各县区建设的义务教育合格学校名录

表 2-4

县区	学校名称
江华瑶族自治县	白芒营中学、河路口中心小学、桥市中学、沱江镇为人小学、小圩中学大路铺中心小学、沱江中学、码市中河完小
祁阳县	黄泥塘镇中心学校、大忠桥镇中心小学、羊角塘镇中心学校、观音滩镇新铺完小、黎家坪镇中心学校、梅溪镇广歧完小、茅竹镇中心学校、八宝镇中心小学
宁远县	天堂完小、冷水完小、水市完小、实验中学、荒塘中心校、实验中学、五小、逍遥岩完小
江永县	上江圩中学、兰溪学校
东安县	南桥中心小学、都塘中学、横塘学校、花桥学校、东安三中、东安五中
道县	道县第四中学、祥霖铺镇中心小学、仙子脚中学、清塘镇中心小学
冷水滩区	黄阳司镇中心小学、杨村甸乡中心小学、上岭桥镇中学、长丰小学滨江小学、菱角山实验小学
双牌县	五里牌中心校泷泊中心校、永江中心校、上梧江瑶族乡民族学校
零陵区	大庙头完小、湾夫完小、菱角塘镇学校、石岩头镇中心小学、郑家桥完小毛溪桥完小、梳子铺中学、珠山镇学校、长岭完小、凼底乡中学
新田县	石羊中学、十字中学、龙泉三小、茂家学校
蓝山县	大桥学校、浆洞中小、龙溪中小、新圩学校

2011 年永州市各县区建设的义务教育合格学校名录

表 2-5

县区	学校名称
江华瑶族自治县	码市中学、沱江镇第二小学
祁阳县	三口塘镇中心校、浯溪镇一中、大村甸镇中心小学、下马渡镇中心小学、浯溪镇民生小学、浯溪镇龙山完小、文富市白茅滩完小、白水镇珠玉完小
宁远县	中和完小、仁和完小、鲤溪完小、湾井完小、柏家坪完小、禾亭完小
江永县	源口学校、实验小学
东安县	白牙市中学、大盛中学、芦洪市中学、石期市中心小学、川岩中心小学
道县	祥霖铺中学、审章塘学校、白马渡中心小学、仙子脚中心小学、蚣坝中心小学、梅花中心小学
冷水滩区	三多亭小学、牛角坝镇中心小学、永州市十中、仁湾镇学校、马坪学校、高溪市学校、永州市十六中

续表 2-5

县区	学校名称
双牌县	茶林学校（九年一贯制）、塘底学校 平福头学校（九年一贯制）
零陵区	南津渡小学、柳子街小学、新宅里完小、接履桥镇中心小学、何仙观完小 据江寺完小、水口山镇中学、邮亭圩镇中心小学、石山脚乡中心小学、双牌铺完小
新田县	瑞华实验学校、双碧学校、石羊中心小学、三井学校
蓝山县	太坪学校、大洞中心小学、蓝山县第一完全小学、蓝山县第一中学

2012 年永州市各县区建设的义务教育合格学校名录

表 2-6

县区	学校名称
江华瑶族自治县	宝昌学校、启汉小学、桥市中心校、沱江镇五小、江华瑶族自治县特教学校、两岔河中心校、大圩中心校、关水阁完小、大锡中心校、桥头铺完小、白牛山完小、黄石完小、大干完小、凌江完小
祁阳县	祁阳七中、羊角塘镇二中、观音滩镇东泉完小、茅竹镇周塘完小、进宝塘镇石梓塘完小、文明铺镇中心小学、黄泥塘镇九洲完小、肖家镇汪家完小、龚家坪镇窑头镇完小、八宝镇黄市完小、潘市镇塘弦湾完小、羊角塘镇铜银完小、三口塘镇石湖完小、七里桥镇龙口源完小、浯溪镇白沙完小
宁远县	冷水完小、太平完小、九嶷完小、梅岗完小永安完小、双井圩完小、大界完小、麦地完小
江永县	粗石江中心小学、潇浦中心小学
东安县	白沙中心小学、端桥铺镇中学、鹿马桥中心小学、新圩中心小学、狮子铺中心小学
道县	乐福堂学校、道县三中、教师进修学校附小、上关中学、道县下蒋学校、杨家中心小学、井塘学校
冷水滩区	京华中学、永州市十二中、岚角山镇中心小学、普利桥镇中心小学
双牌县	麻江乡学校、江村镇中学、理家坪乡中学、打鼓坪林场中学
零陵区	双牌铺完小、火湘桥完小、排龙山学校、桐子坪完小、长塘完小、永州市十一中、水字桥完小、西塘观完小、杨梓塘小学、阳河完小、西头完小、杨家巷完小、大庙头中学、梅溪完小、七层坡小学、东湘桥完小、喜塘完小
新田县	新圩中学、高山中学、龙泉五小、知市坪中心小学
蓝山县	大麻学校、正市学校、毛俊学校、田心学校

2013 年永州市各县区建设的义务教育合格学校名录

表 2–7

县区	学校名称
江华瑶族自治县	涛圩镇中心校、大路铺镇仙石完小 码市镇竹市完小、白芒营镇岩口铺完小、东田镇茶园完小、东田镇逸夫完小、蔚竹口乡中心小学、大石桥乡中洞完小
祁阳县	观音滩镇八尺完小、白水镇仁冲完小、黄泥塘镇中心小学、梅溪镇中心小学、长虹办事处苏油坪完小、八宝镇火田完小、七里桥镇中心小学、文明铺镇高码头完小、龚家坪镇大坪铺完小、大忠桥镇马江学校、进宝塘白合完小、潘市镇马鞍岭完小、羊角塘镇平安完小、下马渡镇大桥湾完小、黎家坪镇中心小学、浯溪办事处椒山完小、大村甸镇育英完小
宁远县	宁远县舜陵镇双板桥完小、宁远县东城完小、宁远县岭头源完小、宁远县下坠完小、宁远县保安完小、宁远县新开完小、宁远县晓睦塘完小、宁远县平田完小、宁远县舜陵镇二小、宁远县上宜完小、宁远县下灌完小、宁远县云潭完小、宁远县李家铺完小、宁远县保和完小、宁远县白土完小、宁远县荒塘完小、宁远县香花铺完小、宁远县慕投完小
江永县	允山镇中心小学、夏层铺镇冷水铺学校
东安县	凡龙圩学校、大庙口中学、西江桥中心小学、紫溪中心小学、大水学校、台凡市中心小学
道县	道县四马桥镇杨家中心小学、白芒铺乡白芒铺中心小学、道县蚣坝镇兴桥中心小学、道县井塘中心小学、道县新车中学、岑江渡中心小学
双牌县	五里牌镇中学、何家洞乡中学、尚仁里学区、阳明山管理局学校
新田县	双碧学校初中部、毛里乡中学、金盆圩乡中心校、莲花乡中心校、新隆镇中心校
蓝山县	蓝山县蓝屏学校、蓝山县楠市中心小学、蓝山县火市中心小学、蓝山县总市学校、蓝山县四完小

2014 年永州市各县区建设的义务教育合格学校名录

表 2–8

县区	学校名称
江华瑶族自治县	桥头铺中心校、小贝完小、上游完小、桥铺完小、大圩中学
祁阳县	白水镇完小、大村甸镇石桥铺完小、文明铺镇狭江完小、长虹办事处明德小学、羊角塘镇城山完小、内下乡中心小学、观音滩镇一中、白水镇七里坪完小、黄泥塘镇二中、梅溪镇楼梯完小、八宝镇龙华完小、文富市镇中心小学、肖家村镇肖家完小、黎家坪镇九龙寺完小、大江林场中心小学、龚家坪镇二中
宁远县	鲁观完小、下灌完小、上宜完小、白土完小、李家铺完小、侯坪完小、棉花坪完小、礼仕湾完小、荒塘完小、柏万城完小、故园完小、一小、二小、官桥完小、逍遥岩中学、印山小学、实验小学

续表 2-8

县区	学校名称
江永县	黄甲岭中心校、上江圩中心校、上洞学校、上洞完小、城下完小、清溪完小、井边完小
东安县	井头圩中学、南桥中学、大江口中学、塘复中学、金江小学、中田学校、荷池小学
道县	上关中心小学、新车中心小学、桥头林场学校、会潭中心小学、唐家中心小学、小甲中心小学
双牌县	何家洞乡蔡里口中心小学、泷泊镇第一完小、五星岭学校
新田县	大坪塘中学、陶岭中心小学、骥村中心小学
蓝山县	荆竹中心小学、竹市学校、紫良中心小学、祠市中心小学、尚屏中心小学、犁头中心小学、汇源中心小学、明德实验小学、塔峰镇三完小

2015 年永州市各县区建设的义务教育合格学校名录

表 2-9

县区	学校名称
江华瑶族自治县	大石桥中心校、大圩镇鲤鱼塘完小、大路铺镇兴佳完小、沱江镇竹园寨九年制学校、小圩中心校、大路铺镇回溪完小、河路口中学、花江乡新庆完小、白芒营镇车下完小、界牌中心校、界牌乡喇叭口完小、码市镇新铺完小、东田中心校、花江乡花江洞完小
祁阳县	观音滩镇花山小学、肖家村镇汪家联校、黄泥塘镇三联完小、茅竹镇英才小学、潘市镇松林完小、文富市镇黄塘完小、文富市镇香花桥完小、文明铺大福桥完小、龚家坪新湾小学 、挂榜山林场小学、白水镇杉木冲完小、白水镇朱家桥完小、八宝镇百里完小、大忠桥镇梅湾小学、羊角塘镇福和完小、七里桥镇白竹塘完小、下马渡镇汤家岭完小、下马渡镇目关头小学、大村甸镇许家亭完小、黎家坪镇石子岭小学、黎家坪镇十里坪完小、三口塘镇堡头小学、长虹街道东风小学、观音滩镇新铺小学
宁远县	水市镇东瓜井小学、湾井镇路亭小学、冷水镇沙洞小学、冷水镇神下小学、中和镇四都小学、中和镇彰佳山小学、中和镇库里小学、仁和镇神背山小学、清水桥镇洛家洞小学、舜陵镇仁山庙小学、天堂镇岭脚小学、水市镇大欧家小学、水市镇水晶窝小学、湾井镇彭家洞小学、柏家坪镇神山小学、冷水镇高壁小学、冷水镇夏壁小学、太平镇汪田洞小学、柏家坪镇眼头小学、柏家坪镇沈家小学、清水桥镇百福荣小学、清水桥镇座塘小学
江永县	松柏中心校、粗石江镇黄金山完小、江永一小、消蒲镇江河完小、允山镇厂子铺完小、桃川镇书馆完小、桃川完小
东安县	高峰中学、高峰中心小学、狮子铺中学、渌埠头小学、紫云学校、白沙中学、山口铺中学、竹木町中学、竹木町小学、伍家桥中学、大盛中心小学、易江学校、大庙口镇石峰小学、白牙市镇小心田小学、端桥铺镇杨梓洞小学、黄泥洞乡黄金洞小学、芦洪市镇社塘小学、大盛镇大盛小学

续表 2-9

县区	学校名称
道县	道县五中、濂溪学校、道县一小、道县六小、洪塘营瑶族乡中学、清塘镇久佳中心小学、仙子脚镇沙田学校、横岭瑶族乡中心小学、桥头镇中学
双牌县	上梧江瑶族乡林江中心小学、理家坪中心小学、江村镇中心小学
零陵区	接履桥镇集义小学
新田县	思源实验学校、金盆圩中学、莲花中学、毛里中心校、黄沙溪小学、洞心中心校、金陵中心校、高山中心校
蓝山县	塔峰镇古城小学、所城镇所城小学、太平圩乡大洞办事处里田小学、汇源瑶族乡芦溪小学、竹管寺镇成家村小学、所城镇大麻办事处联云小学、祠堂圩乡蓝屏办事处山口小学

四、城区义务教育学位建设

2007年，针对城区义务教育学校班额过大问题，永州市启动城区义务教育学位建设。2007年，中心城区新增134个班，新增义务教育学位8000个，其中菱角山实验小学、长丰小学开始列入学位建设计划，并扩大滨江小学、凤凰小学、菱角山小学、朱家山小学4所学校的办学规模。全市9个县城共增加2万余个学位，为有效缓解学位紧张、逐步解决大班额问题起到重要作用。2008年，中心城区新增义务教育学位4100个，县城小学新增学位16700个。2009年，中心城区学位建设6所学校，完成投资2000万元，其中柳子街小学综合楼完工，南津渡小学综合楼主体工程已完成一半，菱角山实验小学基础完工，长丰小学已完成规划设计，文家小学、萍洲小学开始征地拆迁。2013年12月16日，市政府第31次常务会议审议通过并在2014年1月21日，正式下发《关于进一步加强中心城区义务教育学位建设工作的实施意见》，明确3年内，中心城区义务教育学位建设投资4亿元，调整盘活13所学校资源，改建4所，扩建6所，新（续）建设8所，筹建5所义务教育学校，新增学校用地面积588亩，新增校舍13万平方米，新增义务教育学位约3万个，平均班额控制在小学50人、初中55人以内。

2015年，全市各县区完成投资3.06亿元，共新增城区义务教育学位2.1万个，其中中心城区6070个，完成投资1.05亿元。冷水滩区：珊瑚学校教学楼竣工验收；白竹亭小学完成拆迁，教学楼开工；十六中扩建教学楼主体完工；十八中扩建教学楼完成地质勘探，正在办理国土手续；珍珠小学土石方工程完工，教学楼、科教楼开工；翠竹园小学教学楼、科教楼、体育馆竣工，运动场完工，围墙建成，整体基本完工；竹塘小学土石方工程完工，教学楼、科教楼开工；新建传芳小学、春江小学、银象小学选址已通过市住建局审核，正在办理前期手续。零陵区：五里堆小学第一期工程完工，秋季开始招生；七里店中学（九中北校区）完成国土审批手续、红砖厂已拆除，正在征地补偿；七里店小学完成立项审批，正在征地拆迁；中山路小学教学楼开工；萍洲小学综合楼主体、水磨石地面完工；神仙岭小学扩建规划报批。

2013—2016 年永州市中心城区义务教育学位建设项目表

表 2-10

建设类型	建设内容	启动年份	完成年份	新增校园面积（亩）	新增校舍面积（平方米）	增加规模		预算投资（万元）	备注
						班级（个）	学位（个）		
冷水滩城区									
调整	八中	2013	2015	—	—	24	1320	48	—
	十六中	2013	2014	—	—	5	275	10	—
	十二中（小学）	2013	2015	—	—	12	600	24	—
	舜德小学	2013	2015	—	—	18	900	36	—
	长丰小学	2013	2015	—	—	12	600	24	—
	翠竹园小学	2013	2013	—	—	4	200	8	—
	十八中小学部	2013	2013	—	—	2	100	4	—
	十四中小学部	—	—	—	—	2	100	4	—
改建	耀华学校（进修学校内）	2013	2015	—	—	12	600	—	民办学校
	育才职业技校改为黄岗博才义务教育学校	2013	2015	27.4	—	36	1860	—	民办学校
扩建	珊瑚学校危房改造	2013	2013	—	4000	—	—	450	—
	十八中征地新建综合楼	2013	2014	12	4000	8	400	720	—
	白竹亭小学征地扩建	2013	2015	20	5000	16	800	2000	—
续建	翠竹园小学	2009	2015	35.6	12000	42	2100	3800	—
	通化街小学	2012	2015	53.6	12000	42	2100	5300	—
新建	春江小学（建宁小学）	2013	2016	40	12000	42	2100	3500	—
	竹塘小学	2013	2016	40	12000	42	2100	3500	—
筹建	才子小学	2013	2016	40	12000	42	2100	3500	—
	湘跃小学	2016	—	40	—	—	—	200	—
	富强小学	2016	—	40	—	—	—	200	—
	梓塘小学	2016	—	40	—	—	—	200	—
冷水滩城区小计				388.6	73000	361	18255	23528	新增学位小学16000个，初中2255个

续表 2–10

建设类型	建设内容	启动年份	完成年份	新增校园面积（亩）	新增校舍面积（平方米）	增加规模		预算投资（万元）	备注
						班级（个）	学位（个）		
零陵城区									
调整	永州五中恢复初中招生	2013	2015	—	—	18	990	36	—
	永州七中	2013	2015	—	—	12	660	24	—
	柳子街小学	2013	2013	—	—	4	200	8	—
	东门巷小学与中山路小学整合	2013	2013	—	—	4	200	8	—
	杨梓塘小学	2013	2013	—	—	2	100	4	—
改建	永州市工商中专东部改建为小学	2013	2013	20	8500	30	1500	1600	—
	原政法干校改建成小学	2013	2014	22.4	8400	36	1800	2000	—
扩建	中山路小学	2013	2014	6.5	4300	12	600	2100	—
	职院附小搬迁至新建成的萍洲小学，再建一栋综合楼	2014	2015	—	3500	16	800	500	—
	七里店中学（九中北校区）	2014	2016	—	6400	12	660	1600	—
续建	五里堆小学	2012	2015	60	5000	12	600	2000	一期工程
新建	七里店小学	2013	2015	45	11000	36	1800	3200	—
	日升小学	2014	2016	45	11000	36	1800	3200	—
筹建	人和小学	2016	—	45	—	—	—	200	—
	十三中学	2016	—	45	—	—	—	200	—
零陵区小计				198.9	58100	230	11710	16280	新增学位小学 9400 个，初中 2310 个
中心城区合计				587.5	131100	591	29965	39808	新增学位小学 25400个，初中 4565 个

第二节　小学教育

1992—1998 年，主要工作是普及九年义务教育。1992 年，全市有小学 6349 所，在校学生 691350 人，全市每万人口中有在校小学生 1310 人，高于全省 1125.3 人的平均水平；教职工 27626 人（其中专任教师 25515 人），小学入学率 97.1%。1999—2015 年，主要是全面提质创优，提高教育教学质量，到 2015 年，全市小学调整到 1781 所（其中教学点 1320 个），在校学生数 496638 人，全市每万人口中有在校小学生 787.14 人，教职工 26703 人（其中专任教师 23837 人），小学入学率 100%，巩固率 99.86%。

1992—2015 年永州市全日制小学基本情况表

表 2–11

年份	学校数（所）	在校学生数（人）	教职工数（人）	
			总数	其中：专任教师
1992	6349	691350	27626	25515
1993	6476	690095	27668	25492
1994	6559	697266	27216	25241
1995	6190	696009	26884	25008
1996	5968	700342	26939	25053
1997	5626	705551	26865	25703
1998	5520	679289	27466	25827
1999	4812	640074	28032	26279
2000	4508	595802	28428	26647
2001	3941	559377	29596	26119
2002	3576	518541	28614	25346
2003	3020	467757	28267	25450
2004	2641	428225	27649	24626
2005	2490	406818	26958	24181
2006	2158	404059	26469	24144

续表 2-11

年份	学校数（所）	在校学生数（人）	教职工数（人）	
			总数	其中：专任教师
2007	1997	417686	25947	23901
2008	1917	435223	26312	24121
2009	1794	461677	27649	24946
2010	1715	482913	28080	25229
2011	1715	506490	27793	25651
2012	1724	468611	26931	24622
2013	1784	464357	27070	24204
2014	1783	476785	26929	24050
2015	1781	496638	26703	23837

一、课程设置

从 1981 年下期起，零陵地区初中实行三年制。从 1983 年秋季起，小学实行六年制。从 1987 年秋季起，江永、永州（现零陵）、祁阳、冷水滩、新田、东安六县小学又改为五年制。1991 年，省教委在永州市（现零陵区）进行义务教育“五四”学制区域性试点，当时试点的范围为城区和厂矿子弟学校、郊区的中学。在小学五年一贯制的基础上，初中实行四年学制，第四年主要学习劳动技能。由于受初中基础设施和师资条件的限制，至 1993 年秋季，永州市又恢复小学五年、初中三年的“五三”学制。东安县于 1999 年将小学五年制改为六年制。2001 年，祁阳县、冷水滩区、新田县、江永县、零陵区的小学改为“六三”学制。至 2015 年，全市义务教育学校仍实行“六三”学制。

1992—1993 学年度，全地区小学分六年制和五年制执行 1989 年省教委小学教学计划，开设思想品德、语文、数学、体育、音乐、美术和劳动课。

1992—1993 学年度零陵地区六年制城市小学教学计划课时表

表 2-12 **单位：课时**

科目	三年级	四年级	五年级	六年级
思想品德	1	1	1	1
语文	9	9	8	9
数学	6	5	6	5

续表 2–12

科目	三年级	四年级	五年级	六年级
历史	—	—	—	2
地理	—	—	2	
自然	—	2	2	2
体育	2	2	2	2
音乐	2	2	2	2
美术	2	2	1	1
劳动	1	1	1	1
周学科课程课时总量	23	24	25	25
自习	6	6	6	6
教育科技文娱活动	29	30	31	31

1992—1993 学年度零陵地区六年制农村小学教学计划课时表

表 2–13　　**单位：课时**

科目	三年级	四年级	五年级	六年级
思想品德	1	1	1	1
语文	10	10	8	9
数学	6	5	6	5
历史	—	—	—	2
地理	—	—	2	—
自然	—	2	2	2
体育	2	2	2	2
音乐	2	2	1	1
美术	2	2	1	1
劳动	—	—	1	1
周学科课程课时总量	22	24	24	24
各项活动	根据农村实际安排			

1992—1993 学年度零陵地区五年制全日制小学教学计划课时表

表 2–14 **单位：课时**

科目	三年级	四年级	五年级
思想品德	1	1	1
语文	10	10	10
数学	6	5	6
历史	—	—	2
地理	—	2	—
自然	2	2	2
体育	2	2	2
音乐	2	2	2
美术	2	1	1
劳动	1	1	1
周学科课程课时总量	26	26	26
自习	4	5	5
体育活动			
科技文娱活动			
周会班队活动			
周课时总量	30	31	31

1992 年 8 月 6 日，国家教委印发《九年义务教育全日制小学、初级中学课程计划（试行）》和学科教学大纲（试用）。从 1993 年秋季起，全日制小学执行新的课程方案。新课程方案课时和课程有所变更，主要是增加体育课、劳技课和活动课。小学语文各年级每周分别减少 1 节，数学各年级每周分别增加 1 节，四、五、六年级增加社会课各 2 节，一、二、六年级增加自然课 1~2 节，四、五、六年级各增加体育课 1 节，一、二、五、六年级各增加 1 节音乐课，美术课各个年级增加 1 节，三、四年级还增加 1 节劳动课。与此同时，小学各年级每周还增加晨会（夕会）、班队活动、体育锻炼和科技文体活动等周活动课 5 节。1994 年，实施《九年义务教育课程计划》，体育课程小学一、二年级每周 2 节，三至六年级每周 3 节。1995 年 8 月 3 日，湖南省教委下发《关于调整全日制中小学课程（教学）计划的通知》后，零陵地区从 1995 年秋季开始，中小学实行双休日制，即每周工作 5 天 40 个小时。中小学课程和课时随即进行调整。小学语文各年级分别减少 1 节，每周总课时各年级分别为 21 节、22 节、24 节、25 节、25 节、25 节。

1995 年调整后的九年义务教育六年制城市小学教学计划课时表

表 2–15　　　　**单位：课时**

科目	三年级	四年级	五年级	六年级
思想品德	1	1	1	1
语文	9	9	8	9
数学	6	5	6	5
历史	—	—	—	2
地理	—	—	2	—
自然	—	2	2	2
体育	2	2	2	2
音乐	2	2	2	2
美术	2	2	1	1
劳动	1	1	1	1
周学科课程课时总量	23	24	25	25
自习	6	6	6	6
体育科技文娱活动				
校会班会活动				
周课时总量	29	30	31	31

1995 年调整后的九年义务教育“五四”学制全日制小学课程安排一览表

表 2–16　　　　**单位：课时**

课程			小学					课时合计
			一	二	三	四	五	小学课时合计
国家规定课程	学科类课程	思想品德	1	1	1	1	1	170
		语文	10	10	9	8	7	1598
		数学	5	6	6	5	5	952
		社会	—	—	2	2	1	170
		自然	1	1	1	2	2	238
		体育	2	2	2	2	2	340
		音乐	2	2	2	2	2	340

续表 2-16 单位：课时

<table>
<tr><td colspan="3" rowspan="2">课程</td><td colspan="5">小学</td><td>课时合计</td></tr>
<tr><td>一</td><td>二</td><td>三</td><td>四</td><td>五</td><td>小学课时合计</td></tr>
<tr><td rowspan="7">国家规定课程</td><td rowspan="3"></td><td>美术</td><td>2</td><td>2</td><td>2</td><td>2</td><td>2</td><td>340</td></tr>
<tr><td>劳动</td><td>—</td><td>—</td><td>1</td><td>1</td><td>1</td><td>102</td></tr>
<tr><td>周学科课时</td><td>23</td><td>24</td><td>26</td><td>26</td><td>26</td><td>4250</td></tr>
<tr><td rowspan="4">活动类课程</td><td>晨会夕会</td><td colspan="6">每天 10 分钟</td></tr>
<tr><td>班团体活动</td><td>1</td><td>1</td><td>—</td><td>1</td><td>1</td><td>107</td></tr>
<tr><td>科技文体活动</td><td>3</td><td>3</td><td>—</td><td>2</td><td>2</td><td>408</td></tr>
<tr><td>周活动</td><td>4</td><td>4</td><td>—</td><td>3</td><td>3</td><td>578</td></tr>
<tr><td>地方安排课程</td><td colspan="2">时事教育、专题讲座</td><td>1</td><td>1</td><td>—</td><td>1</td><td>1</td><td>107</td></tr>
<tr><td colspan="3">周课时总计</td><td>28</td><td>29</td><td>—</td><td>30</td><td>30</td><td>4998</td></tr>
</table>

从1993年秋季起，地区教委成立乡土教材编写领导小组，负责全区乡土教材的编写、审定、印刷等工作。各县市教委亦成立相应的领导小组，负责乡土教材的发行、教学等工作。全区各中学统一使用新的省、地、县合编的乡土历史、地理教材和省、地合编的乡土生物教材，各县区不得再单独编印本县市的乡土教材。1992—1993 学年度各中学统一使用地区教委编写的历史、地理、生物乡土教材试用本并在 1993 年春季开学初供应。

1994 年，全省九年义务教育全日制小学初中课程计划的课程分为学科课和活动课两大类型。1996 年，永州市在初中、小学开设活动课程，活动课以实践活动为主。活动课是与学科课并列的必修课程，各学校保证活动课的开课时数（每周 1 节），选派好活动课的教师，提高活动课的质量，先后使用省教委《科技活动》课本、市教委《科技文体活动》课本。从 1998 年以后，永州市中小学使用上海科技出版社的初中、小学《科技活动》教材进行教学，每周课时 1 节。

1995 年春季，零陵地区小学将省教委组织编写的《小学生日常行为规范读本》作为补充教材使用。1995 年秋季，初中开始使用《中学生日常行为规范读本》。

1996 年，国家教委颁发《九年义务教育小学思想品德课和初中思想政治课程标准》，永州市小学、初中从 1998 年起使用省教委按照新课程标准编写的思想品德课和思想政治课教材。

2001 年 5 月 16 日，永州市教委部署在全市小学开设英语课程。2001 年 6 月 13 日，市教委又下发《关于 2001 年秋季普通小学〈英语〉，小学、初中、高中〈信息技术〉

教科书用书有关事项的通知》，明确从 2001 年秋季起，全市实施调整后的小学“六三”学制全日制小学教学计划，在市、县政府所在城市（镇）小学开设英语课程，大中城市初中小学开设信息技术课并使用统一教材；从 2002 年秋季起，乡镇所在地有条件的小学逐步开设英语课程；从 2005 年秋季起，所有初中以及经济较发达地区小学开设信息技术课，并争取尽早在全市 90% 以上的中小学开设信息技术必修课。

2001 年 9 月，国家出台义务教育阶段 20 个学科（小学 7 所、中学 13 科）的 49 种中小学新课程实验教材，在全国各新课程改革实验区使用。从 2002 年秋季起，永州义务教育学校分三批进入新课程改革，执行《湖南省义务教育课程（实验）计划》，设置国家课程、地方课程和学校课程，将“品德与生活”“品德与社会”“科学”“历史与社会”“艺术”作为首次开设的综合课程。从 2002 年秋季起，东安县开始实施新课程改革，按新的要求使用新教材进行新理念指导下的实验教学；从 2003 年秋季起，祁阳、芝山、宁远、江华、冷水滩 5 个县区进行新课程改革；双牌、道县、江永、新田、蓝山五个县从 2004 年秋季起进行新课程改革。为确保课程改革的顺利推进，永州市教育局组织教育行政管理人员、教研员、中小学校长认真学习新课程改革的文件要求，结合实际进行深入的研究与讨论，树立新的教育观念，做好基础教育新课程的师资培训工作，建立培训、教学和科研相结合的实验工作方式，及时发现和研究解决新课程中出现的各种问题，探索与实验课课程相适应的教学方法改革，组织力量对实验区工作及时跟踪评估并进行指导，发现好的典型及时进行通报推广；加强政策保障推动新课程改革实施，同时开始推进中小学教育教学评价制度的改革，实施综合素质“道德素质与公民素养”“学习能力”“实践能力”“审美与表现能力”“运动与健康状况”5 个维度的评价。

2002 年永州市义务教育课程计划表

表 2–17 **单位：课时**

课程		各年级周课时									9 年总课时	占课时比例
		一	二	三	四	五	六	七	八	九		
国家课程	品德与生活	3	3	—	—	—	—	—	—	—	696	7.30
	品德与社会	—	—	2	2	2	2	—	—	—		
	思想品德	—	—	—	—	—	—	2	2	2		
	语　文	9	9	7	6	6	6	5	5	5	2020	21.21
	数　学	4	4	4	4	4	4	5	5	4	1322	13.88
	科学（七、八、九年级或选生物、物理、化学）	—	—	3	3	3	3	4	4	4	832	8.73

续表 2-17

课程			各年级周课时									9年总课时	占课时比例
			一	二	三	四	五	六	七	八	九		
国家课程		生物	—	—	—	—	—	—	2	2		408	4.28
		物理	—	—	—	—	—	—	—	2	3		
		化学	—	—	—	—	—	—	—		3		
		历史与社会（或选历史、地理）	—	—	—	—	—	—	3	3	3	309	3.24
		历史	—	—	—	—	—	—	2	2	2	346	3.63
		地理	—	—	—	—	—	—	2	2			
		外语	—	—	2	2	2	2	4	4	4	692	7.26
		体育	4	4	4	4	3	3				976	10.24
		体育与健康	—	—	—	—	—	—	2	2	2		
		艺术（或选音乐、美术）	4	4	4	4	2	2	2	2	2	906	9.51
		音乐	2	2	2	2	1	1	1	1	1	906	9.51
		美术	2	2	2	2	1	1	1	1	1		
	综合实践活动	信息技术教育	—	—	—	—	1	1	1	1	1	867	9.10
		研究性学习	—	—	—	1	1	1	1	1	1		
		社区服务与社会实践	—	—	每周各一节（可集中安排，也可分散安排）								
		劳动与技术教育	—	—									
地方课程		开设两门课程待定	—	—	1	1	1	1	1	1	1	486	5.10
			—	—	1	1	1	1	1	1	1		
学校课程		学校自主开发或选用	2	2	2	2	2	2	1–2	1–2	2–1	556–593	5.83–6.22
周总课时数（节）			26	26	30	30	30	30	34	34	34	274	
学年总课时数（节）			910	910	1050	1050	1050	1050	1190	1190	1122	9522	

注：

1. 表格内为各门课的周课时数，九年总课时按每学年 35 周上课时间计算。

2. 3 至 6 年级英语课程按长短课时安排，每周 1 节长课时、2 节短课时，短课时 20~25 分钟，长短课时合并计算为 2 课时。

3. 7 至 9 年级选择综合课程的学校，学校课程为 559 节，选择分科课程的为 593 节。

2012—2015 年，课程设置又有变化。小学一、二年级课程未变。小学三至六年级课程设置为品德与社会、语文、数学、英语、科学、科技活动、生命与健康常识、写字、音乐、美术、体育。五、六年级还开设信息技术，五年级上期开设民族常识课。2015 年，市教育局组织开展全市中小学体育、艺术、健康与国防教育工作评价，推动了课程建设工作。

二、教研教改

90 年代以来，零陵地区各地各校开展教材改革试验，推进素质教育，成效显著。1992—1994 年，地区教研室指导小学各学科引进“小学语文主题课改实验”“小学数学三算结合实验”“协同教学实验”“初中数学自学辅导教学实验”“初中六课型教学实验”“中学掌握数学教学实验”“北京东城区初中各学科教学改革实验”等许多教改实验项目，其中“小学语文主题教改实验”“小学数学三算结合实验”“初中数学自学辅导法教学实验”实验项目的实验班，截至 1992 年底，共发展到 764 个实验班。1994 年，零陵地区教育委员会制定了中、小学各个学科教学常规。1997 年，市教委组织开展全市素质教育大讨论并确定冷水滩区为推行素质教育示范区，推动素质教育稳步深入。新田县龙泉一小自 1997 年 2 月起开展素质教育“星级达标”实验，校长谭荣安撰写的《实施素质教育的有益尝试——星级达标》一文发表在《湖南教育研究》1998 年第 2 期。

1998 年 2 月，市委、市政府召开全市素质教育工作会议，冷水滩一小、四小介绍实施素质教育和进行教育改革的经验，推广东安县对学校实行分类定级管理的经验，带动和促进全市素质教育的实施。会后，宁远县制定考核办法，完善对学校分类定级后实行分类定级、分类管理、分类考核的管理制度。祁阳县加强窗口学校建设，以浯溪学区为试点，以浯溪二中、人民小学、椒山小学为窗口学校建设示范校，开展素质教育试点。1997—1999 年，市教委从素质教育要求出发编写初一、初二学生暑假作业和初中毕业会考考试标准。从 2001 年到 2015 年，永州市认真贯彻国家《基础教育课程改革纲要（试行）》，注重创新，建立和完善以全面提高学生素质为目标的课程体系。

2002 年秋季，东安县首批进入新课改的年级为全县小学一年级和初中七年级，共 481 个班，计 18861 名学生。进入新课改的年级使用新课程实验教材，增设的综合实践活动课程主要包括信息技术教育、研究性学习、社区服务与社会实践等。东安县为推进全县新课改实验工作，分别在芦洪市中学、井头圩中心小学设立课程改革教研室。

2003年3月28日至3月29日，永州市教育局在东安县召开新课程改革现场观摩会。会议听取东安县新课程改革的经验介绍，参观东安县澄江中学、芦洪市中学、芦洪市完小、石期市中学的新课改现场，听观摩课。各县区分管基础教育的副局长、基教股长和祁阳、冷水滩、芝山、宁远、江华五个第二批列为新课改县区的师训股长、教研室主任参加会议。

2003年8月，中共祁阳县委下发《关于开展基础教育课程改革的意见》，对祁阳县开展基础教育新课程改革提出10点要求。至此，祁阳县义务教育新课程改革正式启动。2003年秋季，祁阳义务教育小学、初中起始年级进入新课改。祁阳县的义务教育新课程改革的推进，第一步是进行新课改的通识培训，祁阳县所有教育行政干部和义务教育阶段的教师都参加了培训。让参培人员初步了解新课程改革的基本理念和内容，从思想上做好新课程改革的准备。第二步是使用新教材后，组织制订新课程教学实施计划，进一步钻研新课改纲要和课程标准及各科教材，组织老师集体备课编写教案，上好每一节课，并组织人员分科进行跟踪听课，及时与实验教师交流总结，不断改进课堂教学。第三步，在浯溪镇中心学校、观音滩镇中心校、浯溪人民中心小学、黎家坪中心小学、白水镇中心小学5所学校进行新课改实验样板学校建设。2003年9月24日，在浯溪中心小学组织第一次全县初中新课改实验研讨会。总结取得的经验，探讨解决不足之处。2003年10月中下旬，又分别在观音滩中心校、浯溪人民中心小学、白水镇中心小学、黎家坪镇中心小学召开实验研讨会，并评比出一批实验示范课。2003年下期末，祁阳县教委又组织新课改优秀教研论文、优秀课改教案、优秀课改案例评比。第四步，是引领新课改实验步入常态化。主要措施是继续深化教师培训，深化新课改教研，不断总结在实践中涌现出来的新经验、新成果，组织课改优秀论文、优秀教案、优秀案例评比。2004年，制定祁阳县中小学教研、教案评价方案，对全县中小学教学、教研、教改作出规范。

2005年，永州市教育局、永州市体育局、团市委、市少工委组织在冷水滩区、芝山区开展“全国中小学生课外文体活动工程”试点工作。

2006年，永州市教育局举办一次全市基础教育新课程改革征文活动，评出了一等奖22名、二等奖45名、三等奖84名。市教育局将这些文章经过整理编辑成书，下发到各中小学校，对指导课改起到一定促进作用。

2008年起，永州市教育局完善义务教育部分年级进行统一质量监测制度，并将监测结果数据印发到各县区（管理区）教育局、学校和每个县区党委政府分管教育的领导，以考试推进课堂教学改革平稳有序推进。2013年1月，省教育厅厅长办公会议决定启动基础教育质量监测试点，旨在提高教育质量，促进教育公平。永州市为全省8个基础教育质量监测试点市之一，第一次监测年级为义务教育四、八年级。

2011 年 9 月 15 日至 21 日，永州市教育局组织全市教研人员和部分中学分管业务的副校长共 31 人远赴山东杜郎口中学、昌乐二中学习考察，主要学习杜郎口中学“立体式大容量快节奏”三大特点、“预习展示反馈”三大模块、“预习交流、明确目标、分组合作、展现提升、穿插巩固、达标测评”六环节“三三六”自主学习模式。一些县区也组织到杜郎口中学参观学习，道县还请杜郎口中学代表到县里讲学、介绍经验。

冷水滩区梅湾小学在开展新课程改革中，推进校本课程——“大阅读”系列活动：经典吟诵大比赛、书香班级读书会、国家讲堂传古训、“小梅花阅读明星”评比、校（班）级习作大舞台、梅香校园“大阅读”。“大阅读”系列活动催生了一大批爱写作的小“明星”，他们的写作水平大幅度提高。学校每年举办一届经典吟诵大赛，每学期举办一次诗词征文比赛，不定期开展优秀读书笔记展览、“阅读新星”评比、“书香班级、书香家庭”评比，每半月举办一次读书报告会，每周举办一次国学讲堂。在中高年级举办语文古诗词、名著知识竞赛活动，背诗擂台赛，读书故事会，佳作欣赏会，读书心得交流会等，国学教育在学校受师生喜爱。

2012 年，永州市教育局推进基础教育课程改革，全面实施素质教育，推动基础教育质量的全面提高，充分发挥典型的示范导向作用，在全市实施基础教育课程改革样板校建设，先后涌现出冷水滩区马坪学校和道县三中两个在全国有影响的先进典型。

从 2006 年起，冷水滩区马坪学校将课改目光聚焦课堂，改革课堂教学方式，形成一种新的教学模式，共分 8 个教学环节：明确目的—自主学习—提出问题—尝试新知—小组合作—探究交流—展示成果—知识生成。2009 年进一步实践探索，提炼出“问题驱动”的课堂理念，将“小组合作式本色课堂”8 个环节精练为 6 个环节，即公示任务、明确目标—自主学习、提出问题—合作探索、举一反三—测评反馈、展示成果—归纳小结、构建知识网络—展示延伸、实践摸索。命名为“自主发现式课堂”，学校研究出校本教案——《本色教案》。随着持续推进，又提炼出“自主探究式教学流程”，即学习导航—自主提高—合作探究—测评反馈—实践延伸，成为全省义务教育课堂教学改革的先进典型。2011 年 12 月，全省基础教育课程改革样板校建设现场会在马坪学校召开，成为湖南教育课改的一张名片。2012 年 4 月，自主发现教学模式荣获“第三届湖南省基础教育成果奖”特等奖。8 月 25 日，《中国教育报》头版头条登载冷水滩马坪学校的教学改革经验。2014 年 5 月，冷水滩马坪学校的教学改革成果在全国首届基础教育研究成果评选中获二等奖，2015 年 12 月被认定为全省基础教育课程改革样板校，至 2015 年底已有省内外 8 万余人到校参观学习。道县三中新课改中形成“课堂减负五部曲”，即把课堂 45 分钟分成 5 个环节：追忆、感悟；自主、互动；聚焦、点拨；

探究、导航；测评、反馈。本土教改模式收到明显效果。2010年12月，道县三中被《中国教师报》评为“全国十佳现代学校”，校长陈波浪被评为“全国十佳现代校长”。2015年12月，道县三中被确定为“全省基础教育课程改革样板学校”。

截至2015年，全市课改稳步推进，小学语文群文阅读研究、小学语文特色课程建设研究、宁远县“四环节”教学模式、零陵城区大班额教学“五步”模式、东安县农村小班额自主探究教学模式、蓝山县楠市中心小学盘晓红“美心教育”等课改成果得到总结推广。

三、教育成果

2000年4月20日，东安县成为“湖南省创新教育基地县”。2013年10月16日至18日，全省110个县市区的部分校长代表及部分省外校长代表700余人参加的湖南省中小学管理专业委员会年会在永州市召开，永州市的课堂教学改革得到与会领导的高度肯定。是年，永州市获评省教育厅年度综合考评区域义务教育均衡发展单项先进，获评省教育厅年度综合考评实施整体合力推进义务教育合格学校建设特色创新项目。

2011年6月26日，蓝山县楠市中心小学瑶族教师盘晓红独创的德育课“美心教育”被《中国教师报》和《科教新报》以突出版面报道。2012年，中央电视台、湖南电视台等多家媒体进行报道，华中师大、湖南一师等院校还邀请盘晓红给来自各地的校长、班主任介绍“美心教育”经验。

自2006年起，冷水滩区马坪学校探索推进课堂教学模式改革，闯出一条课堂教学改革的特色之路。2011年12月，全省基础教育课程改革样板校建设现场会在马坪学校召开。2012年，马坪学校创建的“阳光生态”课堂教学模式荣获湖南省第三届基础教育成果奖特等奖和基础教育国家级教学成果奖二等奖，学校荣获全国教育系统“先进集体”“湖南省课改示范校”等荣誉称号，《中国教育报》、《湖南日报》、《湖南教育》、湖南卫视等媒体从多角度深度报道学校的课堂教学改革实践。冷水滩区梅湾小学《将进酒》《赤壁怀古》在湖南省第五届中小学生艺术展演活动中获一等奖并选送教育部参赛。

2015年，永州市教育局被评为湖南省义务教育质量检测工作优秀组织奖，冷水滩区被教育部评为国家义务教育质量检测优秀单位。

2015年4月8日，《湖南教育》以《破冰之举：“指挥棒”的历史性改变——东安县全面推进音体美课程改革纪实》为题，重点介绍东安县将音体美教学工作纳入全县教学质量评价体系的新举措和新实践。

1992—2015年永州市获湖南省基础教育教研教改成果奖一览表

表 2–18

届别	课题名称	申报单位	主持人	获奖等级
第三届（1993年）	协同思维教学法实验报告	江永一中	费得意等	省二等奖
	开展协同实验优化课堂教学结构	冷水滩一小	秦四年 屈新善等	省三等奖
	小学作文整体系列训练	冷水滩四小	周进禄 秦四年等	省三等奖
	运用系统理论实现复式课	江华教研室	朱建才等	省三等奖
第四届（1995年）	小学心理教育课程与学生个性发展实验研究	冷水滩一小	屈美英等	省三等奖
第五届（1998年）	教法与学法同步研究	冷水滩教研室	刘伟燕 秦四年等	省二等奖
	小学思想品德整体改革实验研究	冷水滩一小	—	省三等奖
	小学数学操作教学	冷水滩三小	唐曙光	省三等奖
	分流办学，异步达标	东安大江口中学	蒋益 欧阳得购等	省三等奖
	语文六课型教学模式实验	永州金洞林场	邓先华 邓双华等	省三等奖
	农村英语课堂素质教学常规模式初探	芝山教研室	欧阳白芳 谢恩峰等	省三等奖
第六届（2002年）	推广“同步教学实验成果”，推进区域性素质教育	冷水滩区教研室	刘伟燕 秦四年 杨振华等	省一等奖
	自主学习课堂教学模式	芝山三小	何小英 杨建国等	省三等奖
	小学德育重在基础	冷水滩区四小	秦四年 周进禄等	省三等奖
	初中语文六课型活动教学研究	祁阳金洞林场	邓先华 唐际阳等	省三等奖
	儿童意象工笔画课题实验	芝山一小	余小英 吕满妹等	省三等奖
	利用多媒体培养学生的语文综合素质	祁阳浯溪二中	刘水生 谢青元等	省三等奖
	作文高效快捷训练	道县祥林铺镇中	杨祥雨等	省三等奖
	探索具有山区特色的中学生物教学与 STS 教育模式	市教科所	陈建平 邓金新等	省三等奖
	永州市基础教育改革与发展调查报告	市教育局	刘宏来 杨平安等	省三等奖

2002—2015 年永州市历届获湖南省基础教育教学成果奖（或国家级奖）一览表

表 2–19

届别	课题名称	申报单位	主持人	获奖等级
第一届（2005年）	中小学创新教育研究	东安县教育局	陈泽杰，郭荣军等	省二等奖
	中学语文研究性学习教学经验	永州三中	彭建华，邓石桥等	省三等奖
	小学数学自主创新情感、意志、思维的培养	冷水滩区教研中心	刘伟燕，李柱南等	省三等奖
	创新课堂教学与素质发展	冷水滩研科中心	奉四年，周祖国等	省三等奖
	高中英语课外阅读发展训练	江华瑶族自治县一中	左艳玲，邓家团等	省三等奖
第二届（2009年）	话题作文技法指津（高考版）	永州一中	蒋庆荣，高建山等	省三等奖
	Excel 在教育统计中的开发与利用研究	永州一中	陈宗华，黄秋元唐丽玲等	省三等奖
	初中生态课堂教学研究与实践	永州九中	夏顺光，高建山等	省三等奖
第三届（2012年）	自主发现教学模式	冷水滩马坪学校	周大战，吕海龙等	省特等奖
	完整教育模式	道县三中	陈波浪等	省二等奖
	高中学困生优势培育法的研究	祁阳四中	李继生等	省三等奖
	新课程实施中小学语文朗读教学指导与评价研究	零陵区徐家井中学	蒋晓闻等	省三等奖
	生态写作	永州九中	夏顺光等	省三等奖
	高中数学教师与师生活动研究	永州一中	黄秋元等	省三等奖
	示范性高中班主任专业化发展理论与实践研究	永州四中	陈英等	省三等奖
第四届（2016年）	农村中小学快乐高效教学方式研究	东安教研室	李中满等	省三等奖
国家级（2014年）	马坪学校“阳光生态课堂”教学成果主题报告	冷水滩马坪学校	周大成等	国家级成果二等奖

四、学校选介

永州市职业技术学院附属学校　创建于1928年，曾有澳大利亚天主教会私立学堂、芝城小学、东风小学、永州市二小、零陵师范附属小学等名称，2004年并入永州市职业技术学院，更为现名。2013年9月搬迁至现址，位于零陵区南津北路11号，学校占地面积60亩，建筑面积1.2万平方米。2015年，学校有36个教学班，学生2260人，高级教师3人，一级教师48人。学校坚持素质教育办学方向，以创办永州市教育改革窗口式学校、素质教育示范校、教育改革实验校和教育手段的现代化学校为目标，以培养学生“品德合格、成绩优秀、心理稳定、体魄强健、美感和谐、整体素质全面提高、个性特长充分发展”为宗旨，学生全面发展和个性发展取得可喜的成绩。2013—2015年，学校8人获得全国金奖，8人获得全国银奖，24人获得湖南省金奖，2013年，学生唐睿、刘一宏获得亚太地区青少年机器人总决赛金奖，2015年袁问渔、陈诺两位同学获得全国科幻绘画一等奖并参加第30届全国青少年科技创新大赛评奖活动。学校先后获得全国红旗大队、全国语言教学特色学校、全国校园足球示范校、湖南省四星级优秀少先队集体、湖南省德育工作先进单位、湖南省现代教育技术实验学校、湖南省艺术教育先进单位、湖南省电化教育先进单位、湖南省双文明建设先进单位、湖南省依法治校示范学校、永州市安全文明校园、永州市书香校园等50余项荣誉称号。

冷水滩区梅湾小学　创建于2010年，位于冷水滩区梅湾路588号，有38个教学班，在校学生2714人，在职教师95人。学校努力创建梅香校园，大力开展大阅读活动，开发系列国学校本教材，开展系列读书竞赛评比活动，学生在大阅读活动中拓展阅读空间，接受圣贤思想的启蒙，领略传统文化的魅力，综合素质不断提高。学校先后获得“全国和谐校园先进学校”“全国校园足球特色学校”“中国出版集团书法教学示范基地”“湖南省课改样板学校”“湖南省书香校园”“湖南省生态文明示范校”等十多项省级以上荣誉称号。学校的朗诵节目《将进酒》《赤壁怀古》在湖南省第五届中小学生艺术展演活动中获一等奖并选送教育部参赛；学生参加作文比赛获国家级奖32项、省级奖43项、市区级奖56项。

冷水滩区马坪学校　学校创办于1992年，位于冷水滩区马坪开发区，是一所农村九年一贯制学校，占地面积43亩，有学生791人，18个教学班，教职员工57人，中学高级教师4人，市级名师1人，市级学科带头2人、市级骨干教师5人，区级骨干教师12人。2006年以来，学校开始课堂教学改革探索，秉承“在学习中获取快乐，在探究中树立自信，在成长中享受幸福”的办学理念，以“自由、自然、自律、自育”

为办学思想，以“建设生态校园，成就阳光师生”为办学目标，遵循“朴信问行”校训，构建“自主、生态、阳光”校风，夯实“尚德、敬业、创新”教风，营造“乐学、善问、笃行”学风，创立“马坪阳光生态”课堂教学模式，闯出了一条课堂教学改革的特色之路。学校先后被评为“冷水滩区课堂教学改革示范学校”、“永州市课堂教学改革样板学校”、永州市“书香校园”、永州市通讯报道“先进集体”、“湖南省基础教育课程改革样板学校”、“湖南省中小学教师培训基地学校”、湖南省中小学管理专业委员会“常务理事单位”、湖南省“模范教职工之家”、全省教育系统创先争优“先进基层党组织”、全国教育系统“先进集体”、“永州名校”。学校创建的课堂教学模式先后荣获“湖南省第三届基础教育成果奖特等奖”、“首届基础教育国家级教学成果奖二等奖”。《中国教育报》《湖南日报》《湖南教育》《教师》、湖南电视台、永州电视台等媒体从多角度深度报道学校的课堂教学改革实践。到2015年为止，承办湖南省乡村课改主持人培训9期700余人次，省内外到学校指导交流的领导、专家、教师已达10余万人次。

冷水滩区滨江小学 成立于1988年秋，位于冷水滩区湘江东路546号，占地面积22.7亩，有47个教学班，学生2947人；教职员工150人。学校始终致力于自主、高效课堂教学的研究探索，从90年代开始，先后进行“注音识字，提前读写”“同步实验教学”“小学作文系列训练”“信息技术环境下教与学方式的创新”“信息化教学设计”等课题研究和实践。2012年以来，学校秉承“质量立校，教研兴校”的教育理念，坚持“以人为本，重在发展”的办学宗旨，以创建“有特色、有内涵、高品质的现代名校”为目标，取得了一定的成绩。学校先后被授予“湖南省绿色学校”“湖南省园林式学校”“全国群众体育先进集体”“全国少先队红旗大队”“全国少先队雏鹰大队”等荣誉称号；被评定为“全国足球特色学校”“全国体育工作示范学校”“湖南省现代教育技术实验学校”“湖南省教育科研实验学校”“湖南省红领巾示范学校”“全国象棋教学示范基地”“湖南省先进工会组织”“湖南省双文明建设先进单位”“湖南省艺术教育先进单位”“湖南省百佳文明交通示范学校”“永州市课改实验学校”“永州市安全文明校园”“永州市文明交通示范学校”。

2012年，冷水滩区滨江小学开展素质教育活动

零陵区徐家井小学 始建于1951年，前身为零陵区第一小学。位于零陵区徐家井

路 85 号，学校坚持“立德树人，质量立校，科研兴校，特色强校”的办学理念，秉承“大爱于心、洒甘育人”的教风，打造“师德高尚、业务精湛、结构合理、充满活力”的全市一流的师资队伍；倡导“汲知蕴乐、明礼美习”的学风，牢记“思源立品、开源成器”的校训，践行“求知若渴、行则井然”的校风，把“体艺”作为办学特色，全面提升学校办学品位，全面实施素质教育，全面提升学生的综合素质，注重促进学生全面发展和快乐成长。学校先后被评为“湖南省雷锋式学校”“永州市红旗大队”、区“最佳文明单位”“永州少先队工作重点联系学校”“永州市文明礼仪示范学校”“永州市三八红旗集体”“永州市青少年心理教育基地”。

祁阳县民生小学 位于祁阳县龙山街道民生北路 90 号，创办于 2010 年，占地面积为 17366.6 平方米，教学、运动、生活三区分明，是一所环境优雅、富有朝气的学校。学校有 2741 名学生，教职员工 90 余人。学校以“办家长满意的学校，创孩子成长的乐园”为目标，以“国学经典、雏鹰争章、小组建设”为特色主题开展丰富多彩的活动，如经典浸润童年大型演出、真善美演讲赛、自理能力比赛、现场作文书画比赛、手抄报比赛、国学展示课比赛等，真正体现活动锻炼学生、活动提升素质的办学理念。学校先后荣获“湖南省防震减灾科普示范学校”“永州市电教仪器工作先进单位”“永州市语言文字示范校”“永州市家长学校示范校”“祁阳县教育教学先进单位”“祁阳县科技先进单位”等荣誉称号。

宁远县莲花小学 创建于 2008 年，位于宁远县舜陵镇园艺路，占地面积 78 亩，学校有 53 个教学班，3956 名学生，150 名教师，其中特级教师 2 名、全国优秀教师 1 名、省师德标兵 1 名、市级骨干教师 16 名。学校以“打造优质教育、构建和谐校园、创办特色名校”为办学目标。2010 年，学校成为国家级课题“科研兴校与学校优质发展的研究”的实验基地；2011 年，学校的管理经验——《致力“安全文明”建设，构建平安和谐校园》在全国中小学幼儿园安全工作经验交流会上作典型发言。学校先后获得“全国和谐校园先进学校”“全国消防安全教育示范性学校”“全国亿万学生阳光体育冬季长跑活动优秀学校”“全国优秀少先队集体”“湖南省安全文明校园”“湖南省文明卫生单位”“湖南省语言文字规范

2015 年，宁远县莲花小学校园主题雕塑——朝阳

化示范性学校”“湖南省基层应急管理示范单位”“永州市文明单位”“永州市经典诵读特色名校”“永州市课改样板校”等荣誉称号。《现代教育报》《科教新报》《湖南教育》《永州日报》对学校进行报道，先后有180多所学校代表到校参观。

江华瑶族自治县沱江镇第一小学 沱江镇小学始建于1951年，位于江华沱江镇吴家巷66号，由私立凝香小学、船山小学、豫章小学、保安镇中心国民小学以及各联保小学合并而成，是江华瑶族自治县当时规模最大的一所完全小学。1985年，沱江镇小学更名为沱江镇第一小学，2015年，有学生1200多人，教师70多人。从2006年起，学校通过具有瑶族文化特色的雕塑、壁画和邀请瑶学研究专家举办瑶族知识讲座、瑶文化知识竞赛、演讲会、征文及长鼓舞课间操，组建“瑶娃舞蹈队”“瑶娃合唱组”等多种形式传承瑶族文化，增强师生对本民族的认同和自信心为目的，让瑶族文化传承工作从娃娃抓起，力图实现科学文化知识与传承优秀民族文化的有机整合，“瑶文化进校园”活动已取得一些成效，成为学校一道亮丽的风景线。学校被评为“全国少先队红旗大队”、首批全国中小学“中华优秀传统文化”传承学校之一、湖南省民族文化传承示范基地、省“红领巾示范学校”、省“优秀家长学校”和省“合格中心小学”。

2015年，江华瑶族自治县沱江镇一小把长鼓操作为课间操

江永县第一小学 创办于1910年，始创校名为永明县官立高等小学堂，历经永明县立高等小学、江永县城关镇第一完全小学、江永县潇浦镇第一小学，2005年9月8日更名为江永县第一小学，已有106年的办学历史。学校现址为江永县潇浦镇五一北路1号，占地面积为19048平方米，建筑面积9057.41平方米。学校有教学班48个，在校小学生3295人，共有教职工143人。学校以“为学生的终身幸福发展导航”为办学理念，以“让每一个学生都成为身体好、性格好、兴趣好、方法好、习惯好、成绩好的学生”“打造魅力教师”为办学目标，秉承“崇德求知，勤奋文明”的校训，逐步形成了“诚信和谐，健康向上”的校风、“求真好学，快乐高效”的教风、“自信自律，自学自理”的学风。学校先后获得全国红旗中队、全国语文特色学校、中国校园媒体建设百佳示范学校、群文阅读十大示范基地、

湖南省红领巾示范学校、湖南省红领巾先进集体、省群众体育先进单位、省文明卫生单位、省先进基层工会、省关心少先队工作奖、省少先队先进集体、永州市模范职工之家、永州市农村留守儿童示范家长学校、永州市语言文字规范化示范校、市艺术节二等奖、市全民健身周先进单位等荣誉称号。

2015 年，江永县第一小学

第三节　初中教育

1992—1998 年，永州市初中教育主要是实施九年义务教育普及工作，1998 年后重点是提质创优，走内涵发展。1992 年底，全地区有全日制初中学校 459 所，在校学生 170694 人，全区每万人口中有在校初中生 331.0 人，低于全省 343.9 人的平均水平，年巩固率 95.2%。有专任教师 9838 人。适应学龄人口的变化和办学规模效益的需要，永州市初中学校数有较大幅度的变化。1996 年，随着撤地建市，永州市调整市区的初中、高中布局。1998 年，全市有初中学校 364 所，在校学生 293955 人。到 2005 年，全市初中阶段学生达到 278586 人。到 2015 年，全市有初中学校 305 所，在校学生 203146 人，每万人口中有在校中学生 321.97 人，较 2014 年增加 14.84 人，年巩固率 99.5%。

1992—2015 年永州市（零陵地区）全日制初中基本情况表

表 2-20

年份	学校数（所）	在校学生数（人）	专任教师（人）
1992	459	170694	9838
1993	460	180078	10116
1994	459	204927	10658
1995	433	231253	11572
1996	416	268814	13030

续表 2–20

年份	学校数（所）	在校学生数（人）	专任教师（人）
1997	375	296799	14334
1998	364	293955	14998
1999	357	286643	15817
2000	355	296206	16222
2001	399	293613	16054
2002	393	296393	16286
2003	386	302468	16848
2004	381	297993	16738
2005	367	278586	17193
2006	345	247271	17367
2007	327	224194	16755
2008	319	208754	16749
2009	313	198175	17202
2010	307	193945	16722
2011	300	194656	16654
2012	300	180896	15677
2013	304	181402	14956
2014	305	192789	14862
2015	305	203146	14732

一、教学与教改

课程设置 1992 年，全区初中执行国家教委《九年义务教育全日制小学、初级中学课程计划（试行）》24 个学科教学大纲（试用）要求，开齐开足课程。1992 年，教育部颁发《思想政治教学大纲》，湖南原来使用的初中《公民》《社会建设常识》教材停止使用，改用新编的“思想政治课”教材。1993 年秋季起，全日制初中执行新的课程方案，主要增加体育课、劳技课和活动课。初中二、三年级数学每周由过去各 6 节减少到 5 节，外语各年级由 5 节减少到 4 节，体育课由原来每周 2 节增加到3节，三年级增加历史课程，每周2节，各年级增加劳技课2节。同时，还增加晨会（夕会）、班团活动、体育锻炼和科技文体活动等周活动课时，各年级每周分别4节。1994年，实施《九年义务教育课程计划》，初中阶段七、八、九年级每周各2节。1995年秋季，根据湖南省教委下发《关于调整全日制中小学课程（教学）计划的通知》，中小学课程和课时随即进行调整，初中二年级语文每周减少1节，一到三年级周课时分别为29节、29节、25节，分别比1992年减少3节、4节和2节。1996年，国家教委颁发《九年义务教育小学思想品德课和初中思想政治课课程标准》，零陵地区的初中从1998年起使用省教委按照新课程标准编写的思想品德课和思想政治课教材。

2001年秋季，市、县政府所在城市（镇）初中、小学开设信息技术课并规定全市两课均使用统一教材。2002—2015年，全市初中学校严格执行《湖南省义务教育课程（实验）计划》和《湖南省义务教育地方课程设置方案（试行）》，初中七年级开设思想品德、语文、数学、英语、历史、地理、生物、音乐、美术、信息技术、现代农业基础知识、体育与健康、科技活动、湖南地方文化常识、民族政策常识、生命与健康常识、写字；八年级增开物理，停开生命与健康；九年级增开化学、劳动技术，停开地理、生物、信息技术，现代农业基础知识、湖南地方文化常识、民族政策常识。

教学改革创新 1992年，零陵地区将教学改革创新作为推进初中教育质量可持续发展的重要抓手，特别是2009年起，永州市成立全市基础教育质量指导委员会，实行初中学业水平考试由市教育局统一命题、统一阅卷，合格率计算到校，印制《2009年永州市初中毕业学生考试分析报告》并送各县区党委、政府分管教育工作的领导，同时抓好集体备课、作业和试卷批改等教学常规管理，促进全市初中教育教学质量稳步提升。2000年，省教委将初中会考命题权下放到各市州，市教委确定由市教科所编制全市初中毕业会考各学科标准并命制试题。全市初三学业水平考试全科合格率从2009年的27.3%上升到2015年70.2%，全市初中毕业优秀学生由2009年4100人增加到2015年的14500多人，带动全市高中教育的高质量发展。重视体育教学，2009年4月27日至29日，永州市成功举办全省大中学生武术比赛。2014年，全市体育中考成绩以100分计入全市初中毕业升学考试成绩总分，加大校园文化建设，下发《永州市教育局关于印发〈永州市校园文化建设实施方案〉的通知》，提出“永州市校园文化建设二十七条”具体措施，到2015年，建设40所校园文化建设样板校。积极稳妥推进课程改革，建成省市两级课堂教学改革样板校30余所。2015年，道县三中、马坪学校被认定为全省课改样板校。

二、教育成果

2009年，永州市积极推进课堂教学改革，教师教育教学方式、课堂教学模式和学生学习方式发生巨大变化，课堂教学改革成为推动永州市基础教育可持续发展的新动力。2009年，湖南省大中学生武术比赛在永州市举行，这是永州市第一次承办教育学院省级大型赛事，展示永州市推进素质教育的成果。

冷水滩区马坪学校探索形成的“打造阳光生态课堂”课改模式，被誉为全省课改的一面旗帜，得到省教育厅副厅长葛建忠的充分肯定并在全省推广。道县三中推行校本德育研究、课堂教学减负五步曲、阳光体育运动、人事制度改革、“全人教育”理念，形成“追忆感悟、自主互动、聚焦点拨、探究导航、测评反馈”的课堂减负五部曲本土化教学模式，道县三中被湖南省教育厅批准为“湖南省体育、艺术2+1项目示范性学校”；2011年12月由《中国教师报》主办的“全国未来教育论坛暨道县三中课改经验观摩会”在道县三中召开；2015年12月，该校被湖南省教育厅确定为“湖南省基础教育课程改革样板校”；道县三中被《中国教师报》评为“全国十佳现代学校”，校长陈波浪被评为“全国十佳现代校长”，《中国教师报》先后以《农村学校课改的空间有多大》和《寻找完整教育的芯片》为主题予以推介，先后组织全国近400名校长和教师学习其课改典型经验。

2014年，副省长李友志到永州暗访，对永州学校管理给予高度评价。2015年，江华瑶族自治县《区域推进民族地区心理健康教育》被教育部评为优秀案例并在全国推广，江华瑶族自治县“全面改薄”工作被省教育厅推荐到教育部参加网络展播，成为全省推荐到教育部参展的6个县区之一。新田县坚持机制创新，助推合格学校建设和“全面改薄”工作上新台阶，湖南省教育厅《教育快讯》在全省推介其经验做法。东安县教育局全面推进音体美课程改革纪实，《湖南教育》以《破冰之旅：指挥棒的历史性改变》为题进行报道。永州职院附小机器人队在亚太青少年机器人竞赛中国区选拔赛小学组夺冠，学生袁问渔的计算机绘画作品《说悄悄话》在第二届中国国际学生信息科技创意大赛中荣获一等奖，永州四中高412班王晋林在第九届全国少儿书画赛中获第一名。

三、学校选介

冷水滩区京华中学 建于1993年，前身是竹城中学，1999年8月经湖南省教委批准成立京华中学，当时学校依托永州四中，属社会力量办学。2003年8月，冷水滩区进行教育内部体制改革，京华中学定性为“国有民办”学校。学校占地面积60494.68平方米，有78个教学班，在校学生4365人，在职教职工313人，学校秉承“让每一个孩子都进步，让每一个师生都快乐”的办学理念，使学校成为人才的摇篮。积极稳妥推进课堂教学改革，涌现一大批业绩突出的优秀教师，有市区两级学科带头人、骨干教师10多人，曾获湖南省语文“优秀教研组”、永州市“课改样板校”称号，中考成绩一直稳居全市同类学校前列，教学质量广受社会赞誉。丰富多彩的课外活动，提升学生的综合素质，学生在各级各类竞赛中硕果累累。校园足球运动水平较高，2015年，学校组队在省级比赛中分获女子、男子二等奖和三等奖的佳绩。

永州市第九中学 创办于1984年。原名永州市第四中学，1991年更名为永州市第二中学。1996年更名永州市第九中学。2002年，萍洲中学并入永州市第九中学。2010年，七里店中学并入永州市第九中学。学校占地面积85660平方米，建筑面积18050平方米，有56个教学班，在校学生4000余人，在职教师220余人。学校坚持“德育为首，全面发展，创一流质量，育一流人才”，把“博雅精新”作为校训，围绕“崇尚科学，追求创新”的办学思想，确立“以创新求发展”的办学理念，坚持以人为本，用制度约束人，用情感管理人的人性化管理，强化“学校为主战场，教师为主力军，课堂为主渠道”的“三主”意识，带动学校快速发展。

东安县澄江中学 学校创办于2002年，占地面积42亩，专任教师107人，其中研究生2人，本科105人；37人具有高级职称，57人具有中级职称，特级教师1人，省、市级骨干教师4人，市学科带头人3人，市、县师德标兵（模范）5人，县明星教师6人，县课改带头人2人，县“课改之星”4人，县名师工作室成员14人（其中7人为首席名师），东安县首届骨干教师15人。学校坚持“德育为首，教学为主，素质为重，育人为本”的办学理念，以“爱国、勤奋、求实、创新”为校训，以“明德、博学、求是、致远”为校风，以“爱生、敬业、严谨、善教”为教风，创建“问题引领、以学定教、分层训练、当堂反馈”的高效课堂模式，坚持以学生为主体，探索在学生管理中的自主管理、学会做人，自主探究、学会学习，自主实践、学会创新，自主评价、学会完善的“四自”教育模式，培养了一大批素质全面、特长突出的人才。在初中数学、物理、化学、生物竞赛中，获国家级、省级、市级以上奖励的学生700多人次，其中获全国一等奖100人次，全国二、三等奖280多人次。在历年全县期末检测和学科竞赛中成绩名列前茅。学校教师在各级教学竞赛中先后有86人次获省级以上奖励，其中2人获全国一等奖，18人获省一等奖。《湖南日报》《湖南教育报》《永州日报》等多家报刊对学校的办学成果及学校管理进行报道，永州电视台、永州新闻网、东安电视台、东安教育网等多家媒体对学校精细化管理先进经验进行专题采访报道。该校先后被评定为“湖南省新课程改革示范基地”“湖南省中小学教师教育技术培训基地”“湖南省安全文明校园”“永州市骨干民办学校”“永州市3A级社会组织”“市级语言文字规范化示范校”等。

道县三中 始建于1938年，学校先后历经寿福小学、寿雁完全小学、道县第三中学、寿雁中学、曙光中学、寿雁区中学，直到1980年再次恢复道县第三中学原名。学校占地面积60030平方米，校舍总建筑面积17700平方米。在校学生2500人，43个教学班。在职教职工148人，其中本科以上学历81人、高级教师18人、一级教师45人。道县第三中学一贯坚持严谨与创新相结合的办学原则，紧紧围绕“上善、厚德、勤奋、博学”的校训，坚持以学生为本，使学生“阳光、健康、愉悦、全面发展”的办学特色，激发学生德、智、体、美等方面的潜能，全方位深化教育教学改革，以校本德育、课堂教学五部曲、阳光体育运动和人事制度改革为突破口，形成了道县三中全员育人理念，取得较好效果。道县三中获得“全国十佳现代学校”“湖南省体育、艺术2+1项目示范性学校”“湖南省基础教育课程改革样板校”称号；2011年12月，由《中国教师报》主办的“全国未来教育论坛暨道县三中课改经验观摩会”在道县三中召开，校长陈波浪被评为“全国十佳现代校长”，《中国教师报》先后刊发《农村学校课改的空间有多大》和《寻找完整教育的芯片》予以推介，并组织全国近400名校长和教师学习其课改典型经验。

新田县瑞华实验学校 坐落于县城云鹤路75号，是袁隆平院士题名的一所县城初级中学。学校有56个教学班，在校师生4000多人。学校占地面积166675平方米，校园布局合理，分区明确，分教学区、运动区、综合生活区三大块。校园绿化占地面积54430平方米，校园内绿草如茵，佳树成行，春则百花争艳，秋则丹桂飘香，实为花园式学校。学校秉承“为学生终身幸福奠基”的办学宗旨，提出“提质量，铸名师，创永州品牌学校”的奋斗目标，提出“好好学习，天天向上”的校训，学校办学条件不断改善，学校办学品位不断提升。学校成功创建“省园林式单位”“省安全文明示范校园”，同时被评为市校园文化样板校“市文明卫生单位”“市五四红旗单位”“县社会管理综合治理先进单位”“县十佳美丽校园”。

2015年，新田县瑞华实验学校

宁远县实验中学　前身为宁远师范学校，1978 年 9 月转办为宁远二中分校，1979 年 10 月正式创建宁远师范，1991 年 8 月改办为县属实验中学，1994 年 8 月更名为民族中学，2004 年 5 月恢复宁远县实验中学校名。学校有教学班 51 个，学生 3000 人，教职工 186 人，是全市规模较大的初级中学之一。学校坚持“激活师生生命活力、促进师生和谐发展”的办学理念，围绕“以学校发展为中心、以教师发展为基础、以学生发展为目标”的办学宗旨，落实“以德立校、依法治校、质量兴校、科研强校”“环境育人、管理育人、服务育人、全员育人”“内涵式发展”的办学策略，秉承“团结、勤奋、严谨、创新”之校训，实践“全面发展学有专长”的育人理念，不断规范学校管理，促进学生全面发展。学校先后获得永州市文明单位、湖南省园林式学校、湖南省心理健康教育实验学校、湖南省基础教育教学研究实验学校、湖南省优秀事业单位、湖南省现代教育技术实验学校、全国信息技术与素质教育实施研究实验学校等国家级、省级、市级各种荣誉称号 50 余项。

蓝山县民族中学　始创于1958年，曾使用所城学校民族班、蓝山县民族中学等名称。1994 年，县政府把民族中学从距县城 30 多千米以外的大麻乡整体迁至县城，同时将全县 5 个少数民族乡的初中全部并入县民族中学。该校是湖南省唯一以少数民族学生为主体的二级达标重点完中。学校占地面积 51.3 亩，校园建筑面积 17523 平方米，馆藏图书 5 万余册，有 27 个班级，教职员工 184 人，学生 2422 人。学校坚持“和谐共进，自主发展”的教育理念，坚持“在学会感恩中做人，在小事易事中实践”的德育理念，坚持“在教学中教究，在教究中教学”的教育教研理念，坚持“人人参与，人人快乐，人人享受”的体艺理念，带动和促进学校的快速发展，成为一所办学质量较高的优秀初中学校，2011 年，学校获得湖南省民族教育先进单位、湖南省安全文明校园、永州市语言文字规范学校示范校等多项荣誉称号。

第三章

普通高中教育

第三章　普通高中教育

1992—1998 年，在举全区之力普及九年义务教育的同时，零陵地区推动普通高中教育事业稳步发展。根据省政府每 10 万人口范围办一所高中的要求，到 1992 年，零陵地区有普通高中学校 49 所（其中完全中学 45 所，高级中学 4 所），教学班 575 个，在校学生 29552 人，校均 603 人，每万人高中生 60.9 人，专任教师 2280 人。至 1997 年，全市普通高中的布点布局进行较大幅度的调整，学校由 1992 年的 49 所调整到 1997 年的 38 所，但在校学生数基本稳定，1992 年在校高中生 29552 人，1997 年在校学生为 36826 人。1998 年，全市普通高中学校 43 所（其中完全中学 36 所，高级中学 7 所），教学班 670 个，在校学生 40133 人，每万人高中生 72.96 人（较 1992 年增加 12.06 人），专任教师 2568 人，普通高中教育事业得到稳步发展。到 2015 年，全市普通高中学校从 2007 年的 47 所调整到 31 所，在校学生数从 2007 年的 98102 人减少到 81428 人，每万人在校高中生 129.05 人，高中阶段毛入学率 74.39%。

1992—2015 年永州市全日制高中基本情况一览表

表 3–1

年份	学校数（所）	在校学生数（人）	专任教师（人）
1992	49	29552	2280
1993	48	27871	2302
1994	50	29208	2232
1995	39	29933	2224
1996	38	33029	2240
1997	38	36826	2371
1998	43	40133	2568
1999	43	44905	2799
2000	46	52482	3061
2001	51	65892	3641
2002	49	80701	4196
2003	51	92971	5198

续表 3-1

年份	学校数（所）	在校学生数（人）	专任教师（人）
2004	51	99541	5842
2005	51	108510	7638
2006	48	103702	6664
2007	47	98102	6650
2008	44	94545	6490
2009	42	91662	6156
2010	37	90548	5954
2011	34	84640	5550
2012	34	77334	5318
2013	34	77797	5262
2014	34	79292	5253
2015	31	81428	5277

第一节　各县（市、区）普通高中学校发展沿革

冷水滩区　1992 年，冷水滩区（原零陵地区冷水滩市）有普通高中学校 4 所（其中完全中学 3 所，高级中学 1 所），教学班 65 个，在校学生 3749 人，专任教师 275 人。1995 年，永州四中成功创建省重点中学。1998 年，有普通高中学校 5 所（其中完全中学 4 所，高级中学 1 所），教学班 88 个，在校学生 5293 人，专任教师 378 人。1998 年，永州市四中成功创建省重点高中。2005 年 11 月 21 日，永州市四中新校区开工建设。2010 年 9 月 1 日，永州四中成建制搬进新校区。2011 年，永州市四中收归永州市教育局直管。2015 年，全区有普通高中学校 2 所，教学班 82 个，在校学生 5155 人，专任教师 329 人。

零陵区　1992 年，零陵区（原零陵地区永州市）有普通高中学校 7 所（均为完全中学），教学班 86 个，在校学生 4636 人，专任教师 325 人。1998 年，有普通高中学校 7 所（均为完全中学），教学班 91 个，在校学生 5177 人，专任教师 379 人。1998 年，永州市一中成功创建为湖南省重点高中。2011 年 1 月 1 日，永州市一中收归永州市教育局直管。2015 年，全区有普通高中学校 2 所，教学班 82 个，在校学生 4983 人，专

任教师 318 人。

祁阳县　1992 年，有普通高中学校 5 所（均为完全中学），教学班 107 个，在校学生 5618 人，专任教师 465 人。1994 年，祁阳县一中成功创建省重点高中和省实验中学。1998 年，有普通高中学校 5 所（均为高级中学），教学班 141 个，在校学生 8648 人，专任教师 579 人。2015 年，全县有普通高中学校 5 所（其中高级中学 1 所，完全中学 2 所，十二年一贯制学校 2 所），教学班 208 个，在校学生 14107 人，专任教师 980 人。

东安县　1992 年，有普通高中学校 5 所（均为完全中学），教学班 65 个，在校学生 3302 人，专任教师 215 人。1998 年，有普通高中学校 6 所（其中完全中学 5 所，高级中学 1 所），教学班 84 个，在校学生 5188 人，专任教师 298 人。1999 年，东安县一中成功创建省重点中学。2015 年，全县有普通高中学校 3 所（其中高级中学 1 所，完全中学 1 所，十二年一贯制学校 1 所），教学班 111 个，在校学生 7079 人，专任教师 401 人。

双牌县　1992 年，有普通高中学校 2 所（均为完全中学），教学班 19 个，在校学生 1042 人，专任教师 63 人。1998 年，有普通高中学校 2 所（均为完全中学），教学班 22 个，在校学生 1430 人，专任教师 77 人。2004 年，双牌县二中成功创建为省示范性高中。2015 年，有普通高中学校 1 所，教学班 42 个，在校学生 2236 人，专任教师 164 人。

道县　1992 年，有普通高中学校 5 所（均为完全中学），教学班 55 个，在校学生 2700 人，专任教师 208 人。1994 年，道县一中成功创建省重点高中，成为零陵地区第一批省级重点中学。1998 年，有普通高中学校 5 所（均为完全中学），教学班 48 个，在校学生 2707 人，专任教师 161 人。2015 年，有普通高中学校 2 所，教学班 116 个，在校学生 7930 人，专任教师 452 人。

宁远县　1992 年，有普通高中学校 8 所（均为完全中学），教学班 63 个，在校学生 2969 人，专任教师 266 人。1998 年，有普通高中学校 3 所（均为完全中学），教学班 57 个，在校学生 3689 人，专任教师 207 人。2002 年，宁远县一中成功创建省重点中学。2015 年，有普通高中学校 4 所（其中完全中学 2 所，高级中学 2 所），教学班 167 个，在校学生 9871 人，专任教师 676 人。

江永县　1992 年，有普通高中学校 3 所（均为完全中学），教学班 25 个，在校学生 1255 人，专任教师 100 人。1998 年，有普通高中学校 3 所（均为完全中学），教学班 34 个，在校学生 1901 人，专任教师 116 人。2005 年，江永县一中成功创建省重点高中。2015 年，有普通高中学校 2 所（其中完全中学 1 所，高级中学 1 所），教学班 58 个，在校学生 3625 人，专任教师 189 人。

江华瑶族自治县　1992 年，有普通高中学校 3 所（均为完全中学），教学班 36 个，在校学生 1647 人，专任教师 154 人。1998 年，有普通高中学校 3 所（均为完全中学），教学班 30 个，在校学生 1716 人，专任教师 132 人。2005 年，江华瑶族自治县一中成功创建省示范性高中。2015 年，有普通高中学校 4 所(其中高级中学 2 所，完全中学 2 所)，教学班 108 个，在校学生 6084 人，专任教师 425 人。

新田县 1992 年，有普通高中学校 2 所（均为完全中学），教学班 29 个，在校学生 1309 人，专任教师 104 人。1998 年，有普通高中学校 2 所（均为完全中学），教学班 41 个，在校学生 2248 人，专任教师 113 人。2003 年，新田县一中创建为省重点高中。2015 年，有普通高中学校 2 所（其中高级中学 1 所，完全中学 1 所），教学班 99 个，在校学生 5685 人，专任教师 418 人。

蓝山县 1992 年，有普通高中学校 2 所（均为完全中学），教学班 34 个，在校学生 1325 人，专任教师 105 人。1998 年，有普通高中学校 2 所（均为完全中学），教学班 29 个，在校学生 2136 人，专任教师 128 人。2002 年，蓝山县二中成功创建为省重点高中。2015 年，有普通高中学校 2 所，教学班 59 个，在校学生 3711 人，专任教师 231 人。

第二节 普通高中教育改革提质

1992 年，零陵地区贯彻落实国务院、湖南省政府《关于基础教育改革与发展的决定》和全省重点中学、实验中学和部分厂矿子弟中学校长会议精神，对照《湖南省重点普通高中评估细则》和《湖南省示范性普通高级中学评估的方案》提出的创建要求和标准，以创建湖南省重点高中（示范性高中）为抓手，按照积极发展、注重质量和效益相结合的思路，把创省重点高中列入全市教育工作的年度大事进行安排部署，坚持统筹规划、分类指导、大力推进，积极扶持普通高中学校创建省、市重点高中（示范性高中），全市普通高中教育进入一个新的发展时期。各县区对创建省、市重点高中（示范性高中）均表现出极大的热情，举全县（区）之力来推进，加快创建省、市重点高中（示范性高中）的进程。1994 年，祁阳县一中和道县一中创建为零陵地区第一批湖南省重点高中，东安县二中（东安县耀祥中学）成功创建为第一批市级重点高中之一。2004 年 7 月，省教育厅印发《湖南省示范性普通高级中学评估方案》，将省示范性普通高级中学的评估细则从 36 条细化到 45 条，并规定从当年 9 月 1 日起，将省重点高中名称变更为省示范性普通高级中学，湖南省重点中学牌匾字样变更为湖南省示范性普通高级中学。2015 年 6 月，湖南省教育厅印发《湖南省示范性普通高中管理办法》，进一步加强对省示范性普通高中的管理。到2005年，永州市共创建省级重点（示范性）普通高中学校12所、市级重点（示范性）普通高中学校10所，省、市示范性高中占全市公办普通高中总数的75.86%，全市优质高中教育资源不断扩大。

在创建省、市重点高中（示范性高中）的同时，零陵地区教育委员会规范学校管理，着重加强德育管理，狠抓贯彻《中学德育大纲》和《中学生日常行为规范》，改革课程结构，加强选修课、活动课、劳技课及理化生实验课建设，加强教学改革和教学研究工作，加强教学用书和资料的管理，在全地区统一文化课的毕业标准，确保全区普通高中教育规范发展。

1992年，零陵地区教委下发《关于加强高考补习学校（班）和普通高中招生管理的通知》，社会团体和公民个人可以举办高考补习学校（班），并由地、县（市）教委普教部门统一负责管理，普通全日制中学不得举办任何形式的重复教育班或接收插班复读生，县（市）抽调富余教师到高考补习班上课必须到地区教委备案。普通高中根据初中毕业会考划定分数线按计划招生，不允许计划外招生，普通高中班额不得突破55人。

1994—1996年，零陵地区认真学习岳阳市汨罗市高中控制重复教育、控制留级率和控制班额的“三控制”工作经验，撤销校内复读班，改由县区教育工会在校外办复读班或复读学校的形式，县区采取借教师进修学校或其他教育资源来办学，满足高中教育的需求。1996年，伴随零陵地区撤区设立永州市，为确保中心城区高中教育的规范化发展，永州市委、市政府将中心城区的高中进行重新排序，其中芝山区的高中为奇数排序，冷水滩区的高中为偶数排序设置。永州市一中、永州市三中保留原名称，原永州市二中变更为永州市九中，原永州市四中变更为永州市五中，原永州市五中变更为永州市七中，原永州市六中变更为邮亭圩中学（改办初中），原永州市七中变更为芝山区实验中学（改办初中），冷水滩市二中变更为永州市二中，冷水滩市四中变更为永州市四中，冷水滩市五中变更为永州市六中，冷水滩市李达中学变更为永州市八中，冷水滩市三中变更为永州市十中，四厂一队子弟学校变更为永州市十二中，造纸厂子弟学校变更为永州市十四中。

1998年，随着永州市全面普及九年义务教育，初中毕业生大量增加，加上高等学校扩招以及人民群众对高层次教育的需求日益强烈，永州市各级党委、政府和教育行政部门把发展高中教育作为教育工作的一项重点来抓，按照积极发展、注重质量和效益的工作思路，统筹规划、分类指导，按照每10万~15万人口办一所普通高中、每所普通高中办学规模不低于18个班的要求，合理调整高中学校的布局，对省市级重点中学实行高中、初中剥离，充分挖掘现有普通高中的办学潜力，不断优化高中教育资源配置，积极推进各类中等教育发展，普通高中教育事业进入新的发展时期。到2015年，全市普通高中在校学生数增加到10万人左右。各县区按照市委、市政府的要求，切实履行发展高中教育的主体责任，把普通高中建设列入重要议事日程，定期研究普通高中改革和发展的重大问题，以政府拨款为主渠道，努力筹措普通高中发展的经费，努力改善办学条件。各高中学校想方设法扩大校园规模。永州一中、宁远一中、宁远二中、宁远三中、蓝山二中、新田二中、道县一中、道县二中、江华一中、江华二中、江永一中、双牌一中、双牌二中、永州三中、东安一中、永州八中、永州六中等学校积极扩充校园面积，其中永州一中、宁远一中、宁远三中校园面积扩大1倍以上。全市所有普通高中学校都结合省、市级重点中学创建工作实行高中、初中剥离，腾出近一半学位用于扩大高中招生规模，满足人民群众对高中教育的需求。

1998年，永州市根据国家和省教委有关改革发展高中教育的文件精神，鼓励、支持有条件的教育质量较高的普通重点高中以各种形式举办民办学校，实施国有民办等多种形式办学，鼓励和支持创办综合高中，积极推进普通高中办学模式改革，探索形成高中教育办学模式的新格局。永州一中举办蘋洲中学，永州四中举办京华中学，东安一中举办澄江中学，道县一中举办潇水中学，宁远一中举办桂冠中学，江华一中举办阳华中学，江华二中举办创新中学，蓝山二中举办辅仁中学，充分发挥省级示范性高中优质资源效益。与此同时，永州市教育局根据湖南省教育厅《关于普通高中试行"综合高中"办学模式改革的几点意见》，以试办"综合高中"为突破口，积极推进普通高中办学模式改革，鼓励和支持普通高中走多元化、特色化办学之路。永州六中积极申报创办湖南省综合高中，得到市、区两级政府和各级教育行政部门的大力支持。2001年7月，省教育厅下发《关于公布全省"综合高中"改革试点学校名单的通知》，批准永州六中等8所普通高中学校为湖南省"综合高中"改革试点学校。永州六中在"综合高中"办学试点中进行积极的探索，着重探索在综合高中办学中如何建立两支教师队伍（普通高中课程教学队伍和职业技术课程教学队伍）和学生"一个入口，多个出口"，即统一从普通高中招生渠道入学，毕业时从普高、职高等渠道毕业的办学模式。永州六中综合高中的办学经验多次在省、市有关会议上作典型介绍。之后几年，由于受永州六中办学成果的影响，市域内要求办"综合高中"的学校增多，永州七中和东安耀祥中学先后经省教育行政部门批准挂牌为省级综合高中试点学校。永州3所试点的综合高中办学成绩突出，高考升学率快速提高。2005年，全省高校对口招生计划为1200人/年，永州3所学校对口招生上线人数719人，占全省一半以上。

2005年12月21日，湖南省教育厅下发《关于共享公办普通高中资源的民办学校停止初中招生的通知》，要求各地公办普通高中单独举办或者与其他机构或个人联合举办的民办学校，凡共享公办普通高中资源或者无形资产（包括校名、师资、品牌、管理等）的，从2006年开始，一律停止初中招生，已经实施初中、高中剥离的学校不能再招收初中生。2006 年，永州市教育局按照“态度坚决，步伐稳妥，依法实施，逐校落实，群众满意”原则，采用民办学校只办高中，停招初中生；在个别地方初中学位不足的情况下，民办学校改办独立公办初中；实行全部“四独立”的，可以继续招收初中生；公办高中自行中止所办民办学校等四种途径予以落实到位。永州四中举办的京华中学改为公办的京华中学，实行独立办学。原京华中学的部分教师另集资入股创办民办永州市剑桥学校。永州一中举办的蘋洲中学并入永州九中，改为公办学校。东安县澄江中学改办公办初中学校。道县潇水学校改为公办初中学校。宁远桂冠中学、蓝山辅仁中学、江华阳华中学、江华创新中学等实行“四独立”办学。到 2007 年，全市普通高中学校数量由 1997 年的 38 所增加到 47 所，在校学生人数由 36826 人增加到 98102 人，增长 166%。

2008 年 7 月，永州市委、市政府颁布《关于建设教育强市的决定》，并在 7 月 26 日召开全市建设教育强市工作会议，市委书记黄天锡参加会议，明确要求全市普通高中教育要逐步从规模发展向内涵发展转变，着力打造高中教育的品牌，力争实现 3~5 所高中学校进入全省 50 强的目标。从此，全市高中教育的工作重心放到做大做强、争创品牌上。学校数从 2007 年的 47 所到调整 2015 年的 31 所；在校学生人数从 2007 年的 98102 人减少到 2015 年的 81428 人，减少了 16674 人。一些优质教育资源的学校越办越大，如永州一中、永州四中、祁阳一中、东安一中，最大规模的永州四中达到了在校学生 5000 人以上。永州十四中、永州十六中、祁阳七中、东安四中、东安三中、东安五中、永州七中、永州九中、永州十一中、永州五中、江永三中、蓝山一中、双牌一中、祁阳三中、道县五中停办高中，新增 1 所高中为东安天成学校。与此同时，永州市教育局着手从优化教学过程、打造高效课堂入手来提高教学质量，出台《永州市普通高中教学过程评价指标体系》，加强对普通高中教育的宏观指导，优化教学管理过程，深化普通高中教学改革，促进全市高中教育教学质量的稳步提高。

在普遍追求做大做强争创品牌的热潮当中，江华高中教育的发展坚持首尾并重，引导学校构建系统格局，树立系统的管理思想。县教育局制定并下发《高中教学管理 14 条》及《高中教学指南》，全面规范学校的管理行为，明确各学生段的管理重点及发展目标，并要求均衡分配资源，形成三年梯次发展态势。同时坚持江华一中、江华二中同时并举，同步发展。即使在县一中争创省示范性高中期间，也一直坚定均衡发展高中教育的格局不动摇，在办学规模、师资配置、招生等方面一视同仁，以保证两校良性竞争，和谐发展。

2009 年，根据湖南省教育厅下发《关于进一步规范公办普通高中举办或参与举办的民办高中办学的通知》要求，切实做好公办普通高中举办或参与举办的民办高中办学的规范工作，同时通过增加公办普通高中学位，鼓励、支持民办普通高中办学等形式，稳定全市普通高中的招生规模，满足人民群众子女就读普通高中需求。

2010 年 8 月，为进一步加强对全市普通高中特别是省市示范性高中的管理，市教育局从师德师风、学校管理、常规教学、高考质量、学业水平考试、办学特色及考纪考风等方面，对全市普通高中办学水平进行综合考核与评估。

2011 年 12 月 26 日，永州市人民政府颁布《关于加快推进教育强市建设的实施意见》，各级政府按照要求，切实承担普通高中学校债务化解的责任，制订年度消债计划，逐年化解普通高中学校债务，改善办学条件，提升学校信息化水平，切实加强高中学校管理，提高教育教学质量。

在促进高中教育内涵发展的实践中，一直坚持外出学习和请进来培训相结合提高高中教师整体素质。2011 年 4 月 10—13 日，永州市教育局组织高中教育考察团一行 80 余人，到常德市和岳阳市考察学习高中教育办学经验和高考复习备考经验；9 月组织全体教研员、县（区）教研室主任赴山东杜郎口中学、昌乐二中等学校考察学习，组织课改试点学校负责人到岳阳许市中学、长沙稻田中学、湘潭、山东、江苏等地进行专题学习。2014 年 11 月，市教科院组织一批优秀教师和教育科研人员南下广州、深圳等高考改革试验区，考察高考改革的动态和方向，汲取复习备考经验，同时全市一批省市示范性高中学校与长郡中学、长沙一中、师大附中等省内 12 所名校实行定期联考，采取统一命题、统一考试、统一阅卷、统一分析的办法，设法与名校的复习备考接轨，以便及时诊断，及时纠偏，凝聚集体智慧，促进永州市高考质量的全面提升。2014 年 10 月，市教育局邀请北京四中副校长谭小青，北京四中文科综合组组长、高考命题专家李京燕到永州市讲学，指导永州市高考复习备考工作，提升高考质量。

随着永州市经济社会发展不断进步，教育强市战略的不断推进，人民群众对教育的需求从“有学上”向“上好学”转变，对永州市教育事业提出更高要求。市教育局在调研的基础上，制定《关于将部分中小学收归市管的工作方案》并在 2009 年 4 月 30 日呈报市政府。2010 年 7 月 28 日，市政府常务会议研究并原则通过收管永州一中、永州四中等两所普通高中学校。2010 年 8 月 12 日，永州市委常委会会议研究“关于市本级直管两所高中学校”的问题，决定将永州一中和永州四中两所普通高中学校收归为市管。2010 年 9 月 26 日上午，市委副书记、市长龚武生主持召开市长办公会，研究永州一中、永州四中移交市级管理具体问题。2011 年 1 月 1 日，永州一中、永州市四中正式收归市教育局直管，两校移交后招生计划 30% 面向九县，70% 仍分别在零陵区和冷水滩区。

2014 年 10 月 16 日，永州市委、市政府颁布《关于加快永州市普通高中教育发展的若干意见》，从“推进高中学校管理制度改革”“加强高中学校教师队伍建设”“着力提高高中教育质量”“进一步优化高中学校发展环境”“加强组织保障”五个方面进行全面部署，逐步扩大和落实普通高中学校的办学自主权，加强校长队伍和教师队伍建设，全力化解高中债务，并在全省率先整体推进名校、名校长、名教师“三名”工程。

零陵区制定高中学校债务化解方案，计划在三年内化解学校全部债务3586万元，其中2015年偿还1000万元，2016年偿还1200万元，2017年偿还1386万元。在全部债务化解之前，所有债务产生的利息均由区财政负担。双牌县努力化解二中“申重”期间由于学校建设形成的1300万元债务，2014年化解600万元，2015年再化解余下的700万元。江永县从2014年起，免除县一中2800万元债务，由财政还本贴息。江华瑶族自治县由县财政统筹安排，化解一中、二中债务，分三年偿还本金和利息。宁远县从2012年开始，财政接管三所高中学校5600万元的债务，从2014年起债务利息纳入财政预算支付。蓝山县政府从2010年开始接管高中学校债务，财政每年为债务支付利息。东安县、祁阳县财政支付高中学校的债务利息。新田县政府决定，用两年时间化解高中全部债务，2014年已经化解了1600万元，走在全市的前列。

各县区（管理区）党委、政府重视扩大优质教育资源，落实学校的招生自主权、经费使用权、教师选聘权，扩大优质高中办学规模，加强高中生源基地建设，每所示范性高中均完成1~2所初中学校的托管。江华一中托管阳华学校，蓝山二中托管湘江源学校，东安一中托管白牙市镇中并更名为东安县应阳中学，宁远一中托管实验中学，永州四中托管冷水滩李达中学。零陵区与永州一中签订协议，将市十一中交与一中托管并更名为柳子中学。江永县已规划由江永一中托管民族中学，并尝试实行“2加3加1”模式进行管理。其他省示范性高中均托管1~2所初中学校，高中优质教育资源放大效应明显。

2015年2月9日，市委常委会研究部署加快永州市高中教育发展的相关工作的会议，研究推进永州市高中教育事业优先发展的策略和措施。市教育局抢抓良机，先后制定出台《永州市普通高中学校办学水平评估考核方案》《永州市高中学校校长任期制及考核工作实施意见（试行）》和《永州市高中学校校长后备人才库建设实施方案（试行）》等文件，全市普通高中教育发展环境进一步优化。2015年7月10日，永州市教育局下发《关于推进全市名校建设工作的实施意见》，用3年时间打造一批高质量、有特色、教育改革成效突出并在省内外有一定影响的品牌学校，带动全市城乡教育整体发展，全面提升永州教育的品质。到2015年，市直属的永州一中、永州四中在校学生数达到10962人，占全市高中在校生总数的14%，永州一中、永州四中、祁阳一中、东安一中、宁远一中、道县一中六所省示范性高中在校学生占全市高中在校生总数将近一半。永州一中、永州四中、祁阳一中在全省普通高中综合考核中成绩进入第一方阵。江华一中、江华二中成为全省民族地区高中的品牌学校。

2015年12月3日，为提高全市普通高中学校管理水平和教育质量，永州市委、市政府颁布《永州市普通高中学校办学水平评估考核方案》，每学年由市政府教育督导室组织实施，明确省示范性普通高中和市示范性普通高中分别设一等奖1名、二等奖2名、三等奖3名，对获得一、二、三等奖的学校颁发奖牌和奖金，其中省示范性高中一等奖10万元、二等奖8万元、三等奖6万元，市示范性高中一等奖8万元、二等奖6万元、三等奖4万元。评估考核结果作为校长任期考核的重要依据并向社会公布。

第三节　创建省市示范性高中

永州最早创建全省重点高中的是祁阳一中。1992年学校推行“六自主”即办学经费筹集自主、高中招生自主、收益分配自主、教改实验自主、教职员工聘任自主、教师职务聘任自主的改革，其中“提前单独招生，优化省重点中学生源”成为全省重点中学样板，省教委在该校召开现场会推广其经验。1994年5月26日，湖南省重点（实验）中学建设工作会在常德召开，省委副书记杨正午为湖南师大附中、长沙市一中、祁阳一中等20所省级重点中学授牌，同时湖南师大附中、郴州市一中、祁阳县一中3所学校被授予“省级实验中学”匾牌。祁阳县一中是湖南省确立“十五字”标准后首批挂牌的省级重点中学和实验中学之一，是至2015年底全市唯一的省级实验中学。

永州四中于1989年从零陵（现永州五中校址）搬迁至冷水滩（现冷水滩京华中学校址）办学。搬迁至冷水滩办学后，学校瞄准创办省重点中学的目标迈进。地、市两级政府采取“给政策、开口子、辟渠道”的办法，增强学校实力。学校在1995—1996年创建省重点中学攻坚阶段，在改善硬件设施方面完成10件大事：推走土石方10万立方米；砌起长750米、总体积3000余立方米的护坡，增修约2700平方米的水泥道路；建成新颖别致、富有创意的校门；修好校园围墙和教学区铁栅栏；建成标准田径运动场及配套设施；建成科学楼；添置近3万册图书、132个图书柜、实验柜及800套实验课桌椅；购置价值近40万元的常规仪器设备、音体美设施、44台彩电，安装语音设备、计算机设备、校长办公系统及卫星地面接收系统；完成一系列校园文化设施建设；住校教工都住上了套房。在创建省重点中学的软件建设方面，学校紧紧扭住“改革、实验、示范、高质量、有特色、现代化”这一省重点标准，于1994完全剥离初中部，办成独立高中，停办复读班，停招复读生，控制班额。1995年11月，永州四中顺利通过“省重点”评估验收，1996年11月16日，学校举行省重点中学的挂牌仪式。

20世纪50年代初到60年代初期，零陵一中是湖南省19所省属重点中学之一。到

90年代中后期，芝山区政府顺应全区人民和永州一中历届校友的强烈要求，决心把永州一中创办成省重点中学。1997年5月10日，芝山区人民政府区长唐定、区委副书记唐淑娥等带领区教委、财政局、农业银行、城市信用社的负责人到学校现场办公，决定从1997年起，区教育费附加保证要100%拨给教育。1997年6月24日，芝山区向省教委呈报《关于将永州一中列为湖南省重点中学的请示》，永州一中创建省重点中学列入芝山区人民政府1997年度的十件大事之一。1997年11月18日，湖南省重点中学资格评估团到永州一中评估验收。11月20日，永州一中顺利通过省重点中学资格评审。1998年，湖南省教委《关于批准衡东县一中、永州市一中为省重点中学的通知》，批准永州一中为省重点高级中学并授予“湖南省重点中学”匾牌。1998年12月18日，举行永州一中省重点中学挂牌庆典，省教委基础教育处处长葛建中到校授牌。

1996年，江华瑶族自治县委、县政府决定举全县之力将一中从偏远的水口镇整体搬迁到新县城沱江镇，共征收土地251亩，先后通过三期工程建设，共投入资金4000万元，建成了教学、生活、运动三大区域的基础设施。江华瑶族自治县委、县政府根据自身的实际情况，决定在2004年将县一中申报省属重点中学。2003年，江华瑶族自治县政府议教会议根据县一中、县二中以后创建省重点中学的要求，将县一中初中部顺利剥离，学校由之前的完全中学转变为普通高级中学。2004年，县一中申报“湖南省示范性普通高级中学”。2005年8月，湖南省教育厅通过督导评估，认定江华一中为“湖南省示范性普通高级中学”，10月12日正式挂牌。

宁远县委、县政府高度重视宁远一中创建省重点中学工作。从1999年起，县委、县政府把办好宁远一中作为全县教育品牌和教育形象工程写进全县“九五”和“十五”发展规划中，把宁远一中“创建省示范性高中”列为全县精神文明建设10件大事之一、26个重点建设项目之一。县委、县人大、县政府、县政协的主要领导多次到一中召开现场办公会，专题研究、协调支持一中“创重”工作。1998年，县委书记蒋善生10多次到校调研，并组织有关部门到一中现场办公，为学校排忧解难；县长李德勋、县委副书记胡安平、县政府副县长欧巨烽等先后20多次到一中指导“创重”工作，使原来被分隔的两个校区合二为一，学校面积由168亩扩大到300亩。县委副书记李光富对一中“创重”倾注全力。县人大常委会主任欧阳国斌、县政协主席李永祥对一中“创重”给予极大关注，其他各位领导也大力支持。2000年9月8日，副省长唐之享专程到宁远一中视察，勉励宁远一中办成全省素质教育示范学校，同意拨款50万元资助一中“创重”建设。2001年7月2 6日，县委在一中召开常委会扩大会议，就一中“创重”迎检工作进行现场办公，出台一系列政策措施，在办学经费、办学条件、领导班子、教师队伍建设、生源招生和校办产业等方面对一中给予重点保证。2001年7月6日，省教育厅厅长蒋作斌一行到校视察，勉励宁远一中要抓住机遇，尽快创建省重点高中。

2001年11月25日，湖南省重点高中检查认定组到宁远县一中检查“创建省重点高中”工作。2001年11月28日，评审委员会在长沙进行评审。2002年8月13日，湖南省教育厅确认宁远一中为湖南省重点高中。

永州市省级重点高中（示范性高中）创建情况表

表3–2

学校名称	授牌时间
祁阳一中	1994年
道县一中	1994年
永州四中	1995年
永州一中	1998年
东安一中	1999年
宁远一中	2002年
蓝山二中	2002年
新田一中	2003年
双牌二中	2004年
江华一中	2005年
江永一中	2005年
祁阳四中	2008年

永州市市级重点（示范性）高中创建情况表

表3–3

学校名称	授牌时间
东安二中（耀祥中学）	1994年
永州三中	2001年
祁阳二中	2001年
道县二中	2001年
永州二中	2001年
江华二中	2001年
宁远二中	2001年
宁远三中	2004年
祁阳二中	2004年
永州八中	2004年

第四节　教育教学

一、课程设置

1992—2015 年，永州市普通高中的学制均为 3 年。

1992—1993 年，区域内的普通高中的课程设置按照国家教委 1990 年颁发的《现行普通高中教学计划的调整意见》和《关于改革高考科目设置的通知》执行。全年 52 周，其中教学时间 40 周（高一、高二年级每学年上课 34 周，复习考试 2 周，劳动技术教育 4 周；高三年级上课 24 周，复习 12 周，劳动技术教育 4 周），假期（包括寒暑假、节假日和农忙假）10~11 周，机动时间 1~2 周。课程结构包括学科课程和活动课程两部分。学科课程分为必修和选修两类，活动课程包括课外活动和社会实践活动。必修课程开设政治、语文、数学、外语、物理、化学、生物、历史、地理、体育和劳动技术共 11 科。选修课分两种：一种是单性选修课，在高一、高二年级开设；另一种是分科性选修课，分文科、理科、艺术、体育、劳动技术 5 类课程，在高三年级开设。

高一、高二年级单科性选修课的开设可根据学校条件、学生的要求和社会需要而定。可以另设新课程，也可以就必修课的某一门或几门开设内容加深或拓展的选修课，还可以开设职业技术选修课，供学生自由选择。高三分科性选修，即在文科、理科、外语、艺术、体育、职业技术等方面有所侧重地选修。政治、语文、数学、体育、劳动技术 5 科在高中三个年级均为必修课。外语、物理、化学、生物、历史、地理等科在高一、高二年级为必修课。与原教学计划相比较，数学、外语、物理、化学等必修课的课时有所减少；历史、地理和生物的课时略有增加。历史课的教学大纲增加是必修课教学的依据，也是会考、教学评估和高考的依据。时事教育是高中思想教育的重要组成部分，每周 1 课时，可举办时事讲座，也可以开办时事广播。单科性选修课的课时控制在以下范围内：物理 4~6 课时，化学 3~5 课时，生物 2~4 课时，历史 4~6 课时，地理 4~6 课时，外语 3~5 课时，体育 2~3 课时，职业技术 4~6 课时，艺术 2~3 课时。学校结合实际在规定课时内可自行安排教学。课外活动包括体育锻炼、知识讲座、科技活动、各类兴趣小组活动、校班会、时事教育等。课外活动期间，不得进行补课和辅导。社会实践活动按国家教委文件规定实行，每学年安排两周，或分散使用，或集中使用。计算机课的开设，由各校根据条件决定。

1992—1993 年零陵地区调整后的普通高中教学计划表

表 3–4 **单位：课时**

课程	各年级周课时			授课总课时数
	高一	高二	高三	
政治	2	2	2	184
语文	4	4	5	392
数学	5	4	5	426
外语	5	4	—	306
物理	3	3	—	204
化学	3	3	—	204
生物	—	3	—	102
历史	2	2	—	136
地理	2	2	—	102
体育	2	2	2	184
劳动技术	每学年 4 周	每学年 4 周	每学年 4 周	432
社会实践活动	每学年安排 2 周。在劳动技术课、课外或学科教学活动的时间内进行			
每周必修课总课时	29	27	14	2240
选修课	3	4	16	—
课外活动	6 （体育锻炼：3，其他：3）	6 （体育锻炼：3，其他：3）	6 （体育锻炼：3，其他：3）	—
每周活动总量	38	37	36	—

1992 年，国家教委颁发《全日制中学思想政治课教学大纲（试用稿）》，规定中学各年级的政治课一律统称“思想政治课”。新编教材按年级分上册、上册或全一册。是年秋季，遵循“一套大纲、多套教材”的原则，全市高中学校一、二年级使用新编第一册、第二册教材，高三使用新编第三册教材，完成新旧教材的过渡，并进行教学方式方法和成绩考核的改革。各县区为适应高考政治迎考需要，还组织编写了时事政治教材，作为思想政治课的教学补充资料。1993 年，国家教委制定《全日制高级中学思想政治课教学大纲（试用）》，对课时和内容作了调整和修改，高一为“经济常识”、高二为“哲学常识”、高三为“政治常识”。

1994 年，按省教委部署，零陵地区实行“3+2”考试模式（ “3”为语文、数学、外语 3 科，文科另增加政治、历史，理科增加物理、化学）。这期间，普通高中课程设置有所变化，高一年级开设语文、数学、外语、政治、历史、地理、物理、化学、体育，为必修课；音乐、美术为单科性选修课；高二年级分文、理科。文科开设语文、数学、外语、政治、历史、地理、体育、实践活动，为必修课；音乐、美术为选修课。理科开设语文、数学、外语、物理、化学、生物、体育、实践活动等，为必修课；音乐、美术为选修课。高三年级开设的课程与高二年级相同。是年，零陵地区教委转发省教委《关于印发〈实行新工时制对高中教学计划进行调整的意见〉的通知》，各高中学校结合国家教委的文件一并贯彻执行，周课程总量 34 课时。

1994 年零陵地区实行新工时制后调整的普通高中教学计划表

表 3–5　　　　**单位：课时**

课程	各年级周课时			授课总课时数
	高一	高二	高三	
政治	2	2	2	186
语文	4	4	5/4	380
数学	4	4	5	392
外语	4/5	4	—	289
物理	1	3/2	—	187
化学	3/2	3	—	187
生物	1	2	—	162
历史	2	2	—	136
地理	2	1	—	102
体育	2	2	2	184
艺术（音乐、美术）	1	1	—	68
劳动技术	每学年 4 周，共 12 周			
社会实验活动	每学年安排 2 周。在劳动技术课或学科教学活动的时间内安排			
每周必修总课时数	28	28/27	14/13	2211
选修课	2	2/3	17/16	—
课外活动	4	4	4	—
周活动总量	34	—	—	—

1996年，国家教委出台《全日制普通高级中学课程计划（试验）》，规定高中阶段开设思想政治、语文、数学、外语、物理、化学、生物、历史、地理、体育、艺术（或音乐、美术）、劳动技术等科目。这个计划首次将普通高中作为一个独立学段提出培养目标，建立由学科类课程和活动类课程组成的课程结构，周课程总量为33课时。

2000年，教育部对《全日制普通高级中学课程计划（试验）》进行修订，颁布《全日制普通高级中学课程计划（试验修订稿）》，普通高中必修课设思想政治、语文、数学、外语、物理、化学、生物、历史、地理、信息技术10门学科，以及地方和学校开设的课程。

2001年，市域高考实行“3+X”考试模式。“3”同样是语文、数学、外语三科，“X”表示综合科。文科综合包含历史、地理、政治；理科综合包含物理、化学、生物。同年，永州市根据省教育厅颁发的课程计划（试验修订稿）方案，决定从秋季开学起，全市普通高中起始年级全部执行此课程计划，使用“普通高级中学新课程方案”中规定的教材；高二、高三年级仍执行原高中教学计划，但已使用新大纲和新教材的学科须继续沿用。高中二年级语文、外语、生物课使用“普通高级中学新课程方案”中规定的新教材。同时，要求各校积极创造条件，开设好信息技术教育和综合实践活动课程。在时间安排上，全年52周，其中教学时间40周；假期（包括寒暑假、节假日和农忙假）10~11周；机动时间1~2周。各学年按40周教学时间安排：高一、高二年级每学年上课35周，复习考试3周，社会实践和劳动技术教育2周；高三年级上课26周，复习考试12周，社会实践和劳动技术教育2周，每周按5天安排教学，周课时总量34课时左右，每课时45分钟。课外体育锻炼及其他课外活动不包含在课时总量中。

根据教育部2004年3月2日印发的《普通高中思想政治课标准（实验）》要求，永州市高中思想政治课采取模块式的组织形态，分为必修和选修两部分，各课程模块的内容相对独立，实行学分管理。各学校可自编选修课校本教材，也可对必修课模块内容加深或拓展。市域各高中学校一般都编有校本教材，内容尤以公民道德（传统美德）方面居多。

2007年，永州市严格按照湖南省教育厅《湖南省普通高中课程方案（实验）》要求，做好普通高中新课程设置工作，普通高中课程由学习领域、科目和模块三个层次构成。高中课程设置语言与文学、数学、人文与社会、科学、技术、艺术、体育与健康、综合实践活动八个学习领域，每一领域由课程价值相近的若干科目组成。八个学习领域共包括语文、数学、外语（英语、日语、俄语等）、思想政治、历史、地理、物理、化学、生物、艺术（或音乐、美术）、体育与健康、技术等12~13个科目。其中技术、艺术是新增设的科目，艺术与音乐、美术并行设置，供学校选择。鼓励有条件的学校开设两种或多种外语，每一科目由若干模块组成，模块之间既相互独立，又反映学科内容的逻辑联系。

1992—2015 年，市域内高中体育教学一直坚持贯彻《学校体育工作条例》，按规定开设体育课程。体育教学内容涵盖田径、篮球、排球、足球、乒乓球、体操、队列、游戏、武术、韵律操及舞蹈、体育保健知识等。课外体育活动项目主要有早操、课间操、班级课外体育活动、体育代表队训练、体育竞赛等，开展体育传统项目学校“活动及建立”培养优秀体育后备人才重点学校。课外体育活动内容主要有基本体操（含广播体操）、舞蹈和韵律操、技艺与器械体操、田径（跑、跳、投掷）、球类（篮球、足球、排球、乒乓球、羽毛球）、武术、游泳等。各高中学校均开展早操活动。每天起床后 20 分钟，除基本队列操练外，还要集体列队做广播体操或晨跑。寒冬季节一般开展长跑。各校普遍进行课间操，并列入学校作息制度。一些体育传统项目学校从本地实际出发，自编武术操、素质操等作为课间操内容。从 2008 年开始，学生“体育与健康”列入综合考评内容。

1992—2015 年，永州市普通高中学校没有统编音乐教材，由任课教师根据国家教育制度颁布的教学大纲要求自定内容进行教学，2000 年后采用湖南省教育委员会体卫军训处与省教育科学研究所合编的音乐、美术教材，集中在高一、高二年级重点选择中外名曲、名画进行指导欣赏，每周安排 1 课时，高三年级作为单科选修科目，每周安排 2~3 课时的教学指导。同时，各地各校利用当地教育资源开发具有民族和地域特色的艺术课程，坚持面向全体学生组织开展艺术活动，因地制宜建立学生艺术社团或兴趣小组，保证每周有固定的艺术活动时间。通过学校艺术节、艺术展演、合唱节、“三独比赛”、校歌比赛等活动促进艺术教学的高质量发展。市域内高中普遍成立书法、绘画、舞蹈、器乐、声乐等兴趣小组。从 2009 年起，市教育局每年下半年组织一次艺术教育展演活动，推动艺术教育深入开展。

1992—2015 年，永州市高中学校没有专开卫生健康课，一般学校根据学生生理特征和季节变化，不定期出黑板报、墙报，或在传染病流行时期举办专题讲座，宣传卫生保健知识，坚持对学生进行体质健康调查。1996 年后，国家教委颁布的《全日制普通高级中学课程计划（试验）》，将“体育和保健”作为高中阶段必修课列入教学计划并规定“健康教育必修一个模块（原则上 18 学时），作为学生高中阶段综合素质评价和毕业资格认定元素”，永州市教委翻印《中学生健康教育大纲》、健康教育操作要点，全市高中学校采取分组训练、实物演示、教师示范等多种方法提高学生自我保健能力，帮助学生重点掌握正确的读、写、坐及刷牙的姿势，掌握身高、体重、视力、脉搏、血压、体温、肺活量测量方法及女生月经周期的计算方法和应注意的饮食。

2007 年永州市普通高中新课程设置表

表 3-6

学习领域	科　目	必修学分（共计 116 学分）	选修学分一	选修学分二
语言与文学	语　文	10	根据社会对人才多样化的需求，适应学生不同潜能和发展的需要，在共同必修的基础上，各科课程标准分类别、分层次设置若干选修模块，供学生选择	学校根据当地社会、经济、科技、文化发展的需要和学生的兴趣，开设若干选修模块，供学生选择
	外　语	10		
数　学	数　学	10		
人文与社会	思想政治	8		
	历　史	6		
科　学	地　理	6		
	物　理	6		
	化　学	6		
	生　物	6		
技　术	技术（含信息技术和通用技术）	8		
艺　术	艺术或音乐、美术	6		
体育与健康	体育与健康	11		
综合实践活　动	研究性学习活动	15		
	社区服务	2		
	社会实践	6		

说明：

（1）每学年 52 周，其中教学时间 40 周，社会实践 1 周，假期（包括寒暑假、节假日和农忙假）11 周。

（2）每学期分两段安排课程，每段 10 周，每周 5 天。其中 9 周授课，1 周复习考试。每个模块通常为 36 学时，一般按 1 周 4 学时安排，可在一个学段内完成。

（3）学生学习一个模块并通过考核，可获得 2 学分（其中体育与健康、艺术、音乐、美术每个模块原则上为 18 学时，相当于 1 学分），学分由学校认定。技术的 8 个必修学分中，信息技术和通用技术各 4 学分。

（4）综合实践活动是每个学生的必修领域，共 23 学分。其中研究性学习活动三年共计 15 学分；学生每学年必须参加 1 周的社会实践，获得 2 学分；三年中，学生必须参加不少于 10 个工作日的社区服务并有相关证明，获得 2 学分。

（5）学生毕业的学分要求：学生每学年在每个学习领域都必须获得一定学分，三年中获得 116 个必修学分（包括研究性学习活动 15 学分，社区服务 2 学分，社会实践 6 学分），在选修二中至少获得 6 学分，总共达到 144 学分方可毕业。鼓励学有余力或希望多方面发展的学生修习更多的选修课，获得更多学分。

2007 年永州市普通高中新课程内容一览表

表 3–7

<table>
<tr><th rowspan="2">学习领域</th><th rowspan="2">科　目</th><th colspan="3">模块</th></tr>
<tr><th>必　修</th><th>选修一</th><th>选修二</th></tr>
<tr><td rowspan="2">语言与文学</td><td>语文</td><td>语文 1*　语文 2
语文 3　语文 4
语文 5</td><td>诗歌与散文　小说与戏剧
新闻与传记　语言文字应用文化论著研读</td><td rowspan="2"></td></tr>
<tr><td>外语（以英语为例）</td><td>英语 1　英语 2
英语 3　英语 4
英语 5（六、七级）</td><td>系列 1：提高系列（英语 6~8 课时，提高系列，达八级目标）（英语 9~11 课时，可创造条件开设，达九级目标）
系列 2：拓展系列（语言知识与技能类、语言应用类、欣赏类）</td></tr>
<tr><td>数学</td><td>数学</td><td>数学 1　数学 2
数学 3　数学 4
数学 5</td><td>系列 1（文科基础）系列 2（理科基础）
系列 3（文化系列）系列 4（应用系列）</td><td rowspan="7">学校按有关规定自主开发的课程</td></tr>
<tr><td rowspan="2">人文与社会</td><td>思想政治</td><td>经济生活
政治生活
文化生活
生活与哲学</td><td>科学社会主义常识　经济学常识
国家和国际组织常识　科学思维常识
生活中法律常识　公民道德与伦理常识</td></tr>
<tr><td>历史</td><td>历史 1
历史 2
历史 3</td><td>历史上重大改革回眸　近代民主思想与实践
20 世纪的战争与和平　中外历史人物评说
探索历史的奥秘　世界文化遗产荟萃</td></tr>
<tr><td rowspan="4">科学</td><td>地理</td><td>地理 1
地理 2
地理 3</td><td>宇宙与地球海洋地理旅游地理
城乡规划自然灾害与防治
环境保护地理信息技术应用</td></tr>
<tr><td>物理</td><td>物理 1
物理 2</td><td>系列 1（侧重于物理学与社会科学和人文科学的融合）
系列 2（侧重于物理学的应用和实践）
系列 3（侧重于物理学的研究思想与方法）</td></tr>
<tr><td>化学</td><td>化学 1
化学 2</td><td>化学与生活　化学与技术
物质结构与性质　化学反应原理
有机化学基础　实验化学</td></tr>
<tr><td>生物</td><td>生物 1　生物 2
生物 3</td><td>生物技术实践　生物科学与社会
现代生物科技专题</td></tr>
</table>

续表 3–7

<table>
<tr><th rowspan="2">学习领域</th><th rowspan="2">科　目</th><th colspan="3">模块</th></tr>
<tr><th>必　修</th><th>选修一</th><th>选修二</th></tr>
<tr><td rowspan="2">技术</td><td>信息技术</td><td>信息技术基础</td><td>算法与程序设计　多媒体技术应用
网络技术应用　数据管理技术
人工智能初步</td><td rowspan="8"></td></tr>
<tr><td>通用技术</td><td>技术与设计 1
技术与设计 2</td><td>电子控制技术　简易机器人制作
现代农业技术　家政与生活技术
汽车驾驶与保养　建筑及其设计
服务及其设计</td></tr>
<tr><td rowspan="3">艺术</td><td>艺术</td><td colspan="2">每个学生学习的项目和内容可以不同，但都应必修一定的学时
艺术与生活系列（生活中的音乐、身边的设计、身体表达的艺术、戏剧创编入门）
艺术与情感系列（音乐的情感表现、视觉语言表达、舞蹈即兴表演、戏剧表演基础）
艺术与文化系列（民族民间音乐、图形的奥秘、舞蹈与服饰、中外戏剧欣赏）
艺术与科学系列（音乐与科学、材料与造型艺术、乐舞与身心健康、影视特技）</td></tr>
<tr><td>音乐</td><td colspan="2">音乐鉴赏　歌唱　演奏　创作　音乐与舞蹈
音乐与戏剧表演</td></tr>
<tr><td>美术</td><td colspan="2">美术鉴赏　绘画·雕塑　设计·工艺　书法·篆刻
现代媒体艺术等</td></tr>
<tr><td>体育与健康</td><td>体育与健康</td><td colspan="2">每个学生学习的项目和内容可以不同，但都应必修 6 个运动技能系列 10 学分、健康教育专题系列 1 学分。
田径运动　球类运动　体操类运动　民族民间体育
水上或冰雪运动　新兴运动　健康教育专题</td></tr>
<tr><td rowspan="3">综合实践活动</td><td>研究性学习</td><td colspan="2" rowspan="3">学校根据国家相应指南和本地实际开设</td></tr>
<tr><td>社区服务</td></tr>
<tr><td>社会实践</td></tr>
</table>

2007 年永州市普通高中新课程学分分配指导表

表 3-8

<table>
<tr><td rowspan="2">总学分
（144分以上）</td><td colspan="6" rowspan="2">必修课程
（116 分）</td><td colspan="12">选修课程（28 分以上）</td></tr>
<tr><td colspan="6">选修课程一（22 分以上）</td><td colspan="6">选修课程二（6 分以上）</td></tr>
<tr><td>学年</td><td colspan="2">一</td><td colspan="2">二</td><td colspan="2">三</td><td colspan="2">一</td><td colspan="2">二</td><td colspan="2">三</td><td colspan="2">一</td><td colspan="2">二</td><td colspan="2">三</td></tr>
<tr><td>学年学分</td><td colspan="2">78 左右</td><td colspan="2">32 左右</td><td colspan="2">6 以上</td><td colspan="2">2 左右</td><td colspan="2">10 以上</td><td colspan="2">10 以上</td><td colspan="2"></td><td colspan="2">3 以上</td><td colspan="2">3 以上</td></tr>
<tr><td>学期学分</td><td>39</td><td>39</td><td>28</td><td>4</td><td>4</td><td>2</td><td>—</td><td>—</td><td>—</td><td>—</td><td>—</td><td>—</td><td>—</td><td>—</td><td>—</td><td>—</td><td>—</td><td>—</td></tr>
<tr><td>百 分 比</td><td colspan="9">不超过 80.6%</td><td colspan="9">19.4% 以上</td></tr>
<tr><td>课程价值</td><td colspan="6">确保所有学生达到共同的基本要求</td><td colspan="6">满足学生在共同基础上的发展差异</td><td colspan="6">满足不同学校的发展差异和学生个性发展</td></tr>
</table>

2007 年永州市普通高中新课程安排指导表

表 3-9

<table>
<tr><td rowspan="3">学习领域</td><td rowspan="3">科目</td><td colspan="4">第一学年
（80 学分左右）</td><td colspan="4">第二学年
（46 学分以上）</td><td colspan="2">第三学年
（19学分以上）</td></tr>
<tr><td colspan="2">第一学期
（约 40 学分）</td><td colspan="2">第二学期
（约 40 学分）</td><td colspan="2">第一学期
（32学分以上）</td><td colspan="2">第二学期
（14学分以上）</td><td rowspan="2">第一学期（10 学分以上）</td><td rowspan="2">第二期（9 学分以上）</td></tr>
<tr><td>第一学段</td><td>第二学段</td><td>第一学段</td><td>第二学段</td><td>第一学段</td><td>第二学段</td><td>第一学段</td><td>第二学段</td></tr>
<tr><td rowspan="2">语言与文学</td><td>语文</td><td>语文 1</td><td>语文 2</td><td>语文 3</td><td>语文 4</td><td>语文 5</td><td colspan="5">选修一：诗歌与散文、小说与戏剧、新闻与传记、语言文字应用、文化论著研读</td></tr>
<tr><td>英语</td><td>英语 1</td><td>英语 2</td><td>英语 3</td><td>英语 4</td><td>英语 5</td><td colspan="5">选修一：英语选修系列 I、英语选修系列 II</td></tr>
<tr><td>数学</td><td>数学</td><td>数学 1</td><td>数学 2</td><td>数学 3</td><td>数学 4</td><td>数学 5</td><td colspan="5">选修一：数学选修 1、数学选修 2、数学选修 3、数学选修 4、数学选修 5</td></tr>
<tr><td rowspan="2">人文与社会</td><td>思想政治</td><td>经济生活</td><td>经济生活</td><td>政治生活</td><td>政治生活</td><td>文化生活</td><td>文化生活</td><td>生活与哲学</td><td>生活与哲学</td><td colspan="2">政治选修</td></tr>
<tr><td>历史</td><td>历史 1</td><td></td><td>历史 2</td><td></td><td>历史 3</td><td colspan="5">选修一：历史上重大改革回眸、近代民主思想与实践、20 世纪战争与和平、中外历史人物评说、探索历史的奥秘、世界文化遗产荟萃</td></tr>
<tr><td>科学</td><td>地理</td><td></td><td>地理 1</td><td></td><td>地理 2</td><td></td><td>地理 3</td><td colspan="4">选修一：宇宙与地球、海洋地理、旅游地理、城乡规划、自然灾害与防治、环境保护、地理信息技术应用</td></tr>
</table>

续表 3-9

<table>
<tr><td rowspan="3">学习领域</td><td rowspan="3">科目</td><td colspan="4">第一学年
（80学分左右）</td><td colspan="4">第二学年
（46学分以上）</td><td colspan="2">第三学年
（19学分以上）</td></tr>
<tr><td colspan="2">第一学期
（约40学分）</td><td colspan="2">第二学期
（约40学分）</td><td colspan="2">第一学期
（32学分以上）</td><td colspan="2">第二学期
（14学分以上）</td><td rowspan="2">第一学期（10学分以上）</td><td rowspan="2">第二期（9学分以上）</td></tr>
<tr><td>第一学段</td><td>第二学段</td><td>第一学段</td><td>第二学段</td><td>第一学段</td><td>第二学段</td><td>第一学段</td><td>第二学段</td></tr>
<tr><td rowspan="3">科学</td><td>物理</td><td>物理1</td><td></td><td>物理2</td><td></td><td>在1-1、2-1、3-1中选1个</td><td colspan="5">选修一：1-2、2-2、2-3、3-2、3-3、3-4、3-5</td></tr>
<tr><td>化学</td><td></td><td>化学1</td><td></td><td>化学2</td><td></td><td>必修1个选修模块获2学分</td><td colspan="4">选修一：化学与生活、化学与技术、物质结构与性质、化学反应原理、有机化学基础、实验化学</td></tr>
<tr><td>生物</td><td></td><td></td><td>生物1</td><td></td><td>生物2</td><td></td><td>生物2</td><td colspan="3">选修一：生物技术实践、生物科学与社会、现代生物科技专题</td></tr>
<tr><td rowspan="2">技术</td><td>信息技术</td><td>信息技术基础</td><td colspan="9">选修一：在5个选修模块中修习2个必修学分（“必选”）
其他选修一</td></tr>
<tr><td>通用技术</td><td></td><td>技术与设计1</td><td></td><td>技术与设计2</td><td colspan="6">选修一</td></tr>
<tr><td rowspan="3">艺术</td><td>美术</td><td colspan="10">在所有模块中任选3个，获3个必修学分，此外还可修习若干选修学分。高一第一学期由学校代选</td></tr>
<tr><td>音乐</td><td colspan="9">在高一或高二通过选修音乐鉴赏加其余任一模块，或通过选修音乐鉴赏外的任意3个模块，获3个必修学分。高一第一学期由学校代选</td><td>选修一</td></tr>
<tr><td>艺术</td><td colspan="10">在艺术与生活、艺术与情感、艺术与文化、艺术与科学系列的16个模块中修习6个必修学分。高一第一学期由学校代选</td></tr>
<tr><td>体育与健康</td><td>体育与健康</td><td colspan="8">若干选修一或选修二学分。学生在入学注册或军训时按学校提供项目选课</td><td colspan="2">必修2学分</td></tr>
<tr><td rowspan="2">综合实践活动</td><td>研究性学习</td><td colspan="4">修习6个必修学分</td><td colspan="4">修习6个必修学分</td><td colspan="2">修习3个必修学分</td></tr>
<tr><td>社区服务</td><td colspan="4">参加5个工作日以上，获得1学分</td><td colspan="4">参加5个工作日以上，获得1学分</td><td colspan="2"></td></tr>
<tr><td>综合实践活动</td><td>社会实践</td><td colspan="4">参加1周社会实践，获得2学分</td><td colspan="4">参加1周社会实践，获得2学分</td><td colspan="2">参加1周社会实践，获得2学分</td></tr>
</table>

二、考试招生

毕业考试　1992—2000 年，普通高中毕业会考由省里统一命题、制卷，地区教委组织阅卷、登分建档。2000 年，省教育厅批准全省 29 所办学思想端正、办学质量较高的普通高中自行组织毕业会考。这 29 所学校包括永州市的祁阳一中、道县一中，从 2000 年起自行命题组考，由市教育局审批确认会考成绩。2001 年，省教育厅决定将普通高中毕业会考原则上下放到学校，引导学校自我约束、自我激励、自我发展。永州市在当年 4 月召开的校长联谊会讨论此事，校长们一致认为，省里不统一组织会考，就由市里统一组织，不同意由各校自行命题组考。由此，从 2001 年下学期至 2009 年，永州市的高中毕业会考实行由市教育局统一组织命题，县区教育局和高中学校负责组考，市教育局统一组织阅卷建档。

2008 年 11 月 13 日，省教育厅印发《湖南省普通高中学业水平考试实施方案（试行）的通知》，并决定从 2009 年开始取消普通高中毕业会考制度，在全省试行普通高中学业水平考试制度，规定学生高中在校期间综合素质评价合格、修满 144 个学分、学业水平考试省级统考科目成绩及所有考查科目及格才能达到毕业水平，学业水平考试还作为各级教育行政部门对学校教育教学质量进行综合评价的重要依据和高校招生录取的重要依据。2009 年 2 月 17 日，湖南省教育厅颁布《关于印发〈湖南省普通高中学业水平考试大纲〉的通知》和《关于印发〈湖南省普通高中学业水平考试考查指导纲要〉的通知》，对语文、数学、英语、物理、化学等 9 个学科教学和艺术、体育与健康、美术、信息技术、综合实践活动等 9 个考查学科教学提出明确要求。

2009 年 3 月 23 日，永州市教育局转发省教育厅《关于印发〈湖南省普通高中学业水平考试实施方案（试行）〉的通知》，决定 2009 年起在全市试行普通高中学业水平考试制度，各级教育行政部门不再举行高中毕业会考，该措施是依据《教育部关于普通高中新课程改革省份深化高校招生考试制度改革的指导意见》实行的，全市普通高中课程开设进一步规范。

择校生政策　2002 年，教育部下发《关于加强基础教育办学管理若干问题的通知》，明确高中招收“择校生”，应按照国务院纠正行业不正之风办公室、教育部《关于进一步做好治理教育乱收费工作的意见》的要求，遵守“三限”政策，即限分数（不准违反规定录取低于最低录取分数线的新生）、限人数（不准超过国家规定的班额，不得挤压招生计划指标，变相扩大择校人数。即“择校生”数量不得高过省级政府规定的比例）、限钱数（“择校生”交费标准，由教育部门提出，经省级人民政府批准后向社会公布）。学校不准超过规定标准收费，不得向“择校生”收取赞助费或建校费等。

永州市各高中学校从2002年秋季起按照教育部文件要求，在招收“择校生”时严格落实“三限”政策。

2011年，教育部等七部门联合下发《关于2011年治理教育乱收费规范教育收费工作的实施意见》，要求严格执行并逐步调整公办普通高中招收“择校生”“三限”政策。继续严格执行公办普通高中招收“择校生”“三限”政策，每个学校招收“择校生”的比例最高不得超过本校当年招收高中学生计划数（不包括“择校生”数）的30%。各地要加大政府投入，完善高中经费保障机制，抓紧制定并落实生均拨款标准，积极化解学校债务。从2012年秋季开始，以学校为单位将招收“择校生”比例降到20%。各地要研究制定加大高中教育政府投入，逐步取消“三限”收费的措施和办法。

在国家、省、市大力化解普通高中债务，加大普通高中建设的基础上，2016年，永州市教育局下发《关于做好2016年全市普通高中招生工作的通知》，明确规定从2016年起开始全面取消公办普通高中招收“择校生”计划。至此，普通高中“择校生”政策全面取消。

三、教学改革

1992年初，零陵地区教委与零陵地区国防教育办公室联合组织一次高中学校国防教育情况调查。1992年2月25日，零陵地区教委和国防教育办公室联合下文，把国防教育纳入学校正常的教学活动，纳入学校目标管理责任制考评工作。1999年8月5日，省教委、省军区联合颁发《关于1999年度学生军训和国防教育的通知》，对军训课时等提出具体要求。从1999年下学期开学起，永州市内所有省、市属重点（示范性）高中高一新生接受一个星期的军训，除零陵、冷水滩两区从当地驻军聘请教员外，其余县区军训的军事教员均由人武部门或武警部门安排。2001年《中华人民共和国国防教育法》颁布后，各高中学校认真贯彻实施《高级中学学生军事训练教学大纲》，全面开展好高中新生军训工作。2003年，教育部规定高级中学把军事训练作为学生学习的必修内容，作为学校实施素质教育的重要环节。自此，市域内各高中都普遍开展军事训练，时间为7天。2011年，湖南省教育厅制定《2011—2015年学生军训工作发展规划》。永州市域内高中学校把国防、人防教育纳入学校教学课程，组织高中学校开展军训工作。每年都把国防、人防教育纳入考核内容，定期进行督查。高中新生入学开展军训成为常态。

2008年，永州市教育局提出为载体、以“五环节”为模式的高效课堂，建立教学指导平台，出台《永州市普通高中教学质量评价方案》，构建和完善以高中年级为重点的教学质量监测监控体系，在“三会（高考复习备考会）、三考（三次模拟考试）、三分析（三次质量分析）”的高三复习备考模式的基础上，增加组织专家团队对学校教育教学管理的视导、学科教研员和兼职教研员对学科的教学视导、核心高考指导分队对学校备考的特殊专项指导“三视导”，构建具有永州特色的高考复习备考模式，带动永州市高中教育教学质量不断提升，在全省具有一定的影响力。祁阳县在中小学师生中广泛开展“‘大量读写、双轨运行’强力推进课外阅读写作”活动，总结出“示范引路、服务指导、宣传督查”等经验；道县积极开展“课堂达标”活动，把教学改革工作的重心聚集于课堂，总结出“抓两头，促中间，全面提升教师的专业能力”的成功经验；蓝山县以教研活动为载体，开展“三课三查”活动，从强化管理入手，健全教研管理网络，以管理促发展；江永县把工作重心下移到基层学校，抓教材研究，抓课堂教学改革，抓教学反思，抓教研课题落实，有效地促进教学资源的有机整合。江华瑶族自治县教育局坚持教育“一盘棋”战略，建立系统科学的教学质量评价体系和奖励机制，确保初高中学校均衡快速持续发展，创造民族地区教育快速发展的佳绩；永州四中推行“班级责任田”的高考管理模式，激发以班主任为核心的班级科任教师团队的教学积极性，以及学生家长的助学助教效益；祁阳一中高考二轮复习坚持“二次备课”和“当堂评价”的备考冲刺复习教学模式，确保高考的质量；蓝山二中班主任“周小结、周批阅、周点评”的学生思想工作方式，有利于及时发现并引导排解学生的不良心理思想和情绪，确保学校良好的学风和学生高昂的迎考斗志；江永一中“一年高考六年抓”和“民主管理”的长效备考策略，树立省示范高中托管优质初中学校的成功典范。

1998 年，祁阳县加快推进高中教育，祁阳一中抓住创办湖南省实验中学的契机，在改革实验中勇立潮头，努力深化改革，当名师、出品牌、创名校、创特色，推行的办学经费筹集自主、高中招生自主、收益分配自主、教改实验自主、教职员工聘任自主、教师职务聘任自主的“六自主”改革，其中“提前单独招生，优化省重点中学生源”成为全省重点中学样板，省教委在该校召开现场会推广其经验，《中国教育报》誉之为“湖南高中教育特区”。祁阳二中在长期的教学实践中形成分层教学、办实验班、培养特长生三大特色。1998 年，《湖南教育》推广祁阳高中教育的办学经验，并发表评论员文章。

四、新课程改革

1992—2015 年，永州市普通高中经过两轮新课程改革。第一轮是 20 世纪 90 年代初启动的新课程改革，主要是针对旧的课程内容存在的“繁难、偏旧”的状况，着眼于从功能、目标、课型、管理方式等方面进行改革，培养学生创新能力，开创教材教学新局面。

在教学目标上，确定三维目标，把原来教学目标单一（知识与技能）的课堂变为目标多维（知识与技能、过程与方法、情感态度与价值观）的课堂。

在课程设置上，设置跨学科的综合课程，把一些专门的学科合并为综合课，如生物、物理、化学合称“科学”，历史、地理合称“历史与社会”等。推行“一纲多本”的教材体系，建立国家、地方、学校三级课程管理制度，结束以往“一个大纲，一套教材”的历史。实行弹性课程管理。新课程设必修课和选修课，以培养学生的创新精神和实践能力，尊重学生的个性特点，满足每个学生终身发展的需要，也有利于发挥教师的积极性、主动性和创造性，兼顾师生的差异性。

在教育评价上，建立新的评价与考试制度。改变长期以来将考试科目分数简单相加作为唯一标准、片面追求升学率的评价体系，课程改革分时段和区域探索进行。

2001 年，永州市教育局下发《关于实施普通高中新课程改革有关问题的通知》，明确要求各地各普通高中学校要严格按照国家普通高中课程方案中规定的学习领域、科目和模块的要求设置课程，以课堂教学改革为重点，积极探索新课程的教学改革，切实推进教师教学方式和学生学习方式的转变，建立适应模块化教学的行政班与教学班相结合的新型教育教学管理机制，改革现行学校、教师和学生的各项评价制度，建立和完善与课改相适应的发展性评价体系，科学合理地安排教学进度，加强教育教学质量监控，以课堂教学改革带动全市普通高中教育教学质量的提升。

2003 年 3 月 31 日，教育部印发《普通高中课程改革方案（实验）》。2004 年，教育部决定自 2004 年开始用 4 年时间推进普通高中课程改革实验。按照省教育厅的安排部署，全市普通高中着手新课程改革实验准备工作。是年，市教育局邀请全国著名的高三语文教学专家赵大鹏、江西师范大学王福河教授到永州市讲学，先后召开全市高中语文、数学、文科综合、理科综合四科高考复习研讨会暨新课程实施教学研讨会，上示范课 60 节，专题发言 24 人次，近 1000 名教师集中进行课堂观摩的研讨，同时组织高中政治、语文、数学、心理健康等 19 门学科近 1000 名骨干教师和教研员到永州四中、祁阳二中及昆明、南宁、长沙等地参加省级以上各类教学观摩活动。组织开展研究性学习，中小学心理健康教育等 16 个学科的说课，优质课、优秀课件竞赛活动及中小学 20 个学科教研论文评奖活动。

2004 年，紧紧围绕全面提升教育质量这一重点，永州市建立具有永州特色的校本教研制度，推进基础教育课程改革。3 月，组织召开全市教育科研工作会议，对校本教研工作进行再动员，9 月，市教育局关于印发《永州市关于进一步加强基础教育教学教研教改工作的意见的通知》出台，进一步规范教研教改工作，初步形成永州市教师教学过程中自我反思、同伴扶助和专家引领的校本教研格局。通过反复调查研究，完成

《永州市全面提升教育质量的意见》的文件起草工作。组织召开中学语文、数学、文科综合、理科综合 4 个学科高考复习研讨会，上示范研讨课 310 余节；组织开展中学语文、数学、英语、物理、化学、生物、政治、历史、地理、音乐、体育、美术、信息技术、研究性学习、心理健康教育等 15 个学科的说课、优质课和优秀课件竞赛、研讨及观摩活动，获国家级奖 56 个、省级奖 71 个，其中说课 9 节获省一等奖，7 节获二等奖；优质课 20 节获省一等奖，16 节获二等奖；优秀课件获省一等奖 11 项、二等奖 8 项。邀请人民教育出版社数学专家和省物理学会、湖南省第一师范学校物理教学专家到永州市讲学，派出数学、生物、历史、音乐、美术、信息技术、研究性学习等 8 门学科教研员到外省市学习；组织 1600 余名骨干教师到永州四中及邵阳、怀化、成都、昆明、长沙等地参加省以上的教学观摩活动。编写《高中毕业会考标准》《高一、高二、高三会考标准及指导》，联合全市九所示范性高中教师编写高三 2005 年高考第一轮复习资料，做好高一历史、地理，高二政治、生物、物理、化学，高三语文、数学、英语等 11 门学科的会考命题工作，全市高一、高二上学期末和下学期末由全市统一命题、统一检测，以县（区）为单位统一阅卷，开展全市高三与湖南师大和娄底、益阳、岳阳等市州学校的第二轮高考模拟联考。7 月，先后在江华一中、东安一中为南六县和东安县课改试验区教师开展新课程培训，2070 余名教师参训。

2005—2006 年，市教育局组织召开中学语文、数学、英语、文综、理综等 5 个学科的高考复习研讨会，上示范研讨课 30 余节。做好初中新课程实验和高中新课程实验的衔接，从省教科院和师大附中、长沙一中及长沙周南中学请来 6 名专家和教师分别到江华、宁远开展送课下乡活动，共上示范课 21 节、专家讲座 2 场次，听课教师有 600 多人。组织市教科院教研员到 11 个县（区）40 多所学校听课 1100 余节，其中高考复习课 600 余节、新课程研究课 410 余节，举办专题讲座 20 场次，听课教师有 1500 多人次。加强对全市教育质量的监控，市教育局组织编写高中《毕业会考标准及指导丛书》、2007 年高三第一轮复习资料等 16 部教辅资料；组织全市高三模拟联考和高一、高二期末质量检测，确保课程改革落到实处。

根据教育部《关于基础教育课程改革纲要（试行）》和湖南省教育厅 2007 年《关于实施普通高中新课程试验工作的指导意见》精神，湖南省进入普通高中课改试验，永州组织全市普通高中进行第二轮普通高中课程改革。

2007 年，永州市教育局根据《关于实施普通高中新课程试验工作的指导意见》《湖南省普通高中课程方案》《关于印发〈湖南省普通高中新课程模块学生选修指导意见（暂行）〉的通知》要求，成立高中教育教学指导委员会，组织开展高中课堂教学研究、完成了高三第一轮复习资料、高一高二学科模块达标评价等教辅资料的编写工作。利用暑假时间，从广东、安徽、江苏、福建、山东等全国第一、二批课改省份邀请 26

名专家，培训教师2000多人。组织全市普通高中的语文、数学、英语、政治、历史、地理、物理、化学、生物、音乐、美术、体育、计算机技术和通用技术14个学科的近3000名教师参加新课程培训，保证第二轮高中课程改革积极稳妥推进。

2009年，市教育局以新课程实施为重点，紧紧围绕“课改”“质量”“创新”“提升”做好新课程改革工作。2009年7月25日至8月13日，市教育局聘请学科课程标准研制核心组成员、新课程教材出版社编审和有关专家为全市普通高中高一、高二年级教师632人开设讲座。9月至10月，市教育局深入江永、江华、道县、宁远、蓝山、祁阳、零陵等7个县（区）的15所普通高中学校，通过开座谈会、进课堂听课、查资料等方式，分学科在永州四中、道县一中、双牌二中、祁阳一中等学校举办全市高考复习研讨会，对全市普通高中学校办学情况进行一次较全面的调研并形成专题调研报告，组织召开全市普通高中教学工作会议，采取统一命题、统一阅卷、统一成绩公布的形式组织两次高考模拟考试。通过多方搜集学业水平考试有关信息，到学校听课、诊断、指导等方式，全市高中学业水平考试取得全科通过数在全省排名第五的成绩。高一、高二年级期末考试实行全市统一命题、统一考试、县（区）统一阅卷，全市统一进行期末质量检测成绩分析。

2010—2014年，市教育局推进以自主探究、合作学习为主要特征的优质高效课堂，整体持续推进普通高中课程改革工作。2010年，永州一中成为湖南省课堂教学改革样板校，并在2011年11月28至29日株洲市醴陵市召开的湖南省2011年度高中课改样板校建设现场研讨会上作典型发言，永州四中、东安一中、祁阳一中及道县一中等学校参加会议。2013年，市教育局召开全市高考总结分析会和1200余人参加的高三语文、数学、英语、文科综合、理科综合共5个学科的高考复习研讨会，听取公开课40余节，交流发言126人次；举行三轮高三模拟联考，编辑5部高考及模考分析报告。组织学生参加高中数学、物理、化学、生物4个学科的全国奥林匹克竞赛，特别是2013年永州一中学生张志宇在全国数学奥赛中获一等奖，并入选国家奥数冬令营，这是1986年以来全省除长沙四大名校外第一个入选国家奥数冬令营的其他市州中学生。11月，在永州四中举办“中小学高效课堂实施模式与教学行为改进”专题培训，邀请王力耕、秦培元、韩吉东等全国知名校长、课改领头人传授课改经验。2014年，为进一步推进全市新课改进程，促进教师专业化成长，提高全市教育教学质量，从3月开始，到全市50多所中小学进行随堂听课、评课，深入了解各学校课堂教学及教育教学管理状况。组织教师参加省级教师培训40余次，组织高中各层次学科教师外出参加高水平的国家级教学观摩活动500余人次。邀请北京市教科院、长沙市一中和江苏、浙江等地专家、著名特级教师到永州市开展新课程学科培训讲学和“名师讲堂”等公益活动，参与教师近800人次。

2015年，永州市教育局出台《永州市普通高中学生综合素质评价实施办法（试行）》，制定比较详细的高中学生综合素质纪实报告，纪实评价报告分为基本信息和自我介绍、品德发展与公民素养、修习课程与学业成绩、身心健康与艺术素养、创新精神与实践能力、学校特色指标与综合素质承诺等7个部分，建立发展性综合评价体系，全面推行学生学业成绩和成长记录相结合的综合评价体系，保障新课程的顺利实施。组织永州市高中教育考察团一行55人赴益阳市桃江四中、常德市桃源一中就学校精细管理、文理分科、学校德治等方面考察学习。在永州一中召开高考数学复习备考教学研讨会，邀请湖南师范大学数学奥林匹克研究所原所长沈文选教授、全国高中数学联赛优秀指导教师蒋健就“数学解题和解题教师”实践进行专题讲座。在永州市一中、永州四中分期举行全国新课程高考复习备考研讨会，邀请河北省衡水中学、长沙市长郡中学、长沙市一中等名校名师做高三备考专题讲座，九科教研员分别作专题报告，全市高三教师1700余人与会，这是永州市首次采取集中培训高三教师的方式研究高三备考复习。2015年11月17日，《湖南日报》头版头条对永州积极开展教育教学课题研究进行宣传报道，市教科院被省教育厅评为湖南省课堂教学改革研究先进单位。

第五节　教育成果

高考升学　1992—2015年，全市普通高校招生考试共有562944人报考，共录取318123人，其中本科135281人、专科181681人、中专1161人；职高对口高考报名共38466人，共录取26025人（本科7796人，专科18229人）；普通中专学校录取初中毕业生57400人。1993年，全市11735人参加全国高校招生统考，录取3089人，其中本科980人、专科1923人、中专186人，录取率26.3%，全区的人均总分居全省第8位，其中化学居第3位，文科数学和政治居第4位，物理居第5位，理科英语居第6位，历史和理科语文居第7位。1994年，全区高三毕业会考合格率居全省第一，高考人均总分居全省第三位，其中化学、文科数学人平分全省第一，理科数学、物理、理科英语居全省第二，全区上本科线人数首次突破1000人大关，达到1026人。1996年，全市高中毕业会考一次性合格率84.3%，高考上本科线人数达到1450人，是恢复高考以来本科上线人数最多的一年，人均总分居全省第4位，数、理、化三科人均分均居全省第1位。到2000年，全市157281人参加全国高校招生统考，本科录取3477人，专科录取3430人，中专录取14人，录取率44%，高考录取质量明显提高，录取率较1993年增加了18个百分点。2005年，全市高考二本以上上线5786人，排全省各市州第 7 位，加上 3 所综合高中对口高考上线人数 719 人（全省总指标 1200 人），排名全省各市州第 5 位。2006 年，全市高考二本以上上线人数达到 6305 人。到 2011 年，全市高考二本以上上线人数 7180 人，比 2000 年增加 3000 余人，其中应届生由 2010 年的 4362 人增加到 4822 人，增幅达到 10.54%，高考二本以上的上线率由 2010 年 23.04% 增加到 26.32%。到 2013 年，全市高考二本以上上线人数达 7580 人，较上年增加近 400 人，位居全省第 7 位。2014 年，全市高考上线人数再创历史新高，二本以上上线人数由 2013 年的 7580 人上升到 7887 人，其中一本上线人数为 2399 人，较上年增加 230 人，增幅达 10.6%，列全省第一。2015 年，全市高考二本以上上线人数为 7721 人，二本以上上线人数位列全省第七，600 分以上高分考生 378 人，在全省 600 分以上考生人数下降 13% 的情况下，永州市 600 分以上考生人数增长 9%。全省理科前 300 名的学生，永州市人数列第 4 位。清华、北大上线 10 人，录取 8 人，全市高中毕业学业考试全科合格率在全省排名第六，省示范性高中全科合格率列全省第五。永州一中、永州四中、祁阳一中二本以上上线人数连续 6 年快速增长，二本以上上线人数分别达 993 人、1155 人、905 人，进入全省第一方阵序列，其中永州四中以 1155 人的上线人数进入全省 10 强，位列全省第 5。在全市高考 7721 名二本以上上线考生中，三所学校合计达 3053 人，占全市总上线人数的 39.5%。全市一本上线总人数为 2331 人，三所学校共有 1388 人，占全市一本上线人数的 59.6%。尤其是在全市高考前 100 名考生中，三所学校占 88 人，占全市的 88%。全市普通高中在全省高中学业水平考试中合格率由 2009 年的 69.42% 上升到 2015 年的 92.18%。

参赛获奖 1995 年，道县一中实验课题“通过优化心理，实现教育教学的最优化”被魏书生、孟庆茂等与会专家组鉴定为特等奖，学校获得“全国心理教育实验先进学校”称号，吴荣明荣获中日青少年书法大赛最高奖——“日本内阁总理大臣奖”，秦科雁荣获中国青少年航天飞机科学实验一等奖，何骥荣获《半月谈》杂志社中学生奖学金，生物实验小组完成的“SG 西红柿实验报告”获省第二届青少年生物百项科技活动优秀项目一等奖，赵云制作的“情绪计”获省中学生科技发明创造一等奖，唐文婷获第十三届全国文艺新人通俗组十佳人选。永州一中初中部“五四”学制试验经验在全国交流，语文组推进“两课型五步教学法”、数学组推进“四段式目标教学法”和“掌握数学”教学，生物组推进“自主教学法”、物理组推进“三环互补教学法”，初中“掌握数学”和物理“三环互补教学法”分别获得省二等奖和国家三等奖，生物“自主教学法”获省二等奖。语文组“听说训练”趋于成熟，其实验论文获省一等奖。学生参加全国高中生学科奥赛，23 人获一等奖，136 人获二等奖，97 人获三等奖，300 余人获湖南省省级奖，学校获得全国高中奥赛湖南省赛区优秀参赛学校称号，2010 年被评为湖南省基础教育课程改革样板校。永州四中依托信息化平台打造高效课堂，在 2014

年3月16日举行的全国基础教育数字资源应用交流推广活动中有8位教师荣获一等奖，2014年4月26日，湖南省教育厅组织专家评选出12个名师工作室，永州四中生物学科获此殊荣。东安县一中学生参加高中数学、物理、化学、生物、信息学奥赛，摘金夺银，获国家级、省级奖的300余人，其中20余人奥赛获全国一等奖。2010年，5名学生分别在物理和化学奥赛中获得全国一等奖。2003年，江华瑶族自治县一中被中国教育学会授予“艺术教育突出成就奖”。2005年，“高中英语课外阅读分层训练”项目获第一届湖南省基础教育教学成果奖三等奖。2006年，生物学科组在湖南省生物学科首届三优评比活动中被评为“优秀教研组”。2012—2016年，学校教师课题及论文获国家级奖项10人次，在国家级刊物上发表论文17篇，指导学生获国家级奖项21人次；2012—2016年，指导学生获省级奖148人次。新田县一中在湖南省第二届青少年运动会上获得4金、4银、4铜；1994年，罗素平获全国中学生田径运动会女子1500米银牌、4×100米第五名；在1995年湖南省体育传统项目学校田径运动会上获团体总分第三名，并取得4个第一名、3个第二名、2个第三名的好成绩。1997年，在湖南省武术比赛中，段婷获刀术、棍术、规定拳3个第一名，郑剑飞获刀术、自选拳、规定拳3个第二名。1992—2015年，江永县一中有120名学生被省内外体育院校录取。学生参加省级竞赛，获金牌98枚、银牌46枚、铜牌44枚；参加国家级竞赛，获金牌41枚、银牌28枚、铜牌16枚；参加亚洲竞赛，获金牌8枚；黄郁林、莫惠玉、张春华、廖素萍、王明娟等被选拔为国家队队员，参加世界级举重竞赛获金牌16枚、银牌4枚，5人8次破全国纪录，5人16次破世界纪录。廖素萍获1990年世界杯举重冠军。王明娟2001年被国家体育总局授予体育运动一级奖章。

第六节 学校选介

永州市第一中学 创办于1903年，学校位于零陵区廻龙塔路79号，占地面积403亩，最早校名为永州府官立中学堂，是国内首批成立的中学堂之一。1943年改名为永郡联立蘋洲中学，1952年更名为零陵第一中学，1982年更名为永州市第一中学。

20世纪50年代初到60年代初期，零陵一中是湖南省19所省属重点中学之一。90年代，为恢复省属重点中学光荣称号，在市、区党委、政府的领导下，全校师生以强烈的责任感、荣誉感投入工作，1997年12月2日，顺利通过省评审，恢复湖南省属重点中学名称。2010年，永州一中被评为湖南省基础教育课程改革样板校。2011年1月，永州一中被上收至市直管。学校有73个教学班，5000多名学生。在职在岗教工345人，其中特级教师 3 人，高级教师 124 人，外籍教师 2 人，研究生学历 20 人，国家级、省级骨干教师 17 人，市学科带头人 19 人，国家级、省级奥赛教练 21 人，省级以上优秀教师和先进教育工作者 20 余人。

学校秉承“以人为本，自强不息”的办学理念，始终坚持“三个面向”，紧紧围绕“办人民满意的学校，当人民满意的教师，做人民满意的教育工作者”这一目标，坚持“改革、实验、示范、高质量、有特色、现代化”的方向，以育人为根本，以教学为中心，以科研为先导，以教师队伍建设为重点，积极推进课程改革，大力实施素质教育，重点突出深化课程教学改革、优化素质教育主渠道，建立与素质教育相适应的由必修课、选修课和活动课组成的较为规范的课程体系。改革教学模式，教育教学从面向少数学生变为面向全体学生，课堂教学从以教和教材为中心变为以学生为中心，从单纯传授知识变为知、能并重，从学生被动学习变为教师主导与学生主体相结合的双边活动。大胆进行课堂教学改革，形成百花齐放局面：初中部“五四”学制试验经验在全国交流，语文组推进“两课型五步教学法”，数学组推进“四段式目标教学法”和“掌握数学”教学，生物组推进“自主教学法”，物理组推进“三环互补教学法”。各项课堂教学改革都取得较为显著的成效：初中“掌握数学”和物理“三环互补教学法”分别获得省二等奖和国家三等奖，生物“自主教学法”获省二等奖，语文组“听说训练”趋于成熟，其实验论文获省一等奖。教学改革的深入开展，促进教学质量的迅速提高，学生思想品德的合格率连续几年都是 100%，优秀率在 90% 以上，初中学生巩固率始终保持 100%，初中会考合格率一直名列全区第一。高中毕业会考合格率连年稳定上升，超 80%。2003—2015 年高考本科上线人数达到 5241 人，一大批学生考入清华、北大等全国名牌大学，2013 年高考考分排名全省第 5，全市理科前 10 名永州一中占 7 名。其中上重点本科人数占上线人数的 60%。学校建校 112 年，累计毕业 900 多个班，毕业生 57000 余人，莘莘学子分布国内外。学校先后荣获全国特色学校、第三批全国文明单位、永州市未成年人思想道德建设先进单位、湖南省安全文明校园、湖南省基础教育课程改革样板校、全省“十五”期间中小学教育技术装备工作先进单位等荣誉称号。

2015 年，永州市第一中学

永州市第四中学 始建于1943年，初名私立芝城中学，后历经零陵县第四初级中学、零陵县第四中学、东方红中学、冷水滩市第四中学（县级）、永州市第四中学（市级）。1960 年，被定为省属重点中学，1985 年由零陵东门岭迁至冷水滩梅湾双洲路，并更名为县级冷水滩市第四中学（冷水滩四中）。2010 年 9 月 1 日，学校从冷水滩河东成建制搬至冷水滩西区路，2011 年 1 月 1 日正式收归市管，由市教育局直接管理。1995 年创建为省级重点中学。2013 年被评为“全国基础教育百强名校”。

学校位于冷水滩梧桐街道西区路 166 号，占地面积 411 亩，建筑面积 110327 平方米，其中教学用房面积 52397 平方米，学生公寓楼男女生各 1 栋，共 47000 平方米，可容纳学生 6000 人，每间宿舍拥有独立卫生间，配备冷热水系统。9700 平方米的学生食堂设施一流，被评为省级示范食堂。实验大楼全部按照省统一标准配置。有覆盖校园的局域网络和数字化网络监控系统。全校所有教学班都安装多媒体教学系统。图书室藏书 87514 册，学生阅览室 4 个，教师阅室 2 个，录播室 1 个。体育场地人均面积 11.22 平方米，有专用音乐教室 6 间、舞蹈室 1 间、乐器室 2 间、美术教室 6 间，数学设备符合 I 类标准。专用劳技室 2 间，实体机器人训练室和虚拟机器人训练室各 1 间，内配 10 台计算机和 2 台机器人设备。学校有教学班 90 个，学生 5800 余人。有教职工 386 人，专任教师 339 人，其中特级教师 4 人、高级教师 139 人、省市学科带头人 23 人。入选省教育厅基础教育专家库成员 8 人，省高考命题专家 1 人，省级名师工作室 3 个，省中小学“优质空间课堂”首席教师 9 人。

2015 年，永州市第四中学

经过 70 多年的积淀，学校秉承“崇德尚文，治学严谨，彰显特长，追求卓越”的优良办学传统，形成“教育理念科学先进，文化底蕴深邃醇厚，教学科研创新领先”的鲜明办学特色，走出一条全面推行素质教育、激发学生潜力、提高教育质量的现代化特色办学之路。学校从开办至今举办 550 个高、初中班，毕业生 51678 人，学子遍布海内外，考取清华、北大的学生达 47 人，毕业生高校毕业后留学的有 1000 余人之多，获博士学位者近 420 人，其中 2014 年高考本科上线突破千人大关，二本以上上线人数 1049 人，其中重本上线 467 人，跃居全省第 4。2015 年高考更上一层楼，二本上线1155人，上线人数进入全省第一方阵，雄踞全市第1，3人被清华、北大录取。学校先后荣获全国精细化管理示范学校、全国教育科研先进单位、全国信息化试点学校、全国基础教育百佳学校、全国“十五”教育规划课题实验学校、全国群众体育先进单位、省精神文明单位、省现代教育技术实验学校、湖南省数字化校园先进单位、省传统体育项目学校、省园林式单位、省绿色学校、湖南省未成年人保护（教育）先进单位等荣誉称号。

祁阳县第一中学 创办于1912年，初名“祁阳县立中学堂”，是祁阳县创办最早的中学。先后历经祁阳县乡村师范学校、祁阳县立中学、祁阳县临时联合中学、祁阳县立中学、湖南省祁阳中学。1955年9月，学校被定为省属重点中学。1960年9月，学校改名为湖南省祁阳县第一中学（简称祁阳一中），1993年挂牌“湖南省实验中学”。1995年，学校被正式确定为湖南省“省重点中学”，是永州市第一所省级重点中学和省级实验中学；2000年被确定为全国现代教育技术实验学校，2001年被确定为“英国剑桥大学商务英语（BEO）培训中心”，2004年顺应湖南省重点中学改挂牌为“湖南省示范性普通高中”，2015年挂牌“全国青少年足球学校”。

2015年，祁阳县第一中学

学校位于祁阳县浯溪镇陶铸路188号，占地250亩，建筑面积85000余平方米，校内建设布局合理，教学区、生活区、运动区、科研区有序分布。学校有藏书10余万册，有多媒体教室、宽带网、闭路电视，有较高规格的理化生实验室等各学科教学所需的功能室，现代教育技术设施较为齐全。学校有高中教学班69个，学生4500余人，教职员工369人，其中中学高级教师130人、中学特级教师3人。

学校坚持“学校的一切工作为了一切学生的一切”的办学宗旨，确定“精品立校、德育治校、科研兴校、管理强校”的办学策略，推行“学生向往、教师幸福、家长满意、社会认可”的理念，推行办学经费筹集自主、高中招生自主、收益分配自主、教改实验自主、教职员工聘任自主、教师职务聘任自主“六自主”改革，致力于“办名校、出名师、育名人、跻身全国100所示范性高中行列的奋斗目标”，创建全省一流高中学校。祁阳一中“提前单独招生、优化省重点中学生源”，成为湖南全省重点中学的样板，省教委在学校召开专题现场会，被《中国教育报》誉为“湖南高中教育特区”。

祁阳一中坚持以教学为中心，以课堂教学为主渠道。自20世纪90年代以来，备课要求“四备”，指备内容、备实际、备方法、备作业；“三准”指基础知识传授准，重点难点扣得住，联系实际结合准；“三好”指课堂活动安排好，关键问题考虑好，板书设计好；“三熟”指熟悉教材教案，熟悉演示手段、技术，熟悉习题作业。不断改革和建立新的教学方法，如“探索性教学法”“自学引导法”“情景教学法”“导读教学法”“四步作文法”“单无分段教学法”等，其中“三级自学整体教学法表发《中国教育报》上”。1996年提出“让素质教育在课堂教学中聚焦”的口号，其具体内涵：在教与学中目标共振、内容共融、方法共济、过程共进、主体共生，实现课堂教学的素质教育化。在具体操作上，做到优化课堂模式，做到学、思、习、行统一；完善教学过程，依据学情合理设计教学内容，有序高效推进教学环节，实现预定教学目标。自恢复高考以来，为高校输送近五万名新生，其中录取北大、清华等全国名牌大学近60名，先后培养以中国工程院院士刘大响为代表的近五万名各类人才，无产阶级革命家陶铸曾三次视察学校。钱伟长、毛致用、柳斌、姚雪垠、臧克家等领导名流先后为学校题词鼓励。学校先后荣获“湖南省先进单位”“湖南省绿化先进单位”“湖南省群众体育工作先进单位”“湖南省艺术教育先进综合楼学校”“湖南省雷锋式学校”“湖南省优秀考点”“湖南省劳动技术教育先进单位”“湖南省学校周边治安综合治理工作先进集体”“湖南省未成年人思想道德建设先进集体”“湖南省依法治校示范学校”“湖南省绿色学校”“湖南省文明单位”等68项省级以上殊荣。

东安县第一中学 学校创建于1942年，前身东安县立初级中学，设实践和教师部；1949年11月，与私立耀祥中学合并为县立中学；1955年春，改为东安县立第一初级中学；1958年秋改为县立第一中学，1995年正式授牌为“湖南省示范性高级中学”，1996年被定为“湖南省传统体育项目校（乒乓球）”，1998年跻身首批授牌的“湖南省现代教育技术实验学校”。1999年创建为湖南省重点中学。

2015年，东安县第一中学

学校位于东安县白牙市镇文艺路51号，占地面积13.1万平方米，建筑面积5万余平方米。2015年，学校有教学班65个，在校学生3862人，教职工278人（专任教师 217 人；专任教师中，本科学历的 197 人；硕士研究生学历的 20 人）。学校拥有湖南省骨干教师 5 名、永州市骨干教师 6 人、永州市学科带头人 7 人。

学校坚持以办满意学校、建幸福校园、育栋梁人才为工作方向，以爱国、勤奋、求实、创新为校训，以实现“低进高出、低进优出”为工作目标，推行德育为首、教学为主、素质为重、育人为本的办学思想，培育各级各类人才 4 万余人，历年高考升重本 3000 余人，其中升清华、北大 36 人，本科上线人数 2 万余人。学生参加高中数学、物理、化学、生物、信息学奥赛，摘金夺银，获国家级、省级奖的 300 余人（其中奥赛获全国一等奖 20 余人）。2008 年高考，东安一中取得永州市五项第一的佳绩；2010 年，五名学生分别在物理和化学奥赛中获得全国一等奖，名列全省前茅；2011 年张东以全省第八名的成绩升入清华大学。学生参加体育运动竞赛获省、市团体奖分别为 4.33 个，获国家级银牌 8 块，铜牌 4 块，第四至八名有 10 个同学，获省级奖牌 121 块，获市级奖牌 146 块。学生参加艺术竞赛获国家级、省奖励 90 余人次；教师参加教学比武获省、市级以上奖励的 61 人次；教师所著论文在国家级、省级报刊上发表 935 篇，获奖 577 篇。学校先后获得全国勤工俭学先进单位、全国群众体育工作先进学校、全国贯彻《学校体育工作条例》先进单位、全国教育实验先进学校、全国信息学奥赛优秀参赛学校、省文明卫生单位、省园林式单位、省心理健康教育先进单位、省安全文明学校、省依法治校示范学校、全省“十五”期间中小学技术装备工作先进单位、省先进基层工会、省五四红旗团委、市精神文明标兵单位、全国全民健身先进单位等荣誉称号。

双牌县第二中学 创办于 1972 年，是一所年轻的学校。20 世纪 90 年代，学校发展才步入快车道。1994 年，3540 平方米的教学楼（第二教学楼）修建成功。1994 年 10 月 2 日，双牌二中顺利通过“湖南省传统体育项目学校验收”，1996 年 12 月荣获“永州市文明建设先进单位”，1997 年被评为“永州市园林式单位”，2004 年创建为湖南省重点中学。

2015 年，双牌县第二中学

学校位于双牌县紫金中路 206 号，占地面积 120 亩，校舍建筑面积 4 万多平方米，有高规格的教学楼、办公大楼、田径运动场、体艺馆、学生公寓和学术报告厅，有现代气息浓郁的校园网、校园电视台、天文观测台等教学设施设备。2015 年，学校有教学班 47 个，学生 2600 多人，教职员工 170 多人。

学校致力“校园花园化、设施现代化、教师名优化、学生品牌化的”的办学目标，逐渐形成“向学生负责、向社会负责、向未来负责”的“三负责”办学理念，走出“学生自主发展，全面提高”的育人之路，办学水平持续提升。在教学上，学校多个学科形成了自己的特色，如英语“四体互动”教学模式、生物 STS（科学、技术、社会）教学模式和体育“中心 + 基地”训练模式均在省市具有一定影响。建校以来，共培养各行各业的中坚力量 11000 余名，其中 170 多人成为硕士，19 人成为博士，70 多人成为专家教授、企业家或党政军界的佼佼者，2 人分获亚洲体坛冠亚军。学校先后获得湖南省传统体育项目学校、永州市文明建设先进单位、永州市园林式单位等荣誉称号。

道县第一中学 始建于1913年，初名湖南永郡联立濂溪中学，校址设长沙。1946年，学校迁回濂溪先生故里道县城关，1953 年，易名为湖南省道县第一中学。1981 年，学校被省教育厅列为首批省重点中学，1994 年挂牌湖南省重点中学。1997 年被评为湖南省文明建设先进单位、湖南省园林式单位、湖南省艺术教育先进学校；1998 年荣获全国十佳文学少年摇篮奖。1999 年被评为湖南省现代教育技术实验学校、湖南省传统体育项目学校先进单位。2001 年被评为湖南省文明单位、湖南省中小学德育工作先进集体、全国心理教育实验先进学校。2002 年获评国家基础教育课程改革项目实验学校。

2015 年，道县第一中学

学校位于道县道江镇寇公街 242 号，占地面积 240 亩，建筑面积 10 万平方米，拥有教室 125 间，学生公寓可供 4000 多人住宿，理化生实验室可安排 13 个班同时实验，学生食堂可供 4000 多人同时就餐。教学班 63 个，在校学生 3800 余人，教职工 304 人。

学校坚持“一切为了学生的发展，一切为了教师的成功”的办学理念，以“严、勤、实、美”为校训，提倡“办学如做人”，注重引导学生“做人”“求真”，建立学校、家庭、社会紧密结合的德育机制，形成多层次、多渠道、全方位的网络化育人格局，经常性地开展“文明班级”“文明学生”“文明教室”“文明寝室”评比活动，聘请法制副校长定期上法制课。德育工作硕果累累，学校优良的校纪校风和学生良好的思想品质受到社会各界的广泛赞誉，《光明日报》曾连续报道学校的办学事迹。1992 年，学校就着手对心理教育立项实验，在1995年举行的第三次全国心理教育研讨会上，学校的实验课题“通过优化心理，实现教育教学的最优化”被魏书生、孟庆茂等与会专家鉴定为特等奖。湖南省教育厅曾向全省中小学发出《关于学习道县一中办学经验的通知》，省内外教育工作者前来参观的代表团200多个，成员5000多人次。学校坚持因材施教，根据学生的不同层次实施不同的教学方法，充分发挥学生的个性特长。在课程的设置上，除开足、开齐国家规定的课程外，还下大力气开辟第二课堂，从数学、物理、化学、生物、信息技术到文学、书法、美术、器乐、舞蹈、体育都成立课外活动小组，学生在活动中能找到自己的位置，学习积极性大大提高，在各级各类竞赛中成绩突出，不少学生在各科奥赛、中学生科学实验及科技发明创造活动中荣获全省乃至全国一等奖。吴荣明荣获中日青少年书法大赛——“日本内阁总理大臣奖”，荷洁、黄连星分获第一届、第三届“雨花杯”全国十佳文学少年称号，秦科雁荣获中国青少年航天飞机科学实验一等奖，何骥荣获《半月谈》杂志社中学生奖学金，蒋彦波、陆江飞、廖杰楷获省中小学生艺术节书法奖，李艳玲、何海燕获评省优秀演员，李芳获省重点中学文艺调演二等奖，生物实验小组完成的“SG西红柿实验报告”获省第二届青少年生物百项科技活动优秀项目一等奖，赵云制作的“情绪计”获省中学生科技发明创造一等奖，唐文婷获第十三届全国文艺新人通俗组十佳人选。

江永县第一中学 创办于1926年，前身为永明县立初级中学，1950年永明简师并入永明县立初级中学。1956年更名为江永县第一中学。1978年成为零陵地区重点中学，2000年下学期由完全中学过渡为高级中学，2005年6月，被省教育厅批准为湖南省示范性普通高级中学。

学校位于江华瑶族自治县鲤鱼井路68号，占地面积132201平方米，建筑总面积253901平方米，绿化总面积达67216平方米，绿化覆盖率65.8%。2015年，学校有教职员工181人，其中156位专任教师中有市级学科带头人9人，在读研究生7人；高级职称教师39人，中级职称教师72人。从1999年后，学校办学规模不断扩大。1999年下学期招生由原来的每年招生6个班扩大到10个班，2003年扩招至16个班。至2015年，江永一中有53个教学班，在校学生3517人。

学校坚持确立“以人为本，一切为了学生更富有、更聪明、更高尚、更健美”的办学理念，确定“团结、自律、求实、创新”的校训，树立“开拓进取、团结协作、文明礼貌、艰苦朴素”的校风，塑造“专心致志、勤学苦练、质疑求异、严谨虚心”的学风，紧紧围绕“以党的教育方针为指针，以现代化的硬件建设为支撑点，全面推进素质教育，提高教育质量，打造江永教育品牌，创造一流学校”的办学目标，以实施师魂工程、名师工程、“青蓝”工程、科研工程“四个工程”为目标，实行全员聘任制和年级组负责制，针对学生的特点，因地因时制宜，因材施教，挖掘学生潜能，让学生在全面提高中充分发展个性特长，让所有学生都成为社会经济发展有用的人才。不断加强师资队伍建设，内培骨干教师，外引优秀毕业生，激活用人机制，先后培养2万多名高初中毕业生，为高等院校输送5000多名优秀学生，其中有54名获得博士学位，202人获得硕士学位。培养黄郁林、莫惠玉、张春华、王明娟等奥运冠军1个、世界冠军12个、全国冠军8个、省级冠军28个。学校先后获得湖南省园林式单位、湖南省文明卫生单位、湖南省高考优秀考点、湖南省绿色学校、永州市关心下一代工作先进单位、永州市属重点中学教学质量进步奖、永州市全民国防教育先进单位、北大附中远程教育示范学校（高中）、湖南省中小学现代教育技术实验学校、教育部教育管理信息中心、中国教育发展网全国网站系统示范单位、湖南省优秀事业单位法人等荣誉称号。

江华瑶族自治县第一中学　学校创办于1956年秋，初名江华瑶族自治县民族初级中学，后历经江华瑶族自治县第一民族中学、江华瑶族自治县民族中学，1980年更名为江华瑶族自治县第一民族中学。2000年8月，学校整体搬迁到县城沱江镇，更名为“江华瑶族自治县第一中学”，2005年创建成为湖南省示范性普通高中。

学校位于江华瑶族自治县鲤鱼井路68号，占地面积17.342公顷，建筑面积7.8万平方米，校园内绿地面积8.4108公顷，学校环境优美、舒适宜人、布局合理，整体校园分为教学区、运动区和生活区三大部分，教学与生活设施齐全，校舍建设具有浓郁的瑶族文化特色。2015年底，学校有54个教学班，在校学生3086人，教职工248人，其中有高级教师80人、省级骨干教师1人、市学科带头人、市骨干教师8人、县级骨干教师48人。

学校高度重视学生的综合素质发展，坚持全面贯彻党和国家的教育方针，坚持培养全面发展和个性特长突出的国家建设人才，2003年被中国教育学会授予“艺术教育突出成就奖”称号，2005年“高中英语课外阅读分层训练”项目获第一届湖南省基础教育教学成果奖三等奖，2006年生物学科组在湖南省生物学科首届三优评比活动被评为“优秀教研组”。2012—2015年，教师指导学生参加各项省级竞赛，获省级奖项148人次。学生中涌现一大批田径运动项目特长生，2006—2015年学生在永州市中小学生运动会上获得12项田径冠军。学校先后获得国家级足球特色学校、国家级艺术教育特色单位、湖南省绿色学校、湖南省园林式单位、省现代教育技术“十五”课题研究先进单位、省级生态文明校园、省民族体育先进集体、永州市精神文明标兵单位、永州市禁毒示范单位等50余项国家、省、市级荣誉称号。

宁远县第一中学　学校创办于1942年，1979年定名为宁远县第一中学，2002年被湖南省教育厅评定为湖南省重点中学，2004年被评定为湖南省示范性普通高中。

学校位于宁远县重华北路，占地面积300亩，建筑面积60000平方米。学校有在

2015 年，宁远县第一中学

职在岗教师 386 人，其中特级教师 2 人，高级教师 112 人，国家级骨干教师 1 人，省级骨干教师 13 人，永州市名师 3 人，市级学科带头人 22 人，市县级骨干教师 32 人，研究生学历教师 12 人，有教学班 86 个，学生 4500 余人。

学校文化底蕴深厚，办学成就辉煌。在发展过程中确立“人本立校，追求卓越”的办学理念，继承“严、爱、勤、实”的校训，形成“合作、进取、创造、奉献”的校风和“厚德崇文，诲人不倦”的教风及“尚思笃行，学而不厌”的学风，办学 70 余年来共培养 4 万余名各类人才，32 名考入清华、北大，在各种学科竞赛中，获国家级、省级奖 1000 余人次。学校获得“全国五四红旗团委”“全国中小学公民道德教育先进实验学校”“教育部大学生校外教育实践基地”“湖南现代教育技术先进单位”“湖南省文明单位”“湖南省绿色学校”“湖南省体育传统项目学校”“湖南省安全文明校园”“永州市绿色学校”等多项国家级和省市级殊荣。

蓝山县第二中学 创办于 1946 年，前身为湖南私立辅仁初级中学，1981 年启用今名，2002 年创建为湖南省现代教育技术实验学校。2003 年，经省教育厅组织评估验收，多项指标均合格，成为湖南省重点高级中学。2004 年改称湖南省示范性高级中学。2008 年通过省示范性高级中学的复检。2014 年，中共蓝山县委、蓝山县人民政府决定为蓝山二中另择新址，在县城城东路建设校园，次年完成征地 269 亩和“三通一平”任务。

学校位于蓝山县城东路 100 号，占地面积 99000 平方米，校舍建筑面积 51481 平方米，有崭新的教学大楼，有功能齐全、设备先进的科技大楼和办公大楼，有高规格的学生宿舍和教工住宅，有装备精良的多媒体教室和计算机房，有占地面积 2000 多平方米的田径运动场和体艺馆，校园绿化面积 38000 平方米。2015 年，学校有教学班 50 个，学生 3040 人，教职工 260 人，其中研究生学历 6 人、本科学历 216 人；特级教师 1 人，高级教师 96 人，中学一级教师 87 人；全国优秀教师 3 人，全国德育先进工作者 1 人，省劳动模范 1 人，省优秀教师 1 人，市级名师 2 人，市级学科带头人 4 人，市级骨干教师 4 人，市级优秀班主任和德育标兵 7 人，县学科带头人和县骨干教师 17 人。

学校坚持“以人为本、以德为先”的办学理念，本着“爱国、守纪、勤学、创新”的校训，塑造“勤劳俭朴、礼貌待人、自强自立、自尊自爱”的学风，把“创一流管理水平、一流校园环境、一流师资设备、一流教学质量”作为办学目标，坚持科学化、民主化、制度化管理，完善校长负责制、岗位责任制、全员聘任制和结构工资制，创设良好的竞争平台，先后为国家培养3万多名合格的初、高中毕业生，封举富、阳学仕、贺长明、廖煜霞、彭文波、李敏、成利军、唐亮芳、罗青、邹瑜等16名优秀学生考上清华、北大。学校先后被评为湖南省现代技术教育实验学校、湖南省群众体育先进单位、湖南省先进基层工会、湖南省文明卫生单位、湖南省园林式单位、永州市文明单位、湖南省安全文明校园、国家教育科研先进单位、湖南省文明单位、湖南大学校外科技辅导基地、永州市优秀党支部。

新田县第一中学　建于1926年，前身为新田县简易师范，历经湖南省新田第一中学、桂阳第四中学、新田县城关镇公社中学、新田县中学。1979年定现名，2003年成为湖南省重点中学，2006年4月被批准为省示范性普通高级中学。

学校位于新田县新华西路72号，占地面积93.75亩，建筑面积4.46万平方米，2栋教学楼、1栋科学楼、1栋综合楼，教育教学设施基本齐备，校园文化建设造型典雅，别具一格，一年四季绿化、美化、净化、峦化，整个校园布局合理、环境优美。2015年，学校有63个教学班，学生3991人，教职工256人，其中特级教师2人，高级职称43人，中级职称72人。

学校坚持以人为本、安全和谐、注重特色和科学发展的办学理念，坚持“教学质量是学校的生命线”这一理念，提出“没有永远的优势，只有永远的竞争”这一口号，把提高教学质量当作全校始终不渝的信条，培养了3万余名合格的毕业生。1992年，在湖南省第二届青少年运动会上获得4金、4银、4铜；1994年，罗素平获全国中学生田径运动会女子1500米银牌、4×100米第五名；在1995年湖南省体育传统项目学校田径运动会上获团体总分第三名，并取得4个第一名、3个第二名、2个第三名的好成绩。1997年，在湖南省武术比赛中，段婷获刀术、棍术、规定拳3个第一名，郑剑飞获刀术、自选拳、规定拳3个第二名。2003年，在永州市青少年田径运动会上获团体总分第一名；在永州市第八届中学生运动会上获田径乙组团体部分第一名，同时获得举办永州市第九届中学生运动会的资格。学校有9名

2015年，新田县第一中学

学生先后被送入省体工大队集训，学校培养一级运动员 1 人、二级运动员 80 余人、三级运动员 300 余人。学校先后荣获全国优秀体育传统项目学校、省体育传统项目先进学校，省文明单位、市文明单位、省园林式单位、市园林式单位、省贯彻实施《学校体育工作条例》先进单位、省群众体育工作先进单位、省税法宣传先进单位、省家庭教育先进单位、省艺术教育先进单位、省学校心理教育先进单位、省学校综合治理工作先进单位、省先进基层工会、省先进离退休党支部、省安全文明校园、省现代教育技术实验合格学校、市党的基层建设先进单位、市文明卫生先进单位、市国防教育先进单位、市科普大院、市思想政治工作先进单位、市优秀团支部等近 100 项市级以上荣誉称号。有 11 人次受国家级表彰，33 人次受省级表彰，22 人次受市级表彰。

第四章

特殊教育

第四章 特殊教育

20 世纪 90 年代初期，国家把发展特殊教育作为普及小学教育与普及九年义务教育的一项重要内容，并作出硬性规定。1989 年 9 月，永州市聋哑学校创办，次年招生，是湖南省内新成立的 6 所特殊教育学校之一。1990 年，东安、祁阳创办特殊学校。1991 年全市残疾儿童少年入学率为 19.36%，普及率为 15.64%，与全省特殊教育随班就读的平均水平（全省普及率为 33%）有较大差距。

特殊教育的办学形式主要有两种，即特殊教育学校和全日制中小学对特殊教育儿童少年的随班就读教育。1998 年，东安特校因发生学生出走事件而停办。随后，祁阳特校也停办。1990 年，冷水滩区在通化街小学举办特教班。江华瑶族自治县在县民政局院内创办聋儿语言培训班。1994 年，江华瑶族自治县教委在沱江镇二小创办特教班。1995 年，《湖南教育》杂志推介永州市五小扶残助残先进事迹，其中一项重要内容是五小把残疾儿童少年的教育作为全面贯彻党的教育方针的一项重要内容来抓，让残疾儿童少年与正常儿童少年一样享有正当的学习权利，使残疾儿童少年多掌握一些知识和技能。幼儿园、小学、初中、高中各阶段特殊教育试点工作在永州全面铺开，随班就读和送教上门工作迈上新台阶。

2009 年，国家发改委开始实施支持地方创办特殊教育学校计划。2010 年，《国家中长期教育改革和发展规划纲要（2010—2020 年）》出台。永州市教育局提出要再创办一批县区级特殊教育学校，并要求把创办好特殊教育学校纳入义务教育合格学校的规划建设任务之内。要求“到 2020 年，基本实现地（市）和 30 万人口以上，残疾儿童少年较多的县（市）都有一所特殊教育学校”。2008 年，道县特殊教育学校开始筹办，2009 年招生。江华特殊教育学校于 2012 年创办。东安特殊教育学校于 2013 年重新开办。祁阳特殊教育学校于 2014 年重新开办。蓝山特殊教育学校于 2013 年兴建，2014 年招生。宁远特殊教育学校于 2015 年创办。建校经费由国家发改委下拨专项资金，地方自筹部分资金。至 2015 年底，全市共有 7 所特殊教育学校，教职员工 101 人，在校学生 559 人；全市三类残疾儿童少年有 2096 人入学，其中随班就读 1335 人，入学率达到 87.21%。

2015 年永州市特殊教育学校情况表

表 4–1

序号	单位	教工人数	学生人数	听力残疾学生					按摩培训（人）	培智学生（人）	班数（个）	校长
				小计（人）	学前培训（人）	小学（人）	初中（人）	职高（人）				
1	永州市特殊教育学校	43	210	161	16	94	30	21	21	49	17	盘月娥
2	祁阳县特殊教育学校	9	56	0	0	0	0	0	0	56	3	刘金梅
3	东安县特殊教育学校	10	86	0	0	0	0	0	0	86	4	荣小平
4	蓝山县特殊教育学校	7	78	0	0	0	0	0	0	78	2	龙干冬
5	江华瑶族自治县特殊教育学校	7	18	0	0	0	0	0	0	18	1	唐盛祝
6	道县特殊教育学校	17	69	4	0	4	0	0	0	65	3	邓选知
7	宁远县特殊教育学校	8	42	4	0	4	0	0	0	38	5	王梅娟
合计		101	559	169	16	102	30	21	21	390	35	

2015 年永州市三类残疾儿童少年入学情况表

表 4–2　　单位：人

县区	6~14 岁三类残疾儿童少年数	在校学生数			三类残疾儿童少年入学率	永州市特殊教育学校
		总计	随班就读	特教学校		
合计	2096	1828	1335	260	87.21%	233
冷水滩区	142	123	88	—	87.01%	35
零陵区	97	86	50	—	87.65%	36
祁阳县	804	707	593	85	87.94%	29
东安县	201	180	110	56	89.55%	14
双牌县	123	103	86	—	87.37%	17
道　县	161	140	78	33	86.95%	29

续表 4–2

县区	6~14 岁三类残疾儿童少年数	在校学生数			三类残疾儿童少年入学率	永州市特殊教育学校
		总计	随班就读	特教学校		
宁远县	289	247	196	39	85.46%	12
蓝山县	52	44	15	18	84.61%	11
新田县	67	52	36	—	80.61%	16
江永县	39	34	25	—	87.05%	9
江华瑶族自治县	104	98	47	29	90.42%	22
金洞区	7	6	5	—	85.71%	1
回龙圩	10	8	6	—	80%	2

说明：三类残疾指视力残疾、听力语言残疾和智力残疾。

第一节　特殊教育学校的设立

一、市特殊教育学校

1989 年 9 月，湖南成立 6 所特殊教育学校：长沙市弱智教育学校及吉首、津市、娄底、永州、洪江 5 地各成立 1 所聋哑学校。省教委给每所学校资助开办费 30 万元。1989 年 10 月，永州市聋哑学校筹备领导小组成立，候任校长张炜光被地、市教委选派到长沙、北京参加特殊教育校长培训。1990 年 10 月，学校面向全地区招收听障学生 8 人。教室设在市第四小学（零陵区中山南路 64 号）。由省湘江师范特师部毕业分配来的吴义学、唐惠、彭云飞 3 位教师执教。1990 年 5 月，学校选址黄古山东路，并动工兴建，1991 年 9 月一期工程完工，2 栋三层的教学与学生宿舍一体楼、1 栋教工宿舍楼建成。

1992 年春季开学前，市特校教室及宿舍楼等设施基本完工，学校迁至新校——永州市聋哑学校教学。学校由地、市两级共管，以市管为主。面向零陵地区招收 7~11 岁有听力和语言障碍但智力正常、生活自理的儿童，实行寄宿制。1993 年 9 月，学校开设 5 个教学班（含一个语训班），在读学生 83 人，年龄最小的 7 岁，最大的 18 岁。至 1993 年底，教职工数增加到 20 人，其中有 8 人是湘江特师毕业生。

1996 年上学期，学校教职工人数 27 人，学生 105 人，特师毕业的教师 15 人，其他 12 名教师从普通学校调入。

学校开办之初，家长不愿送子女上学，学生也不愿入学。学校为解决招生问题，通过主流媒体多次刊登广告、通知，并派教师去各县教委和民政局摸底了解聋哑儿童的人数及所属乡镇并进行走访劝学，学生逐步增加。

1992—1993年，学校先后派教师去长沙、株洲、衡阳、湘潭、益阳等特校参观学习、观摩。同年6月，湖南省特殊教育研究会在永州特校召开。1995年零陵行署拨款修建运动场和跑道。

1998年，学校办学规模扩大，办学经费异常困难。在不得已的情况下，学校将新建的教学楼租赁给中南经济管理学校（民办），每年租金3万元，以缓解办学经费之急需。

1999年下学期，学校开始办初中教育，是年，学校在校学生达到125人，教师30人。年底，学校新建一栋教工宿舍，共投资29万元。由于资金不到位，缺口较大，凡入住的老师每人集资1.5万元，共12万元。年底，学校通过市政府和市国土局等部门同意，重新规划并扩大用地面积，领取土地使用证书。

2000年，省计委、省教育厅分别给学校拨款5万元、2.5万元，缓解办学经费严重不足的压力。2002年8月，学校将租赁给中南经济管理学校办学的教学楼收回学校，扩大教学规模，教师办公条件得到一定改善。学校与零陵区教育印刷厂联手，开展勤工俭学活动。听障生从二年级开始，每周安排一天时间学习、劳动。高年级增加学工时间，为他们毕业打下一定的技能基础。

2003年5月，湖南省特殊教育（湘南片）研讨会在永州市特校举办，参加会议的有全省18所特殊教育学校校长，湖南省特殊教育研究会理事、副理事，市、区教育局领导，市、区残联领导共60余人。与会领导对永州特校的工作给予充分肯定，教师吕凌平荣获“教学能手”称号。9月，为办好特殊教育，学校对永州市随班就读的学生进行了分类指导，积极推进全市特殊教育走向融合。10月，全国特殊教育专家、辽宁师范大学教授张宁生到永州特校讲学，对永州特校在艰苦条件下取得丰硕的成绩赞赏有加。11月，湖南省教育厅基教处副处长张毅龙到永州特校考察，对永州特校的教育管理非常满意，但对学校的硬件建设、设施设备感到遗憾，建议学校多向政府及主管部门反映情况，争取尽快改善办学条件，用特殊的感情办好特殊对象的教育，尽一切努力实现残疾人“平等、参与、共享”目标。

2004年11月，香港英华渔人协会联同香港真铎学校向永州特校捐赠一套价值21万元的听障儿童语言康复专用设备——无线调频语训系统。接着，学校语训部成立并招收12名3~6岁听障儿童进行康复培训。

2005年6月1日，市长刘爱才率领市政府班子成员到永州特校慰问、参观、考察，并形成“市长办公会议纪要”，对永州特校未来的发展作详细的规划。规划提出，要把永州市特殊教育学校建设成为“市级示范性特殊教育学校”。是年9月，学校先后改造一体楼、教学楼、办公楼，修建花坛，新建综合大楼、培训大楼、塑胶运动场、游乐场、篮球场，重新改造水电等。

2006 年 5 月，湖南省“两项”督导评估团到永州特校督查，对学校教学管理、学生入学保障、职业技术教育等工作给予充分肯定和高度评价。同时，湖南省特殊教育研讨会在永州特校举行，与会人员有省教育厅、省教育学会、省特殊教育研讨会领导和各市州特校校长 100 余人。

2007 年 5 月，市委常委、副市长刘事青到校现场办公，解决学生享受低保和“两免一补”政策的问题。

是年，市政府投入 500 余万元在校内建起总面积 4743 平方米的科教大楼。同年，湖南省特殊教育劳动技术教学和学校管理研讨会在永州特校召开，参加会议的有省教育厅、省教育学会、全省特殊教育专家、全省特殊教育学校校长以及永州市和零陵区主管教育的领导，是全省特殊教育规格较高、参加人数最多的一次盛会。

2009 年 6 月，副市长戴菊芳在市特校主持召开有各县区主管教育的县区长参加的现场办公会议，形成会议纪要，规定凡各县区在特校就读的学生每年资助教育经费 2000 元，生均公用经费参照省内其他市州做法，按普通学校学生生均公用经费的 6~8 倍拨付，建立起筹措特殊教育经费的长效机制。

2010年3月，在湖南省“两项”督导评估检查中，学校再次得到肯定和称赞。是年6月，学校 20 周年校庆，争取中央资金和市级资金 350 万元，新建艺体综合楼，添置相应的教辅设备。学校被评为 2010 年度省特殊教育工作先进单位。

2011 年 7 月 29 日，副市长戴菊芳率市、区教育、财政、民政部门负责人到校现场办公，解决学校塑胶运动场、游乐场建设资金 200 万元，监控系统和校园网建设资金 120 万元。是年下学期起，义务教育阶段学生和职教班学生学杂费实行全免。

2012 年 5 月 15 日，永州市委书记张硕辅到校看望慰问师生，决定将永州特校收归市管。当年 12 月 28 日，经永州市人民政府第十六次常务会议同意，于 2013 年春将永州市特殊教育学校由零陵区管理上收归市教育局管理。

2013 年 3 月 1 日，学校归口市教育局管理，成为市教育局直属学校。11 月，学校被省爱卫会授予“省文明卫生单位”称号。

2014 年 3 月，学校被授予永州市“三八红旗集体”称号。9 月，学校举办全校学生参与的以“同在蓝天下、共筑中国梦”为主题的首届校园文化艺术节和文艺晚会，得到市区领导的肯定。12 月，市政府按《湖南省特殊教育提升计划（2014—2016）实施方案》精神，率先在全省按永州市事业单位绩效工资基准线的 30% 落实特殊教育岗位津贴。

2015 年 2 月，市特校在全省率先开展“学前特殊教育”和“医教结合”两个项目的试点。3月，永州市教育局成立特殊教育指导中心，以市特校为龙头，引领示范，带动全市特殊教育健康发展。6月，对市特校投入近20万元改扩建职业教育实训基地。

二、其他特殊教育学校

20世纪90年代初期，为实现“普六”和“普九”目标，湖南省要求各县区都要创办特殊教育学校。1990年6月7—8日，省教委、省民政厅、省财政厅和省残联联合在长沙召开全省第一次特殊教育工作会议。是年8月30日，省政府批转省教委、省残联等8个单位《关于发展湖南特殊教育若干意见》，要求各地、市（州）至少兴办1所特殊教育学校，各县（市、区）在几所学校开设随班就读的教学点或特教班。这年暑假，省教委在湘江师范举办聋儿和弱智儿童教师培训班，为各县筹办特教班培训师资。

祁阳县1991年4月在县人民小学开办聋哑儿童特教班，有教师2人，学生12人。1992年租人民小学附近徐家园民房办学，学生达30多人。1995年停办，1997年筹办县特殊教育学校。租借县总工会办公楼三、四层办学，9月开学，招2个班41名学生，有教师6人。1998年初租借民房办学。2000年因经费困难停办，部分学生转至市特校就读。2014年重新创办县特校，与祁阳浯溪完小共校区办学，资源共享。学校占地面积5500平方米，建筑面积3500平方米，有综合楼、食宿楼各一栋。设有感统训练、音乐律动、美术手工、蒙氏训练等功能室。9月招2个班24名学生，有教师7人。

东安县1990年9月创办县聋哑学校，校址在东安一中校内。1998年因几名学生邀约出走广西（后找回），停办该校。2013年重新开办，东安特殊教育学校位于白牙市镇茶源村，在原莱源中心小学内（茶源中心小学已合并到茶源学校），与江东文武学校共一个校区，实施九年一贯制免费教育。是年8月新建1栋教学楼、1栋综合楼，建筑面积3000平方米。调配教师5人，当年招生23人。2014年下期开始对不适宜到校学习的中重度残疾学生实施送教上门。2015年，教师增加到10人，在校学生45人，在家送教上门学生30人。

道县特殊教育学校2008年开始筹办，依托东门中学办学，在县工业园区内。2009年9月招收3名学生，有专业教师2名。2010年秋，原富塘中心小学搬迁到这里，升格为道县第六小学。县特校依托六小，新建教学楼、食堂、宿舍、多媒体教室、学生活动室、篮球场、环形跑道等。学校占地面积30余亩，建筑面积1000平方米。2015年，招生24人，在校生74人，有专任教师5人。该校规模较大，能发挥辐射永州南六县的作用。

江华瑶族自治县特殊教育学校创办于2012年，位于沱江镇阳华中学前面。学校占地面积16120平方米，建筑面积3218平方米。整个校园由教学区、运动区、生活区构成，配备计算机教室、个别语训室、听力检测室、律动教室、感觉综合训练室、心理咨询室、多媒体教室等专用功能室。2014 年 9 月开始招生，2015 年，学校共有 1 个班，16 名学生，教师 4 人。

蓝山县特殊教育学校 2013 年兴建，校址为蓝山县县城工业大道五里坪 1 号，与三蓝学校相邻相容。2014 年 9 月招收 3 个班，35 名学生，教师 7 人。2015 年 9 月学校独立设置，占地面积 3750 平方米，建筑面积 3312 平方米，有一栋集教室、食堂、学生宿舍和感统室、律动室、个训评估室、情景室、图操室等多功能于一体的高标准综合楼。

宁远县特殊教育学校于 2013 年筹办，2015 年 9 月正式招生。学校位于县城舜陵镇嘉宁公路旁，占地面积 12 亩，建有综合楼 1 栋，功能室齐全，公寓楼 1 栋，运动场 1 个，是年招生 25 人，有专任教师 5 人。

第二节 教育教学

20 世纪 90 年代，永州市特殊教育的办学思想是立足教育，科学育人，培养人才，关心、爱护、尊重学生；不歧视、不厌弃学生，做到为孩子着想，为家长解愁，为普通教育服务，为社会分忧，为国家育人。1992—2015 年，随着特殊教育学校的增加，推广残疾少年儿童随班就读，创办“聋儿语言培训班”等特教班，特殊教育主要是德、智、体、美、劳教育加上特殊少年儿童的康复训练。市特校依托自身的优势加强了特殊儿童康复的就业技能培训。

一、学制

1997年前,聋哑学校义务教育阶段沿用的是五三学制,1997年后实行的是六三学制。2009 年经永州市教育局批准成立的“永州市特殊教育职业技术学校”学制三年。

二、课程设置

永州特校的文化知识课以课堂教学为主，按聋校义务教育课程设置开设课程。2007 年前执行教育部《全日制聋校课程计划（试行）》，2007 年后执行教育部《聋校义务教育课程计划实验方案》。开设课程有思想品德、语文、数学、自然、历史、写字、会话、律动、语训、社会、工艺美术、美工、劳动、健教、电脑、按摩、职业指导、写字、礼貌礼节、石雕。

培智部以认知课、康复课、社会课、职业课为主。其中认知课中的生活语文、生活数学、生活适应课使用宁波达敏的生活化课程；图形操作、情绪分化、体能、绘画、服从、互动、生理表达、感知、自我感知、自我意识使用广东顺德人性化课程。

早在2003年，永州市特殊教育学校在学生职业技术学科教学方面就有所渗透。2008年，湖南省特殊教育劳动技术教学和学校管理研讨会在市特校召开，探索“教育、康复、培训、就业一体化”的办学之路。2009年，经市教育局批准，市特校成立永州市特教职业技术学校，并以此为依托成立永州市残疾人培训基地。9月1日，招收60名残疾学生在该校学习工艺美术、足疗、按摩等专业。

三、“特教班”教学

1987年，祁阳县残联在人民小学龄内开设第一个聋哑儿童少年特教班，有8名学生、1名教师。课程包括普通小学课程及手语。1996年开办家庭语训班，由县残联理事长邹高大、聋哑特教班教师曾凡德、孙冬英3人到全县各乡镇巡回教学，深入学生家庭100余户，教学内容有手势语和聋儿口语。

1991年，江华瑶族自治县在县民政局院内创办“聋儿语言培训班”，招收9名男、女听障儿童，教师由县教委调派，执教教师谢庆荣、李太明，经过一年训练，收效甚佳。有6名听障儿童基本康复、结业。此后，根据上级残联的意见，江华瑶族自治县教委结合听障儿童居住分散，家庭经济困难等实际情况，在全县实施教师下乡镇分片对听障儿童及家长采取定点集中示范教学训练，平时由家长根据教师布置的训练任务在家中负责训练，教师逐一上门指导、检查，开创“以家庭训练为主，培训点（班）教学为辅，送教下乡”的新教学模式。至1997年，全县办语训班6期，受训听障儿童33人，其中完全康复的13人。

1994年，江华瑶族自治县教委在沱江镇二小创办特教班，把全镇智力明显低下的19名学生集中辅导，结果有18名达到初中录取分数线。1997年“两基”验收后，县里继续抓好对残障儿童的教育。保证他们正常入学。据统计，1999年全县7~15岁残障儿童、少年378人，其中免缓学35人，在校学生144人，入学率41.96%。2000年全县适龄残障儿童、少年348人，其中免缓学34人，在校学生127人，入学率为40.45%。

四、随班就读

在创办特殊教育学校之前，残疾儿童少年接受学校教育的主要渠道是随班就读。

据 1991 年的统计，零陵地区随班就读教学点 254 个，有专职教师 26 人，兼职教师 42 人，残疾儿童少年入学率为 19.36%，普及率为 15.64%。与全省特殊教育随班就读的平均水平（全省普及率为 33%）有较大差距。当时全区 11 个县（市）都普及初等教育，但作为基础教育重要内容的特殊教育，普及率却相去甚远。

创办特殊教育学校以后，仍有相当一部分残疾少年儿童随班就读。永州市认真贯彻落实国务院《关于发展特殊教育的若干意见》《残疾人教育条例》，市、县（区）教育行政部门把“随班就读”工作作为发展特殊教育的一项重要工作来抓，幼儿园、小学、初中、高中各阶段特殊教育试点工作逐步铺开，规模不断扩大。2010 年，全市附设辅读班 457 个，就读学生 2728 人，特教学校 2 所，在校学生 302 人。适龄残疾儿童少年入学率由 2005 年的 80% 提高到 86%。109 名残疾考生高考上线圆大学梦。2014 年国务院和省政府作出特殊教育提升计划后，永州市人民政府制订《永州市特殊教育提升计划（2015—2016）》，并制定实施方案。

2015 年 8 月，市教育局制定《永州市残疾儿童少年随班就读工作实施办法》和《永州市义务教育阶段适龄重度残疾儿童少年送教上门服务工作实施方案》，要求对随班就读的儿童少年，既要有与普通教育一致的基本要求，又要有针对性的个别化教育计划，包括康复训练、矫正补偿等。鼓励有条件的学校根据要求设置资源教室，对重度残疾儿童少年采取直接服务与间接服务相结合的方式“送教上门”。

2015 年，东安县和冷水滩区申报国家级特殊教育改革实验区随班就读试点项目，市特殊教育学校申报学前特殊教育、高中阶段特殊教育、医教结合三个特殊教育提升计划试点项目。2011—2015 年，全市巩固和完善以随班就读和普通学校附设特教班为主体、特殊教育学校为骨干的残疾儿童少年教育体系基本形成。2015 年底，全市三类残疾儿童少年共有 2096 人入学，其中随班就读有 1333 人，占 64%。

五、康复教育

永州市特殊教育中的康复教育，始于 2010 年。是年，永州市残联确定市特校为定点康复机构。聋生的康复主要以听力训练为主；智障学生的康复领域有七大类，分别为粗大运动、精细动作、感官知觉、认知、语言交往、社会技能、生活自理需要专业人员来承担康复任务。但专业的康复教师非常少。解决康复教育师资问题主要采用以下几个途径：1. 教师转岗培训，通过有特殊教育背景的教师参加专业技术培训后上岗。2. 聘请有康复资质的教师从事这项工作。3. 加大招聘力度，逐年申请进编，从各大特殊教育院校招聘专业康复人才进校。4. 寻求与本地康复机构合作。

听障儿童语训主要使用《听清楚》《说明白》两本教材。采用“主题式教学”模式，进行集中式训练、个别化训练和家庭康复指导。

教学方法以“评估—教学—再评估—再教学”为主，一般的聋儿康复评估包括听觉能力评估、语言能力评估和学习能力评估。

根据康复评估的结果，教师可以制定出相应的语言训练、听觉能力训练计划，让幼儿的听觉能力和语言能力在语训教师的控制下有计划、有目标地协调发展。同时，可以根据幼儿智力发展水平，有计划地进行记忆力、观察力、想象力等方面的智力开发，为听障儿童语言学习及之后的小学、中学学习打下良好的基础，使其真正融入主流社会。

六、教学研究

永州市特殊教育学校自 1998 年开始第一次课题研究申报工作，其课题“开展素质教育，全面提高教学质量”，主要是结合当时湖南汨罗素质教育经验，对听障生素质教育进行较多的探索与研究，学生发展得到一定的促进。2002 年学校又组织教学人员申报“进行个别化教学，促进学生最优化发展”课题，该项课题尤其是对听障生语言教育作了较多的探究，课题研究成果——“耳聋学生的语言教学及其制约因素的对策”获中国教育学会首届“中国教育学会奖”教育科研成果二等奖。2006—2009 年，学校又申报省特教学会教育科研规划课题“基于聋生实际的德育研究”，取得令人满意的效果。2010 年 12 月，永州特校申报省教育学会“十二五”课题“学习不良聋生的补偿教育研究”，2011 年 6 月被批准为湖南省教育学会“十二五”规划课题，校长盘月娥任主持人，主要研究人员有吴又学、陈才、唐惠、肖三红、吕凌平、张怀宇。课题于 2012 年 3 月在湖南郴州市资兴特殊教育学校开题，2015 年 1 月在常德顺利结题。同年 10 月，课题获得湖南省教育学会二等奖。该项课题成果——“三步教学法”课堂教学模式自 2014 年 11 月在永州市特殊教育学校进行推广应用，并由吴又学、肖三红带实验班（31 班）进行课题课堂教学实践。为了深入研究该校“三步教学法”课堂教学模式，学校决定由主抓教学的副校长吴又学任主持人，申报湖南省教育学会“十三五”课题“聋校‘三步教学法’理论与实践研究”并获批准，下达课题立项书。学校正组织开题论证及研究工作。2015 年，学校申报省教师发展中心和省教育科学研究院“十二五”最后一年的专题教育科研规划课题“永州市特殊教育专业发展的途径及对策研究”，在市教科院指导下顺利开题。

第三节 教育成果

永州市特殊教育学校于1993年参加湖南省“希望之星”文艺会演，获一等奖。1994年获省第六届“希望之星”文艺会演特别奖，1995年获省艺术节文艺会演二等奖。

1995年，永州市被评为“全国特殊教育先进县市”。永州特校被评为“目标管理先进单位”，听障儿童语训工作得到中国残联和湖南省民政厅领导的赞赏和肯定。市特校校长张炜光荣获“全国优秀教师”称号，由国家教委、人事部授予奖章一枚。湖南省特殊教育学会号召向张炜光学习。

1999年，市特校学生王丽娟在省残联举办的残运会上获女子田径项目1个一等奖、2个三等奖。1999年、2000年、2001年学校排练的文艺节目均获得零陵区一等奖。1999年、2000年获永州市文艺会演二等奖，2001年获省残疾人文艺会演二等奖。2003年10月，市特校学生参加永州市残疾人体育运动会，取得了10枚金牌、16枚银牌的好成绩。

2004年，市特校学生参加省级以上各类竞赛，共获一等奖17人次。学校科研成果《个别化教学探究》获全国教育科研成果二等奖。是年6月，市特校校长朱明秋被省推荐参加由国家教委主办、上海市教委承办的全国首届特殊教育学校校长培训班，其论文《立足现实、着眼未来、办好贫困地区特殊教育》获一等奖，并在学习班上作典型发言。

2005年6月，省残疾人文艺会演在益阳举行，市特校文艺节目获银奖。10月，市特校申报的“十一五”课题“适合聋生实际的德育内容研究”，被教育部批准立项。

2006年5月，湖南省特殊教育研讨会在永州市特校举行。

2008年，市特校获省教育厅、省民政厅、省残联颁发的“省特殊教育工作先进单位”称号。校长盘月娥获湖南省首届“小学管理名优校长”称号。是年，湖南省特殊教育劳动技术教学和学校管理研讨会在市特校召开。

2009年8月、10月，市特校选送书法、绘画作品参加零陵区庆祝中华人民共和国成立60周年比赛，荣获团体总分第一名。12月，全区教育教学工作大检查，该校荣获先进单位称号。

2011年6月，学校荣获“湖南省特殊教育工作先进单位”称号；9月，市特校与祁阳石雕工艺厂合作办学，进行校本开发，着力祁阳石砚台的研制开发，从继承、拯救、创新、推广祁阳石工艺品做起，培养学生的一技之长，传承、发扬湖湘文化。11月，湖南科技学院在该校设立德育实践基地。

2012年3月，永州市残疾人文艺会演，市特校获特等奖。11月该校承办湖南省聋校语文课堂教学研讨会。

2013 年上学期，市特校编写《永州市特殊教育学校阳光体育校本教材》；9 月，市特校 3 名学生代表湖南省参加全国残疾人文艺会演，3 人全部获奖。

2014 年 8 月，市特校选送的《鼓乐潇湘》节目荣获第八届全省残疾人艺术会演二等奖。

2015 年 1 月 15 日，市特校申报的省级课题“学业不良聋生的补偿教育研究”在常德顺利结题。课题成果——“三步教学法”课堂教学模式研究获中国教育学会 2015 年度论文评选二等奖。9 月学校编排的舞蹈节目《山的语言》分别获得永州市和湖南省第五届中小学生艺术展演出一等奖。11 月 16 日该校“特殊教育专业发展的途径与策略”申报省级研究课题获批准，是全省唯一获批的特殊教育立项课题。11 月，该校毕业生孙勇参加湖南省盲人保健按摩技能比武荣获一等奖。是年，祁阳特校汪思成的论文《论特殊教育教师专业发展的重要途径之校本培训》《RD1 二对一游戏治疗的个案研究》获省特教学会一等奖，陈小平的论文《浅谈特殊教育学校职业教育》获二等奖。12 月，永州特校被评为“湖南省特殊教育先进单位”“永州市扶残先进集体”。

第五章

中等职业教育

第五章 中等职业教育

1992年，永州市有中职学校35所，其中普通中专6所、职业中专（高中）29所。是年招生10793人，毕业3349人，在校学生12501人。1994年，零陵地区行署下发《关于加速发展职业技术教育的决定》。1997年7月，中共永州市委办公室、永州市人民政府办公室下发《关于大力发展职业教育的通知》。1998年，普通中专停止招收包分配的学生，进入职业学校序列。1999年，全市中职学校50所，在校学生27185人。

国家各项职业教育政策为中职发展提供良好平台，促进永州中职规范发展。2000年6月，零陵农校等4所学校被教育部公布为国家级重点中等职业学校。是年7月，省政府批准零陵农校和零陵卫校合并创办永州职业技术学院。2003年1月，市教育局下发《关于规范中等职业学校办学行为的通知》，对招生、教学管理、毕业证发放等作出严格规定。3月，对招生提出“五放开”，即放开计划、放开区域、放开分数、放开年龄、放开应届和往届的限制。6月，省政府批准零陵商校、零陵工业学校、零陵师范学校整体并入永州职业技术学院。2004年开展合格职校评估。2007年5月，市委、市政府在冷水滩召开全市职业教育会议，提出全市职教发展规划、目标和任务，制定政策措施。2008年，全市职业学校58所，在校学生44120人。

2009—2010年，继续开展合格学校评估。国家级重点职中达5所，永州工商职业中专入围示范校，获1000万元经费支持。2011—2012年，对县区职业教育和职业学校管理工作进行年度目标管理考核。2012年11月省教育厅、商业厅在永州召开全省职教现场推进会，参观永州职院和祁阳县职业中专。是年，祁阳师范、道县师范、宁远职业中专学校等5所学校入围省示范性（特色）中等职业学校。祁阳县职业中专学校入围国家中等职业教育改革发展示范学校，获1000万元经费支持。2013年，评定祁阳县教育局、道县教育局、蓝山县教育局为职业教育目标管理先进单位。全市定期开展学生技能竞赛，专业设置评估。2015年6月，祁阳师范学生唐期由省教育厅选拔参加全国职业院校技能大赛，荣获地方戏曲表演个人一等奖。是年，全省共遴选13所中职卓越学校，永州工贸学校、祁阳县职业中专入围，永州工商职业中专入围省级示范性特色专业群建设项目。是年，全市40所学校共招收新生22615人，在校学生53689人。

1992—2015 年，全市中等职业学校向社会输送毕业生 261379 人。

第一节　职业教育发展规模

1992 年 1 月，湖南省教委、省农委、省科委在怀化召开全省农村职业技术教育经验交流会，推广怀化地区实施农科教结合的经验。会后为贯彻落实好怀化会议精神，零陵地区教委组织专人到怀化参观和学习。随后，在制定当年的工作目标时提出：每个县市要办好一所示范性农民职中或农民中专，30 万人口以上的县市还要积极筹办一所综合性职业技术学校。这一年，江永县职业中专和双牌县职业中专分别与湖南农学院和中南林学院开展联合办学。5 月，省教委、省农委、省林业厅在双牌县召开现场会，推广双牌县和中南林学院实行院县挂钩、林科教结合的经验。是年，全区农职业中学招生 3676 人，每万人口中在校学生 14.8 人，低于全省 22.2 人的平均水平。年底，省教委对各地区职业教育工作进行目标考核，零陵排名全省倒数第三。

1993 年，零陵地区教育委员会先后批准成立 6 所中等职业技术学校。到年底，全区共有举办中等学历教育的职业技术学校 33 所，招生 8642 人。12 月，省教委根据《国家教委关于评选"国家级、省级重点普通中等专业学校"的通知》精神，在全省中专合格评估、办学水平评估的基础上，通过学校申报、主管部门同意，评估专家审查，省教委、省计委审定，报省政府批准，零陵地区农校被确定为全省 38 所省部级重点中专学校之一。

1994 年，零陵地区行署下发《关于加速发展职业技术教育的决定》，文件决定每年教育费附加和人民教育基金中 10% 要用于职业教育，建立职业教育联席会议制度，每半年召开一次，解决职教办学中的困难和问题。是年，省政府批准在零陵地区工业职工中专的基础上设置普通中等专业学校，学校全称为零陵工业学校。

1995 年 3 月 17 日，地区教委行文同意开办"零陵地区中等旅游职业技术学校"。10 月，道县职业中专被省教委评估确认达到国家级重点职业高中标准，并向国家教委申报。同月，国家教委认定湖南 33 所学校为第三批省级重点职业高级中学，江永县职业中学、东安县中等职业技术培训总校名列其中。

1996 年 2 月，国家教委发文公布首批国家级重点职业高级中学，湖南 12 所学校，道县职业中专名列其中。3 月 18 日，省委书记王茂林对发展职业教育作出重要批示，要求"每一个县要办好一所职业中专，各地市县都要办好一所示范性职业中专"，并对如何办学提出具体要求。6 月 26 日，市教委下发《关于印发全市示范性职业学校建设规划的通知》。当年，市教委还批准同意设立永州市经济管理中等职业学校和永州市职业艺术学校。年底，全市共有职业学校 49 所，当年招生 13889 人，在校学生 27907 人。

1997 年 7 月 6 日，中共永州市委办公室，永州市人民政府办公室下发《关于大力发展职业教育的通知》，要求各县区政府增强发展职业教育的责任感和紧迫感，提出“九五”末，全市职业教育学校招生数占高中阶段招生总数的比例，城镇在 70% 以上，农村要在 60% 以上。全市要按照省委、省政府的要求，每个县区都要办好一所示范性职业学校。永州市工商职业中专、江华瑶族自治县职业中专、宁远县综合职业中学 1997 年必须通过省示范性职业学校验收，争取 1998 年办成省重点职业学校；祁阳、蓝山、新田、双牌、冷水滩 5 个县区的职业中学，1998 年必须通过省示范性职业学校验收；东安、江永两县职业中专要继续创造条件，争取尽快进入国家级重点职业高中行列。文件还明确要采取得力措施，多渠道筹措职业教育经费。规定每年城市教育费附加和人民教育基金要 10% 以上用于职业教育，县区要按财政总支出的一定比例设立职业教育专项补助费。同年，市人民政府根据省里的有关文件要求，对全市各县区中等卫生（中医）职业技术学校进行调整，保留祁阳县卫生职业中专、宁远县中等卫生职业学校。东安、蓝山、道县、零陵 4 所县区中等卫生（中医）职业技术学校改为卫生进修学校（培训中心），从当年起停止面向社会招收学历教育学生。停止招生后，这些学校的主要任务是负责当地卫技人员的业务培训。全市 1997 年职业中专、电视中专和职业高中等校的医卫类招生计划停止执行。是年 5 月，湖南省人民政府批准道县职业中专更名为湖南省永州市工业贸易中等专业学校，学校定为副处级事业单位，当年招收国家包分配的普通中专学生。年底，全市共有职业学校 52 所，招生 10078 人，在校学生 25683 人。

1998 年，普通中专学校停止招收包分配的学生，实行招生并轨改革，普通中专进入职业学校序列。年底，全市职业学校招生 12816 人，在校学生 29136 人。

1999 年，市教委制定职业教育的目标管理考核方案，将事业发展规模、办学与当地经济建设结合、示范性学校建设、师资队伍建设、经费投入和日常工作都列入考核内容。当年年末对考核结果进行排名。道县得分最高，为 97 分；祁阳县位列第二，为 91 分；其他县区依次为江永县 74 分、宁远县 74 分、零陵区 73 分、东安县 73 分、江华瑶族自治县 73 分、冷水滩区 67、新田县 67 分、双牌县 60 分、蓝山县 60 分。

2000 年 6 月 8 日，教育部公布首批国家级重点中等职业学校，湖南有 28 所，永州市的零陵农业学校、祁阳县示范成人中等专业学校、道县职业中专学校即永州工贸学校和永州市工商职业中专学校 4 所学校名列其中。7 月，省政府正式批准零陵农校和零陵卫校合并创办永州职业技术学院。

2001 年，经过评估认定，冷水滩区、道县、江永县、江华瑶族自治县、宁远县、东安县、零陵区、祁阳 8 个县区的公办中职学校为市级示范性中职学校。

2002年4月11日，市教育局批复同意湖南兵工技校举办职业中专班。11月下旬，省教育厅对职业学校的教学工作专项检查进行复查，永州市工商职业中专、道县职业中专、祁阳县职业中专、零陵商校和零陵工业学校5所学校被评为“优秀”等第。这一年，全市各类中等职业学校共招生13924人，其中招生在1000人以上的学校有永州市工商职业中专、祁阳县职业中专、道县职业中专即永州工贸学校、永州高级技工学校。

2003年1月15日，市教育局下发《关于规范中等职业学校办学行为的通知》，规定各类职业学校发布招生广告、印发招生简章等，必须按照学校管理权限到市、县教育行政部门审核。举办中等职业学历教育，必须统一使用教育部、省教育厅组织编审、选用的教材及配套用书，执行教育部、省教育厅和国家相关部门、行业制定的教学大纲和教学计划，必须参加全省统一组织的计算机、英语“两课”考试，考试成绩不合格的，不颁发毕业证书。未经批准而非法招生和违规办学的职业学校，要坚决取缔。3月18日，市教育局下发《关于做好2003年度职业学校招生工作的通知》，提出“五放开”，即放开计划、放开区域、放开分数、放开年龄、放开应届和往届的限制。4月10日，市教育局又转发省教育厅《关于规范职业学历教育若干问题的通知》，规定要规范高中阶段学校招生秩序，规范中等职业技术学历教育专业设置。规定县级卫生中等专业学校不得举办医卫类卫生中等职业技术学历教育，普通卫生中等专业学校举办医士类中等职业技术学历教育须报省卫生厅审核、省教育厅批准。同时，规定中等职业技术学校不得举办普通高中班、高考复习班，不得招收成建制“对口升学班”，举办“综合高中班”须报省教育厅批准。6月18日，省政府正式批准零陵商校、零陵工业学校、零陵师范学校3所普通中专整体并入永州职业技术学院。7月27日，市教育局下发《永州市中等职业学校学籍管理暂行规定》，并从当年起使用“湖南省中等职业学校电子注册系统”软件。由市教育局职成科汇总各县区职业学校录入的新生注册信息，经审核无误后到省教育厅职成处办理注册手续。12月25日，市教育局下发《永州市中等职业学校合格评估实施方案（试行）的通知》。

2004年1月4日至8日，市教育局组织评估组对全市21所举办学历教育且招生满三年的中职学校进行评估。18日，向全市发文通报评估结果，并对3所不合格学校提出处理意见。

2004年2月，省政府召开全省职业教育与成人教育工作会议，会上表彰职业教育与成人教育先进单位和先进个人。永州市的永州工商职业中专、祁阳县职业中专、永州高级技工学校被评为先进单位。2月8日，市教育局下发《关于做好2004年职业学校招生工作的通知》，通知要求严格实行学历教育招生资格准入制度，并实行中职招生工作统一宣传、统一报名、统一下达招生计划、统一录取的“四统一”办法。年底，全市中等职业学校45所学校招生，招收新生12776人，当年在校学生31957人。

2005年5月12日，市教育局下发《关于规范中等职业学校招生秩序的暂行规定》，这个文件明确职业学校可跨县区、跨市州招生；普通高中学校不得举办“职高对口升学班”，公办民办学校招生要一视同仁，不得歧视民办学校；严禁虚假广告；坚决制止买卖和变相买卖生源。为协调处理招生中的具体问题，同日，市教育局又发文成立高中阶段学校招生领导小组。明确由刘宏来任组长，陈岩、周金国任副组长，唐寿淑、唐洪友、王红军、任福、潘艳春等为成员。领导小组下设办公室，唐寿淑兼任办公室主任。10月20日，市教育局下发通知，同意零陵电子专业学校等5所学校更名零陵电子专业学校更名为零陵电子技术学校，潇湘经贸专修学院更名为永州潇湘经贸学校，祁阳科创数据研修学校更名为祁阳科创计算机学校，永州蓝盾科技学校更名为东安科技学校，宁远九嶷电子电脑学校更名为宁远九嶷电脑学校。10月20日，市教育局就普通高中学生分流到中等职业学校的学生入学电子注册工作下发补充通知。通知规定：普通高中二年级学生分流到中等职业学校学习的学生，由就读职业学校持市教育局基础教育科审核的学籍注册名册到职成科办理备案登记手续；普通高中毕业生毕业后到中等职业学校学习的学生，由职业学校持高中毕业证书原件到职成科办理入学注册手续；普通高中学生分流到中等职业学校学习的学生入学注册时间与职业学校招收初中毕业生注册时间相同。2005年，全市共有中职学校48所，招收新生14290人，在校学生27786人，当年11月3日，省教育厅对全省中职招生情况专门发通报，永州招生人数超过500人的学校共11所，其中永州工商职业中专招生1872人，祁阳县职业中专招生1310人。

2006年2月13日，省教育厅批复同意永州市七中为“综合高中”改革试点学校。3月21日，市教育局下发《关于做好2006年中等职业学校招生工作的通知》，按照省教育厅的要求，全市建立“六统一”的招生工作制度，即统一制定招生计划，统一安排招生学校，统一填报志愿，统一录取，统一宣传，统一招生工作进度和工作时间。并下达全年中职招生计划22000人。5月24日，根据省教育厅的通知精神，市教育局又专门下发《关于整顿治理中职招生秩序的通知》，要求各县区各学校严格执行中职学历教育办学资格准入制度；坚决制止中职招生虚假广告；坚决制止买卖和变相买卖生源；坚决取消打着职业学校牌子招生、行廉价劳动力中介之实的学校的招生资格。县、区教育局要严格按照“六统一”的要求加强对中职招生工作的领导和管理。同年7月18日，市教育局根据省教育厅的统一布置，下发《关于做好全省职业教育先进单位、先进个人评选工作的通知》和《关于评选推荐“湖南省职业教育优秀‘双师型’教师”的通知》，经过推荐和评选，共评选出市级“双师型”教师8人、省级职业教育“双师型”教师2人。

2007年5月12日至13日，市委、市政府在冷水滩召开有各县区长和7个部门主要负责人参加的全市职业教育工作会议，并出台《关于加快发展职业教育的意见》，明确了全市“十一五”职业教育发展规划、目标和任务，制定支持职业教育发展的政策措施。这个文件要求各级政府必须牢固树立“抓经济就要抓职教，抓职教促经济发展”的观念。并提出“十一五”期间全市职业教育改革发展的主要目标任务。为把市委、市政府的决定落到实处。6月，市教育局拟定《永州市职业教育“十一五”市级重点建设项目评估遴选办法》。7月25日，市教育局下发《关于开展2007年度职业教育市级重点建设项目评估遴选工作的通知》，7月30日，市财政局、市教育局印发《永州市职业教育“十一五”重点建设项目奖励办法》并下发各县区、各学校。文件明确市财政给市级重点项目的奖励标准为：示范性中职学校每所奖励36万元，职教中心每个奖励12万元，实训基地每个奖励36万元，乡镇农校每所奖励6万元，精品专业每个奖励12万元，精品课程每门奖励3万元，专业带头人每人奖励1万元。10月，市教育局、市财政局组织专家组对当年申报的市级重点建设项目进行评审。10月11日，市财政局、市教育局下发认定首批申报的市级重点项目，即零陵区、祁阳县为示范性县级职教中心，永州市工商职业中专、永州工贸学校（道县职业中专，下同）、祁阳县职业中专为示范性中职学校；还认定了5个精品专业、4门精品课程、2个重点实习实训基地、18名专业带头人和1所示范性乡镇农校。同年，市财政局下拨项目奖励资金。这年年底，在全省评选的省级重点项目中，永州市工商职业中专被认定为省级示范性职业学校。祁阳县职业中专的组网与网络技术被认定为省级中职精品课程。当年永州市工商职业中专校长陈文华被授予湖南省徐特立教育奖，13名教师被认定为省级专业带头人。

2008年初，永州育才科技职业技术学校和永州振华职业技术学校两所民办中职学校因套取国家助学金问题被省教育厅通报。4月10日，市教育局下发《关于开展中等职业学校合格评估工作的通知》，该通知明确每三年每所学校都要接受一次评估。并随文印发《永州市中等职业学校合格评估实施方案》。4月中旬，市教育局和市财政局组织专家组对各中职学校申报2008年市级重点建设项目进行评审遴选，4月18日，市财政局、市教育局联合发文认定，道县、宁远县为示范性县级职教中心，江华瑶族自治县职业中专、蓝山县职业中专为示范性中职学校，还认定5个精品专业、4门精品课程、2个示范性实训基地、5所示范性乡镇农校和23名市级专业带头人。7月10日，市教育局下发《关于加强中等职业学校教学管理的通知》，文件就教学计划、课程设计、教学评价、质量监控、教材管理和教学常规管理等都作出具体明确的规定。同年10月22日至28日，市教育局组织专家组对全市11所申报评估办学满3年的中职学校进行合格学校评估。评估结束后，发文在全市进行通报，东安京华职业技术学校为不合格，限期两年整改；永州育才科技职业学校和永州振华职业技术学校因虚报注册人数套取国家助学金，办学行为不规范，出示“黄牌”警告，限期整改。在全省职业教育重点项目评审遴选中，省教育厅确认永州工贸学校入围省示范性中职学校，永州市工商职业中专的服装制作与营销、电子技术应用和祁阳县职业中专的数控技术应用、电子与信息技术入围省级精品专业，永州市工商职业中专的服装缝制工艺、电子产品结构工艺入围省级精品课程，有18名教师入围省级专业带头人，零陵区梳子铺乡农校、富家桥镇农校和宁远县湾井镇农校入围省示范性乡镇农校。全市选送21名专业骨干教师参加国家级教师培训。

2009年3月下旬，市教育局会同市财政局组织专家组对申报的2009年度市级重点项目进行评估遴选。4月3日，市教育局、市财政局发文认定2009年度市级重点建设项目：宁远县职业中专和东安县职业中专为市示范性中职学校；1个精品专业、2门精品课程、1个示范性实训基地、9名专业带头人、4所示范性乡镇农校。在省级重点项目评审中，零陵区职教中心入围省示范性县级职教中心；还有2个精品专业、3门精品课程和3名专业带头人、1所示范性乡镇农校。5月，市教育局牵头，会同县、区教育局，组织专门力量，集中半个月时间，逐县、区分组到每所初中学校召开初中毕业生会，由校长主持，市、县、区教育局的同志分别宣讲中职招生的政策、办法和学生应注意的问题，明确告诉学生要从办学条件、师资队伍、社会声誉、就业去向、收费标准等方面反复比较后自主作出就读选择，谨防上当受骗。将市教育局统一编印的《给初中毕业生的一封信》《初中毕业生就读中等职业学校须知》《中等职业学校国家助学金有关规定》《中职学校招生指南》等中职招生宣传资料免费直接发到每个初中毕业生手中。同时，还制定一些具体的惩处措施，如学生确属上当受骗，经县、区教育局查实，要从严处理当事人；受骗学生办理在市内的转学手续，转出学校要无条件退还学费。6月3日，市教育局批复同意在永州市特殊教育学校（义务教育）基础上筹办永州市特教职业技术学校。10月19—26日，市教育局组织专家组对第二批申报合格评估的6所学校进行评估，均为合格。2009年，全市16名专业教师参加国家组织的教师培训。年内严肃查处宁远九嶷电脑学校、永州英达职业技术学校和宁远九嶷工业学校违规组织学生外出务工等问题，并将这3所学校的查处情况在全市进行通报。是年，全市中职招生达到19066人。

2010年5月上旬，组织全市学生技能竞赛，并选拔学生组队参加全省的职业技能竞赛，在省里的竞赛中，永州市工商职业中专的唐少锋（数控铣工）、彭俊晶（单片机安装与调试）获得一等奖，唐少锋还在全国的比赛中获得三等奖。5月中旬，市教育局继续组织进行统一入校招生宣传。统一宣传结束后，市教育局又专门组织督查组到初中学校进行督查。10月17—24日，市教育局组织专家评估组对第三批申报参加合格学校评估的21所中职学校进行评估。不合格学校有9所，分别是永州经贸电子学校、东安科技学校、宁远九嶷理工学校、永州新华科技职业学校、江华精英职业技术学校、江华剑雄职业技术学校、祁阳英杰职业技术学校、潇湘影视艺术学校、永州市公安干部中专学校。以上不合格的学校限期两年整改，整改期间，停止学历教育招生。市教育局将评估结果在全市进行通报。10月26—30日，对全市2009级电子技术应用、数控技术应用和汽车运用与维修3个专业、20所学校的254名学生采取现场操作测试的办法进行专业技能抽查，抽查的254名学生中有72名学生达到优秀等第。合格率、优秀率排名依次是永州市工商职业中专、永州工贸学校、祁阳县职业中专、宁远县职业中专和东安县职业中专。市教育局将20所学校的抽查结果在全市进行通报。11月24日，市教育局以永州工贸学校为现场在道县召开全市中职学校校企合作现场会。各中职学校校长、各县区政府分管教育的副县区长和相关部门负责人参加会议，会前省教育厅副厅长王键到永州工贸学校参观调研，对永州工贸学校校企合作的经验给予充分肯定，省教育厅职成处处长张大伟到会讲话。会后，永州市中职学校校企合作的经验在省内外引起强烈反响，省教育厅号召全省14个市州向永州学习，当年永州工贸学校迎来110批次的参观学习单位。在年底召开的全省教育强省工作会议和全省职业教育工作会议上，永州工贸学校开展校企合作的经验得以重点推介。从这一年起，永州市2008年因两所民办中职学校虚报冒领国家助学金而造成的负面影响开始消除。2010年，教育部对国家级重点中职学校重新调整和认定，永州市工商职业中专学校、永州工贸学校和祁阳县职业中专复查为合格，祁阳师范学校和江华瑶族自治县职业中专学校申报获得通过。至此，全市国家级重点职中共有5所。同年，永州市工商职业中专还入围国家改革发展示范校，获得国家1000万元经费支持。

2011年2月23日，市教育局对2010年度全市各县区职业教育和职业学校年度工作目标管理考核下发通报，经综合考核和评审，道县、祁阳县、蓝山县获得县区目标管理考核综合奖，永州工贸学校、永州市工商职业中专、祁阳县职业中专获得职业学校管理工作考核一等奖，蓝山县职业中专、永州综合职业中专、宁远县职业中专、江华瑶族自治县职业中专、祁阳师范学校、道县师范学校、永州方正职业技术学校获得职业学校管理工作考核二等奖。4月1日，市教育局召开全市职业教育年度工作暨中职招生工作会，表彰2010年度目标管理考核先进单位，祁阳、道县、蓝山三县教育局局长介绍经验与做法。5月下旬，市教育局在自行组织全市学生技能竞赛的基础上挑选60名选手组队参加全省中职学生技能竞赛，永州市工商职业中专2名学生获得一等奖，全市还有16名学生获得二等奖，11名学生获得三等奖。5—7月，省教育厅启动“十二五”职业教育重点项目遴选评审。祁阳县职业中专入围省示范性中等职业学校，道县职教中心入围省示范性县级职教中心，永州市工商职业中专的数控技术应用专业入围省示范性特色专业，祁阳县职业中专的电子与信息技术专业入围省特色专业。永州工贸学校入围国家改革发展示范中职学校建设项目，祁阳县职业中专列入国家发改委、财政部、教育部基础能力建设项目学校，两个国家级项目分别获得1000万元经费支持。蓝山县职业中专列入财政部、教育部实训基地建设项目学校。是年，蓝山县在全省率先实行就读义务教育学校和职业中专免费的“9+3”模式，得到省委常委、副省长郭开朗的赞赏，他批示“蓝山县抓职教的经验要在全省职教工作会上总结推广”。8月23日，市教育局下发《关于开展中等职业学校专业评估工作的通知》，11月28日至12月3日组织专家组对33所中职学校申报的170个专业进行合格评估，在170个专业中，共评出示范特色专业15个、合格专业93个、基本合格专业7个。12月10日，市教育局向全市发出通报，对基本合格的专业限期整改一年，下年度须再申报评估；对不合格专业取消专业下年度开办和招生资格，一年后如需再办该专业应按新增专业进行重新申报。当年全市11个县区城市教育费附加30%用于职业教育和人均1元的职教专项经费已基本落实。其中蓝山、道县、双牌、祁阳四县落实得最好。全年中职招生19971人。

2012年，市教育局决定继续对县区职业教育和职业学校管理工作进行年度目标管理考核，并于3月29日下发考核方案和通知，经过前两年的合格评估，全市整合和停办了一些年招生不足100人、在校生不足200人的民办中职学校。4月，为挑选赴省参加技能竞赛的选手，市教育局举办全市学生技能竞赛。7月，市教育局组织语文、数学、英语三门公共课教师培训，并选送22名专业骨干教师参加国家级培训，5名教师到企业实践。10月下旬至11月上旬，组织专家组对中职学生进行专业技能抽查。11月29日至30日，省教育厅、省商务厅以永州市为现场召开全省职业教育服务湘南承接产业转移示范区建设工作推进会，与会代表参观永州职业技术学院和祁阳县职业中专等学校，并听取永州市一些学校的经验介绍，省教育厅副厅长王键出席会议并讲话。是年，在全省职业教育重点项目遴选评审中，祁阳师范学校、道县师范学校、宁远县职业中专学校、蓝山县职业中专学校、江华瑶族自治县职业中专学校入围省示范性（特色）中等职业学校。永州市工商职业中专学校的数控技术应用、永州工贸学校的电子技术应用入围省生产性实习实训基地，3个专业入围省中职示范性特色专业，1个专业入围省中职特色专业。蓝山县职教中心和江华瑶族自治县职教中心入围省示范性县级职教中心。祁阳县职业中专学校入围国家改革发展示范中职学校建设项目，获得1000万元经费支持。年末，省教育厅根据当年下发的《关于评选2012年度职业教育教学管理工作先进单位和先进个人的通知》精神，组织专家进行评审。永州市教育局职成科被评为全省市州职业教育教学管理工作先进单位。是年，永州工贸学校校长何兆述被授予湖南省徐特立教育奖。

2013年3月15日，市教育局对上年度县区职业教育和职业学校年度考核结果进行通报，评定祁阳县教育局、道县教育局、蓝山县教育局为目标管理先进单位，双牌县教育局为应届初中毕业生中职分流先进单位，永州市工商职业中专、永州工贸学校、祁阳县职业中专、祁阳师范学校获职业学校管理工作考核一等奖，并于同日下发2013年对县区职业教育和职业学校工作考核的文件。4月9—13日，在永州市工商职业中专、永州工贸学校、永州综合职业中专等4所学校举办全市学生技能竞赛，各县区各中职学校共选派198名选手参加7个专业大类20个项目的比赛。经市选拔后，挑选69名选手于5月10日至12日参加全省职业院校职业技能大赛的7个专业大类27个项目的比赛。有39名学生在省赛中获奖，其中永州工贸学校学生李翼清参加制冷与空调设备组装与调试项目比赛获一等奖，还有10名学生获得二等奖，28名学生获得三等奖。2013年上半年在全市举办中职学生“我的中国梦”征文比赛中，经过学校初赛后选送186篇文章送市参赛，最后评出一等奖18篇、二等奖37篇、三等奖31篇。7月10日，市教育局将获奖情况在全市进行通报。10月23日至25日在永州市工商职业中专学校举行全市中职学校首届教师和学生的篮球比赛。11月16—23日，市教育局组织专家评估组对全市17所中职学校申报的26个专业进行合格评估，认定23个专业为合格专业；宁远九嶷理工学校的音乐专业为基本合格，限期一年整改；东安金桥中等职业学校的畜牧兽医和永州东方科技职业学校的农村经济综合管理两个专业为不合格专业，取消下年度开办和招生资格。是年，永州市综合职业中专入围省示范（特色）中职学校，并有3个生产性实习实训基地、1个示范性特色专业、3个特色专业和1个社区教育实验区入围省重点项目。

2014年4月9—13日，举行全市中职学生职业技能竞赛，282人报名参加29个项目的比赛，42名学生分别获得29个项目的一等奖，永州市工商职业中专、永州综合职业中专、蓝山县职业中专、祁阳县职业中专、江华瑶族自治县职业中专、永州工贸学校6所学校获得竞赛组织奖。9月上旬，在全市中职学生中组织开展“培育和践行社会主义核心价值观”征文竞赛，经过学校和县区的初赛，共选出108篇文章参加全市的竞赛，共评出一等奖20篇、二等奖30篇、三等奖40篇。11月9—14日，市教育局组织有关专家和评委对全市中职学校开设的服装设计与工艺、旅游服务与管理两个专业的学生进行技能抽查。抽查8所学校服装设计与工艺专业的55名学生，成绩达到合格标准的30人，达到优秀标准的25人，合格率为100%，优秀率在60%以上的有3所学校。抽查7所学校旅游服务与管理专业的61名学生，成绩达到合格标准的53人，达到优秀标准的8人，合格率为100%。为加强对学生顶岗实习的管理，确保质量和效果，11月20日—26日，全市组织顶岗实习实地抽查，检查组赴广州、东莞、深圳、惠州等地企业进行实地检查。

2015年，市教育局按照省教育厅的要求制定并下发《永州市职业学校办学行为自查自纠工作方案》，要求各职业学校认真开展办学行为自查自纠，切实提高学校管理水平和办学质量。为改变中职学校招生难的状况，让校长将主要精力从抓招生转移到抓教学抓管理的轨道上来。4 月 15 日，市教育局在给各县区下发的《关于做好 2015 年中等职业学校招生工作的通知》中首次提出将中职招生任务完成情况纳入全年对县区教育优先考核的指标体系。4 月 9 日至 11 日，在永州工商职业中专、永州综合职业中专和祁阳职业中专 3 所学校举行全市中职学生职业技能竞赛。全市 189 名学生参加五大类项目的比赛，62 名学生分别获得 19 个项目的一等奖。市教育局从获得一等奖的学生中挑选 50 名学生组队参加全省技能竞赛，获得一等奖 2 个、二等奖 9 个、三等奖 22 个。6 名学生被省教育厅选中参加全国竞赛，其中祁阳师范学生唐期获得地方戏曲表演一等奖。按照省教育厅的统一安排，5 月的第二周，市教育局集中组织开展职业教育宣传周活动。市内各新闻单位通过网络、报纸、电视、电台、微信、微博等媒介和平台围绕“发展职业教育、成就出彩人生”的宣传周主题，集中宣传报道各职业学校的办学情况，优秀毕业生事迹和企业参与职业教育、开展人力资源培训的典型事例。是年，省教育厅启动卓越职业院校、示范性特色专业群和中高职衔接等重点项目遴选评估。按照项目遴选的要求和程序。市教育局遴选祁阳县职业中专和永州工贸学校为市级卓越中等职业学校并推荐参评省卓越中职学校项目；遴选永州市工商职业中专学校的现代艺术设计专业群、祁阳县职业中专学校的加工制造技术专业群、宁远县职业中专学校的计算机网络技术专业群、永州工贸学校的信息技术专业群、祁阳师范学校的学前教育文化艺术专业群为市级示范性特色专业群并推荐参评省特色专业群。经过多方努力，全市共有 10 个项目在省里立项，全省共遴选 13 所中职卓越学校项目，永州工贸学校、祁阳县职业中专均入围；永州市工商职业中专入围省级示范性特色专业群建设项目；宁远县职业中专、永州市工商职业中专、永州工贸学校、祁阳师范学校、永州综合职业中专等学校入围省中高职衔接项目。冷水滩区社区教育实验区被省教育厅推荐申报国家级实验区，江华瑶族自治县被省教育厅推荐申报国家级职业教育与成人教育示范县。全年全市通过项目立项，共争取中央和省级专项补助资金 2170 万元。年内，省教育厅组织对永州“十二五”期间立项的 15 个国家和省级职业教育重点项目进行验收，全部验收合格。主要有祁阳县创建国家职业教育与成人教育示范县、祁阳职业中专创建国家职业教育改革发展示范校均验收合格；祁阳师范、道县师范、宁远县职业中专、江华瑶族自治县职业中专、蓝山县职业中专创建省级中职示范（特色）学校验收合格；蓝山县、江华瑶族自治县的职教中心创建省级示范性职教中心以及全市 4 个省级示范性特色专业和 2 个省级示范性生产实习实训基地均验收合格。

2015 年，全市共招收新生 22615 人，在校学生达到 53689 人。永州市工商职业中专、永州工贸学校、祁阳职业中专等校首次出现学校容纳不下学生的情况，学校只得控制招生人数。职业学校的办学质量得到社会认可。

第二节 职业教育类别

1992 年 7 月，湖南省委机构编制工作领导小组办公室和省教委联合发布《湖南省职业高中机构设置和人员编制标准的意见（试行）》。规定职业高中规模在 15 个班以上的，一般配备校级领导干部 3 人，下设办公室、教导处、生产实习处和总务处，各处配备正副主任和相应工作人员。学校规模为 15 个班的，配备校级领导干部 2~3 人，机构和工作人员适当减少。教职员编制标准为：工农医类，按每班平均配 5~6 人。专任教师中，专业课教师（包括实习指导老师）占教职工总数的 60%。文件对审定编制提出了具体的操作要求，从当年起，零陵地区各县市的职业高中学校大多是按这个文件执行的，学校大多定为正科级事业单位。地区管理的 3 所师范和 3 所普通中专均属县团级事业单位，1995 年以前是实行党委领导下的校长负责制。学校内设机构一般设有办公室、教务科（教导处）、总务科（总务处）、团委会，也有加设政工科（人事科）和学生科的。从 1996 年起，全面实行校长负责制。学校内设机构主要有办公室、教导处、教务处（科）、总务处（科）、学生处（科）等。1997 年增设招生就业处（招生就业指导办公室）。

1996 年，全市各县区主办的中等职业学校大多是正科级事业单位，只有蓝山县职业中专是副科级事业单位。县区的职业学校一直是实行校长负责制，学校设有党支部，绝大多数学校都是校长兼任党支部书记。学校内设机构主要有办公室、教务处、学生处、总务处、招生就业办公室等机构。

一、普通中专学校

1992 年，零陵地区有普通中专学校 6 所，分别是零陵师范学校、道县师范学校、祁阳师范学校、零陵农业学校、零陵卫生学校和零陵商业学校。1993 年，没有新增普通中专学校。1994 年 8 月，经省政府办公厅批复，同意在零陵地区工业职工中专的基础上成立零陵工业学校，7 所普通中专学校均为正处级事业单位。1996 年，没有新增普通中专学校。1997 年 5 月，省政府又批准道县职业中专更名为湖南省永州市工业贸易中等专业学校，招收普通中专学生，为副处级事业单位。1992—1997 年中专并轨改革前，普通中专学校都是国家下达招生计划，学生毕业后由国家包分配工作。1998 年开始，国家取消普通中专包分配的指令性计划，实行学校自主招生，学生缴费上学，毕业后自主择业。自此，普通中专学生的铁饭碗被打破，招生和毕业生分配完全市场化，普通中专和职业中专基本上没有区别。

1997 年前，零陵地区 7 所普通中专分属于不同的类型。零陵师范、道县师范和祁阳师范三所学校属地区教育局主管。1992—1997 年，主要培养以小学教师为主的普通师范教育。零陵农校、零陵卫校、零陵商校和零陵工业学校则分别属地区农业局、地区卫生局、地区商业局和地区经委主管。

零陵师范学校 学校占地面积 109 亩，建筑面积 4 万平方米，1992 年学校有教职员工 116 人，其中专任教师 70 人。1993 年开始除完成国家下达的普通师范生招生计划之外，学校还利用已有资源招收一些自主择业、不包分配的非师范专业学生。1995 年又开始招收成人中师班，同年为福建省惠安县招收委托培养学生 90 名。1997 年永州市政府决定将零陵区二小收归市管，作为零陵师范附属小学。1998 年招收不包分配，毕业后自主择业的普通师范生。是年为拓展生源，还招收过群众文艺班，从 1999 年开始挂靠湖南一师招收计划内小教大专班（初中毕业生、学制 5 年）和其他非师范类专业学生。2000 年开始，招生人数逐年下降，2002 年只招生 279 人。零陵师范学校 1992—2002 年共培养各类人才 6253 人，其中培养面向小学教师的中师学生 5556 人。1992 年至 2002 年 12 月，朱光钧任校长；2002 年 12 月至 2003 年 6 月，周秀英任校长。2003 年 6 月，湖南省人民政府批准该校并入永州职业技术学院。

道县师范学校 学校占地面积 139.88 亩，建筑面积 32370 平方米，1992 年学校有教职工 98 人，其中专任教师 63 人。1992—1998 年并轨前，主要是培养初等教育师资。1998 年，学校面向市场设置专业，办有学前教育、群众文艺、初中教育、旅游服务等专业。2001—2008 年，学校处于转型发展的探索期，确定以教师教育为主体，多层次、多形式办学的多元办学格局。开设计算机及应用、美术绘画、文秘、体育、音乐、舞蹈表演等专业。2008—2015 年，学校调整办学思路，重点举办教师教育，招收三年制的学前教育专业学生，三年制的旅游服务与管理专业学生。同时，根据省教育厅的安排，还挂靠湖南一师和长沙师范学院招收五年制大专层次的小学教师教育专业学生。2012 年入围湖南省示范性（特色）中等职业学校。1992—2015 年共培养各类人才 15279 名。其中师范类专业学生 14391 人。1992 年至 2001 年 1 月，罗德康任校长；2002 年 11 月至 2015 年，何云峰任校长。

祁阳师范学校 1992—2015 年办学地址在祁阳县宝塔街 196 号。学校占地面积 96 亩，建筑面积 4.2 万平方米。1992—1998 年前主要是普通师范教育，1999 年起学校开始面向市场设置专业，办有学前教育、群众文艺、计算机、文秘、体育、英语、艺术、机电、航空服务、旅游服务、平面设计、祁剧表演等专业，学前教育和初等教育是主干专业。2006 年 2 月，省教育厅下文明确该校为全省 15 个学前教育专业培养基地之一，

2008年4月被省教育厅确定为永州市大专层次农村小学、幼儿教师培养基地。2010年，该校被教育部认定为国家级重点职业中专学校，2012年入围湖南省示范性（特色）中等职业学校，其学前教育专业被确定为省示范性特色专业。1992—2015年学校共培养各类合格人才18000余人。2015年有全日制在校学生3583人，教职员工117人，其中在岗在编75人、高级讲师27人、“双师型”教师47人。1992年至1997年3月，唐嗣德任校长；1997年4月至2002年11月，曾财元任校长；2002年11月至2015年，刘吉祥任校长。

零陵农校 以农业教育为主的普通中等专业学校，属地区农业局主管。办学地址设在永州市冷水滩凤凰园路47号。学校占地面积669亩。其中教学区面积266亩、实习农场面积403亩。建筑面积68000平方米。1992年，该校获得“全省农业中专学校办学水平评估”A等二级中专学校。是年，承担农业部科研课题“培养创业服务型人才教学模式实验研究”任务，创建水产生态园、集约化养猪场和无公害蔬菜栽培园三个高效农业模式。5月，农业部在该校召开第一届全国中等农校教学指导委员会第三次会议暨加强实践性教学现场会。会后将学校的经验和方法摄制成电视纪录片《春色满园》在全国发行。1994年，湖南省政府正式批准学校为省部级重点中专学校。1995年，学校“二加一”课题试验获湖南省首届职业教育科研成果一等奖。1996年秋季，招生700余人，在校学生首次突破2000人规模。开设的专业主要有畜牧兽医、园艺、植保、经作、机电、企业管理、水产养殖、农学、种子。1997年11月，学校被教育部批准为国家级重点普通中专学校。1992—2000年，该校共培养农业类各类人才18573人。1992年至1998年10月蒋福生任校长，1998年10月至2000年7月刘子秀任校长。2000年7月，省政府批复，撤销零陵农校和零陵卫校，在此基础上组建永州职业技术学院。是年，原零陵农校校区改为永州职院北院。

零陵卫生学校 以医卫类专业为主的普通中专学校。属地区卫生局主管。1992年学校办学地址在零陵东门山坡府学宫地带。1992年，学校占地面积59亩，建筑面积24400平方米。1999年搬迁至新址零陵城北322国道与零陵大道交叉处东侧零陵区南津北路338号。占地面积为434.84亩，建筑面积76468平方米，教职工223人，其中专职教师110人。学校开设的专业主要有临床医学、医学影像、高级护理、妇幼卫生等专业。1992—2000年，共培养各类卫生技术人才9866人。1995年，学校制定建设全国一流的A级卫生中等专业学校发展规划，投资11万元设置独立语音室、多媒体教室，开始向电教化教学迈进。是年，全国中等卫校医学影像专业第二届代表大会及学术会在学校召开，学校医学影像专业在全国拥有较高的知名度。1996年，在省技能统考及毕业实习工作检查中，通过对医士专业和护士专业实习生进行考核，75%达到合格要求，受到省卫生厅表扬和实习医院的好评。1999年4月，省教委组织有关专家对学校办学条件、教育教学、学校管理等三大方面的50个条目进行评估，总得分为92.29分，列全省中等卫校第二名，达到A级中等学校标准，被湖南省人民政府批准为省（部）级重点普通中专学校。2000年7月，省政府批准零陵卫生学校与零陵农校合并组建永州职业技术学院。是年，原零陵卫生学校校区改为永州职院南院。

零陵商业学校 以商业贸易专业为主的普通中专学校，属地区商业局主管。1992—2003年办学地址在零陵南津北路36号。学校占地面积249亩，建筑面积59000平方米，1999年被确定为省部级重点中专学校，同年7月永州市供销学校并入该校。1992—2002年，学校培养各类技术人才8433名。1992—1996年，唐德绵任校长。1997—2003年，唐先文任校长。2003年6月，经湖南省人民政府批准该校并入永州职业技术学院。

零陵工业学校 1994年8月，湖南省人民政府批复在零陵地区工业职工中专的基础上成立的以工科类专业为主的普通中专学校，属地区经委主管。1995年招收计划内普通中专包分配学生。学校成立时校址在零陵区河西工农路73号。1998年2月，学校迁至原零陵行署大院（现零陵区潇水中路106号），学校占地面积130亩，建筑面积15000平方米。教职员工110人，其中专任教师60人。1995—2003年，学校共培养各类人才4252名。1994年至1996年4月，胡火生任校长；1996年5月至1998年10月，谢如尧任校长；1998年11月至2003年6月，翟惠根任校长。2003年6月，经省政府批准该校并入永州职业技术学院。

2000年永州市普通中等专业学校办学规模统计表

表5–1 **单位：人**

	主管部门	校址	毕业生数	招生数			在校学生数	预计毕业生数
				招高中毕业生	招初中毕业生	招民办教师		
总计			3741	—	4127	—	14357	4245
一、中等师范学校			1366	—	1384	—	4062	1302
零陵师范学校	市教委	芝山区	498	—	433	—	1302	482
祁阳师范学校	市教委	祁阳县	429	—	385	—	1271	375
道县师范学校	市教委	道 县	439	—	566	—	1489	445
二、中等技术学校			2375	—	2743	—	10295	2943
职业技术学院中专部	市卫生局、农业局	芝冷两区	692	—	1311	—	5358	1123
零陵商校	市商业局	芝山区	997	—	608	—	1821	706
零陵工业学校	市经委	芝山区	501	—	406	—	1589	495
永州市工贸学校	市经委	道 县	185	—	418	—	1527	619

二、职业中专（高中）学校

1992年，零陵地区有职业中专（高中）29所，其中县、市政府举办的公办中职学校11所，部门和社会力量举办的18所。当年招生3676人，每万人口中在校学生14.8人，低于全省22.2人的平均水平。1993年，地区教委批准成立零陵地区中等公安职业技术学校、零陵地区中等供销职业技术学校、零陵地区中等政法职业技术学校、祁阳县卫生职业技术学校、零陵地区中等技工职业技术学校和零陵地区广播电视职业技术学校。这6所学校都是在各部门原已办有的成人中专的基础上改办的。1994—1999年，民办中职学校增加16所。

2000年，各级政府逐步加大对中等职业教育的投入，沿海发达地区企业的转型升级对技术工人的需求增加，中等职业教育逐渐被重视，这一时期，对民办中职学校强调发展，审批过松。一些民办中职学校自身的办学条件太差，出现招不到学生的情况，如2001年、2002年，全市有近20所民办中职学校当年没有注册学生。2003年以后，民办中职学校招生情况发生变化，逐年好转。到2007年，全市民办中职学校增加到37所。当年，全市中职学历教育招生人数达到28235人，创历史新高。但也存在民办中职学校中一部分举办者以营利为目的，学校之间争抢生源、买卖学生，招生秩序混乱现象，这种情况一直持续到2008年。2008年年初，两所民办中职学校因套取国家助学金受到查处。是年起，市教育局启动全市中职学校合格评估，与此同时，随着国家对公办中等职业教育在项目建设上的经费扶持、教育行政部门管理的加强，中职学生免学费政策逐步规范，经过连续三年的合格评估和年度检查，到2010年，一些以营利为目的的民办中职学校相继停止招生或改办为民办义务教育学校。2010年11月24日，市教育局以永州工贸学校为现场在道县召开全市中职学校校企合作现场会，《中国教育报》、中央电视台等新闻媒体宣传报道以后，当年就迎来省内外110多批次的外地参观学习团，永州的中等职业教育从此声名远播。政府对公办中职学校大力扶持，使办学条件得以改善，公办中职学校对口高考人数大幅增加，吸引大批初中毕业生读中职。2011年，永州工贸学校、永州工商职业中专和祁阳县职业中专都已进入全省中等职业教育的龙头学校序列。2012年下学期，中职学生全部实施免学费政策后，民办中职学校便再无优势吸引学生。2013年，全市民办中职学校仅剩下9所。全市当年招生注册的中职学校共25所，招生注册19420人。至2013年底，全市11个县（区）政府举办的11所公办职业学校有7所进入湖南省示范性中职学校行列。其中永州市工商职业中专、永州工贸学校和祁阳县职业中专三所学校进入国家改革发展示范学校序列。2015年，永州工贸学校和祁阳县职业中专入围省卓越学校，永州为全省入围学校最多的市州。

2010年永州市中等职业学校学生统计表

表 5–2　　单位：人

	属地统计单位	中职学生			在校学生数			各年级在校学生				预计毕业生数
		毕业生数	其中获得专业资格证书	招生数	小计	其中：女	全日制学生	一年级	二年级	三年级	四年级以上	
总计		4699	1156	3432	8752	6569	8752	3433	3032	2288	0	2661
永州职业技术学院	零陵区	1746	317	1696	4220	3102	4220	1696	1286	1238	—	1343
九嶷职业技术学院	冷水滩区	1603	—	149	284	119	284	149	135	—	—	135
零陵电大网络工程学校	零陵区	—	—	142	375	172	375	143	233	—	—	—
潇湘艺术学校	零陵区	19	19	11	45	39	45	11	23	11	—	11
永州市公安干校	冷水滩区	103	103	—	134	21	134	—	134	—	—	134
祁阳师范学校	祁阳县	511	—	669	1707	1618	1707	669	625	413	—	413
道县师范学校	道　县	717	717	765	1987	1498	1987	765	596	626	—	626

1992—2015年永州市职业教育基本情况统计表

表 5–3

年份	学校数（所）	招生数（人）	毕业人数（人）	在校学生（人）	教职员工数（人）	
					总数	专任教师
1992	35	10793	3349	12501	1744	1468
1993	33	8642	3376	18167	1868	1063
1994	52	8888	3720	19760	2189	1324
1995	51	9615	4551	22243	2255	1400
1996	49	13889	5783	27907	2161	1348
1997	52	10078	6732	25683	2462	1486
1998	52	12816	6988	29136	2512	1552
1999	50	9849	10382	27185	2597	1672
2000	40	10036	8310	17282	2214	1434
2001	25	8763	8152	23020	1947	1282

续表 5-3

年份	学校数（所）	招生数（人）	毕业人数（人）	在校学生（人）	教职员工数（人）	
					总数	专任教师
2002	23	10371	7074	24376	1895	1295
2003	43	18433	8620	35895	2204	1535
2004	45	12776	9042	31957	2243	1527
2005	48	14290	9042	27786	2374	1571
2006	50	18835	14732	38093	2597	1720
2007	63	28235	16430	55543	3547	2352
2008	58	21238	15748	44120	3176	2216
2009	58	19066	19524	41390	3130	2199
2010	55	26084	16661	48827	2892	2047
2011	48	19971	17093	46246	3017	2176
2012	43	25048	16933	49910	3016	2165
2013	43	19420	17021	49025	2746	2136
2014	41	18685	15135	48704	2803	2180
2015	40	22615	15495	53689	2899	2313

2015 年永州市中等职业学校一览表

表 5-4 **单位：人**

学校名称	校长	2015 年招生数	2015 在校生数（全日制）	办学地址
永州职业技术学院中职部	翟惠根	2920	5588	永州市零陵区永州大道 289 号
永州市艺术学校	郭慧明	0	8	永州市零陵区黄古山路 36 中号
永州市特教职业技术学校	盘月娥	12	20	永州市零陵区黄古山东路 338 号
湖南九嶷职业技术学院中职部	唐海君	129	288	永州市冷水滩区湘永路 2 号
祁阳师范学校	刘吉祥	1547	3728	永州市祁阳县浯溪镇宝塔街 196 号
道县师范学校	何云峰	1384	4072	永州市道县道州北路 78 号

续表 5-4

学校名称	校长	2015 年招生数	2015 在校生数（全日制）	办学地址
永州市工商职业中专学校	黄建军	1876	5288	永州市零陵区杨梓街 209 号
永州东方科技职业学校	蒋建明	179	290	永州市零陵区泮阳南路
永州综合职业中专学校	胡松青	1664	3975	永州市冷水滩区将军岭路 55 号
永州育才科技职业学校	周序状	54	179	永州市冷水滩区仁湾镇横冲村耐火北路
祁阳县职业中专学校	钟端阳	2995	7516	永州市祁阳县工业园
永州湘南旅游学校	唐湘旗	78	116	永州市祁阳县浯溪公园南侧
东安县职业中专学校	易友来	223	549	永州东安县舜皇大道 268 号
东安科技学校	蒋青龙	0	47	永州市东安县开发区国土局
东安金桥中等职业学校	唐高远	247	702	永州市东安县白牙市镇东新路 507 号
双牌县职业技术学校	盘先瑞	294	533	永州市双牌县长青路 1 号
永州工贸学校	尹存成	2124	5276	永州市道县寿雁镇
江永县职业中专学校	周劲松	610	1008	永州市江永县千家峒路 153 号
宁远县职业中专学校	唐小舟	1173	2210	永州市宁远县九嶷南路 259 号
宁远九嶷工业学校	王秀松	214	250	永州市宁远县泠江路 297 号
永州方正职业技术学校	朱正甫	134	198	永州市宁远县舜陵镇窝子地
宁远九嶷理工学校	李小红	109	315	永州市宁远县教师新村
蓝山县职业中专学校	王运忠	1558	3753	永州市蓝山县湘粤路 468 号
新田县职业中专学校	黄新华	1014	1644	永州市新田县龙泉镇
永州新华科技职业技术学校	郑和平	0	27	永州市新田县新华东路 55 号
江华瑶族自治县职业中专学校	奉天生	1315	3319	永州市江华瑶族自治县沱江镇民族路 11 号
江华瑶族自治县民族艺术学校	金国美	0	42	永州市江华瑶族自治县沱江镇萌渚路 75 号

2015年永州市中职招生分专业注册情况统计表

表 5-5 单位：人

专业名称	注册人数
初等教育	112
畜牧兽医	25
畜禽生产与疾病防治	60
淡水养殖	75
导游服务	23
电子电器应用与维修	412
电子技术应用	1084
电子商务	135
电子与信息技术	793
服装设计与工艺	398
服装制作与生产管理	117
工艺美术	130
果蔬花卉生产技术	61
航空服务	59
护理	949
会计	225
会计电算化	718
会展服务与管理	78
机电技术应用	717
机电一体化技术	285
机械加工技术	136
计算机平面设计	54
计算机网络技术	528
计算机应用	4959
建筑工程施工	110
建筑与工程材料	67
旅游服务与管理	933
美发与形象设计	60

续表 5–5

专业名称	注册人数
美术绘画	45
民族音乐与舞蹈	147
模具设计与制造	122
模具制造技术	621
农村经济综合管理	42
农村医学	262
农业机械使用与维护	205
平面媒体印制技术	146
汽车检测与维修技术	350
汽车运用与维修	993
汽车制造与检修	699
商务英语	111
社会文化艺术	399
市场营销	350
室内设计技术	34
数控技术应用	703
网站建设与管理	62
文秘	414
现代农艺技术	200
学前教育	2765
药剂	93
药学	68
医学检验技术	45
医学影像技术	101
音乐	66
园林技术	109
助产	160
合计	22615

2015年永州市中职毕业生分专业统计表

表 5-6 单位：人

专业名称	毕业人数
办公室文员	123
采矿技术	89
畜牧兽医	154
畜禽生产与疾病防治	178
淡水养殖	49
电气技术应用	56
电子电器应用与维修	269
电子技术应用	1177
电子与信息技术	498
服装设计与工艺	477
服装制作与生产管理	291
工艺美术	172
航空服务	82
护理	276
会计	241
会计电算化	901
机电技术应用	402
机械加工技术	236
计算机网络技术	245
计算机应用	3345
家政服务与管理	39
建筑工程施工	80
建筑与工程材料	3
建筑装饰	61
旅游服务与管理	622
美发与形象设计	43
美术绘画	8
模具制造技术	685

续表 5-6

专业名称	毕业人数
农村经济综合管理	62
农业机械使用与维护	87
平面媒体印制技术	136
汽车运用与维修	490
汽车制造与检修	187
商务英语	101
社会文化艺术	11
市场营销	103
数控技术应用	743
文秘	91
舞蹈表演	44
戏剧表演	5
现代林业技术	57
现代农艺技术	199
学前教育	2034
药剂	29
医学影像技术	42
音乐	65
有色金属冶炼	141
园林技术	19
运动训练	8
助产	39
合计	15495

三、中等技工学校

1992 年，零陵地区培养中等技术工人的学校主要有零陵地区技工学校、永州市第二技工学校、湖南育才技工学校、湘南兵工技校 4 所学校，分别由劳动部门、社会力量或企业举办。

零陵地区技工学校　校址在冷水滩市河东沿江路 240 号，属地区劳动局主管。校园占地面积 85 亩，建筑面积 33093 平方米。当时，学校教学设施设备仅有铣床 2 台、车床 16 台，钻床、刨床各 1 台。教职员工 129 人，其中专任教师 62 人。师资队伍结构不够合理，实训场地和实训设备不足，在教学上主要是理论教学。实践教学只能在校内从事一些简单的实训。理论学习结束后，由学生自找单位实习，被称为“放羊式”实习。学校是以统招统分的学生为主。开设的专业主要有电工、汽车驾驶与维修、财会、模具制造、服装制作、家电维修和烹饪等。

1993 年，学校办学开始逐渐走向市场化，当年面向农村招收 400 多名学生。1996 年，零陵地区改为永州市，零陵地区技工学校更名为永州市技工学校，仍在原校址办学，属永州市劳动局主管。地改市后，师资队伍建设逐渐加强，办学条件逐渐改善。1996 年 7 月，经过劳动部考察评估，在学校挂牌设立国家职业技能鉴定所。同年 12 月，学校被劳动部评为国家重点技校。

1997 年以后，学校进一步改善办学条件，加强教师队伍建设，完善实习场地，增加实习设备，在校内加强实践教学。车、钳、电、焊等工种，汽车驾驶及修理，计算机，服装制作，烹饪等专业教学均在校内进行，学生边学理论边实习，提高动手能力和操作技能。对外实行厂校联合办学。学校先后与冷水滩水泥厂、黎家坪水泥厂、冷水滩耐火材料厂、冷水滩造纸厂、零陵卷烟厂、湘器化工厂、跃进机械厂等企业签订合作协议。学生的理论学习在校内进行，实习到企业进行。学校制定实训方案，提出具体要求，厂方免费组织实习。在实习阶段，学校派指导教师到企业检查落实，并支付企业实习原材料等费用。2000 年以后，随着市场经济的发展，学校采用订单式培养，按企业用工要求进行实习操作培训，实习与工种接轨。学校先后与三一重工、富士康、惠达公司等企业联合办班。学生毕业后直接到企业就业。

2001 年，学校被省劳动厅评为湖南省技工教育先进单位。2003 年，教师刘福华代表学校参加全省首届技工学校双师型教师比赛，获得第三名。2004 年，实训教师王洪荣参加湖南省技校技能竞赛暨全国技能竞赛湖南选拔赛，获维修电工教师组第二名。同年，劳动部授予学校“国家高技能人才培训基地”称号；学校被省劳动厅评为全省技工学校招生就业工作先进单位。2007 年，教师刘福华的教案《水平仪》参加全国技工学校教案比赛，获得三等奖。1992—2009 年，学校共为社会培养各类中等技术工人近 2 万名。

2009 年，全校有教职员工 156 人，其中专任教师 91 人，教师队伍中有高级职称的 27 人，双师型教师达到 90% 以上。学校占地面积 92.5 亩，建筑面积 60545 平方米，比 1992 年增加 45%，拥有 40 间标准教室、3 栋生产实训大楼。办有数控加工技术，模具设计与制造，机电一体化，现代钳焊与电脑绘图，应用电子技术，计算机应用与网络技术，文秘与市场营销，服装设计与制作，汽车维修与检测，医药，烹饪等专业。2009 年 3 月，湖南省人民政府批复同意以永州市技工学校为主体建立潇湘技师学院。是年起，永州市高级技工学校升格为潇湘技师学院，成为一所以培养高级技术工人为主的职业技术学院。

永州市第二技工学校　永州市第二技工学校的前身是永州市就业培训中心，成立于 1992 年。1993 年 5 月，经省政府批准成立永州市技工学校，主管部门为劳动局。校址在零陵区南津南路 344 号，占地面积 4286.67 平方米，学校有一栋 16 间教室的教学楼和食堂、篮球场等配套建筑，专职教职工 12 人，兼职教师 22 人。学校设有“四科一室”，即教务科、学生科、行政科、财务科、办公室。

1993 年首批招生 300 人，开设机电、家电、财会 3 个专业。学制为二年，一年学习文化理论知识和专业基础知识，一年生产实习。

1994 年招生 606 人，设电工、财会、车工、商品经营、家电维修等专业。1995 年学校综合楼动工建设。1996 年永州市技工学校因地改市更名为永州市第二技工学校，学校设“两室两科”，即校长室、办公室、学生科、教务科，共招生 297 人。设电工、财会、车工、家电维修、商品经营等专业。1994—1996 年，学生毕业后由政府统一安排到零陵区相关企事业单位工作。1997 年开始，学校实行自主招生，学校招收的生源以零陵区为主，零陵区以外其他县市为辅，零陵区学生约占 80%，其他县区学生约占 20%。毕业生推荐就业、自主择业。

1997 年，经湖南省劳动厅批准成立国家职业技能鉴定所，中技班招生 600 人，设商业财会、电算会计、家电维修、汽车修理、电工、机械加工、文秘等专业工种。1500 平方米学校综合楼竣工使用，配实习车间。1998—2002 年，中技注册共 767 人，开设电子电脑、电焊、车工、计算机操作、家用电子产品维修工等专业。

2002 年，学校被零陵区安全生产监督管理局定为“安全技术培训基地”“特种作业定点培训和考核单位”。为适应社会主义市场经济建设需要，立足全市实际设置专业，坚持面向社会招生与定向招生、长训和短训相结合，2003—2004 年招生结业共 809 人，开设美发师、中式面点师、计算机操作等专业。2005 年中技班招生 251 人，学校被零陵区安全生产监督管理局定为“零陵区安全技术培训中心”。2006 年开设阳光工程培训，首批 109 人，开设电子电脑工种。2007—2010 年，学校中技班招生 1129 人，短训学员 1005 人，阳光工程培训 385 人，职业鉴定 1391 人，退伍军人培训 99 人。2011 年，学校与零陵区移民办合作成立移民技能培训基地。移民培训 110 人，退伍军人培训 80 人，阳光培训 106 人，职业技能鉴定 624 人。1993—2015 年，学校鉴定所职业技能鉴定人数共计 7465 人。

1993—2015 年，从该校中技毕业 5000 多人，短训学员 6000 多人，绝大多数成为实用型技能人才，受到用人单位好评，部分学员已成为行业骨干。学校为推动全市就业和再就业工作做出应有的贡献。

湖南育才技工学校　湖南育才技工学校于 2008 年经省劳动厅批准成立，其前身是

1992 年建立的永州育才科技职业学校，实行一个机构、两块牌子。学校地址在冷水滩区湖塘西路 889 号。2008 年，校园总面积 18257 平方米，建筑面积 26062 平方米。在校学生 3000 余人，学制三年（在校两年，实习一年），教职工 152 人。有校外实习场地 5 个。

学校开设模具设计与制造、数据加工技术、服装设计与制造、维修电工、家电维修技术、中式烹饪技术、计算机应用技术、电算会计、鞋类制造工艺、旅游与酒店管理、汽车维修技术 11 个专业（工种），面向市内外招生，培养实用型人才。2008—2010 年招生 3420 人，2011—2015 年招生 4030 人，毕业生分布市内外，在广东就业较多，不少人成为企业骨干。

2015 年，学校在冷水滩桐木塘村办学，占地面积 10000 平方米，建筑面积 18000 平方米。在校学生 1800 余人，教职工 91 人。有校外实习场地 6 个。该校是永州办学历史悠久、规模最大的一所民办技工学校，2010 年被省教育厅授予全省民办特色实验学校称号。

湘南兵工技校 湘南兵工技校的前身是跃进机械厂技工学校，成立于 1986 年 2 月，由跃进机械厂、东升机械厂、南岭化工厂、湘南器材厂和建华机械厂联合办学，校址设道县仙子脚镇跃进机械厂内，办学经费由五厂协议自筹解决。招生规模定为 400 人，开设加工、火工、铸造、电工 4 个专业工种。1986 年首批招生 150 人，开设机加、火工、电工 3 个专业。高中毕业生学制为两年，初中毕业生学制为三年。1989 年，学校更名为湘南兵工技校。1986—2001 年，该校经历发展兴旺、调整搬迁与民企合作三个时期。

1986—1992 年，为学校发展兴旺时期。校园建筑面积达到 8789 平方米，配备有电脑室、化学实验室、电气实验室、物理实验室、图书室，教职员工 61 人，绝大部分达到大专学历，具有中级职称有 30 人，拥有一支理论、实际操作、技能水平较高，教学素质过硬的教师队伍。学校建立健全各项管理制度。1988 年，学校顺利通过省劳动人事厅的整顿验收。1990—1991 年，学校连续两年代表永州市参加省劳动厅组织的学生技能比赛，实现五级工零的突破，受到省、市有关部门的好评。

1993—1997 年，为调整搬迁时期。因国家教育体制改革，技校由过去的统招、统分改为面向市场招生、不包分配。除跃进机械厂有部分子弟就读外，其余四厂几乎无人就读该校，加上学校地处山沟、交通不便，学校生源逐年缩小。为使学校走出低谷，改变当时地处偏远山区的现状，技校在工厂脱险搬迁的过程中，在不断调整教学规模的同时，也积极争取搬迁。1992 年 10 月 19 日，省国防科技工业办公室下发《关于湘南兵工技校迁建立项报告（代设计任务书）的批复》，同意技校与跃进机械厂同步整体搬迁至冷水滩市凤凰园与工厂毗邻的北侧地区。由于资金短缺，学校搬迁未实施。

1995 年、1996 年，每年的招生人数都不足 100 人，学校办学进入低潮期。

1997—2001 年为技校与民营企业合作时期。在工厂无力对学校再进行投入的情况下，1997 年 8 月 18 日，学校与永州市凤凰园蓝天实业公司合作，技校选用蓝天公司的场地、蓝天技校的设备，双方优势互补，联合办学。技校完成新建、搬迁。到 2001 年止，技校累计毕业 2779 人，其中分配在湘南五厂的 2356 人、分配在外单位的 185 人、推荐至沿海城市就业的 238 人，中级工合格率在 50% 以上。2002 年起，技校实行承包经营，有教职工 14 人。2008 年 12 月 23 日，集团公司下达《关于撤销湘南兵工技工学校的通知》，技校正式停办撤销。

第三节 专业 学制 课程

一、专业

1992 年，零陵地区各中等职业学校开设的专业主要有家电维修、机械加工、旅游服务、畜牧兽医、农作物栽培、护理、财会、服装、工民建筑、家庭经营、市场营销等。

1992 年，各普通中专学校的专业设置都是在国家教委制定的专业目录范围内依程序报批设置的，即学校要开办什么专业，由学校申报、主管部门和省部级教育行政部门依次进行评估审批。经评估定为省部级以上的重点中专学校，可在专业目录范围内自主设置专业，学校要开设专业目录以外的新专业，需作试办专业论证，并报学校主管部门审核，由省级教育行政部门征求有关业务部门意见后审批，报国家教委备案。

1992 年以后，全区各类中等职业学校，根据经济和社会发展的需要，在国家教委制定的专业目录的基础上，不断调整和开发新专业。学校新办的目录之外的专业也是按照学校申报、主管部门和教育行政部门依次评估审批的步骤开办。1998 年中专实行并轨，普通中专统归为中等职业教育。2000 年，教育部颁发《关于印发〈中等职业学校专业目录〉和〈关于中等职业学校专业设置管理的原则意见〉的通知》。是年起，各中等职业学校都是按目录所列专业名称招生，教育行政部门制定专业的指导性教学计划和课程教学大纲，各中等职业学校制订具体的教学计划。

2002 年，省教育厅根据教育部颁发的《中等职业学校专业目录》确定全省中等职业学校 40 个重点建设专业，其中 28 个属教育部目录所列的专业。2007 年开始，省教育厅在全省中职学校中遴选精品专业，根据省教育厅的要求，永州市教育局和市财政局也联合下发通知，启动职业教育市级精品专业遴选工作，“十一五”期间，全市遴选 10 个市级精品专业。分别是祁阳县职业中专的数控技术应用（2007 年）、电子与信息技术（2008 年），永州市工商职业中专的数控技术应用（2007 年）、电子技术应用（2008 年），永州工贸学校的模具设计与制造（2007 年）、电子电器应用与维修（2008 年），宁远县职业中专的计算机网络技术（2008 年），永州市高级技校的机电设备安装与维修，永州湘南职业技术学校的旅游服务与管理（2008 年），东安县职业中专的机械加工技术（2008 年），永州方正职业技术学校的印刷技术（2009 年）。在“十一五”省级精品专业遴选中，全市共有 4 所学校、6 个专业入围，分别是永州市工商职业中专的服装制作与营销（2008 年）、电子技术应用（2008 年），祁阳县职业中专的数控技术应用（2008 年）、电子与信息技术（2008 年），永州工贸学校的电子技术应用（2009 年），江华瑶族自治县职业中专的服装制作与营销（2009 年）。

2011 年，市教育局决定在全市中职学校中开展专业评估。全市中职学校 170 个专业，共评出示范性特色专业 15 个、合格专业 93 个，同年，省教育厅在“十一五”职业教育省级精品专业遴选结束之后，又启动“十二五”全省中职学校遴选示范性特色专业和特色专业。“十二五”期间，全市中职学校入围省示范性特色专业和特色专业的分别是 2011 年永州市工商职业中专的数控技术应用入围省示范性特色专业、祁阳县职业中专的电子与信息技术入围省特色专业；2012 年，祁阳县职业中专的电子与信息技术、祁阳师范学校的学前教育、永州工贸学校的电子技术应用 3 个专业入围省中职示范性特色专业，永州工商职业中专的模具制造技术入围省中职特色专业；2013 年，永州市工商职业中专的服装与工艺入围省示范性特色专业，该校的电子技术应用和祁阳县职业中专的数控技术应用，以及东安县职业中专的电子电器应用与维修入围省特色专业。

2015 年，省教育厅在中等职业学校开始启动示范性特色专业群的遴选工作。按照省教育厅的要求，当年永州市教育局在全市中等职业学校中遴选出永州市工商职业中专的现代艺术设计专业群、祁阳县职业中专的加工制造技术专业群、宁远县职业中专的计算机网络技术专业群、永州工贸学校的信息技术专业群、祁阳师范学校的学前教育文化艺术专业群为市级示范性特色专业群，并推荐参评省示范性特色专业群。在全省遴选中，永州市工商职业中专的现代艺术设计专业群入围省示范性特色专业群。至 2015 年末，全市中等职业学校共办有畜牧业兽医、初等教育、淡水养殖、导游服务、电子电器应用与维修、电子商务、电子技术应用、服装设计与工艺、服装制作与生产管理、工艺美术、果蔬花卉生产技术、航空服务、护理、会计、会计电算化、会展服务与管理、机电技术应用、计算机应用、建筑工程施工、旅游服务与管理、模具制造技术、农村医学、汽车运用与维修、数控技术应用、文秘、学前教育、现代农艺技术、助产、园林技术等 55 个专业。当年招生注册的学生 22615 人，其中招生人数超过 1000 人的专业有电子技术应用、计算机应用、学前教育 3 个专业。

永州市省、市示范性特色专业、特色专业、精品专业一览表

表 5–7

学校代码	学校名称	专业代码	专业名称	备注
110202	永州市工商职业中专学校	051400	数控技术应用	省示范性特色专业，省、市精品专业
110202	永州市工商职业中专学校	051500	模具制造技术	省特色专业
110202	永州市工商职业中专学校	091300	电子技术应用	省特色专业、省市精品专业
110202	永州市工商职业中专学校	120200	会计电算化	市特色专业
110202	永州市工商职业中专学校	142000	工艺美术	市特色专业
110202	永州市工商职业中专学校	142400	服装设计与工艺	省示范性特色专业、省精品专业
110302	永州市综合职业中专学校	082500	汽车运用与维修	市特色专业
110310	永州育才科技职业学校	051500	模具制造技术	市特色专业
112101	祁阳县职业中专学校	051600	机电设备安装与维修	市特色专业
112101	祁阳县职业中专学校	091200	电子与信息技术	省示范性特色专业、省特色专业、省市精品专业
112101	祁阳县职业中专学校	051400	数控技术应用	省特色专业、省市精品专业
112101	祁阳县职业中专学校	142400	服装设计与工艺	市特色专业
112102	永州湘南职业技术学校	130200	旅游服务与管理	市精品专业
112104	祁阳师范学校	160100	学前教育	省示范性特色专业
112201	东安县职业中专学校	051200	机械加工技术	市精品专业
112201	东安县职业中专学校	053200	电子电器应用与维修	省特色专业（验收未通过）
112401	永州工贸学校	051400	数控技术应用	市特色专业
112401	永州工贸学校	142400	服装设计与工艺	市特色专业
112401	永州工贸学校	091300	电子技术应用	省示范性特色专业、省精品专业
112401	永州工贸学校	051500	模具制造技术	市精品专业
112401	永州工贸学校	053200	电子电器应用与维修	市精品专业
112402	道县师范学校	112402	旅游服务与管理	市特色专业
112402	道县师范学校	160100	学前教育	市特色专业
112601	宁远县职业中专学校	090500	计算机网络技术	市精品专业

续表 5-7

学校代码	学校名称	专业代码	专业名称	备注
112601	宁远县职业中专学校	091300	电子技术应用	市特色专业
112601	宁远县职业中专学校	051500	模具制造技术	市特色专业
112606	永州方正职业技术学校	070200	平面媒体印制技术	市精品专业
112701	蓝山县职业中专学校	051500	模具制造技术	市特色专业
112801	新田县职业中专学校	053200	电子电器应用与维修	市特色专业
112901	江华瑶族自治县职业中专学校	070900	服装制作与生产管理	省精品专业
112901	江华瑶族自治县职业中专学校	091300	电子技术应用	市特色专业

二、学制

1992 年，永州市普通中专学校招收应届初中毕业生，学制均为三年；招收应届高中毕业生，学制为两年。其中，三所师范学校招收民办教师的学制为两年。中等职业学校招收初中毕业生的学制一般为三年，其中在校学习两年，去企业顶岗实习一年。也可以在注册时作为两年制学生注册，即在校学习一年半，顶岗实习半年。招收高中毕业生的学制为两年，也可以作为一年制学生注册，但注册为一年制的学生，毕业时不能参加对口高考。2010 年开始，根据经济发展及企业用工的实际，省教育厅规定，中等职业学校招收在企业上班的工人可以注册为非全日制学生，非全日制学生由学校根据企业用工的需要，每年到学校学习一段时间后回到企业上班，但注册为非全日制的学生，学校需制订详细的人才培养方案和教学计划，确保毕业生的学习时间。至 2015 年末，全市各中职学校共招收非全日制学生 16916 人。

三、课程

1992 年，零陵地区普通中专、中等师范学校和职业中专的课程都是按照教育部的教学大纲和省教育厅的要求设置的。普通中专学校的公共文化课主要有语文、数学、政治、体育和外语，专业课程是根据各学校的专业定位按教学大纲的要求设置的。零陵师范、道县师范和祁阳师范的课程设置则因招生对象不同、学制不同而有差异。一般均开设政治、语文、数学、外语、物理、化学、生物、历史、地理、体育、音乐、美术、教育学、心理学等。各县职业学校除开设专业对口的课程外，各专业均开设政治、语文、数学、体育、文明礼仪、职业生涯规划等课程。

1994 年 3 月，湖南省教委颁发《关于调整和改进普通中等专业学校政治课教学的通知》，省教委职成处下发《关于加强英语和计算机应用教学的通知》。1995 年，省教委颁发《关于实行中等职业学校学生计算机应用水平等级考试制度的通知》，是年起，计算机被列为公共基础课程。1996 年 8 月，省教委决定，对全省普通中专、职业高中学生实行英语等级考试制度，每年举行一次。凡考试合格者，由省教委颁发相应的合格证书。是年起，英语被列为公共基础课。1997 年开始，中专实行并轨改革后，普通中专和中等师范学校均视同职业中专。在课程设置上，各校除专业课不同外，公共文化基础课大多开设政治、语文、数学、英语、计算机应用、体育与健康、职业生涯规划、文明礼仪、音乐、美术等。课程的开设是以教育部颁布的教学大纲和省教育行政主管部门的要求为依据。教材版本是各学校在省教育行政主管部门审定的目录范围内自主选定的，市教育局为便于统一教学进度，组织质量检测，统一选定公共课教材的版本，专业课教材则由各校在省里公布的目录范围内自主选定。

2007 年，省教育厅在全省中职学校启动精品课程建设，“十一五”期间，永州市共有四门课程被确定为省中职精品课程，分别是永州市工商职业中专的服装缝制工艺、电子产品结构工艺，永州工贸学校的服装结构制图原理与推板，江华职业中专的服装缝制工艺。

2009 年，教育部颁发《关于制定中等职业学校教学计划的原则意见》，是年起至 2015 年，永州各中职学校课程按照该意见设置为公共基础课和专业技能课程两类，公共基础课包括德育课、文化课、体育与健康、艺术课及其他选修课程。其中，德育课、语文、外语、计算机应用基础课、体育与健康、艺术（音乐、美术）等为必修课，学生应达到国家规定的基本要求。专业技能课程的任务是培养学生掌握必要的专业知识和比较熟练的职业技能，提高学生就业、创业能力和适应职业变化的能力，并按照相应职业岗位（群）的能力要求，采用基础平台和专门化方向的课程结构设置专业技能课程。

第四节　教学与实习

1992 年，零陵地区的 3 所普通中专、3 所师范和各县举办的职业高中严格按照国家教委、省教委和主管部委制定的人才培养目标组织教学和安排实习。1993 年，省教委统一制订并发布《湖南省职业高级中学 50 个专业教学计划》。1994 年 4 月 19 日，地区教委转发省教委《关于制定职业高级中学（三年制）地方试行教学计划的意见》，文件规定中职学生在校三年教学时间为105~111周、复习考试12周、寒暑假24~27周、机动3~6周。在教学时间中，理论教学工农医类为60~70周，文科类为70~80周，技能较强的专业、工种为50~60周，其余为实习周数。

1995年开始，省教委在全省中等职业学校学生中陆续组织计算机应用水平和英语等级考试以及语文、数学等主要公共基础课的全省统一考试。

2000年2月21日，永州市教委下发《永州市中等职业学校学籍管理暂行规定》，文件对中职学生的录取、注册、考试、考核、毕业等问题都作出明确规定。2000年9月下旬至10月底，市教委在全市职业学校中组织开展优质课竞赛活动，经过各县区、学校的初赛后，共推荐24堂优质课参加全市优质课复赛，复赛评出一等奖5个、二等奖8个、三等奖11个。永州职业技术学院中职部的蒋艾青、蔡纪元，零陵商校的卢利萍、零陵工业学校的唐海燕和东安县职业中专的艾凡芝5位老师获得一等奖。12月，市教委在中职学校中组织首次文化艺术节活动，经过组织专家评选，选出文艺节目一等奖2个、艺术作品创作一等奖4个。永州职院的《盼归》、江华职业中专的《醉了、醉了》获文艺一等奖，永州工商职业中专的李浩权、李智飞，永州职院李仲东和永州工贸学校的欧阳昌年获艺术作品创作一等奖。

2004年3月23日，市教育局召开全市职成教工作会议，提出大力推进教学改革，鼓励有条件的学校试行以学分制为核心的弹性学制，逐步建立灵活的教学和学籍管理制度，加大工学交替力度。鼓励学生取得双专业毕业证书。强化实践教学，以校内实习实训课为基础，推进校企合作，努力提高学生的从业能力和就业竞争力。同时，鼓励学校采用企业、行业标准调整课程结构和教学内容，推动行业、企业和职业学校联合开展“订单式”培养、培训。

3所师范学校在中专并轨前，主要是以面向小学培养合格小学教师并安排教学和实习工作，学校在抓好常规教学和实习工作的同时，强化“三笔字”和普通话的训练，要求学生能歌善舞、能写会画。中专“并轨”以后，学校为了生存和发展，招生以幼师为主，也办有其他的专业，教学和实习则根据专业的不同而作调整。

全市中职学校的教学工作既面向就业市场又兼顾对口升学。2006年，普通高校对口招生，全省本科上线1453人，永州就有611人，占全省本科上线人数的42%。2007年，市教育局在全市各职业学校积极推进人才培养模式改革，走校企合作、订单培养、质量兴校、育人为本的内涵发展道路，全市中职学校与100多家知名企业签订联合办学协议，各学校按照订单培养的要求进行教学，企业和市场需要什么人才就培养什么人才，教学工作围绕企业用人标准和就业市场需要进行，以增强毕业生适应市场和适应职业能力。

2008年7月10日，永州市教育局下发《关于加强中等职业学校教学管理的通知》

提出 5 项具体的要求：认真制订完善教学计划和课程设计，努力构建以就业能力为标准的教学评价和质量监控体系，严格规范教材管理，积极推进人才培养模式改革，加强教学常规、教师业务和学生学籍管理。

文件下发后，教学和实习工作逐步得到规范。2009 年开始，全市各中职学校学生每年参加省教育厅的英语等级和计算机应用能力考试。市教育局还每年组织一次语文、数学教学质量检测，并组织全市中职学生职业技能竞赛。2010 年开始，每年组织面向全体中职学生的职业技能抽查。2013 年开始，组织顶岗实习实地抽查。

全市中职学校的实习实训基地建设也得到加强。永州工贸学校、永州工商职业中专、祁阳县职业中专、江华瑶族自治县职业中专、宁远县职业中专、蓝山县职业中专、新田县职业中专、永州综合职业中专均得到国家和省里的专项经费资助，建起实验实训楼。永州工贸学校、永州市工商职业中专、祁阳县职业中专、江华瑶族自治县职业中专、蓝山县职业中专、宁远县职业中专、新田县职业中专，在校内都建有自己的实习工厂。如永州工贸学校 2010 年在县工业园内兴建占地面积 54 亩的电子、服装等专业校企合作生产实习性实训基地，同年，又依托道州灰鹅资源开办道县玉华鹅业有限公司，开发道州灰鹅特色产业，建立种鹅基地 110 个，带动 5500 户农户养殖灰鹅，为养殖户增收 2000 多万元。至 2015 年底，该校开办有 16 家校办企业，并建有 105 个校外实习实训基地。在永州工贸学校的示范引领下，全市所有职业学校在校外都建有实习基地，学生在校外进厂实习的，实习企业每月发给学生一定的生活费。各学校配备专门的实习指导老师负责对实习学生进行日常管理。

第五节　招生与就业

一、招生

1992—1997 年，全市普通中专都是按省教委、省计委、省财政厅共同下达的招生计划录取，学生毕业后国家包分配工作。职业高中和职业中专大多是在普通高中录取之后才进行录取，学生毕业后自谋职业。1998 年，实行招生“并轨”改革，普通中专的招生名额比例由地区教委根据实际情况确定，学生毕业后实行推荐就业、双向选择、自由择业。随着改革的不断深化，1999 年以后，普通中专、职业中专、职业高中同属中等职业教育的范畴，由于不包分配，毕业后学生都是自由择业，招生都非常艰难。2000 年开始，市县教育局采取印发招生宣传手册、召开招生宣传工作会、招生学校教师进村入户宣传动员等方式进行招生。2002 年，省教育厅改革中等职业教育招生办法，中等职业教育招生实行“注册制”，初中毕业生可以持初中毕业证书直接到招生学校报名入学。2005 年 2 月，省教育厅印发《关于中等职业学校学生入学电子注册、毕业生电子注册、毕业证书发放有关问题的通知》，取消实行多年的中等职业学校毕业证书由省、市（州）两级教育行政部门验印的制度，毕业证书由学校依据国家有关法律法规自主颁发。中等职业学校实行“注册制”后，学生入学门槛放宽，毕业后学生自主择业，招生却愈来愈困难。甚至出现“买卖生源”、招生回扣等违规行为。2008 年，永州育才科技职业学校和永州振华职业技术学校因虚报注册人数套取国家助学金的问题被查处后，永州市教育局按照省教育厅转发教育部《关于做好 2008 年中等职业学校招生工作的通知》要求，规范新生注册程序，信息系统实行一级审核制度（县市区审核），杜绝虚报、错报和漏报现象。如发现弄虚作假，坚决追究直接责任人和相关领导的责任。2009 年，市教育局于 4 月召开招生工作会，7 月主办新生注册系统操作员培训班。注册审核得以规范，但是一些民办中职学校和初中生源学校老师之间买卖生源、招生回扣的情况屡禁不止。这种情况一直持续到 2011 年。随着国家对中等职业教育一系列扶持政策的出台，中职学生免学费政策的实施和规范，国家和省里对职业教育重点建设项目的启动，公办中职学校获得资助的项目经费逐年增加，办学条件逐年改善。一些仅以营利为目的的民办中职学校因招生越来越难便陆续停办，到 2013 年，全市 37 所民办中职学校中有 26 所相继停止招生。公办中职学校招生出现好转。到 2015 年，公办中职学校大多数都出现招生爆满的情况。永州工商职业中专、祁阳县职业中专、永州工贸学校都出现因教室、寝室和师资容纳不下学生而公告学额已满停止招生的情况。中等职业学校招生难问题得以根本解决。

二、就业

全市 1992—1998 年大中专招生“并轨”改革前入学的普通中专学生，毕业后都是由国家统一分配工作。“并轨”以后入学的普通中专学生和职业高中学生一样，都是学校推荐，学生自主择业。随着经济建设不断推进，企业自主用工市场化，职业学校在办学过程中逐渐明确以市场为导向、以服务为宗旨、以就业为目标的办学指导思想。学校大多设有就业办。学生毕业后大多由学校就业办推荐到沿海发达地区就业，也有在本地就业的，但数量不多。一些规模较大的学校，招生时为吸引学生，都和合作的大型企业签订订单培养协议，如永州市工商职业中专、永州工贸学校、祁阳县职业中专、江华瑶族自治县职业中专、蓝山县职业中专、宁远县职业中专等学校，都开办有订单班，学生毕业后就直接进企业就业。江华瑶族自治县职业中专多年来与一些知名企业建立长期稳定的合作关系。

2000年以后，多数职业学校都设立就业处（实习就业处）具体负责学生就业工作。各校根据行业发展趋势和就业市场需求，不断完善就业管理。各学校通过加强学生综合职业能力培养，提升学生的就业竞争力。为促进学生就业观念转变，学校以供需见面会为平台，搭建学生就业成才通道，力求使每位学生有多次就业的机会。2006—2009年，全市中职学校毕业生的就业率一直保持在90%以上。2010年以后，随着沿海产业转移，不少劳动密集型企业落户永州，出现市内企业招不到技术工人的情况。为解决企业用工难，道县、蓝山两县县委、县政府分别出台政策，吸引职业学校毕业生在本地企业就业。如道县县委、县政府决定中职学生入学签订协议，愿意毕业后到县内企业就业的，由县财政每人每月补助100元生活费，与县工业园企业签订毕业后服务三年合同的，免交学费。蓝山县委、县政府则决定由财政买单，全部免除县职业中专学生的学费，国家每年给每名中职学生资助1500元，县财政再给每名中职学生每年补助1500元。为吸引学生报名读职校，学生毕业后到县内企业就业，县里给每名学生办好城镇医保，安排对口就业，保底工资在1200元以上。

附：

中等职业学校选介

永州市工商职业中等专业学校 始建于1984年，其前身为永州市第一职业中学（校址在原永州市中山南路）和永州市第二职业中学（校址在河西杨梓塘）。

1995年6月，永州市第一职业中学和永州市第二职业中学合并更名为永州市工商职业中等专业学校，仍设东西两个校区。

1999年，学校申报成为首批国家级重点职业学校。2000年，芝山区（现零陵区）区长唐定担任学校名誉校长，学校发展重心西移。4月，副省长唐之享为学校题写校名。2001年9月，学校正式挂牌国家级重点职业学校。2005年，校长陈文华被评为“全国职业教育先进个人”。

2006年，学校被评为“湖南省职业教育先进单位”。2007年，学校成为首批“省级示范性职业学校”，校长陈文华荣获“湖南省徐特立教育奖”，学校服装专业学生邓麒麟荣获在重庆举办的中职学生技能大赛全国一等奖，10月学校数控加工中心申报成为“中央财政支持的职业教育实训基地”。2008年，永州市中职学生首届技能大赛在校举办，是年学校的服装设计与工艺、电子技术应用两个专业被确定为“省级精品专业”；数控加工中心为“中央财政支持的职业教育实训基地”，学校被评为“永州

2015 年，永州市工商职业中等专业学校

市文明标兵单位”。2009 年，学校被评为“全国教育系统先进集体”；是年学校与富士康科技集团有限公司、人本股份有限公司、东莞市恒宏贸易有限公司等 20 余家企业进行深度校企合作，开办以企业冠名的定向班。2011 年成为首批“国家中等职业教育改革发展示范学校”项目建设单位，是年，学校与香港恒盛国际贸易公司联合开办“飞凌时装有限公司”“飞凌电子有限公司”，形成“校中厂”“厂中校”的办学格局。这一年，学校围绕学生职业素养和职业技能两个核心，创造性地采用“任务驱动”“模块教学”“案例教学”“师徒制教学”“过程教学”“理实一体化”等教学方法和模式，采取教学实习与生产实习、校内实习与校外实习相结合的方式，积极推进“理实一体”“知行合一”的技能教学，保证教、学、做合一，教练结合，创设“上课如上班，上学如上岗”的产教融合的校园氛围。2012 年，学校“东部西迁”工程建设被列为零陵区“十大建设工程”，学校综合楼、学生公寓、学生食堂、田径场建设全面开工。2013 年，学校“国家中等职业教育改革发展示范学校”项目顺利验收，是年 8 月学校实现“东部西迁”，结束 18 年一校两址的办学历史。

2015 年，学校校园面积 265 亩，建筑面积 8.2 万平方米，有教职员工 299 人，其中专任教师 252 人。当年招生 1910 人，在校生达到 5400 人；开办 13 个专业，合作企业增至 50 个；市级技能抽查合格率为 100%，优秀率 85% 以上。当年 1600 余名毕业学生，一次性就业率为 100%，本地就业生占 37.4%，对口就业率达 95.6%，就业稳定率达 91.7%，毕业生月平均工资为 3864 元。学校机械装备加工制造专业群被评为省级示范性特色专业群，“现代艺术设计”“电子信息”被评为市级示范性特色专业群。1992—2015 年，共培养中等职业技术人才 16958 名。

永州市工业贸易中等专业学校（简称“永州工贸学校”） 1983 年 9 月在原道县县委党校基础上创办，原名是“道县农业职业中学”，校址在道县寿雁镇。1986 年由湖南省教委批准更名为道县第一职业中学，1989 年定名为道县职业中专学校。1991 年，道县县委、县政府决定，将原县甘蔗实验场的 400 多亩土地和固定资产全部划归学校。同年，学校被授予“全国科教兴农先进学校”称号。1992 年，学校被授予“省职业技术教育先进单位”称号。同年，湖南省政府副省长曹伯纯到学校视察并为学校题词：“九嶷山上职教一枝花。”1993 年，零陵地委书记到学校指导工作，为学校题词：“农科教之路是通往农业现代化的光明希望之路。”1995 年，学校电子保健保暖鞋获得中国国际新技术新产品博览会金奖。1996 年，学校被国家教委等三部委评为首批“国家级重点职业高中”，省人民政府授予学校“湖南省文明建设先进单位”称号。

1997 年 5 月，湖南省人民政府批准学校更名为湖南省永州市工业贸易中等专业学校，定为副处级事业单位。当年学校招收国家包分配的普通中专学生。1998 年，普通中专停止招收包分配学生，学校列入职业中专序列。同年，学校被省教委授予“湖南省示范性职业学校”称号。1999 年，被评定为“湖南省现代职业教育样板工程——现代化示范性职业学校”，11 月被评为“国家级重点中等职业学校”。1999 年 11 月 25 日，湖南省政府副省长唐之享到学校调研工作并题词鼓励学校师生：砺学力行，报国为民。12 月，位于县城道州北路的县农民技校并入学校，成为永州工贸学校分校。

2000 年，学校被教育部授予“国家级重点中等职业学校”称号。2001 年，学校被湖南省人民政府评为“示范性中等职业学校建设先进单位”。

2003 年，中共永州市委组织部批准成立中共永州工贸学校委员会。

2006 年，由中央财政支持 180 万元、县财政配套 200 万元在道州北路建设 7000 平方米的实训大楼。2008 年，此实训基地被确认为永州市中等职业学校重点实习实训基地。同年，学校被省教育厅确认为“省示范性职业学校”和“湖南省安全文明校园”；经省劳动和社会保障厅批准，学校成立国家职业技能鉴定所，是湖南省“职业院校农民工培训基地”和“再就业培训定点单位”。2009 年，学生阳品德获得全国技能大赛汽修专业二等奖。

2010 年，学校在县工业园内兴建占地面积 54 亩的电子、服装等专业校企合作生产性实习实训基地。同年，依托道州灰鹅资源组建道县玉华鹅业有限公司，开发道州灰鹅特色产业，建立种鹅基地 110 个，带动 5500 户农户养殖肉鹅，为养殖户增收 2000 多万元，通过精深加工实现销售收入 1.2 亿元。利用学校资源优势进行相关对口扶贫培训，帮助贫困户发展养殖或种植业，全面实施“一户一产业”培育工程，落实精准扶贫。同年 3 月，《中国教育报》、《中国教师报》、《湖南教育》、湖南教育电视台、永州电视台等新闻媒体对学校校企合作进行报道，290 多所省内外中等职业学校慕名到学校考察学习；省教育厅副厅长王键到学校视察“校中厂，厂中校”的办学模式。11 月 23 日，永州市中职学校校企合作现场会在学校召开，省教育厅职成处处长张大伟到会指导，对学校的办学经验给予充分的肯定。学校办学经验在全省推广。

2011 年，校长何兆述在省职教重点工作推进会和省中职学校课程改革研讨会上介绍学校改革创新的办学经验。同年，何兆述被评为“湖南省十大教育新闻人物”，被教育部评为“第二届全国职业教育改革创新优秀校长”；学校入围“国家中等职业教育改革发展示范学校”。

2012年，校长何兆述获“徐特立教育奖”，朱标兵等学生制作的“便携式PCB线路曝光机”获湖南省黄炎培职业教育创业规划大赛二等奖。2013年，学校“酱卤鹅肉”获第五届中国湖南畜牧渔业暨饲料工业博览会金奖；何月华等学生制作的“风雨自动关窗器”获湖南省黄炎培职业教育创业规划大赛二等奖。同年10月，学校被中华全国总工会评为“模范职工之家”。2014年，杨立月等学生制作的“煤气自动开窗及排气控制器”获湖南省黄炎培职业教育创业规划大赛二等奖；11月，湖南省教育厅副厅长邹文辉一行到学校视察，对学校教育教学改革创新予以高度赞扬。

2015年3月，学校顺利通过“国家中等职业教育改革发展示范学校”项目建设验收。8月，成功入围湖南省首批卓越中等职业学校建设项目。同年，在湖南省职业教育工作会议上，道县作为全省县级政府唯一代表作典型发言，介绍学校“校企合作，产教融合”的办学经验，这一经验被誉为“道县经验”。2015年，学校有教职员工343人，其中专任教师279人。学校设寿雁总校和道州北路分校两个校区。校园占地面积810亩，建筑面积10.9万平方米，图书馆藏书13.9万册，教学仪器设备总值4120万元。有在校学生5816人，建有12个校内实训基地和105个校外实习实训基地，开办16家校办企业。设有信息技术类、加工制造类和文化艺术类3个专业群，包含电子技术应用、电子信息技术、计算机应用、数控技术应用、汽车制造与检修、服装设计与工艺等13个专业，其中电子技术应用专业为省级精品专业、省示范性特色专业；数控技术应用专业和计算机应用专业为永州市特色专业；电子技术应用、畜禽生产与疾病防治、服装设计与工艺3个专业的实训基地为省级校企合作生产性实习实训基地。1992—2015年，学校共培养各类中等职业技术人才19285名。

祁阳县职业中等专业学校 1984年6月在祁阳县农民中等专业学校（原名“五七大学”，成立于1974年8月）基础上创办，后几易校名，1996年9月整体搬迁至祁阳城关镇浯溪村，与祁阳县农业职业中专合并，两校合并后校园面积为200亩，更名为祁阳县示范职业中等专业学校。1998年，学校更名为湖南省祁阳县职业中等专业学校，简称“祁阳县职业中专”。当年，入围“国家级重点中等职业学校”。

1998—2010年，学校兼办过八届普高班、五届高考补习班。2007年，龚林荣、龚建军、唐彬彬、谢爱军、陈顺宝5名教师被评为首批省级专业带头人。

2008年，电子与信息技术、数控技术应用两个专业入围“湖南省精品专业”。2009年，夏建成、颜建国、王云雁、蒋艳丽、唐忠武5名教师入围省级专业带头人；同年，学校牵头的祁阳县职教中心成功入围“湖南省示范性县级职教中心”。2010年，学校电子信息技术生产实训基地入围省级生产性实训基地，湖南省商务厅授予学校“湖南省外派劳务基地”资质。

2015 年，祁阳县职业中专产教融合大楼

2011 年，学校成功申报“湖南省示范性中等职业学校”建设项目。当年，学校秋季招收新生突破 2300 人，在校学生达 6241 人，受办学条件限制，学校借用原祁阳三中教学资源分设西校区。11 月，学校荣获“湖南黄炎培职业教育创业规划大赛二等奖”。

2012 年 5 月，入围“国家中等职业教育改革发展示范学校”；6 月，电子与信息技术专业获评“湖南省特色专业”，机械加工技术专业和服装专业被评为市特色专业。11 月，学校网站获评“全省中等职业学校优秀网站”。12 月 13—15 日，《湖南日报》发表题为《好风凭借力，唤来满眼春》的长篇报道，连续 3 天报道学校率先冲出农村中职学校办学困局，摸索出富有县域特色的农村中职教育模式改革事迹。27—28 日，《中国教育报》连续 2 天予以转载。

2013 年 6 月，学校数控技术应用专业入围“省示范性特色专业”。7 月 17 日，《湖南日报》发表文章《风景这边独好》，详细介绍学校改革发展历程。当年，学校成功申报为“湖南省首批信息化教学试点学校”。

2014 年，西校区迁回校本部，4 月，学校获“工信部中小企业发展专项资金资助（服务环境改善项目）”；5 月，电子与信息技术专业群入围“湖南省示范性特色专业群”；7 月，成功申报“湖南省首批中高职衔接试点学校”项目。9 月，学校模具制造技术、计算机应用技术分别与湖南工业职业技术学院、湖南大众传媒职业技术学院相应专业联合，各开办“2+3”中高职衔接大专班 1 个。

2015 年，祁阳县委、县政府出台学校发展新版规划，新版规划总占地面积 250 余亩，建筑面积 12.6 万平方米。县财政连续 3 年每年投入 500 余万元用于学校国示范校和省卓越校建设。同年，学校加快专业调整步伐，组建加工制造、电子信息技术、商贸服务三个专业群。停办机械加工技术、电子电器应用与维修、电气技术应用 3 个不能适应产业转型升级需要的专业，开设 SMT 电子自动化、手机维修、电子商务 3 个专业。电子、机电、服装、种植 4 个重点专业出版专业教材 6 本，开发校本教材 13 本。至 2015 年底，学校占地面积 250 亩，建筑面积 10.61 万平方米。教职员工 453 人，专任教师 214 人，双师型教师 198 人，国家级、省级优秀教师 12 人，国家级技能考评员

38 人，省级专业带头人 10 人，市级专业带头人 15 人；学生 7258 人。学校设有电子信息技术、加工制造技术、商贸服务与管理 3 大专业群 14 个专业，共有实训室 76 间，生产性实训基地 5 家（其中中央财政支持的实训基地 1 家），校外实训基地 43 个，校内实训室仪器设备总价值 4700 余万元。

江华瑶族自治县职业中专学校 1995 年成立，校址位于沱江镇长征路北侧，民族南路西侧，成立当年校园面积 159.5 亩，建筑面积 33741 平方米，教职工 89 人。1998 年，经省教育厅评估认定为湖南省示范性职业学校。1999 年，江华瑶族自治县委、县政府决定该校与县教师进修学校合并，在举办职业教育的同时，承担全县的教师培训和继续教育工作。是年，加挂江华四中校牌，招收普通初、高中学生。2008 年，经重新评估，学校被认定为永州市示范性职业学校。2009 年，学校实训基地入围永州市示范性实训基地，由学校牵头的县职教中心入围永州市示范性县级职教中心。2010 年，学校停止招收普高学生，同年学校被教育部认定为国家级重点中等职业学校。2012 年，入围省教育厅示范性（特色）中等职业学校项目。同年，由学校牵头的县职教中心入围省示范性县级职教中心建设项目。

2015 年，江华县职业中专校园

学校先后开设计算机应用、电子商务、文秘、电子应用技术、服装制作与生产管理、模具制造技术、旅游服务管理、汽车制造与检修、机电技术应用等专业。开发瑶族文化校本课程，设置“瑶族服饰”模块教学，开设瑶族织锦课程和技能培训，构建瑶族服饰与现代工艺和专业教学相结合的专业特色；旅游管理专业依托全县创建湖南省和国家级旅游强县、打造“神州瑶都”的契机，创新课程设置和人才培养模式，形成自己的专业特色。服装制作与生产管理专业是湖南省精品专业，计算机应用和电子应用技术专业为永州市精品专业，服装缝制工艺课及计算机平面美术设计课为湖南省和永州市两级精品课程。

学校先后添置价值 1780 万元的实训设备，拥有校内实习实训室 45 间、校外实习实训基地 20 余个，重点打造“汽车制造与检修”“电子信息技术”“瑶族服饰与瑶族织锦”3 个校企合作生产性实训基地，能基本满足学生实习实训需求。

2015年,学校开设汽车、模具、服装等8个专业,共66个教学班,在校学生共3381人。在编教职工176人,其中具有研究生学历(含在读)的7人,本科学历的140人,专科学历的21人,另有外聘教师23人;高级职称教师43人,中级职称教师65人,专业带头人,骨干教师19人,双师型教师68人。

第六章

高等教育

第六章　高等教育

1992年，永州市仅有零陵师范专科学校一所普通高校，校址在原永州市（县级市、现零陵区）河西杨梓塘，校园面积320亩，在校学生1708人，教职工396人。有省电大零陵分校1所、师专函授部1处，在校学生907人，全脱产422人、业余（半脱产）405人、普通专科80人。进入21世纪，永州高等教育步入快车道。2000年，永州创建永州职业技术学院，2003年有3所中专并入，扩大办学规模。2004年，在校学生5136人。2002年，零陵师范专科学校升格为本科院校，定名为零陵学院，2004年7月，更名为湖南科技学院，由纯师范类专科学校发展为综合性本科院校，2005年在校本科生2681人、专科生368人。2005年3月，在湖南九嶷山专修学院基础上设立湖南九嶷职业技术学院。2009年3月，永州高级技工学校成功申办潇湘技师学院。2010年，湖南九嶷职院由民办转为公办，并与潇湘技师学院合并办学，实行一个机构、两块牌子。

湖南科技学院实行省市共建共管、以省为主的管理体制，由省人民政府主办，省教育厅主管。永州职业技术学院行政主管为市人民政府，业务主管为省教育厅。湖南九嶷职业技术学院、潇湘技师学院由市人民政府主办，业务分别由省教育厅、省人社厅主管。省电大永州分校由市人民政府主办，市教育局主管，业务指导为省广播电视大学。

2002年10月，永州职院承办由教育部高教司主办的全国高职高专产学研结合经验交流会。教育部党组副书记、副部长周济，副省长唐之享等领导出席会议并讲话。周济高度评价和肯定职院的办学经验，誉为“永州精神、永州方向、永州思路、永州模式”，认为值得向全国推广，尤其值得中西部经济欠发达地区学习借鉴。会议确定永州职院为全国示范性职业技术学院。2010年3月，学校顺利通过全国示范性高职高专院校评估。湖南科技学院坚持“地方性、应用型、有特色”的办学定位，努力培养适应经济社会发展的应用型人才。在专科阶段进行四轮教育教学改革，学校获全国普通高校优秀教学成果特等奖和二等奖。2005年，学校获国家级教学成果一等奖。2012年，学校顺利通过教育部本科教学工作合格评估。2015年，学校建有12个教学学院，43个普通本科专业，面向全国27个省（区、市）招生。湖南九嶷职业技术学院于2002年被国家民办高教委授予“新中国第一所民办高校”称号。2010 年由民办转为公办，与潇湘技师学院合并，实现优势互补，推行“学历证”和“职业资格证”双证制度，将技能培训与高职教育融为一体。学校成为国家级高技能人才培训基地，国家职业教育示范建设基地、国家产教融合试点建设单位。

2015 年，全市有普通高等教育院校 3 所，在校学生 25800 人。全市平均每万人口有高等教育学生 41.05 人，比 1992 年增长 12.44 倍。教职员工 2307 人，专任教师 1575 人，其中博士研究生毕业的 64 人、硕士研究生毕业的 374 人、本科毕业 1137 人；有正高职称 109 人、副高级职称 435 人、中级职称 685 人、初级职称 234 人、无称职 112 人。成人高等教育学校 1 所，高等教育学校成人教育部 2 个，共有学生 8888 人。成人高等教育学校有教职工 39 人，专任教师 22 人。

2015 年，普通本科专业 40 个，涵盖理、工、文、法、经济、管理、教育、艺术八大学科门类，基本建成电子信息、生物制药、经济管理、教师教育、文化创意等专业集群。专科专业 63 个，涉及医学、农学、商贸、金融、汽车、机电、文化教育、数控技术等方面。有国家级特色专业 1 个、国家级综合改革试点专业 2 个、国家重点专业 7 个、国家级教学团队 1 个、国家精品课程 2 门。有省级特色专业 4 个、省级综合改革试点专业 7 个、省级重点建设学科 2 个、省级示范特色专业 2 个、省级精品专业 4 个。是年招生 8366 人，其中本科 3662 人，专科 4704 人；毕业 6630 人，其中本科 3362（授予学位 3241）人，专科 3268 人。

2015 年，市委、市政府在零陵城区征地 500 余亩，成立建设班子，永州高等师范专科学校动工建设。

1992—2015 年部分年份永州高校发展指标统计表

表 6–1

年份	学校数（所）	学生数（人）	教职工（人）	专任教师（人）	教授（人）	副教授（人）	占地（万平方米）	建筑面积（万平方米）	固定资产（万元）	藏书（万册）
1992	1	1708	396	189	3	38	21.87	6.57	1176.85	19.8
2000	2	4065	954	540	13	178	140	27.51	21368.8	55.5
2002	2	7192	1054	737	25	262	151.6	32.12	37283	81
2005	3	15429	1793	1200	73	352	338	67.83	64697.14	111.33
2010	3	24024	2105	1488	120	393	321.41	93.96	130703	161.08
2015	3	24472	2171	1830	108	441	346.54	97.71	195251	205.01

1992—2015 年全市高等教育基本情况表

表 6-2

年份	学校数（所）	招生数（人）	毕业人数（人）	在校学生数（人）	教职员工	
					总数（人）	专任教师（人）
1992	1	654	458	1708	396	189
1993	1	755	527	1938	400	192
1994	1	771	526	2121	390	195
1995	1	781	653	2250	418	208
1996	1	790	690	2350	421	210
1997	1	840	757	2399	410	204
1998	1	985	762	2618	401	199
1999	1	1336	785	3158	416	219
2000	2	1823	884	4065	954	540
2001	2	2197	1003	5053	954	551
2002	2	4013	2250	7192	944	555
2003	2	5414	1055	7726	1606	909
2004	2	5272	1015	11990	1691	1691
2005	3	5876	1232	11312	1898	1825
2006	3	6473	856	19437	1945	1301
2007	3	6379	4186	21276	2221	1559
2008	3	8000	2616	23232	2596	1615
2009	3	7848	5903	24251	2248	1627
2010	3	7930	6729	25101	2374	1609
2011	3	7165	6820	25120	2263	1602
2012	3	7124	7136	24956	2191	1603
2013	3	7548	7572	24812	2244	1610
2014	3	8350	7076	24916	2121	1635
2015	3	8366	6630	25800	2307	1575

第一节　湖南科技学院

一、发展概况

湖南科技学院前身为湖南省立第七师范学校，创建于1941年。创办时考虑战时安全，选址道县，后又几易校址办学。新中国成立后，由道县搬迁至零陵地委、行署所在地零陵杨梓塘办学至今。1981年7月1日，国务院批准成立零陵师范专科学校，实行省地双重领导、以省为主的管理体制。1993年6月2日，学校更名为零陵师范高等专科学校。时任党委书记周嗣海，校长唐朝阔。

零陵师范专科学校时期：1985—1989年，实施以强化职业技能培训为主的“三项改革”，其主要内容是改革专业思想教育，改革教育实习制度，强化职业技能训练，为山乡初中培养合格教师，其成果获国家级优秀教学成果特等奖。1990—1993年，实施农村中学教师培养模式的“综合改革”，其主要内容是实行主辅修结合，增设劳动技术教育，培养一专多能、全面发展的人才，其成果获国家级优秀教学成果二等奖。1993—1997年，实施师专教育改革与农村初中教育改革的“对接研究”，其成果获国家级优秀教学成果二等奖。1997—2000年，实施“师专素质教育的研究与实践”，其成果获国家级优秀教学成果二等奖。这四轮教育教学改革提升学校的育人质量和办学影响力，使学校被誉为“全国师范教育改革的一面旗帜”。

2002年3月6日，经教育部批准，零陵师专升格为本科院校，定名为零陵学院。学校实行省市共建管理、以省为主的管理体制。

2015年，湖南科技学院

2004年7月，教育部同意零陵学院更名为湖南科技学院。同年9月1日，学校正式使用新校名。2005—2015年，学院毕业生就业率长期保持在92%以上。先后荣获全国普通高等学校优秀教学成果奖，获全国普通高等学校教学管理工作先进单位、全国毕业生就业典型经验高校、全国五四红旗团委、全国高等院校后勤工作先进集体、湖南省大学生就业创业优秀示范校、湖南省高等学校党建和思想政治工作先进单位、湖南省思想政治工作先进单位等称号。学校建有 12 个教学学院，43 个普通本科专业，面向全国 27 个省（市、区）招生。至 2015 年末，学校有普通本科在校学生 14352 人，成人教育在校学生 5000 余人；教职员工 1042 人，其中专任教师 630 人。具有副高以上职称的 243 人，其中正高级 61 人、副高级 182 人。具有硕士以上学位 348 人，有省“121”人才工程人选 7 人，享受国务院政府特殊津贴 1 人，享受湖南省政府特殊津贴 1 人，省级学科带头人 5 人，省级青年骨干教师 48 人，涌现出被誉为“湖湘师表”的张京华教授等一批知名学者。学校占地面积 76.3 万平方米，建筑面积 45 万平方米，教学仪器设备总值 1.4 亿元，图书资料 107 万册，固定资产总值 7.3 亿元。有 2 个“十二五”省级重点建设学科、1 个省级重点实验室、1 个省级工程实验室、1 个省级工程技术研究中心、1 个省科技创新团队、1 个省高校产学研合作示范基地、6 个省级研究基地、3 个省级优秀教学团队、14 个校级科研机构、3 个校级协同创新中心。仅 2010 年初至 2015 年末，全校教师共获得省部级以上科研项目 360 余项，其中国家自然科学基金项目 9 项、国家社会科学基金项目 13 项，获省级以上科研奖励 20 余项，其中国家级教学成果奖一等奖 1 项。全校教师发表学术论文 4000 余篇，出版著作、教材 260 余部。《湖南科技学院学报》被评为“中国人文社科学报核心期刊”“全国百强社科学报”，《柳宗元研究》栏目被评为“全国社科学报特色栏目”。

湖南科技学院 1992—2015 年历任党委书记、院（校）长一览表

表 6–3

<table>
<tr><th>校　名</th><th>届　别</th><th>职 务</th><th>姓 名</th><th>任职时间</th></tr>
<tr><td rowspan="4">零陵师范高等专科学校</td><td rowspan="2">1992.01 — 2000.03</td><td>党委书记</td><td>周嗣海</td><td>1992.01 — 2000.03</td></tr>
<tr><td>校长</td><td>唐朝阔</td><td>1992.01 — 2000.04</td></tr>
<tr><td rowspan="2">2000.04 — 2002.10</td><td>党委书记</td><td>欧阳峣</td><td>2000.04 — 2002.10</td></tr>
<tr><td>校长</td><td>佘国华</td><td>2000.04 — 2002.09</td></tr>
<tr><td rowspan="2">零陵学院</td><td rowspan="2">2002.10 — 2004.09</td><td>党委书记</td><td>陈建民</td><td>2002.10 — 2004.09</td></tr>
<tr><td>院长</td><td>管天球</td><td>2002.10 — 2004.09</td></tr>
<tr><td rowspan="9">湖南科技学院</td><td rowspan="2">2004.10 — 2007.12</td><td>党委书记</td><td>陈建民</td><td>2004.10 — 2007.12</td></tr>
<tr><td>院长</td><td>管天球</td><td>2004.10 — 2008.05</td></tr>
<tr><td rowspan="2">2008.04 — 2010.07</td><td>党委书记</td><td>管天球</td><td>2008.04 — 2010.07</td></tr>
<tr><td>院长</td><td>佘国华</td><td>2008.05 — 2010.07</td></tr>
<tr><td rowspan="3">2010.08 — 2014.06</td><td>党委书记</td><td>佘国华</td><td>2010.08 — 2014.06</td></tr>
<tr><td>院长</td><td>邓　楠</td><td>2010.08 — 2012.04</td></tr>
<tr><td>院长</td><td>陈　弘</td><td>2012.05 — 2014.08</td></tr>
<tr><td rowspan="2">2014.08 —</td><td>党委书记</td><td>陈　弘</td><td>2014.08 —</td></tr>
<tr><td>院长</td><td>曾宝成</td><td>2014.08 —</td></tr>
</table>

二、专业

1992—1997年，学校设中文、外语、数学、物理、政史、化生等专业。

1998年，省教委同意新增电子技术专业、数学辅修计算机专业、美术教育专业、计算机科学教育（专科）专业。当年录取普通专科新生986人，其中国家任务828人、定向生158人。

1999年，新增计算机科学教育、计算机应用与维护、美术教育、工艺美术学、初等教育5个专业。

2000年，新增汉语言文学、化学、数学与应用数学3个“专本沟通”专业并开始招收新生，与湖南师大联合办学，实行“2+2”学制。同年新增新闻与广告、经济法、工程造价管理3个非师范专科专业，数学辅修计算机专业停止招生。

2001年6月24日，湖南省教育厅重点专业和新设专业检查评估组到校评估，化学教育专业被评为省级优秀专业。同年，新增法学、音乐教育、生物学教育3个专业开始招生。

2002年11月，副省长许云昭等考察学校，要求尽快实现“三个转变”，即从专科向本科的观念转变，从师范教育向多学科教育的本科院校转变，从重教学技能的教学向重能力与技能的教学转变。

2003年，新增电子信息工程、教育技术学、美术学3个普通本科专业招生。专科专业政史教育停止招生。

2004年8月10日，学校制定《零陵学院2004—2010专业建设规划》，新增市场营销、艺术设计、音乐学、生物工程、信息与计算科学5个专业招生。同年专科专业物理教育、政史教育、化学教育停止招生。12月，本科专业化学被确定为2004年湖南省普通高校重点建设专业。

2005年5月22日，全省普通高校专业办学水平评估组到校对旅游管理、应用英语、电子信息工程、应用化工技术和体育教育5个专科专业办学水平进行评估，全部通过评审；同期，学校申请开办的广播电视新闻学专业获教育部批准。9月，新增广播电视新闻学、日语、食品质量与安全、体育教育、工程管理5个本科专业开始招生。同年，文秘、计算机科学教育、美术教育、工艺美术学、新闻与广告、音乐教育、应用化学、体育教育、应用英语、数学教育、英语教育、应用电子技术、贸易经济等专科专业停止招生。

2006年4月22—24日，省教育厅学位办主任肖湘愚率领评审专家组一行11人到校考察，同意学校汉语言文学、英语、法学、国际经济与贸易、化学、物理学、数学与应用数学、计算机科学与技术8个本科专业通过学士学位授权评审，报省人民政府学位委员会审批。8月，有机化学、中国古代文学被湖南省教育厅审定为湖南省高等学校“十一五”重点建设学科，化学专业被评为“十一五”湖南省普通高等学校重点专业。9月，新增旅游管理、思想政治教育、通信工程3个本科专业并开始招生。同年，汉语言文学教育、计算机应用与维护、法律、旅游与酒店管理、电子信息工程等专科专业停止招生。学校确定“十一五”重点建设学科为汉语言文字学、英语语言文学、区域经济学、计算机应用技术、电路与系统。

2008年5月8—9日，法学、国际经济与贸易、数学与应用数学3个专业被确定为2008年度湖南省普通高等学校特色专业；5月27日，法学专业被湖南省教育厅确定为普通高校第一批特色专业。同年，全部专科专业停止招生。

2009年5月，食品质量与安全、体育教育、工程管理、广播电视新闻学、日语5个本科专业分别获得工学、教育学、管理学、文学学士学位授予权。

2010年5月，旅游管理、思想政治教育、通信工程3个本科专业通过学士学位授权评审，分别获得管理学、法学、工学学士学位授予权；6月18日，制定《湖南科技学院重点学科建设与管理办法》。同年，新增制药工程、软件工程、电子科学与技术3个本科专业招生。

2011年4月，在普通高校“十二五”专业综合改革试点项目评审中，生物工程和音乐学2个专业顺利通过国家级试点专业评审。同年，新增舞蹈学本科专业。

2012年8月，有机化学、思想政治教育2个学科被湖南省教育厅审定为湖南省高等学校“十二五”重点建设学科。

2014年11月20日，学校决定在中国语言文学系、法律系、信息技术与教育系基础上组建人文与社会科学学院，加挂教师教育学院牌子，管理汉语言文学、秘书学、法学3个专业，承担教师教育和预科班教学任务；在电子工程系、计算机与通信工程系、信息技术与教育系基础上组建电子与信息工程学院，管理计算机科学与技术、电子科学与技术、电子信息工程、通信工程、软件工程、教育技术学6个专业；在生命科学与化学工程系基础上，建设化学与生物工程学院，管理化学、生物技术、制药工程、生物工程、食品质量与安全5个专业；在数学与计算科学系、电子工程系基础上组建理学院，管理数学与应用数学、信息与计算科学、物理学3个专业；在外国语言文学系、大学英语教学部基础上组建外国语学院，管理英语、日语2个专业；在经济与管理系、数学与计算科学系基础上组建经济与管理学院，管理国际经济与贸易、市场营销、旅游管理、金融工程、统计学5个专业；在思想政治理论课教学科研部、法律系基础上组建马克思主义学院，管理思想政治教育专业；在土木工程与建设管理系基础上组建土木与环境工程学院，管理土木工程、工程管理2个专业；在新闻传播系、信息技术与教育系基础上组建传媒学院，管理广播电视学、广告学、广播电视编导、数字媒体技术4个专业；在美术系基础上组建艺术设计学院，管理美术学、视觉传达设计、环境设计、产品设计4个专业；在音乐系基础上组建音乐与舞蹈学院，管理音乐学、舞蹈学2个专业；在体育系基础上组建体育学院，管理体育教育专业。同时明确，具有2个以上一级学科或有3个以上专业的学院原则上设系；学校各科研所随所属学科调动，并进行重新整合，科研所负责人原则上由相关学院负责人兼任。

到2015年，学校专业增加到40个普通本科专业，涵盖理、工、文、法、经济、管理、教育、艺术八大学科门类，基本建成电子信息、生物制药、经济管理、教师教育、文化创意等专业集群，其中生物工程和音乐学国家综合改革试点专业2个，生物工程国家级特色专业1个，省级综合改革试点专业5个，法学、国际经济与贸易、数学与应用数学、电子信息工程等省级特色专业6个。

三、教研教改

1992年以后，学校从1990级学生开始，改革传统的单纯培养文化师资的模式，培养“一专多能、全面发展”的山乡新型初中教师，推行一系列综合教育改革，《中国教育报》《湖南日报》《湖南教育报》和中央人民广播电台、湖南电视台、省广播电台等省内外媒体纷纷进行宣传报道。

1993年，教学改革成果《从山乡实际出发，改革师专模式，建立适应基础教育和经济发展需要的教育新体系》获普通高校国家级优秀教学成果奖二等奖。

1994年1月18日，加拿大籍华人学者、加拿大温莎大学黄起常教授应邀到校作《红楼梦研究》学术讲座。

1997年，教学改革成果《零陵师专与初中教育改革对接研究及其实践》获湖南省教学成果奖一等奖（主要完成者：周嗣海、唐朝阔、杜方智、王田葵、胡明宝）。

1998年《零陵师专学报》，经国家新闻出版署批准正式公开发行。

2001年，在湖南省高等教育省级教学成果评比中，肖家洪等5人的成果《师专数学教育专业素质教育的目标与课程设置的研究与实践》获一等奖。同年4月10日，成立柳宗元研究所，11月10日，成立永州柳宗元研究学会。

2002年，学校升本以后，加强师资队伍建设，提升学校本科教学质量和办学水平，实现三个转变，即从专科向本科的观念转变、从师范教育向多学科的本科院校转变、从重教学技能的教学向重能力与技能的教学转变。同年10月30日，教育部副部长周济在副省长唐之享陪同下，到校考察产学研结合工作。

2003年10月15日，湖南省民政厅批准成立湖南省舜文化研究会。是年，在湖南省社科基金项目评审中，潘剑锋、邓楠、杨金砖3人获立项资助。

2004年，在湖南省高等教育省级教学成果奖评审中，管天球主持的课题“地方性高职院校办学模式创新体系建设研究”获一等奖。同年3月，学校被教育部批准为全国大学本科英语教学改革试点院校并获专项资助。7月更名为湖南科技学院以后，学校围绕应用型人才的目标，坚持大学四年“集中性实践教学”不断线，加大工科类综合设计性实验的比例和课程设计的指导力度，学院宁远一中实践教学基地获教育部大学生校外实践教学基地立项，电子信息与通信系统虚拟仿真实验教学中心获省虚拟仿真实验教学中心立项，经济与管理学院恒大地产集团有限公司酒店管理集团的校企合作基地、生物与制药工程类专业校企合作人才培养示范基地获省级校企合作人才培养示范基地立项；艺术设计专业大学生创新训练中心、电子工程大学生创新训练中心、音乐舞蹈专业大学生创新训练中心先后获省级大学生创新训练中心立项资助。12月，“油茶籽油精炼深加工技术研究及产业开发”项目被列为湖南省科技厅2004年科技计划重大专项项目，“环保节能聚氨酯隔热材料”被列为湖南省经济委员会、财政厅2004年技术创新项目，永大哈弗新型建材公司“喷涂聚氨酯硬泡体防水保温材料”通过省建设厅科技成果鉴定。

2005年，管天球主持的“欠发达地区高校与地方经济互动发展研究”获国家级教学成果奖一等奖。管天球、佘国华、欧小松、邓楠主持的项目成果“欠发达地区地方本科院校‘三个构建’应用型人才培养模式研究与实践获”一等奖。2006年12月8日，湖南省伦理学会、湖南师范大学道德文化研究会与湖南科技学院三家共同举办湖南省虞舜道德文化研讨会。2007年3月22日，财政部经建司处长柯凤到校考察红薯乙醇燃料项目；4月16日，中国社会科学院文学研究所所长张炯到校作《文学与青年的成长》的学术报告；6月15日，潘剑锋主持的课题“孝道与中国农村养老研究”获国家社科基金项目立项。2008年6月11日，党委书记管天球教授主持的课题“红薯乙醇生物质能源开发中生态型产业链构建和运行机制研究”获国家社科基金课题立项；9月5日，姜红宇、林依勤获国家自然科学基金项目立项；9月，管天球主持的课题“红薯生料酿酒复合酶的应用与推广”作为省高等学校产业化培育项目立项。2009年3月30日，省劳动和社会保障厅同意学校设立国家职业技能鉴定所；5月，校办企业永大高科被中共湖南省委办公厅、湖南省人民政府办公厅列入2009—2015年全省千亿产业规划；7月，学校“油茶籽油深加工及油茶林低改”产学研合作示范基地被省教育厅评为湖南省高校产学研合作示范基地；9月2日，刘志壮主持的课题获国家自然科学基金项目立项；10月10日，校办企业永大九嶷油茶开发有限公司生产的产品精炼茶油顺利通过湖南省质量技术监督局审核验收。

2010年3月10日，管天球主持的课题“湖南油茶科技产业中的生态产业链研究”获省社会科学基金重大委托项目立项；4月9日，湖南省政协副主席作家谭仲池到校做学术讲座；6月21日，学报主编张京华教授应邀到上海大学文学院作题为《古史辨派与中国现代学术走向》的学术报告。2011年5月14日，舜文化研究与《舜文化研究文丛》学术研讨会在学校召开；6月17日，管天球教授主持的课题“华中丘陵地区油茶生态产业链构建及对策研究”获2011年度国家社科基金重点项目立项。2012年，学校顺利通过教育部本科教学工作合格评估。同年3月，张京华教授主编的《群玉丛书》三部论著由华东师范大学出版社相继出版；4月24日，与湖南恒伟药业股份有限公司董事长吕宏再签署《产学研合作协议书》《“银杏提取工艺研究项目”技术开发合同书》；5月21日，姚从军等3人获得国家社科基金项目立项；6月，以李治章教授为带头人的“天然有机物精细化与催化合成”研究团队被湖南省教育厅确定为第三批湖南省高校科技创新团队；8月4日，湖南省委书记、省人大常委会主任周强到校视察湖南大自然油茶公司；8月，数学与计算机科学系博士王启春主持的科研项目获得国家自然科学基金青年科学基金项目资助。2014年3月14日，学校与永州异蛇科技实业有限公司合作，湖南科技学院文化产业研究基地挂牌；4月4日，1979级杰出校友、中国工程院院士欧阳晓平回母校讲学及指导工作；5月27日，由校长陈弘教授领衔申报的“思想教育与道德文化研究基地”被确定为第五批“湖南省普通高等学校哲学社会科学重点研究基地”；12月20日，数学系博士刘春梅的课题获得国家自然科学基金年度数学天元基金项目资助。同年，湖南省科技厅批准学院成立“湘南优势植物资源综合利用”重点实验室。

2015年3月，学校在原有的督导制度的基础上成立第一届教学督导团。由校教学工作领导小组、校教学督导团、学生教学信息员、教务处及教学质量管理处组成多元、立体的质量监控组织体系，确保教学质量监控常态化、机制常效化。

四、招生与就业

（一）招生

零陵师范高等专科学校时期（1992—2001）

1992—1998年，主要招专科层次学生，包括国家任务自费和国家任务定向两类。从1999年起，开始招少数民族预科班学生。

1999—2001年，招专科层次少数民族预科班学生111人。此外，采用多种脱产就读的招生办学形式（函授除外），如委培班、短线自考班、自考助学班、电大班、高函班等，其中为永州市各县区委托培养紧缺教师722人。2000年，经有关部门批准，4个专业招生500名本科学生，颁发湖南师范大学文凭及学位。

招生生源。在实行国家计划招生及计划分配时期（1999年前），招生计划直接下达到地市，学校70%的生源为永州籍学生，其余生源为省内其他地市的学生。2001年开始在广西、新疆招计划内学生。

零陵学院和湖南科技学院时期（2002—2015）

招生层次及类别。在升本之初，实行本、专科同时招生。

2008年，停止专科招生。招生类别全部为国家任务学生，2007年（含）前，除少数为国家任务定向生外，绝大多数为普通国家任务学生。随后，专科招生人数逐年减少，本科招生人数逐年增加，2008年后全部为普通国家任务学生。取消专科层次少数民族预科班招生，开始招本科层次少数民族预科班学生。2002—2015年，共招本科层次少数民族预科班学生2496人。

招生生源范围逐年扩大，至2015年，已在全国27个省份招生，省内生源接近总计划的三分之二。

1992—2015年湖南科技学院招生人数统计表

表6-4 **单位：人**

年份	校名	本科	专科
1992	零陵师范高等专科学校	—	654
1993	零陵师范高等专科学校	—	665
1994	零陵师范高等专科学校	—	771
1995	零陵师范高等专科学校	—	781
1996	零陵师范高等专科学校	—	790
1997	零陵师范高等专科学校	—	840
1998	零陵师范高等专科学校	—	993
1999	零陵师范高等专科学校	—	1197
2000	零陵师范高等专科学校	500	1090
2001	零陵师范高等专科学校	—	1647
2002	零陵学院	936	1314
2003	零陵学院	1851	1491
2004	湖南科技学院	2087	711
2005	湖南科技学院	2681	368
2006	湖南科技学院	2785	43
2007	湖南科技学院	2707	21
2008	湖南科技学院	3000	—
2009	湖南科技学院	3474	—
2010	湖南科技学院	3474	—
2011	湖南科技学院	3652	—
2012	湖南科技学院	3700	—
2013	湖南科技学院	3777	—
2014	湖南科技学院	3734	—
2015	湖南科技学院	3734	—

（二）就业

1992—1997 年，招收的学生都是由国家包分配，1998 年并轨后毕业的学生都是自主择业，学校就业处采取召开供需见面会等方式向学生推荐就业单位。

2006—2015 年湖南科技学院毕业生就业情况一览表

表 6–5

年份	就业总人数	学校初次就业率	学校年终就业率
2006	2166	76.24%	92.00%
2007	2640	72.2%	90.33%
2008	2617	72.65%	96.15%
2009	2672	87.77%	96.78%
2010	2580	80.23%	98.41%
2011	2613	82.93%	96.59%
2012	2926	89.71%	97.51%
2013	3179	91.44%	97.58%
2014	3344	91.60%	96.62%
2015	3365	94.15%	95.66%

五、师资队伍

1992 年，学校在职教职工总数为 396 人，其中专任教师 189 人、副高以上职称 41 人、中级职称 74 人。到 2001 年，教职工人数和高级职称人数显著增长。学校在职教职工总数达到 513 人，其中专任教师 306 人、副高以上职称 121 人、中级职称 128 人，享受国务院政府特殊津贴者 3 人、曾宪梓教育基金奖获得者 9 人、湖南省优秀教师 2 人、省级青年骨干教师 18 人。

2002 年 3 月，教育部同意零陵师范高等专科学校升格为本科院校，更名为零陵学院。全校教职工总数 502 人，其中校本部 486 人，专任教师 311 人，专任教师中具有正高职称的有 19 人、具有副高职称的有 87 人、具有中级职称的有 150 人。2015 年底，全校教职工 1042 人，专任教师 630 人。专任教师中具有正高职称 61 人、副高职称 182 人、博士 59 人、硕士 289 人。享受国务院政府特殊津贴者 1 人、曾宪梓教育基金奖获得者 9 人、全国师德先进个人 1 人、享受湖南省政府特殊津贴者 1 人、湖南省优秀教育工作者 1 人、湖南省优秀教师 4 人、省级“121 人才工程”入选 7 人、省级学科带头人 5 人、省级青年骨干教师 48 人、湖南十大教育新闻人物 1 人、校英才支持计划入选者 6 人。

六、国际交流与合作

学校国际交流与合作的发轫期（1992—2002）。零陵师范专科学校设有外事办公室，为非常设机构，主要负责外事接待及外教管理工作，服务学校教职工出访，拓展外籍教师的聘请渠道，承担省市级外事接待任务。

学校国际交流与合作的起步期（2002—2004）。为促进外事交流与合作发展，学校于2003年成立外事办公室，为非编制机构。2004年成立外事工作领导小组，下设外事办公室。2002年8月20日至22日，由永州市人民政府举办、零陵学院协办的“中国·永州柳宗元国际学术研讨会”在学校召开，与会代表100余人，其中包括来自日本、韩国、马来西亚等国家和地区的代表。

学校国际交流与合作的发展期（2004—2015）。2009年7月2日，湖南科技学院设立国际交流与合作处，并升格为正处级单位，主要负责学校外事交流与合作事务的开展。2015年12月21日，学校党委会审议通过成立港澳台事务办公室，与国际交流与合作处合署办公。截至2015年底，与学校建立友好合作的国外高校达14所（合作高校包括韩国亚洲大学，日本长崎外国语大学，美国伯特利大学、佛罗斯堡州立大学、硅谷大学、东德克萨斯浸会大学，英国南安普顿索伦特大学），国家公派出国留学人员累计有20多人，单位公派出国研修人员累计有50余人，参加校际交流和暑期实践项目交流学生近100人，聘请外籍教师及外国专家近100人。

七、后勤保障与校园建设

（一）后勤保障

1992年2月，学校设总务处，下设行政科、膳食科、卫生科，承担学校后勤服务保障工作。1993年3月，学校设立教室管理办公室，归口总务处管理。1996年3月，撤销校产办，保留校劳动服务公司，原校产办、劳动服务公司人员和工作任务除劳动技术教育实践基地外，全部并入总务处。

2003年3月，组建成立后勤服务总公司。公司属独立的法人机构，实行独立的经济核算。学校后勤处代表学校按照市场规则与总公司签订服务合同。

2014年3月，学校下发《湖南科技学院后勤服务总公司组建方案》，将后勤服务总公司与后勤处合并，对外称后勤处，对内称后勤服务总公司，实行一个机构、两块牌子的管理体制。

（二）校园建设

1992—2015年，经过四次征地，将校园面积从328亩扩展到1080亩。

至2015年，学校有房屋共104栋，其中教学行政用房23栋，建筑面积46.6万平方米。1992—2015年，是基础设施建设的黄金期，共建房屋75栋，建筑面积达40余万平方米。

第二节　永州职业技术学院

一、发展概况

2000年7月22日，湖南省人民政府下发《关于建立永州职业技术学院的通知》，同意在零陵卫校和零陵农校实质性合并的基础上建立永州职业技术学院。学院行政主管为永州市人民政府，业务主管为湖南省教育厅。当年，分为南院（零陵卫校）和北院（零陵农校）两个校区办学。招收高职学生1800人。

2001年11月，湖南省委任命学院第一届领导班子，管天球为党委书记，刘平娥为党委副书记、院长。是年，省卫生厅和省教育委员会专门组织专家到校进行评估，学院申报的临床医学、护理、医学影像技术、医学影像诊断、生态养殖、园林花卉等10个高职专业获得通过。其中医学影像专业被确定为省级教改试点专业。

2002年，共招收全日制高职和中职新生3108人，生源扩大到全国11个省市区。开通中高连读、专升本、在职研函班、短期培训等招生渠道，学院依托专业办产业，办好产业促专业。与中国农科院红壤研究所、永州市农科所等单位联合筹建的永大农业高科技园，经省科技厅正式立项，被列为省级五大农业高科技园之一。与永州市林业局合作，在校内筹建植物组培室，开发年产千万株桉树种苗基地。学院实习农场共饲养生猪13000头，出栏生猪11000头，年产值1200万元，利润100万元以上。同年，学院参加湖南省创建文明高等学校活动，6月，专家组全票通过验收，湖南省高校工委授予学院“湖南省文明高校”称号。10月，学院成功承办由教育部主办的全国高职高专产学研结合经验交流会。时任教育部党组副书记、副部长周济院士、省政府副省长唐之享等领导出席会议并作重要讲话。周济高度评价和肯定学院的创新精神、办学方向、办学思路和办学模式，将其誉为“永州精神、永州方向、永州思路、永州模式”，并在《光明日报》上撰文向全国推广。大会后确定永州职业技术学院为“全国示范

2015年，永州职业技术学院

性职业技术学院”建设单位。

2003年6月，经永州市政府申报，湖南省人民政府批准，原零陵商校、零陵工校、零陵师范学校三所普通中专成建制并入学院，办学规模成倍扩大。由于院本部建设未完成，在管理体制上学院仍实行分散性管理模式。学院下设5个二级学院，分别为医学院（原卫校）、信息工程学院（原农校）、商贸旅游学院（原商校）、理工电子学院（原工校）、人文教育学院（原师范）。三校并入之初，除人事由学院统管外，教学、招生、后勤、财务均由二级学院独立管理。学院出台《系部教学与管理考核方案》《教师培训工作条例》《科学研究管理条例》《教材建设暂行规定》等有关文件，并制定一系列政策措施加快本部校址的建设。学院分三次在零陵区城北老埠头村和日升村征得土地2234亩。由华东建筑设计院为新址进行高规格的规划，同年开工建设。借教育部开展高职院校人才培养工作水平评估试点工作之机，投入350万元为高级护理专业建起全省第一个设备先进、温馨整洁的模拟病房及健康教育室、心理实验室，让学生在模拟的环境中训练。投资近千万元，在原农校内建立永大农业高科技园，下设6个研究开发中心，实习农场年存栏生猪5万头，出栏4万头，生猪销售取得直接销往港澳地区的通行证。充分发挥学院的资源潜力扩大招生，与全国28个省（区）建立招生合作关系。结合创建国家示范院校，根据永州经济发展的需要，确立“立足永州、服务‘三农’”的办学定位。

2005年学院的国家级教改试点专业高级护理和省级教改试点专业生态养殖、医学影像的中期评估验收获得顺利通过；学前教育申报省级教改试点专业得到评估专家组的一致肯定并通过。护理系的“护理基本技术”“健康评估”课程被教育部评为国家级精品课程。护理实训基地通过专家组评审，入选为中央财政支持的专业性实训基地建设项目，中央及省财政将分别给予170万元的资助。模具设计与制造、汽车检测与维修、计算机网络技术3个专业被评为湖南省第三批教改试点专业。同时，新申报的物流管理、旅游管理2个专业也通过评审。10月，学院主持的“地方性高职院校办学模式创新体系建设研究”，荣获国家级教学成果一等奖。

2006年6月，学院附属医院正式开业。开放床位360张，设置11个病区、30个临床专业科室、20个医技科室，能开展近40个专科的诊断与治疗。是年，学院获得省部级科研、教改课题立项近40项，市级立项课题40余项；获省级教学科研成果一等奖1项、三等奖2项，市级科技进步三等奖2项；被评为“湖南省现代教育技术‘十五’规划课题”先进单位。学院荣获“湖南省职业教育先进单位”称号，阳晓被湖南省教育厅评为“湖南省首届教学名师”。

2007年，学院主持的“示范职业技术学院建设与实践”课题获湖南省教育科学“十五”规划课题一等奖，学院被评为省教育科学规划课题管理先进单位，全年学院获得省部级科研、教改课题立项13项，获省部级教学科研成果4项。是年，学院先后被湖南省经济委员会、湖南省教育厅和湖南省劳动和社会保障厅确定为首批省级中小企业职工培训示范基地；护理专业被确定为湖南省职业院校专业教师专业技能教学水平认证培训基地；学院组织学生参加全国高职电子设计竞赛获全国二等奖、省级一等奖，参加计算机技术与软件专业技术资格（水平）考试获全省第一名。

2008年，全面启动国家示范性高职院校建设，教育部办公厅、财政部办公厅下达"国家示范性高等职业院校建设计划"项目建设方案及建设任务书批复。是年，畜牧兽医专业教学团队和护理专业教学团队被湖南省教育厅评为2008年湖南省高等职业教育省级教学团队，其中护理教学团队还被评为国家级优秀教学团队。畜牧兽医专业被评为省级精品专业，"养猪及猪病防治"课程被评为省级精品课程。

2009年，湖南省委对学院领导班子进行调整。刘子秀任学院党委书记，李世胜任副书记、学院院长。原五个二级学院全部撤销，原五个校区的人财物全面实质性合并，学院实行统一管理的运行体制。9月，商贸校区、理工校区、师范校区全部迁入新校区。是年，学院被湖南中华职业教育社和湖南省教育工会评为湖南省首届"黄炎培优秀学校奖"。医学检测技术专业被评为省级精品专业，农产品安全检测技术、计算机网络安全技术、临床检验基础技术被评为省级精品课程，农产品质量检测专业教学团队被评为省级教学团队。唐陶富获评全国优秀教师，蒋艾青获第四届湖南省普通高等学校教学名师奖，畜牧兽医专业于桂阳、农产品质量检测专业尹颖、护理专业谢玉林、医学检验专业桂重阳4人被湖南省教育厅评为省级学科带头人。

三个校区的校舍则先后出让给开发商和移交零陵区人民政府。医学校区和农学校区部分系部、专业搬入新校区，另一部分留在老校区，实行系部管理。

2010年3月，国家示范性高等职业院校建设项目验收工作专家组对学院国家示范性高等职业院校建设项目进行检查验收。学院顺利通过验收，成功跻身国家示范性高职院校。是年，被农业部认定为农业部现代农业技术培训基地。

2011年，学院被湖南省绿化委授予湖南省绿化工作先进集体荣誉称号。护理系被中华全国总工会授予"全国五一巾帼标兵岗"荣誉称号，院团委荣获湖南省"五四红旗团委"的称号。尹颖荣获"全国第二届农业职业教育教学名师"荣誉称号。伍凌君参加湖南省教育厅组织的全省高校青年体育教师课堂教学竞赛，荣获一等奖。

2012年，学院与澳大利亚智达国际集团（Achieve International Group Pty Ltd）正式签订合作协议，协议主要内容，一是推荐海外就业，委托办理澳洲留学签证、全职工作项目；二是委托开展中澳合作办学，实行中澳学分互认。学院科技产业处蓖麻研究所主任蒋小军教授参与的"南方蓖麻新品种选育及油脂利用技术"项目荣获2011年湖南省科学技术进步奖一等奖。畜牧水产专业被立项为湖南省高职院校示范性专业，护理专业为省级特色专业。王淑一在"中华诵——2011经典诵读大赛"中荣获湖南赛区一等奖，其作品进入全国决赛并荣获优秀奖。

2013年4月，学院护理系荣获全国“工人先锋号”光荣称号。5月，市图书馆、永州职院图书馆实行共建共享，正式挂牌“永州市图书馆”，主馆坐落在院本部，分馆位于农学部。学院附属学校学生参加第六届湖南省青少年机器人竞赛，荣获金奖。学院辅导员尹其磷被省委教育工委、教育厅评为“2012年全省高校辅导员年度人物”。院本部学生食堂获省食品监督管理局、省教育厅授予的湖南省首批“省级学校餐饮服务食品安全示范食堂”称号。7月，市总工会代表中华全国总工会授予院护理系为“工人先锋号”。同年10月，由永州职院牵头组建的湖南现代畜牧养殖职业教育集团成立大会在该院召开。翟惠根院长为集团理事长。11月，院本部落成暨原零陵卫校81周年、零陵农校77周年、零陵师范学校72周年、零陵商校39周年和零陵工校33周年建校庆典大会在院本部图书馆广场举行。收到校友捐款220余万元。12月，“护理基本技术”和“健康评估”两门课程通过省教育厅和教育部评审，确定为国家级精品资源共享课程。医学影像技术专业获得省级示范性特色专业立项，获得项目资金600万元；机械制造与自动化专业获得中央财政支持实训基地立项，获得项目资金220万元。

2014年3月，学院荣获“湖南省第三届职业教育优秀学校奖 ”，护理系教师肖新丽荣获“湖南省第三届职业教育杰出教师奖”，医学技术专业群立项为省级示范特色专业群。

至2015年底，学院开设有43个专业，校园面积达到3362亩，建筑面积47万平方米，教职员工909人，其中正高职称69人，副高职称260人，博士、硕士202人，全日制在校学生1.7万人。学院拥有附属医院、实习农场、附属学校、畅通驾校四大校内生产性实习实训基地。

永州职业技术学院2001—2015年历届党委书记、院长一览表

表6–6

届　　别	职　务	姓　名	任职起止时间
2001.11–2002.9	党委书记	管天球	2001.11—2002.9
	院　　长	刘平娥	2001.11—2002.9
2002.9–2007.8	党委书记	刘平娥	2002.9—2007.8
	院　　长	佘国华	2002.11—2007.8
2007.8–2008.11	党委书记	佘国华	2007.8—2008.11
	院　　长	刘子秀	2007.9—2008.11
2008.11–2013.7	党委书记	刘子秀	2008.11—2013.7
	院　　长	李世胜	2008.11—2013.7
2013.7–2015.12	党委书记	李世胜	2013.7—2015.12
	院　　长	翟惠根	2013.7—2015.12

二、专业和学制

自2000年招收第一届学生至2015年，学院先后开设护理、临床医学、医学影像技术、医学检验技术、口腔医学技术、药学、动物防疫与检疫、园林技术、计算机应用技术、计算机网络技术、助产、会计、市场营销、机电一体化、眼视光技术、建筑工程技术、商务英语、汽车检验与维修技术、旅游管理、财务管理、机械制造与自动化、金融管理与实务、畜牧兽医、物流管理、建筑室内设计、康复治疗技术、工程造价、汽车电子技术、中药学、工业机器技术、应用电子技术、经济管理、模具设计与制造、文化教育、环境艺术设计、汽车技术服务与营销、软件技术、图形图像制作、应用英语、艺术设计、音乐表演、商务日语、数控技术43个专业，学制均为3年，部分专业招收应届初中毕业生的学制均为5年。2015年，学院有国家级教学团队1个，即护理专业教学团队；省级教学团队3个，分别是护理专业、畜牧兽医专业、农产品质量检测专业教学团队。国家精品课程2门，为护理基本技术、健康评估；国家重点专业7个、省级精品专业4个、省级教改试点专业4个、省级示范特色专业2个。

2000—2015年永州职业技术学院专业、学制一览表

表6-7

序号	专　业	学制（年）	开设年份
1	护理	3、5	2000
2	临床医学	3	2000
3	医学影像技术	3、5	2000
4	医学检验技术	3、5	2000
5	口腔医学技术	3	2000
6	药学	3、5	2000
7	动物防疫与检疫	3	2000
8	园林技术	3	2000
9	计算机应用技术	3、5	2000
10	计算机网络技术	3	2000
11	助产	3、5	2001
12	会计	3	2003
13	市场营销	3	2003
14	机电一体化	3、5	2004

续表 6–7

序号	专　业	学制（年）	开设年份
15	眼视光技术	3	2005
16	建筑工程技术	3、5	2005
17	商务英语	3、5	2005
18	汽车检验与维修技术	3、5	2006
19	旅游管理	3	2006
20	财务管理	3	2008
21	机械制造与自动化	3	2009
22	金融管理与实务	3	2009
23	畜牧兽医	3	2010
24	物流管理	3	2010
25	建筑室内设计	3、5	2012
26	康复治疗技术	3	2015
27	工程造价	3	2015
28	汽车电子技术	3	2015
29	中药学	3	2015
30	工业机器人技术	3	2015
31	应用电子技术	3	2003—2015
32	经济管理	3	2008—2014
33	模具设计与制造	3	2003—2015
34	文化教育	3	2008—2012
35	环境艺术设计	3	2005—2013
36	汽车技术服务与营销	3	2005—2013
37	软件技术	3	2005—2013
38	图形图像制作	3	2009—2013
39	应用英语	3	2007—2013
40	艺术设计	3	2005—2013
41	音乐表演	3	2005—2013
42	商务日语	3	2005—2014
43	数控技术	3	2003—2015

注：本表中学制一栏 3 年、5 年分别指三年制普通高职（招收高考录取学生）和五年制高职（招收初中应届毕业生）

三、教学与实习

2000 年 9 月，学院制定《教学常规管理制度》《教学事故认定与处理办法》《听课与评课制度》《师生参加技能竞赛奖励办法》《考试管理办法》《师德师风管理制度》《系部教学管理工作考核办法》等系列规章制度，强调学校工作以教学为中心，坚持立足永州、服务“三农”的办学定位。2002 年 10 月，教育部在永州召开全国高职高专产学研结合经验交流会，与会领导高度评价永州职院的办学模式和业绩，将其誉为“永州模式”，并在全国推广。学院整个教学工作按照“四业贯通”（“四业”即学业、产业、就业、创业）、“四个对准”（对准市场定专业、对准岗位设课程、对准实践抓教学、对准就业育人才）、“四个目标”（即培养一个学生、致富一个家庭、带动一方群众、繁荣一方经济）的思路，积极推动各专业人才培养模式创新。依托生态养殖场，畜牧兽医专业构建“111”人才培养模式，即学生在顶岗实践中与企业员工一同吃、一同住、一同劳动，在教中做、在做中学；依托附属医院，护理专业构建“一个平台，三个方向，二个系列，三个循环”的“1323”人才培养模式，医学检验技术专业构建“学院与附属医院＋乡镇医院”人才培养模式，融“教、学、做”为一体，实现学生就业的“零距离”，带动其他专业教学的改革。除充分利用自己的实习实训场地之外，学院还设立校外实习基地，指派专业老师带领学生到沿海地区和市内大型企业进厂实习。

四、招生与就业

学院按照省教育厅下达的招生计划招生。2000 年，学院成立初期，招生比较艰难，需要向社会进行广泛的宣传。每年招生时段，都要动员全校教职工到生源学校去做宣传发动工作。省教育厅下达的高职招生计划不多。为充分发挥学院教学资源的使用价值，学院设立中职部，招收中职学生，以弥补高职招生计划的不足。在中职部各专业招收的学生中，医卫类专业占到整个中职各专业招生份额的 50% 以上。2007 年后，随着国家对高职教育的重视，社会经济发展的需要，学院招生形势大为好转，医药护理、临床医药等专业生源爆满，还逐步扩大招生范围，面向全国 28 个省、市、区招生。2008 年招收高职学生 3687 人，2009—2014 年，每年突破 4000 人，2015 年达到 5234 人。

学院制定《就业处工作制度》，并设立固定就业基地 360 个，每年举办两次大型毕业生供需见面会。每年的毕业生就业率均在 90% 以上。

2000—2015 年永州职业技术学院招生人数统计表

表 6–8 **单位：人**

年份	总人数	三年制高职	五年制高职
2000 年	1800	1456	344
2001 年	2860	2346	464
2002 年	3108	2753	355
2003 年	4175	3775	400
2004 年	5136	3460	1676
2005 年	5409	3147	2362
2006 年	4325	3224	1081
2007 年	3721	3346	375
2008 年	3687	3356	331
2009 年	4278	3720	558
2010 年	4756	4181	575
2011 年	4459	3859	660
2012 年	4170	3547	623
2013 年	4564	3784	780
2014 年	4970	3975	995
2015 年	5234	4334	900

2003—2015 年永州职业技术学院毕业人数及就业率一览表

表 6–9 **单位：人**

年份	毕业人数	就业率	就业措施	获得荣誉
2003 年	1799	97.60%	—	获教育部表彰，《中国教育报》专题报道
2004 年	—	—	—	—
2005 年	3211	95%	—	—
2006 年	4175	92%	与三一重工、中联重科、恒惠集团等企业签订了订单培养协议	—
2007 年	—	90%	300 余家用人单位到校招聘，签署就业协议 3600 人次	—

续表 6-9

年份	毕业人数	就业率	就业措施	获得荣誉
2008 年	2943	94.60%	200 余家用人单位到校招聘，签署就业协议 2500 人次	—
2009 年	3026	94%	举办毕业生大型供需会，300 余家企业提供就业岗位 3000 多个	—
2010 年	5444	91.97%	举办毕业生大型供需会，300 余家企业提供就业岗位 3500 多个	省就业工作“一把手工程”督查优秀
2011 年	4354	94.69%	承办全市高校毕业生专场招聘会，200 余家用人单位提供 8000 多个就业岗位	—
2012 年	3876	98.09%	承办“永州市 2012 年冬季大学生专场招聘会”160 余家用人单位提供 6000 多个就业岗位	省就业工作“一把手工程”督查优秀
2013 年	3594	98.08%	主办春秋两季大型招聘会，360 家用人单位提供 5000 多个就业岗位	—
2014 年	2882	97.33%	主办春秋两季大型招聘会，400 家用人单位提供 4000 多个就业岗位	—
2015 年	2840	87.15%	主办春秋两季大型招聘会，260 家用人单位提供 3500 多个就业岗位	省高职高专 2015 年就业工作“先进单位”

五、科研与学术

2000 年学院成立之初，制定激励教职工从事科研与学术活动的制度。2007 年，学院立项为国家示范性高职院校建设单位之后，每年组织一次科研成果鉴定及评奖。

1992—2015 年永州职业技术学院部分国家级、省级科研成果一览表

表 6-10

序号	成果名称	获奖时间	获奖人	批准部门	奖励等级
1	高级护理专业教学改革与建设	2002 年	刘平娥　卢桂珍 陶丽云　林　静 唐　骏	湖南省教育厅	一等奖
2	“专升本”综合研究与实践	2002 年	佘国华	湖南省教育厅	一等奖

续表 6-10

序号	成果名称	获奖时间	获奖人	批准部门	奖励等级
3	地方性高职院校办学模式创新体系建设研究	2004 年	管天球　刘平娥　刘子秀　冯惠先　李国春	湖南省教育厅	一等奖
4	护理基本技术	2005 年	刘平娥　陶丽云　卢桂珍　李晓芳	教育部	精品课程
5	地方性高职院校办学模式创新体系建设研究	2005 年	管天球　刘平娥　刘子秀　冯惠先　李国春	教育部	一等奖
6	健康评估	2006 年	谢玉琳　陶丽云　李晓芳	教育部	精品课程
7	《护理基本技术》国家精品课程建设与实践	2006 年	刘平娥　陶丽云	湖南省教育厅	一等奖
8	示范性职业技术学院的建设与实践	2007 年	佘国华	湖南省教育厅	一等奖
9	制图员（Pro/E）职业技术技能鉴定研究与题库开发	2010 年	唐冬生　邓子林　莫丽萍　杨冬生　向国玲	湖南省教育厅	二等奖
10	企业技术人才需求规格与高职人才培养模式研究	2010 年	罗敏杰　唐冬生　刘子秀　冯德辉　欧阳群宏	湖南省教育厅	二等奖
11	基于职业岗位要求的职业教育专业技能抽查研究与质量监控机制创新	2014 年	李世胜　龙冰艳	国家级教学成果奖	一等奖
12	浅析地方文化渗透于高职心理健康教育	2014 年	李　晶	第三届湖南省教育科学研究优秀成果奖	二等奖

第三节　湖南九嶷职业技术学院

一、发展概况

湖南九嶷职业技术学院是2005年在民办九嶷山专修学院的基础上建立的，原民办九嶷山专修学院是非学历教育机构。1980年10月26日，北京农业大学离休校长乐天宇教授携侄儿从北京回到宁远，用落实政策国家补发的5万元工资和个人月工资的85%筹办私立九嶷山学院，开新中国私人办高校之先河，受到各方鼓励和重视。1981年3月1日，乐天宇在九嶷山舜庙开办九嶷山学院补习班，招收学员60人。同年9月，九嶷山学院正式开学，设医学、农林、文史三个系，招收181名学生。12月3日，萧克将军在时任省委书记熊清泉、零陵地委书记邓有志等领导陪同下到校视察，并题词“其始也简，其中也巨”。当年年末，九嶷山学院第一届董事会成立。乐天宇任董事长兼院长。乐天宇给学院制定的校训是“贵自学、敦品德、勤琢磨、爱劳动”。1984年7月5日，乐天宇患脑出血逝世，终年83岁。乐天宇逝世后，杨健群代理院长。同年8月，乐天宇之子乐燕生赴京汇报，萧克将军致函湖南省委书记熊清泉，熊清泉回复：“支持九嶷山学院办下去。”9月，学院医学、农林两系迁往宁远县城鱼古弄上课。

1985年7月，学院成立第二届董事会，乐燕生任董事长，张仲葛任院长，谢庆贵、汪齐先、周中一任副院长，普其祥任秘书长，乐振汉任副秘书长。1986年4月，学院冷水滩部（简称冷部）成立，1985级中文系、1982级、1983级中文系留九嶷山部上课，其余学生迁冷水滩部，即现在的校址永州市冷水滩区永州大道2号。

2015年，湖南九嶷职业技术学院全景

1994—1995年，学院分南北两院，北院设在冷水滩部，董事长乐燕生，院长欧学佳；南院设在九嶷山舜帝陵旁，院长程一中。1997年

9月，南北两院分离，实行独立核算。南院董事长乐燕生，院长蒋文瑞；北院更名为九嶷山大学，并在冷水滩区零陵大道旁征地168亩新建校区，院长欧学佳。

1998年，在国家教育扶贫办李特特（李富春女儿）联系和推动下，日本大使馆捐赠70万元兴建南院科技楼。同年，董事长乐燕生获得国家民办高教委颁发的民办高校“企业奖”个人荣誉称号。这年9月，北院更名为零陵九嶷山进修学院。校址搬至零陵大道旁，黄森任名誉董事长，杜殿魁任学院党委书记、副董事长，蒋先哲任院长。1999年5月，零陵九嶷山进修学院再次更名为零陵九嶷山专修学院，胡参政任董事长，张瑞照任院长。九嶷山学院山部更名为宁远九嶷山专修学院（称为南院）。

2000年，九嶷山学院南、北两院部分专业纳入湖南省首批国家学历文凭试点考试专业。2001年4月，学院实行改造，深圳前进科技公司董事长邱影新投资90万元，当选学院北院董事长，汤东林任院长。同年11月，南、北两院举行20周年校庆。2002年6月，学院被国家民办高教委授予“新中国第一所民办高校”称号。同年7月，吴芳与学院北院签订联合办学协议，并投资302万元，吴芳任学院董事长，原中南林学院退休党委书记谢朝柱任院长。8月，湖南省教育厅同意南、北两院合并，并冠名湖南九嶷山专修学院。

2004年3月，南院合并到北院后，向湖南省人民政府申报普通高等院校，学院开始筹办湖南九嶷山职业技术学院，同年12月8日，学院院长谢朝柱、党委书记李少雄、常务副院长王鸿杰代表院方与永州八方公司董事长黄青柳签订协议，董事长吴芳所持股份以240万元转让给了黄青柳，并变更法人代表。2005年3月，经湖南省人民政府批准，正式设立湖南九嶷山职业技术学院，属专科层次的面向全国招生的普通全日制民办高等职业院校。2005—2008年，黄青柳任学院董事长。

2008年12月，永州市委、市政府根据湖南九嶷职业技术学院办学的情况，考虑永州高级技工学校准备申办技师学院的需要，同意永州高级技工学校自筹资金3050万元购买接管民办湖南九嶷职业技术学院，并同意在学院原址旁征地220亩用于扩建校舍。2009年3月26日，永州高级技工学校成功申办潇湘技师学院，湖南省人民政府下发《关于建立潇湘技师学院的批复》，明确潇湘技师学院属高等职业教育培训机构，由永州市人民政府主办主管，教育业务由省人力资源和社会保障厅管理，学校全日制在校学生规模暂定为8000人，办学地址仍在冷水滩区湘永路2号，即原高级技校校址。同年，市政府第17次常务会议决定潇湘技师学院和湖南九嶷职业技术学院新校区采取“招商引资、新旧置换、打捆拍卖”的方式进行建设。

2010年5月13日，湖南省人民政府下发《关于湖南九嶷职业技术学院改变办学性质的批复》，同意湖南九嶷职业技术学院由民办转为公办，由永州市人民政府主办，并与湖南潇湘技师学院合并办学，实行一个机构、两块牌子。湖南九嶷职业技术学院业务由湖南省教育厅主管，潇湘技师学院业务由省人力资源和社会保障厅主管。分为两个校区办学。2010—2015年，潇湘技师学院在原高级技校校区办学，九嶷职院学生在原九嶷职院校区办学，两个校区实行统一管理，一套班子，黄小明任党委书记，唐海军任院长。2014年2月，湖南九嶷职业技术学院和潇湘技师学院新校区正式开工扩建，总投资为41200万元。至2015年底，学院占地面积389.7亩，设有机电工程、汽车工程、服装设计与艺术、管理工程和公共课等系部，开设数控技术等22个热门专业。有全日制在校学生4560人，教职工248人。2016年9月上旬，潇湘技师学院原校区整体搬迁至新校区，校址位于永州市冷水滩区永州大道2号。9月16日，两院在新校区开学。

学院是国家级高技能人才培训基地、国家职业教育示范建设基地、国家产教融合试点建设单位、湖南省职业教育先进单位。

二、机构设置

民办九嶷职业技术学院时期，学院是实行董事会领导下的院长负责制。设有教务处、总务处、招生就业处等机构。1981—1984年，乐天宇任董事长，1985—1997年乐燕生任董事长，1997年9月南北两院分离，实行独立核算，乐燕生任南院董事长，蒋文瑞任南院院长，欧学佳任北院院长；1999年5月至2001年7月胡参政任北院董事长，2001年4月邱影新任董事长；2002年7月吴芳任董事长；2004年3月两院合并，12月黄青柳任董事长，一直到2008年12月永州高级技工学校整体接管。

2009年，潇湘技师学院升格，湖南九嶷职业技术学院由民办转为公办并与潇湘技师学院合并，学院党政机构进行调整：黄小明任党委书记，唐海军任院长，学院内部机构设党政办、组宣统、财务处、学生处、工会、招生就业处、监察室、保卫处、鉴定所、后勤处、实训中心、人事处、高技能办、教务处、团委、教学督导室、新校区办17个职能部门，设立机电工程、汽车工程、服装艺术、管理、思政、公共课6个系部。至2015年底，内设机构和系部设置均无变化。

三、教师队伍

民办九嶷山学院时期的1981—1990年，教师都是全国各地兄弟院校学者、教授和社会名流。先后到校讲课的有22名教授、91名副教授、84名讲师，这些教师都是分文不取，义务讲学。1990年以后至2009年，与潇湘技师学院合并前，教师由院长聘任，2010年，学院有教职工317人（在编在职133人，外聘184人），其中专任教师181人，教授、副教授职称 59 人，中级职称 122 人，双师型教师 112 人。两院合并之后，采取引进来和送出去的方式，加强教师队伍建设。至 2015 年底，学院有教职工 248 人，教师 196 名，其中专职教师 137 名、兼职教师 59 名，专兼职教师比例为 2.3 ： 1。所有的教师均持有教师上岗证。具有正高职称的教师 6 人，副高职称的教师 57 人，占教师总数的 30.6%；具有讲师（工程师）、一级实习指导教师等中级职称的教师 65 人，占教师总数的 33.0%。生产实习指导老师 85 人，均具有大专以上学历和高级工以上的职业资格证书，其中具有高级实习指导教师和高级技师职业资格的教师 50 人，占实训教师的 59%。

四、专业　学制　课程

2009 年前，主要是机械加工、机电、服装设计与加工等专业，逐步发展为汽修、财会、医药营销、酒店管理与烹饪技术等 20 多个专业。2010 年，两院合并之后将机械系与机电系合并，撤销信息工程学科及动漫等 8 个专业；加强数控技术、模具设计、机电一体化、汽车维修与营销、服装设计与制造等工科类 5 个优势专业的建设；稳定发展医药营销、酒店管理、财务会计等管理类 3 个专业，至 2015 年底，学院设有机电工程系、汽车工程系、服装设计与艺术系、管理工程系、公共课部和思政部等教学系部，开设了数控技术、模具设计与制造、汽车检测与维修、服装设计与制作、会计电算化、机电一体化、计算机应用技术、建筑电气工程技术、酒店管理、医药营销、室内设计技术等 20 多个热门专业。各专业招收高中毕业生的大专学生学制为 3 年；招收初中毕业生的中技类学生学制有三年的，也有两年的。

课程设置原则上是按照教育部对各专业类别学生的教学大纲设置。

五、教学与实习

2010 年，两院合并后推行学历证书和职业资格证书“双证”制度，将技能培训与高职教育融为一体，职前教育与职后培训紧密结合，同时还与多所全国重点院校进行本科对口学历教育。

2011 年，学院实习实训场地建筑面积 31136.2 平方米，有 67 个实验、实习、实训场地，学生实习工位 3632 个，工、卡、量具等 10352 件。

学院会同各系（部）对任课教师从师德修养、工作态度、教学能力、教学效果等方面开展学生测评工作。每期测评 2 次，全年测评 4 次以上，教务处会同各系（部）对所有学生的测评表进行汇总、分析和反馈。每学期，教务处组织期初、期中、期末教学检查活动。每期进行 1 次全面教学质量检查，重点检查内容包括教学纪律遵守及调停代课情况，教学计划执行情况，教学日志填写情况，教学管理情况，教案、作业批改情况，下班辅导情况，各系（部）在检查基础上对教学质量作出总结，教务处对检查总结进行分析和汇总，并全院通报。

为提高教师授课水平，学院加强期初、期中、期末教学检查，加强教学质量监控，督促各项教学环节的落实。重点检查教案编写、授课日历、上下课、辅导答疑、作业批改、调停代课、听课情况、实践教学等教学情况。加强对青年教师的教学指导，改进课堂教学，提升教师教学水平和教学质量。坚持学生评教制度，把教风、学风作为教学管理的重点，不断完善质量评价机制。

学院实行工学结合，先后与雅戈尔、富士康、三一重工、格力空调等 20 多个国内知名企业签订校企合作合同书，并与雅戈尔、富士康、格力空调等知名企业开办订单班。学院服装艺术系充分发挥校内实训基地的资源优势，带领学生开展工作室，做一些生产性实践项目，进行行业市场创业，提升专业实践能力。

六、招生与就业

高职学历教育学生按省教育厅的统一安排实行网上录取，非学历教育和中职学历教育学生都是实行注册入学。

学院坚持学历证书与职业资格证书并重的“双证”制，规定所有毕业生都必须参加职业技能资格鉴定，且只有职业技能资格鉴定成绩合格并取得职业资格证书者方可取得毕业证书和推荐就业。高职学生毕业时，经考试考核合格，颁发国家承认学历的全日制普通专科（高职）毕业文凭，向中职和技工类学生发放相应的毕业证书（教育部学籍学历系统注册，网上可查询），纳入国家就业计划。

学院根据毕业生所学专业、学历层次、离校时间，有针对性地邀请省内外知名企业到校选聘学生，主动为企业和学生搭建互动平台。2011 年 11 月 12—24 日，长沙三一重工、深圳鸿准精密等 15 家企业分别受邀到校招聘学生，有 420 名学生通过这种互动方式被企业录用，当场签订用工协议。学院 2012 届毕业生初次就业率达 86%，年终就业率达到 99.6%，专业对口率达到了 90%。

2009—2015 年湖南九嶷职业技术学院招生、毕业生、在校生人数一览表

表 6–11 **单位：人**

年度	招生人数	毕业生人数	在校生人数
2009	大专：620	大专：355	大专：1610

续表 6-11

年度	招生人数	毕业生人数	在校生人数
2010	中专：106 大专：577 非学历：50	中专：103 大专：379 非学历：50	中专：503 大专：1467 非学历：50
2011	中专：180 大专：229 非学历：6	中专：135 大专：281 非学历：	中专：420 大专：1373 非学历：56
2012	中专：63 大专：380	中专：134 大专：541 非学历：50	中专：349 大专：1156 非学历：6
2013	中专：110 大专：214	中专：106 大专：589 非学历：6	中专：353 大专：781
2014	中专：155 大专：238	中专：180 大专：321	中专：320 大专：629
2015	中专：129 大专：341	中专：62 大专：217	中专：325 大专：685

2010 年湖南潇湘技师学院（湖南九嶷职业技术学院）科研成果一览表

表 6-12

序号	姓名	成果类别	成果名称	刊物名称及出版社名称	刊号或课题立项号	备注
1	发表科研论文共 12 篇					
2	王　洪	教材	《机电设备系统安装与调试》	科学出版社	ISBN 978-7-03026-260-8	主编
3	李云义	教材	《计算机辅助设计与绘图技术》	湖南大学出版社	ISBN 978-7-81113-855-9	副主编
4	李云义	教材	《中文版 AUTOCAD2009 实用教程》	国防科技大学出版社	ISBN 978-7-81099-759-1	参编
5	彭善生	教材	《机电设备系统安装与调试》	科学出版社	ISBN 978-7-03026-260-8	主编
6	张小青	课题立项	瑶族服饰文化在服装设计教学中的实践与应用	省教育厅	湘财教指〔2010〕75 号 项目编号：10C0170	主持人

2011 年湖南潇湘技师学院（湖南九嶷职业技术学院）科研成果一览表

表 6–13

序号	姓名	成果类别	成果名称	刊物名称及出版社名称	刊号或课题立项号	备注
1	发表科研论文共 34 篇					
2	黄小明	课题	欠发达地区职业教育与人才需求的对接研究	湖南省哲学社会科学成果评审委员会 2010—2011 年度立项资助课题	课题号为 1021003S	主持人
3	黄小明	课题	基层干部学习实践科学发展观长效机制研究	湖南省哲学社会科学成果评审委员会 2010—2011 年度立项课题	项目编号为 1011108B	主持人
4	黄小明	课题	湖南高等职业技术学院学习实践科学发展观长效机制研究	2010—2011 年度湖南省情与决策研究课题项目	项目编号为 201011BZZ207	主持人
5	罗湘明	课题	社会主义核心价值体系贯穿大学生思想政治教育全过程研究	湖南省高校思想政治教育研究立项一般课题	课题号 09C63	主持人
6	罗湘明	专著	《互联网视野下高校思想政治教育新论》	吉林大学出版社出版《中国社会科学文摘》12 期封三专版介绍	ISBN 978–7–5601–3909–8	
7	周利民	教材	《计算机应用基础》	南开大学出版社	ISBN 978–7–3100–3773–5	第一作者
8	周利民	教材	《计算机应用基础上机指导》	中国传媒大学出版社	ISBN 978–7–8112–7942–9	第一作者
9	林常君	教材	《VI 设计》/ 参编	中国民族摄影出版社	ISBN 978–7–5122–0124–8	参编
10	林常君	教材	《标志设计与实训》/ 参编	中国民族摄影出版社	ISBN 978–7–5122–0100–2	参编
11	王　洪	教材	《电机设备安装与维护》	科学出版社	ISBN 978–7–0302–9885–0	主编

2012 年湖南潇湘技师学院（湖南九嶷职业技术学院）科研成果一览表

表 6-14

序号	姓名	成果类别	成果名称	刊物名称及出版社名称	刊号或课题立项号	备注
1	发表科研论文共 44 篇					
2	黄小明	专著	《基层干部学习实践科学发展观长效机制的建构研究》	湖南大学出版社	ISBN 978-7-5667-0245-6	
3	林常君	教材	《室内空间设计》	北京工业大学出版社	ISBN 978-7-5639-3216-0	第三主编
4	林常君	教材	《透视与制图》	北京工业大学出版社	ISBN 978-7-5639-3211-5	第三主编
5	杨慧丽	专利	一种双动力三轮货运车	国家知识产权局	ZL 2012 2 0133953.1	
6	周友明	教材	二十一世纪高职高专规划教材《财务会计》	湖南师范大学出版社	ISBN 978-7-5648-0659-0	副主编
7	唐建波	教材	《实习菜谱》	本校教材		

2013 年湖南潇湘技师学院（湖南九嶷职业技术学院）科研成果一览表

表 6-15

序号	姓名	成果类别	成果名称	刊物名称及出版社名称	刊号或课题立项号
1	发表科研论文共 36 篇				
2	唐海君	著作	就业指导与心理调适	湖南人民出版社	ISBN 978-7-5438-4097-3
3	唐海君	著作	和谐社会建设中思想政治工作功能拓展研究	湖南人民出版社	ISBN 978-7-5438-9616-1
4	唐海君	课题立项	新时期职业院校学生诚信品质培养现状与对策研究	省社科基金项目	12B25
5	唐海君	课题立项	湖南经济转型进程中高职教育发展研究	省教育厅科学研究项目	13C282

续表 6-15

序号	姓名	成果类别	成果名称	刊物名称及出版社名称	刊号或课题立项号
6	李劲涛	著作	《社会主义核心价值体系融入高校校园文化建设研究》	吉林大学出版社	ISBN 978-7-5601-9725-8
7	李劲涛	课题立项	职业技术教育与新农村建设对接途径研究	湖南省院士专家咨询委员会湖南省情与决策咨询研究课题评审委员会	2013ZZ13
8	罗湘明	专著	《和谐社会建设中思想政治工作功能拓展研究》	湖南人民出版社出版	ISBN 978-7-5601-3909-8
9	罗湘明	课题立项	高校网络舆情监控机制研究	湖南省社科基金一般项目	课题号 13B24
10	罗湘明	课题立项	社会主义核心价值观融入高职学生德育途径创新研究	湖南省职业院校教育教学改革研究一般项目	课题号 ZJB2013060
11	唐　锴	课题立项	深层次校企合作培养高技能人才的研究与实践	永州市科技创新项目	S2011Z2063

2014 年湖南潇湘技师学院（湖南九嶷职业技术学院）科研成果一览表

表 6-16

序号	姓名	成果类别	成果名称	刊物名称及出版社名称	刊号或课题立项号	备注
1	发表科研论文共 46 篇					
2	何增明	课题立项	红壤丘陵区豆科牧草种植培肥和筛选研究	永州市科学技术局	一般课题	
3	罗湘明	课题立项	“青春心语”成长辅导室	2014 年湖南省大学生思想道德素质提升工程省级项目	课题号 14C88	
4	罗湘明	科研课题	高校网络舆情监控机制研究	湖南省社科基金一般项目	课题号 13B24	
5	罗湘明	科研课题	社会主义核心价值观融入高职学生德育途径创新研究	湖南省职业院校教育教学改革研究一般项目	课题号 ZJB2013060	

续表 6-16

序号	姓名	成果类别	成果名称	刊物名称及出版社名称	刊号或课题立项号	备注
6	胡先云	科研课题	湖南产业转型升级背景下现代高职教育体系构建研究	湖南省教育厅科技处	14C0423	
7	郑生明	教材	《液压与气压技术及技能训练》	电子工业出版社	ISBN 978-7-1211-7864-1	主编
8	唐良跃	教材	《电工与电子技术》	北京邮电大学出版社	ISBN 978-7-5635-1314-7	副主编
9	唐良跃	教材	《汽车电子控制技术》	东北师范大学出版社	ISBN 978-7-5602-9717-0	副主编
10	魏　翼	教材	《新编税法教程》	中国商业出版社	ISBN 978-7-5044-8406-2	副主编
11	林常君	教材	《室内居住空间设计》	中南大学出版社	ISBN 978-7-5487-1168-1	副主编
12	卢丽红	教材	《素描基础》	西安交通大学出版社	ISBN 978-7-5605-6137-0	
13	魏　翔	教材	《三大构成设计》	湖北科学技术出版社	ISBN 978-7-5352-5027-8	副主编
14	唐志雄	教材	《心理健康教育》	北京出版社	ISBN 978-7-200-10742-5	副主编

2015 年湖南潇湘技师学院（湖南九嶷职业技术学院）科研成果一览表

表 6-17

序号	姓名	成果类别	成果名称	刊物名称及出版社名称	刊号或课题立项号	备注
1	发表科研论文共 65 篇					
2	唐海君	科研课题	基于 Andekid 的职业教育学习应用软件开发	永州市科技局	永财企指〔2015〕25 号	
3	周利民	教材	《计算机应用基础（Windows7+Office2010）》	电子科技大学出版社	ISBN 978-7-5647-3073-4	主编
4	周利民	教材	《计算机应用基础上机指导（Windows7+Office2010）》	电子科技大学出版社	ISBN 978-7-5647-3074-1	主编

续表 6-17

序号	姓名	成果类别	成果名称	刊物名称及出版社名称	刊号或课题立项号	备注
5	孙丽平	教材	《CorelDRAW 实用教程》	科学技术文献出版社	ISBN 978-7-5023-7317-7	副主编
6	唐良跃	教材	《传感器原理与应用》	西北工业大学出版社	ISBN 978-7-5612-4618-4	副主编
7	唐良跃	专业教材	《单片机原理》	东北师范大学出版社	ISBN 978-7-5681-1019-8	副主编
8	唐良跃	专业教材	《电工电子技能与训练》	南京大学出版社	ISBN 978-7-305-10286-8	副主编
9	魏　翔	教材	《大学计算机应用基础》	湖南师范大学出版社	ISBN 978-7-5648-2259-0	副主编
10	魏　翔	教材	《三大构成设计》	湖北科学技术出版社	ISBN 978-7-5352-5027-8	副主编
11	李云义	课题立项	自动灭火装置用气体发生剂成型工艺研究	省教育厅	15C0524	主持
12	李云义	专利	一种挤压式物料粉碎装置	国家知识产权局	专利号：ZL201520425596.X	
13	王　洪	教材	《机电设备系统安装与调试》（第二版）	科学出版社	ISBN 978-7-03-045353-2	主编
14	林常君	课题立项	永州地域文化图案在现代村镇建筑装饰中的应用	省教育厅	15C0525	主持
15	林常君	课题立项	打造特色地域文化标志提升永州城市品位	永州市科技局	永科发〔2015〕11	主持
16	林常君	教材	《设计概论》	西南交通大学出版社	ISBN 978-7-5643-3629-5	副主编
17	陈　春	教材	《素描静物》	西南交通大学出版社	ISBN 978-7-65643-3850-3	副主编
18	唐　康	教材	《室内住宅设计实训》	西南交通大学出版社	ISBN 978-7-5643-3529-8	副主编
19	唐　康	教材	《模型设计与制作》	中国建材工业出版社	ISBN 978-7-5160-1102-7	副主编

第四节 创建永州师范高等专科学校

2005年，市委、市政府开始酝酿筹建永州市大专层次农村小学、幼儿教师培养培训基地，2005年12月25日，永州市人民政府呈报《关于确定永州职业技术学院师范学院为永州市大专层次幼儿园、小学教师培养基地的请示》，向省人民政府提出申请申办永州市大专层次小学、幼儿教师培养基地，请求省政府确定道县师范学校为永州市继续教育中心，承担全市大专层次小学、幼儿园教师专项培养任务，并发展其成永州市高等师范学校，此项工作得到湖南分管教育副省长唐之享的大力支持。

2006年，市人民政府提出将道县师范学校、祁阳师范学校合并，搬迁到中心城区，创办永州高等师范专科学校的设想，并向省人民政府递交申请报告。2008年4月24日，永州市人民政府又向省教育厅提出申请创办永州小学、幼儿教师培养基地，经过省教育厅组织验收评估，获得通过。至此，加上原来获得批准的道县师范学校、祁阳师范学校2个幼儿教师培养培训基地，全市中小学、幼儿教师培养培训的机制更加健全。

2010年12月16日，市人民政府召开第75次常务会议，专题研究道县师范学校、祁阳师范学校合并办学、搬迁工作，会议听取市教育局关于道县师范、祁阳师范合并办学、搬迁工作情况汇报，认为道县师范、祁阳师范合并办学并搬迁至中心城区，符合上级整合资源、加强学前教育师资培训的精神，有利于凸显竞争优势，为进一步办好“永州大专层次小学、幼儿园教师培养培训基地”、申办永州高等（幼儿）专科学校创造条件。会议同意道县师范、祁阳师范合并办学并搬迁至中心城区。2011年3月7日，中共永州市委常委会会议同意道县师范、祁阳师范合并办学，搬迁到原永州职院商贸学院旧址，并要求市教育局努力创造条件，积极申报“永州高等师范专科学校”。

2011年4月11日市政府第79次常务会议要求，制定出台《永州市建设教育强市规划纲要（2011—2020）》《关于加快推进教育强市建设的实施意见》，提出加快道县师范和祁阳师范合并、搬迁工作，按照市委常委会确定的把两所师范学校合并搬迁到中心城区的思想，分两步走：第一步，先将两校合并搬迁到永州职院商贸旅游学院办学，力争当年开始招生；第二步，进一步论证确定搬迁地址，规划搬迁。

为争取创办永州高等师范专科学校，2015年12月29日，市教育局又将此事提交市委常委会会议审议，计划在零陵区永州职院旁征地500亩，投入7亿元新建高等师范专科学校。2015年9月6日市委常委会会议研究决定大力支持道县师范、祁阳师范合并搬迁创建永州高等师范专科学校，由市政府尽快研究，积极向上级汇报争取，加快推进工作。

2015 年 12 月，市人民政府递交报告请求省政府批准设立永州高等师范专科学校；在零陵城区永州职院旁征地 500 余亩，成立建设班子，正式启动永州高等师范专科学校建设。

第七章

成人教育

第七章　成人教育

20 世纪 80 年代初，零陵地区成人教育得到恢复和发展。在农村着重进行扫除文盲和农业实用技术知识教育；工厂和企业进行职工初中文化补课和初级技术知识补课；成人高等教育除恢复函授、夜大学、业余大学外，还举办广播电视大学、高等教育自学考试。1992 年，零陵地区的成人教育在农村着重进行中等教育和农民实用技术培训、劳动力转移培训；工厂和企业进行职工中等教育和职工职业技能培训、岗位培训、再就业培训；成人高等教育重点举办函授、广播电视大学、高等教育自学考试；职工教育重点转向职业技能培训、再就业培训，农民教育重点转向实用技术培训，成人教育迅速发展。是年，全区有成人高、中、初等学校 6109 所，其中成人高校（部）2 所、中专 25 所、中学 56 所、初等学校 3149 所、技术培训学校 2877 所；在校学员 304077 人（高校 907 人，中专 7005 人，中学 4542 人，初等学校 62092 人，技术培训学校 229531 人）；教职工 7590 人。

1992 年 8 月 15 日，经地区编委批准，地区职工教育办公室更名为零陵地区成人教育办公室，下设综合科、农民教育科、职工教育科，归口地区教委管理。地区工农教育办划归成人教育办管理，实行一个机构、两块牌子，对外仍保留其牌子，对内为地区成人教育办的农民教育科（职工教育科）。地区成人教育办属正处级单位，定编 9 人。

1997 年，永州市的成人教育发展迅速，全市有成人高、中、初等学校 8466 所，比上年增加 4542 所。其中，成人高等学校（部）2 所，成人中专 24 所，成人中学 31 所，成人技术培训学校 5915 所，成人初等学校 2494 所。在校学员 434575 人，比上年增加 214797 人。其中，成人高校 2640 人，成人中专 10275 人，成人中学 4062 人，成人技术培训学校 370115 人，成人初等学校 47483 人；教职工 16718 人，另有兼职教师 16853 人。各县（区）乡（镇）农校按照“实际、实用、实效”的原则，因地制宜、灵活办班，学文化与学技术结合，培训示范与生产实践相结合，形成灵活多样的农村成人教育网络。

1998 年，全市 11 个县（区）先后全部接受省政府扫盲评估验收合格，并通过国家扫盲评估验收团的验收，实现扫盲工作历史性跨越。同期，全市职工教育以职工学校和职工培训中心为依托，开展职工在岗培训、转岗培训和干部职工的学历教育。“九五”期间，干部职工教育形成多类型、多层次、多形式的教育培训体系。

2001 年开始，成人远程教育快速发展，全市成人教育不断深化与提升。农民教育以乡、村两级农校为依托，大力开展农民实用技术培训，农民的综合素质得到一定程度的提高。

2002 年，全市有成人高、中、初等学校 363 所，比上年减少 2685 所；在校学员 47830 人，比上年减少 82850 人；教职工 1134 人，比上年减少 2304 人。其中，成人高校在校学员增加 6285 人；成人中专在校学员减少 1933 人；成人技术培训学校减少 2487 所，在校学员减少 77935 人；成人初等学校减少 193 所，在校学员减少 8463 人。

1992—2002 年，永州市各类成人教育学校（机构）共培养毕（结）业学员 2227972 人。其中，成人高校毕业 9809 人，成人中专毕业 30243 人，成人中学毕业 9601 人，成人技术培训学校毕（结）业 1961648 人，成人初等学校毕（结）业 216671 人。

1992—2002 年永州市成人教育概况表

表 7–1

年度	各类成人学校所数（所）	在校学生数（人）	教职工数（人）	其中：教育部门办		
				学校所数（所）	在校学生数（人）	教职工数（人）
1992	6109	304077	7590	2512	235072	3954
1993	6058	362784	9734	2660	240822	4258
1994	5374	412508	8784	1055	175549	2039
1995	5389	152514	5872	1055	97334	3455
1996	3923	219778	10068	2044	130975	4672
1997	8466	434575	16718	6855	319467	13162
1998	2671	74116	2707	2263	73189	1962
1999	4065	200428	3920	3813	177224	3285
2000	2982	94297	4662	2977	92777	4425
2001	3048	130680	3438	2251	105465	2991
2002	363	47830	1134	138	22221	880

1992—2002 年永州市成人教育毕（结）业生情况表

表 7–2　　单位：人

年度	成人高等教育学校	成人中等专业学校	成人中学	成人技术培训学校	成人初等学校	合计
1992	319	2227	1563	183996	40421	228526
1993	171	2151	1129	266969	39349	309769
1994	359	2484	776	307555	18620	329794
1995	494	1840	1889	118822	28842	151887
1996	1315	2079	640	155474	15816	175324
1997	1389	3173	1607	327406	29239	362814
1998	929	3873	121	116537	7204	128664
1999	857	2931	435	195651	9140	209014
2000	1098	3510	598	151743	17933	174882
2001	733	4345	678	109776	9146	124678
2002	2145	1630	165	27719	961	32620
合计	9809	30243	9601	1961648	216671	2227972

2003 年，全市有成人高、中、初等学校 28 所，其中成人高等教育机构 2 所、成人中专 1 所、成人中学 22 所、成人初等学校 3 所，比上年减少 335 所；在校学员 22812 人，比上年减少 25018 人。全市成人中、初等学校的历史使命基本完成，绝大多数被关、停、撤、并，成人中等教育朝着成人高等教育发展。

1992—2015 年，全市成人高校有毕业生 51727 人。

1992—2015 年永州市成人高等教育情况统计表

表 7–3　　单位：人

年份	毕业生数	招生数	在校生数	年份	毕业生数	招生数	在校生数
1992	319	536	907	2004	3506	3351	7754
1993	171	700	1164	2005	2673	2286	6751
1994	359	1275	4062	2006	1543	1511	4858
1995	494	1047	2578	2007	2518	1353	3641

续表 7–3

年份	毕业生数	招生数	在校生数	年份	毕业生数	招生数	在校生数
1996	1315	1084	2873	2008	1159	1951	3756
1997	1389	1135	2640	2009	1384	5012	10077
1998	929	672	2372	2010	3450	4505	9945
1999	857	965	2276	2011	3896	4992	10480
2000	1098	2781	4417	2012	3792	4807	11802
2001	733	2619	6397	2013	4610	3761	11310
2002	2145	4434	12682	2014	4855	3943	10488
2003	3819	3945	7782	2015	4713	2236	8888
合计					51727	56956	—

2010 年，《永州市教育事业发展“十二五”规划》明确提出：构建国民终身教育体系，建设学习型社会，实施以提高职业技能为重点的成人继续教育和再就业培训工程，形成校企结合、工学结合、结构合理、形式多样、灵活开放、自主发展、有永州特色的现代成人教育体系。

2013 年，永州职业技术学院被认定为市农村劳动力转移和失业人员再就业定点培训基地。至 2015 年，共培训农村各类养殖专业人员 4000 余人次，为全市承接产业转移和劳动力再就业等培训 30000 余人次；到企业、乡镇（社区）和农村进行技术指导及提供咨询服务 5000 余人次；为农民解决技术难题 200 多个，发放技术资料 80 多万份，推广实用技术和科研成果 30 多项，为农民增收 7000 多万元；指导和扶持种植大户 10 余户，指导农民建起 32 个千头集约化猪场，扶持 200 多家养猪专业户，使许多农户脱贫致富。帮扶 12 所乡镇卫生院，给予技术指导，缓解百姓看病难、看病贵问题。中央电视台《新闻联播》两次报道该院服务基层的典型做法，《光明日报》以“潇湘大地飞农歌”为题对该院服务“三农”进行专题报道。

第一节　成人高等教育

成人高等教育是高等教育的重要组成部分，属国民教育系列，国家承认学历。成人高等教育包括高等教育自学考试、成人高考（授课方式分为脱产、业余、函授）、广播电视大学、网络教育。

一、成人高等函授教育

（一）概况

高等函授教育是成人高等教育的一种学习形式，是运用通信方式进行的教育。学员利用业余时间，以自学函授教材为主，由主办高校给予辅导与考核，并在一定时间进行短期的集中学习和就地委托辅导。学员学完规定的课程，经考试合格后，由主办院校发给毕业证书。本、专科函授教育招生纳入国家高等教育招生计划，参加全国成人高等学校招生统一考试、录取。高等函授教育最短学习年限为专升本、高中起点专科两年半，高中起点本科五年。

零陵地区的高等函授教育始于20世纪50年代，当时创办的高师函授教育，主要是在职教师教育培训。地区设高师函授辅导站，各县设高师函授部，负责招生和教学组织工作。1982年，地区教师进修学院撤销，高等函授教育工作由零陵师范专科学校（简称零陵师专）负责。1985年9月，零陵师专设立函授部，各县（市）设立函授分站。1987年底，国家教委授予零陵师专函授权。1988年下学期，零陵师专独立举办高等函授教育，当年招收3个专业函授生235人、小教大专班75人。另有专科政治、物理专业函授生156人、电视师专学员160人，在籍学员626人。1992年至2001年8月，零陵地区的高函教育工作由地区成人教育办负责；2001年9月，市教育局设立职业技术与成人教育科，高等函授教育的管理和监督工作由职成科负责。

1992年11月，零陵地区成人教育办制定《关于加强成人教育函授站和教学班管理的规定》，12月上旬，组织对全区成人教育函授站的情况进行调查，摸清底子。据调查统计，至1992年底，全区有省内外19所大学设立的高等教育函授站（点）25个，毕业生2964人，在籍学员4213人；有湖南农业广播电视学校、中华会计函授学校、县（市）教师进修学校等成人中专函授站31个，毕业生3015人，在籍学员3891人。

1995年，零陵师专在国务院批转《国家教委关于大力发展高等学校函授教育和夜大学的意见》提出的“高等学校除办好全日制大学外，还应根据自己学校情况积极举办函授教育和夜大学”“发展高等教育应贯彻两条腿走路的方针”指引下，大力发展师范专科函授教育。学校根据国家教委办公厅《普通高等学校函授教育评估基本内容和准则》要求，按照自查、自评、自改、自建以及专家评估的过程，对设立在本地区的函授站开展自查自评工作，查漏补缺，规范函授教育办学行为，完善函授教育管理制度。零陵师专的函授教育得到较快发展，在籍学员人数1995年555人，1996年增加到859人，1997年增加到996人，1998年增加到1022人。

1999年，教育部印发《关于高等学校以函授、夜大学方式举办本专科教育的意见》提出“经教育部批准设立的本科学校自主举办函授、夜大学本专科教育，专科学校可以自主举办函授、夜大学专科教育”。这一规定出台后，永州市高等函授教育快速发展，成人高等教育函授站由26个发展到33个，在籍学员大幅度增加。如零陵师专函授部在籍函授学员1999年1197人，2000年增加到2232人，2001年增加到3795人，2002年增加到4841人。

1992—2015年，全市共培养函授专、本科毕业生47552人，其中湖南科技学院1994—2015年培养函授专、本科毕业生26551人。

1994—2015年湖南科技学院函授教育情况统计表

表7–4 单位：人

年份	毕业生数	招生数	在籍学生数	年份	毕业生数	招生数	在籍学生数
1994	93	172	599	2005	1790	914	3165
1995	222	225	555	2006	697	1183	3651
1996	183	340	859	2007	1778	1130	2910
1997	242	385	996	2008	1027	1704	3066
1998	254	289	1022	2009	632	2231	4637
1999	332	517	1197	2010	2434	2286	4489
2000	350	1427	2232	2011	2203	2331	4617
2001	350	1841	3795	2012	2162	2163	4618
2002	463	1632	4841	2013	2163	2076	4431
2003	2610	1861	4680	2014	2207	2248	4472
2004	2295	2251	3876	2015	2064	1069	3480

（二）管理

函授站实行归口管理，分级负责。省教育厅负责全省函授站的整体布局和设站备案登记，市教育局负责函授站的设站条件审查、日常管理和监督工作，主办高校成人教育主管部门负责本校函授站设立及管理工作。

1995年12月1日，零陵地区教委印发《关于加强我区普通高校、成人高校函授站、教学工作站（点、班）建设和管理问题的通知》，对函授站的办学条件、教学与管理、各有关部门的主要职责和对函授站的检查评估与监督等提出具体要求；对现有函授站（包括中专、中师函授站）进行清理登记。决定从1996年起，每年10月对函授站进行年检评估。年检评估不合格的函授站，暂停下年度招生，并限期整改，整改期满仍不合格的，予以撤并。

1996 年 10 月，市教委组织对辖区内的 26 个高等教育函授站进行年检评估，确认优秀函授站 5 个、合格函授站 15 个、整改函授站 4 个、撤销函授站 2 个。评估结果在《永州日报》上公示，并对优秀和合格函授站进行重新登记备案。

1999 年，省教委先后下发《关于全省高等教育函授站实行办学许可证制度的通知》和《关于加强函授站管理的通知》，要求全省对高等教育函授站的教学情况、管理水平等进行年审。永州市成人教育办按照省里文件要求组织专家评委于 10 月下旬对全市 25 个专、本科函授站进行年审，21 个函授站合格颁发办学许可证，获得 2000 年成人高等教育招生资格；4 个不合格的函授站被取消办学资格。同时，对全市的湖南农业广播电视学校函授站、中华会计函授学校函授站、县教师进修学校中师函授站等 31 个成人教育“中函站”进行清理整顿，确认合格“中函站”3 个，进行重新登记备案；不合格取消办学资格的“中函站”28 个。

2003 年 1 月 3 日，省教育厅印发《湖南省普通高等学校成人函授教育辅导站设置及管理办法》，对函授站的设置原则、设置条件、备案登记程序、各有关单位的主要职责及对函授站的检查与监督等方面提出具体要求。是年 11 月中旬，市教育局按省教育厅要求，组织专家组对全市 24 个成人高等函授教育辅导站进行年检评估，对新申报的 3 个函授站进行考察。年检评估结果报省教育厅审核批准，确认优秀函授站 1 个，合格函授站 20 个，限期整改函授站 2 个，撤销函授站 1 个。新申报的 3 个函授站同意设站备案。

2004 年 9 月 13 日，省教育厅印发《湖南省普通高等学校成人教育函授站教学工作评估实施办法》。对函授站教学工作评估实施分年度抽评、四年轮换一次。是年 11 月至 12 月，省教育厅组织专家组进行首轮评估。永州被抽评的 8 个函授站的教学工作评估结果均为合格等次。

2005 年，为进一步加强高等学校成人教育函授站的管理和监督，市教育局建立审批备案制度、招生广告备案制度、年检评估制度，将函授站纳入信息化管理轨道。是年 10 月，市教育局组织对辖区内 27 个高等教育函授站进行年检评估：合格函授站 22 个，整改函授站 2 个，撤销函授站 3 个。

2011 年 10 月，市教育局按照省教育厅的部署和要求组织专家组对辖区内设立的 29 个（含 6 个新设站）高等教育函授站的办学情况进行年检评估，报经省教育厅复审，确认合格函授站 22 个，撤销函授站 1 个，新设的 6 个函授站不需参加本年度的年检评估。在籍学生共 5123 人。

2015 年，全市有合格函授站 23 个，新设函授站 2 个，在籍学生 5018 人。

二、高等教育自学考试

（一）发展概况

零陵地区高等教育自学考试始于1984年。当年7月零陵地区高等教育自学考试指导委员会（简称地区自考委）成立，地区自考委下设办公室（简称地区自考办），配备专职人员4人，统筹管理全区自学考试工作，负责贯彻执行自学考试的方针、政策，指导广大考生报名报考，组织统一考试、档案管理、教材发行和学籍管理等工作。1984年11月25日，零陵地区自学考试首次开考，设6个专业：党政干部基础理论专修科、数学专业、汉语言文学专业、英语专业、会计专业、统计专业，当年报考者4686人。

永州市自学考试自1984年下半年首次开考实施，经历从无到有、从小到大、不断提高的发展过程。

管理机构：2002年前，永州的自考工作由市自考办（定编4人）负责。2002年3月，市教育局实行考试招生统一管理，经市编办批准设立永州市教育招生考试中心（简称市招考中心），下设自考科。2009年9月30日，市招考中心更名为永州市教育考试院，配备自考专职人员1~2人。

考试规模：1992—2000年考生数量逐年增加，2000年达全市顶峰39555人，2001年后，考生逐年递减。2005年起由于全日制本、专科毕业生增多，参加工作的干部、职工基本上都达到大专以上学历等多方面因素影响，自学考试生源不断萎缩，参加自学考试的人数逐年减少，各县（区）不再都设考点，由市招考中心（考试院）统一设点组织考试。2008年，全市每次报考人数不足3000人，2011年后，全市每次报考人数在2000人左右。2015年下半年，全市报考人数只有1384人。1992—2015年，永州市自学考试共有407077人次报考960190科次，共有17299名考生毕业，其中本科7768人，专科9531人。

管理技术：1988年前，永州自学考试是简单的人工管理，劳动量大，效率低。2003年下半年，永州按省教育考试院要求实现全国统一的考务考籍管理系统的推广使用。2005年下半年，永州市依托省教育考试院网上自考管理系统，首次实施考生网上报名、网上办证。

2006年4月至10月，市招考中心对自学考试开考以来全市在籍考生的原始纸质档案进行清理，全部转化为电子档案，考试成绩查询和毕业办证转为网上申报、审核，实现网上无纸化操作，受到省教育考试院的好评。同年10月下旬，永州市高等教育自学考试考务考籍管理质量顺利通过国家自考办评审。

1992—2015 年永州市自考报考人数及科次统计表

表 7–5

年份	上半年		下半年		年份	上半年		下半年	
	报考人数（人）	报考科次（科次）	报考人数（人）	报考科次（科次）		报考人数（人）	报考科次（科次）	报考人数（人）	报考科次（科次）
1992	8833	19003	8594	19303	2004	10196	19718	7081	16893
1993	7066	15548	6767	15292	2005	5949	13387	5197	12142
1994	8620	20490	7885	18435	2006	4263	9862	3773	8762
1995	9119	22002	9145	22305	2007	3686	8555	2918	7092
1996	16183	28316	12830	31015	2008	2779	6617	2886	7725
1997	16189	41156	17244	46182	2009	3374	9542	3793	10759
1998	18552	46197	17081	40541	2010	2631	8109	2817	8913
1999	16939	41714	18149	43664	2011	2266	7848	2205	6729
2000	19581	45575	19974	49406	2012	2057	6330	1781	4902
2001	15613	36006	17590	36678	2013	1786	5061	1390	4144
2002	12313	28909	16366	36554	2014	1689	4674	1483	4450
2003	12529	24450	14930	29613	2015	1601	5227	1384	4395

1992—2015 年永州市自考毕业人数统计表

表 7–6 **单位：人**

年份	4 月		10 月		年份	4 月		10 月	
	专科	本科	专科	本科		专科	本科	专科	本科
1992	99	19	160	24	2004	165	138	197	288
1993	117	12	173	14	2005	152	262	178	357
1994	122	25	131	12	2006	114	294	116	237
1995	127	11	318	45	2007	81	259	89	273
1996	260	29	369	90	2008	48	233	58	236
1997	367	55	352	72	2009	47	158	45	132
1998	448	80	237	122	2010	24	216	26	114
1999	464	158	368	139	2011	16	114	20	96

续表 7–6

年份	4月		10月		年份	4月		10月	
	专科	本科	专科	本科		专科	本科	专科	本科
2000	547	276	399	216	2012	13	35	10	86
2001	364	560	938	472	2013	6	45	6	50
2002	625	472	842	658	2014	4	39	9	75
2003	109	85	151	305	2015	16	30	4	50

（二）考试管理

永州市高等教育自学考试一般每年举行两次（2001 年、2002 年、2011 年、2012 年举办 3 次，2003 年、2004 年、2010 年举办 4 次），上半年 1 月报名，4 月考试，下半年 7 月报名，10 月考试。按高考要求组考，强化考试管理。

考点设置：1992—2004 年，每次考试各县（区）都有 400 人以上的考生报考，为方便考生，各县（区）都设有考点。2003 年起，全市自考考点全部按国家教育考试标准化设置，实行“四大国考统筹”，进一步推进标准化考点建设，该项工作走在全省的前列。2005 年后社会型考生逐渐萎缩，到 2006 年有的县考生不足 100 人，各县不再都设考点，由市招考中心（考试院）统一设点组织考试。所有社会型考生从 2006 年开始集中到市区考点或市招考中心指定的考点参加考试。是年 10 月 28 日至 29 日第 50 次自学考试，全市 3773 人报考 8762 科次，设 7 个考点（永州十一中、永州监狱、永州八中、道县一中、宁远二中、新田一中、祁阳职中）。

考试过程管理：每次考试，全市各考区都成立以自考委主要领导为组长的领导小组，全面负责本考区的考试管理工作，实行“一把手”负责制。各考点按要求设立考务组、保密组、宣传组、保卫组、巡视组、后勤组、医务组、电子监控组等机构。各岗位工作人员分工明确，各负其责。对违反考试规定、违纪舞弊者，严肃处理，决不姑息。

（三）考籍管理

市自学考试机构负责对本地区考生的考籍管理。1996 年后，随着自考开考专业、层次的不断更新拓宽和考次的增加，全市自考报考人数和报考科次大幅度增长，市招考中心集中管理在籍考生档案除本身承受能力与此不相适应外，同时也给县（区）的管理工作带来诸多不便。根据《湖南省高等教育自学考试考籍管理工作细则》规定，县（区）自学考试机构负责本县（区）考生的考籍管理。2002 年 3 月 29 日市教育局下发《关于将高等教育自学考试考籍档案委托县区教委管理的通知》，并制定《永州市高等教育自学考试考籍档案管理暂行办法》。4 月上旬，市招考中心将高等教育自学考试考籍档案委托给县（区）教委自考机构管理。

三、湖南广播电视大学永州分校

湖南广播电视大学永州分校（简称电大永州分校）创办于 1980 年 6 月，原为零陵地区电大工作站，1983 年 10 月改为湖南广播电视大学零陵分校（简称电大零陵分校），2011 年 4 月更名为湖南广播电视大学永州分校。至 2015 年，学校是永州市唯一一所利用现代信息技术手段举办远程开放教育的新型成人高等院校，属正处级全额财政拨款事业单位，行政上隶属永州市委、市政府，归口市教育局管理，教学业务接受中央广播电视大学、湖南省广播电视大学指导。学校的办学职能是开展成人高等学历教育、继续教育培训、社区教育、干部在线教育、农民大学生的培养和终身教育。学校在编教职工 41 人，离退休人员 22 人，临聘人员 9 人。其中，专业技术人员 24 人，副高以上职称 6 人，中级职称 16 人。学校实行系统办学，向上依托中央电大和省电大，向下设有宁远、蓝山、新田、东安、江永、江华、道县、祁阳 8 个电大工作站，构成分级办学、分级管理、资源共享的办学系统。此外，学校还建立一支结构合理、相对稳定、素质优良，具有中、高级职称的外聘教师队伍。

2015 年，湖南广播电视大学永州分校

1980 年 6 月至 1983 年 9 月，是电大零陵分校的创建阶段。当时的工作机构是地区电大工作站，属湖南广播电视大学的派出机构，受省电大和地区教育局双重领导，经费由省电大核定，在地方财政高等业余教育经费项目中列支。工作人员 1 人，与地区教育局高教科合署办公。1982 年，工作站人员编制增加到 2 人，负责工作站的招生、录取、学籍管理等工作，办班和考试工作由地区教育局统一组织安排。

1983 年 10 月至 1986 年，是电大零陵分校的初步发展阶段。根据省政府办公厅文件精神，1983 年 10 月，经地区编委批准成立湖南广播电视大学零陵分校（简称电大零陵分校），内设办公室和教研室 2 个科室，定编 12 人，行政级别为正处级。1985 年 7 月，增设教务科、教材设备科，编制扩增到 22 人。1986 年 10 月编制扩增到 33 人，1987 年 12 月，编制增加到 42 人。

1985 年 12 月，电大零陵分校筹资 20 余万元，征地 40 余亩开工建设校园，1987

年 2 月正式交付使用。校园建筑面积 6000 多平方米。1998 年又新建一栋 16 间教室的教学楼，学校建筑面积增至 8200 多平方米。2011 年，市政府拨款 200 万元新建一栋 2100 平方米的远程教育教学大楼，学校建筑总面积达 10300 余平方米，固定资产 1100 多万元。2015 年，学校更新 4 间网络教室配置，新配电脑 200 台，完善多媒体教室 3 间、双向视频室（亦称云教室）1 间。

1987 年 9 月，电大零陵分校招收成人高考、普通高考、单科学习学生共 1302 人，其中校本部直属班 10 个，学生 459 人。1993—1997 年，学校抽派中层干部和教学骨干顾德远、詹天佐等 16 人在零陵、冷水滩、祁阳、东安、道县、宁远等县区建立直属工作站，由学校统一领导。

1993 年，电大零陵分校共有教职工 43 人（含离退休 2 人），在校学生 3807 人，共有 24 个直属班和其他县区 27 个教学班。

1995 年，电大零陵分校被湖南广播电视大学定点为计算机文字录入处理员鉴定所。1997 年被省、市教育行政部门确定为计算机应用能力等级考试主考单位，1998 年，省教育厅对湖南电大进行办学水平评估，电大零陵分校被评为“合格学校”。

1999 年，电大零陵分校参与中央广播电视大学“人才培养模式改革和开放教育试点”项目研究工作。2002 年省教育厅对“人才培养模式改革和开放教育试点”项目研究工作进行中期评估，电大零陵分校被评为试点“合格学校”。2006 年被教育部评为“人才培养模式改革和开放教育试点合格学校”。

2000 年后，电大零陵分校的学生主要是开放教育专、本科学生以及少数普招专科和成招专科学生。学校综合普通高等学校的管理模式和中央电大开放教育的管理模式，制定教学管理模式、学生管理模式和教学支持服务模式，量化管理，考核到位，奖罚分明，促进教育教学质量的提高。开放教育学生专科毕业率在 98% 以上，本科毕业率在 90% 以上。2004 年，《永州日报》以“扎根潇湘沃土，创新培养模式——零陵电大现代远程开放教育结硕果”为题在头版进行报道，充分肯定电大零陵分校开放教育的成果。

2015 年初，学校印发《永州电大创建学习型、学术型、创新型学校的意见》，并将创建工作纳入学校绩效考核方案。8 月底，进行第三次内部管理体制改革，10 个科室正、副职岗位竞聘上岗。

1992—2015 年，电大永州分校共招收大中专学员 4 万余人，涵盖文、理、工、农、经、法、艺、教育、管理九大类 60 多个专业，培养各层次的毕业生 35800 余人；非学历培训达 20 万人次。

第二节　农村成人教育

一、乡镇农民文化技术学校

乡镇农民文化技术学校（简称“乡镇农校”），由乡镇政府举办，一般设在本地乡镇中学或乡镇联校；农业、林业、畜牧水产、乡镇企业、妇联、科委等有关部门对口办班，教育部门归口管理。

1992年，零陵地区设立成人教育办，各县（市）区、乡（镇）设成人教育专职岗位，全地区有区、乡（镇）成教专干有495人，专职管理农民教育，协助办好乡（镇）农校。各乡（镇）农校按照省教育厅颁发的《湖南省乡镇农民文化技术学校暂行办法》开展教学活动，学员、学制、学时、课程、教材等均按暂行办法规定执行。如招生对象与学制：长班主要招收初中毕业生或相当于初中毕业文化程度的在乡知识青年、农民技术员、乡村干部和“两户一体”（专业户、重点户，生产联合体）人员，年龄不超过40岁；中、短班学员文化程度与年龄不限。长班学制，脱产学习1年，业余或半脱产学习可适当延长，但一般不超过两年，学习总时数控制在1000学时左右；中班学习时间不少于3个月、300学时以上；短班不少于30个学时。全区乡镇农校开设种植、养殖、果林、畜牧、农技推广、会计、乡镇企业管理、机电维修、食用菌等26个专业。办好乡镇农校是20世纪90年代实现“两基”的重要条件之一。各地在大力开展扫盲教育和提高农民文化水平的同时，大力加强乡镇农校建设，把农民技术教育的重点放在乡镇农校上，乡镇农校得到快速发展。是年底，全区办有乡镇农校375所，乡镇办学面达到97.9%，学员67823人；村农民文化技术学校4171所，村办学面81.9%。全区教育系统采取多层次、多形式的培训方法，对农民进行文化技术教育，共举办各种实用技术培训班11870个，培训种、养、加工、服务等各类中、初级和实用技术人员42万人次，班数和人次分别比上年增加11.9%、22%。全区农民教育的网点建设到村，运用现代化手段开展远程教育，提高农民科技水平，县、乡（镇）、村农民文化技术教育网络基本形成。

1992年，零陵地区农民文化技术教育在重点办好合格乡镇农校、打好扫盲歼灭仗的同时，根据省教委颁发的《湖南省示范乡镇农校标准》，在全区范围内开展建设示范乡镇农校活动。地区教委在元月召开的全区农民教育工作会上，反复强调把创建示范乡镇农校作为工作重点，要求抓落实。6月在江华召开的全区教育工作会上，地委、行署领导要求统一思想认识，切实抓紧示范乡镇农校和农科教中心建设。会议提出示范乡镇农校和农科教中心建设的目标、任务和措施。江华会议后，各县（市）委、政府都将示范乡镇农校和农科教中心建设列入议事日程，加强对创建工作的领导。如祁阳县委、县政府将建设示范乡镇农校列为全年十四件实事之一，纳入干部岗位责任制，并组织区乡党政领导、农民教育专干到怀化、郴县等地参观学习，掀起创建热潮，多方筹资 95 万元，一年创办 8 所示范乡镇农校。9 月 25 日至 27 日，地区在祁阳召开创建示范乡镇农校现场会，参观 3 所乡农校的现场，听取经验介绍。全区示范乡镇农校建设迈出可喜的步伐。是年底，全区有示范乡镇农校 67 所，校园面积 720 多亩，校舍建筑面积 56800 平方米，仪器设备价值 26 万元，图书资料 13 万余册；有试验基地和生产基地 5400 多亩；办长班 48 个，学员 1344 人，中、短班 435 个，培训学员 53600 人次。示范乡镇农校的经济效益和社会效益明显提高。如祁阳县张公坪示范乡农校对回乡高、初中毕业生、农户主、科技示范户主等进行 10 个方面共 32 期实用技术培训，共培训 8500 人次，70% 的学员掌握了一至两门实用技术，其中有 82 户发展成种养、加工专业户。永州市杨家巷示范乡农校通过举办科学养鱼培训班，促进全乡稻田养鱼“三个一”建设，即 1000 亩稻田养鱼，亩产一吨粮，每亩稻田养鱼纯收入 100 元。东安县川岩示范乡农校在校内开办食用菌栽培场、良种鸡、良种鸽养殖场，以场养校；蓝山县大麻、双牌县上梧江示范乡农校充分利用本校的生产实验基地，开展种、养、加工等生产实践活动，每年创收 1 万 ~3 万元；道县寿雁示范镇农校培训农民和农业职工 1200 人，推广项目 13 个，全镇粮食总产和农业总产值居全县之首。新田县高山示范乡农校办起荷兰猪、良种兔、良种鸽和全虫等养殖场，开设汽（柴）油加油站、技术咨询服务部和农机维修部，全年创收达 3 万元。这些示范乡镇农校既是人才培训和技术推广中心，又是经济实体，增强了自身活力。年底，省教委检查组到零陵地区验收 4 所示范乡镇农校，祁阳县大忠桥镇、张公坪乡、永州市杨家巷镇 3 所乡镇农校达到省示范乡镇农校标准，在全省农村成人教育工作会上被授予“湖南省示范乡镇农校”牌匾，各校均获得奖金 2000 元。

1993 年初，全区开展创省示范乡镇农校建设活动，于 3 月上旬向行署第三次专员办公会议汇报后在行署召开的分管文教县、市长会议上进行部署。

1993 年，湖南省人民政府为加强乡镇农校建设，促进农民教育与农村经济的结合，出台《湖南省乡镇农校建设合格县（市、区）标准》及《湖南省乡镇农校建设合格县（市、区）标准认定办法》。零陵地区认真贯彻落实省政府文件精神，大力推进示范乡镇农校建设，并以办学水平评估为契机，改善办学条件，完善内部管理，提高教育质量和办学效益。此外，全区各地还主要以全日制小学为依托，加强村农民文化技术学校建设，配齐乡镇成教专干与乡镇农校教师。全区各县（市）教委按照教育部的要求：60 万人以下的成教股配 2~3 人，60 万人以上的配备 3~4 名人员；乡联校配备 1 名成教专干；乡镇农校配备 1 名校长、2 名文化课教师、1 名专业课教师；村级农校校长由村小校长兼任，再由村配备 1 名教师。

1994—1997 年，全市乡镇、村两级农校以短班为主，开展种植、养殖、加工、经营、服务等方面的实用技术培训，共举办长、中、短班 25108 期，平均每年培训 335775 人次。通过及时培训、示范、推广、服务、开发，经济效益和社会效益均有明显提高。

1995 年，祁阳县潘市镇农校被评为全国农村成人教育先进学校（全省 6 所）。

1998 年，在全市迎接“两基”验收中，乡镇农校已在各县、区全面兴建并通过验收，全部达到合格标准，一部分乡镇农校建设标准比较高，达到示范农校硬件要求。“两基”验收后，永州市农村成人教育工作以乡镇、村两级农校为依托，加大对农民实用技术培训的力度，为农村经济建设培养大批实用人才和致富能手。随着农村教育改革的进行和教育大环境的变革。原有的 5 所县农民中专（农技校）中有新田、江永、东安、祁阳 4 所农民中专（农技校）与县职业中专合并；一部分独立农校由于缺乏人员管理和活动经费，不再开展活动；农村教育改革以后，乡镇联校撤并，成教专职岗位被取消。

1999 年，通过抓基础好的乡镇、基础差的乡镇、在一个县区的范围内大面积创示范乡镇农校三类典型，以及组织多次检查，经各县（区）推荐，市教委检查验收，省教委抽查审核，全市有 38 所乡镇农校达到省颁示范乡镇农校标准。省教委授予祁阳县潘市镇农校等 38 所学校“湖南省示范乡镇农民文化技术学校”称号，并颁发省示范乡镇农校牌匾。

2002 年，永州市贯彻落实《关于大力发展职业教育和成人教育的通知》精神，加大农村成人教育在实用技术培训上的力度，以乡镇农校建设和农民实用技术培训为重点，大力发展农村成人教育，积极探索农村成人教育的新路。各乡镇农校建立“农业科技示范园”，紧密结合农村经济发展和经济结构调整，运用农业高新技术，突出实用性、实效性和示范性。

是年，全市乡镇农校减少到 61 所，有学员 15834 人，专任教师 55 人，兼职教师 421 人。村办农技校 209 所，学员 12278 人，兼职教师 673 人。10 月，市教育局组织班子对全市的乡镇农校情况进行调查，发现相当部分乡镇农校严重滑坡，60% 的名存实亡，30% 的难以为继，仅 10% 的乡镇农校尚在发挥作用。

1992—2002 年，全市农民文化技术教育共培训各类农民 1970803 人次，其中 1922854 人达到中、初等专业技术水平。

1992—2002 年永州市乡镇农校办学情况统计表

表 7–7　　　　单位：所、人

年份	学校所数（所）	毕业生数（人）	招生人数（人）	在校生数（人）	教职工数（人）	另有兼职教师（人）
1992	375	68375	83422	67823	1048	1544
1993	370	134009	144561	147425	1382	2407
1994	555	118634	134958	139981	1141	2523
1995	555	51003	40666	46476	1269	1533
1996	236	51010	43442	76031	1689	1666
1997	412	146678	142730	150050	2390	2480
1998	126	44811	43660	34241	652	429
1999	501	123905	125249	121666	888	1476
2000	188	93612	72241	35711	954	544
2001	179	35082	31224	28575	253	714
2002	61	17330	16381	15834	55	421

2004 年，湖南省委、省政府颁发《关于进一步加强农村教育工作的决定》，永州市各县（区）加快农村成人教育体系建设。市政府出台实施农村劳动力转移培训“阳光工程”，当年享受“阳光工程”的人员达 4800 人。全市重点扶持 10 个农村劳动力转移就业培训基地，出台关于劳动力转移、农村实用技术培训的政策与措施。

2006 年起，按照市委、市政府建设社会主义新农村的总体要求和工作部署，不断整合职业教育与成人教育资源，加强农民教育阵地建设，协助有关部门大力开展农民教育培训活动。根据“政府主导，部门合作，依托学校，乡镇联动”的运作模式，各县（区）集中力量重点办好 1 所以上骨干中职学校和若干所乡镇农校，以此为依托，建设好县级职教中心。并把县级职教中心定位为县域内中等和初等职业教育、职业技能培训、劳动力转移培训、就业与再就业培训、农村实用技术培训的领导、统筹、管理、协调中心。2007—2008 年，蓝山、江华、祁阳三县政府统筹协调县直相关职能部门包括教育、发改、农业、劳动、人事等部门和乡镇政府及乡镇农校等单位联合，以县职业中专为依托，组建县级职教中心。市、县（区）政府以促进农业增产、农民增收为重点，根据广大农村“缺人才、少技术”的特点和广大农民“盼人才、盼技术”实际需求，积极探索“培育、开发、使用”农村实用技术人才的新路子。2008 年，蓝山县农民雷沅传经过“阳光工程”专项培训，利用所学知识结合当地茶叶生产实际，创办湖南三峰茶业有限公司，至2015年建成标准化茶园6000余亩，成为省内最大的全部自有高山有机茶叶生产基地，所产“百叠岭”茶获得国家有机食品认证，企业成为省内茶叶生产龙头企业。

二、乡镇农科教中心

1992年，全地区认真贯彻落实1990年7月《中共湖南省委、湖南省人民政府关于实行农科教结合加速农业振兴的决定》精神，高度重视农科教结合和农科教中心的建设。1992年，零陵地区重点办好乡镇农校，积极开展乡镇农科教中心建设活动。乡镇农科教中心一般以乡镇农校或条件较好的农林站为依托，在原有基础上充实科技人员，建立和完善人员培训、科技示范基地，使之成为科技推广的前沿阵地。县农科教中心以县农民中专或县农职技术学校为依托，实行联合办学，除执行培训、示范、推广、服务四大任务外，还负责指导乡镇农科教中心的工作。8月14日，行署召开为期三天的第二次全地区农科教结合工作会议，参加会议的有各县市主管农业的副县（市）长和农科教三家负责人，行署领导和农科教三家负责人分别在会上作重要讲话。会后，东安、新田等县根据本县实际，解决创建乡镇农科教中心的场地、资金、人员、教学仪器和图书资料等具体问题。双牌县五里牌乡投资50万元兴建乡农科教中心；宁远县中和区筹资20多万元兴建高标准的区农科教中心；冷水滩每年拿出几十万元投入乡镇农科教中心建设；祁阳、江华、蓝山等县乡镇党委政府发动干部群众献计献策，解决办乡镇农科中心的场地、资金等问题；冷水滩、道县、新田等县市区从教育部门抽调专人到农科教办公室专抓农科教工作，工作有声有色。地区财政局安排1992年乡镇农科教中心试点单位建设补助资金24万元。地区教委在农教科中心教师队伍建设方面采取4条有力措施：由县农民中专（农技校）承担农民教育专干和乡镇农科教中心教师技术培训任务，两年内普遍进行一次培训；采取优惠政策，鼓励大中专毕业生到乡镇农科教中心任教；与大专院校挂钩，在引进新技术新项目的同时，聘请相应的专业技术教师讲课；农民中专和职业中专招生，优先招收乡镇农科教中心的优秀学员，毕业后回原“中心”任教。在农科教中心内部管理工作方面提出抓好“一个班子、两个阵地、三个配套、四个结合、五个制度”的管理理念。农机、水电、畜牧等部门主动为乡镇农科教中心提供图书、仪器、资料、师资等方面的援助。农、科、教三家将创办农科教中心和创建示范乡镇农校融为一体，以乡镇农校为结合点，互相沟通，共同发展。是年，全地区建成基本合格的乡镇农科教中心82所，其中冷水滩区13所、东安县16所，接近乡镇总数的一半；新田县乡镇农科教中心发展到7所；蓝山县建立县农科教中心，与农广校一个机构、两块牌子，冬春进行农民科技骨干培训、“阳光工程”专项培训、送科技下乡等，广泛开展多种形式的农技培训，突出培养农村经济能手和致富带头人，重点培养农村经纪人和农民信息员及专业合作社管理人才，提高办学效益。

1992 年 1 月，省教委、省农经委、省科委在怀化联合召开全省农村职业技术教育经验交流会，全面推广“农科教统筹结合”经验。怀化地区也是国务院确定的农村改革试验区。省里会议后，零陵地区和各县（市）都组织到怀化去参观学习，特别是学习“芷江经验”，积极创办和发展职业技术学校，各乡镇创办“农科教中心”。江永县职业中专和双牌县职业中专，分别与湖南农学院和中南林学院开展联合办学，为职业学校办学探索一条新路子，其经验在全省得到推广。2008 年以后，乡镇农科教中心基本上停办。

三、县农民中等专业（技术）学校

1992 年，零陵地区有祁阳、东安、新田 3 所县农民中等专业学校（简称县农民中专）和江永、道县 2 所县农民技术学校（简称县农技校）。各农民中专（农技校）以“面向农村，面向基层，面向生产，为当地经济建设服务，为两个文明建设服务”为办学宗旨，以“为当地造就一批合格的初、中级应用型专业人才和懂技术、善经营的劳动者”为培养目标，专业设置主要有农学、林学、畜牧、养殖、水产、果林、加工、家庭经营、家政服务、工民建、机电、家电、电算会计等。招生对象为具有初中毕业文化程度者，学制 2~3 年，全日制教学，大部分学生是脱产学习。教材主要是国家教委和省教委编印的职业高中教材。学生按要求完成学业且考试合格，颁发中专毕业证书，国家承认学历，不包分配工作，学生自主择业，对品学兼优的毕业生可推荐录用。是年，全区 5 所农民中专（农技校）共招生 482 人，毕业生 319 人，在校学生 862 人；教职工 175 人，其中专任教师 104 人。

1992 年起，经省教委批准，县农民中专（农技校）陆续改名为县成人中专或并入本县职业中专。1992 年 10 月，新田县农民中专更名为“新田县成人中等专业学校”，1995 年并入新田县职业中专；1996 年 1 月，江永县农技校更名为“江永县成人中等专业学校”；8 月，祁阳县农民中专与县职业中专合并；1998 年 2 月，江永县成人中专、东安县农民中专与本县职业中专合并；1999 年 10 月，道县农技校与县职业中专合并，挂道县农民技术学校和道县职业中专分部两块牌子。农民中专并入职业中专初期，实行一个机构、两块牌子，招生、毕业仍用原校名。

1993 年起，县农民中专（农技校）扩大招生范围，直接从初中毕业生中录取新生。是年，全区农民中专（农技校）共招生 550 人，毕业生 397 人，在校学生 941 人；教职工 204 人，其中专任教师 130 人。

1998 年，全市农民中等专业教育在面向农村从业人员的前提下，积极主动地承担初中后教育的分流任务；在适应社会多元化需求的同时，牢牢把握服务农业和农村经济的主旋律；在抓好自身建设的基础上，充分发挥县农民中专（农技校）在农村成人教育体系中的“龙头”作用，大力培养农村中、初级实用技术人才。是年，全市农民中专（农技校）共招生 657 人，毕业生 329 人，在校学生 1506 人。

2001 年，全市 4 所县农民中专（农技校）共招生 1455 人（其中东安农民中专招生 75 人，新田县成人中等专业学校招生 280 人，祁阳县农民中专招生 847 人，道县农技校招生 253 人），毕业生 455 人，在校学生 2141 人。招生和在校学生是历年来最多的一年。江永县成人中专（农技校）停止招生。

1992—2002 年，全市农民中专（农技校）共招生 6951 人，毕业 3848 人。

1992—2002 年永州市农民中专农技校基本情况统计表

表 7–8

年份（人）	学校所数（人）	毕业生数（人）	招生数（人）	在校生数（人）	教职工数（人）	
					合计	其中：专任教师
1992	5	319	482	862	175	104
1993	5	397	550	941	204	130
1994	5	244	326	854	206	120
1995	5	550	665	991	225	138
1996	5	335	550	979	209	138
1997	5	431	813	1259	270	147
1998	5	329	657	1506	213	128
1999	5	236	633	1500	290	184
2000	5	486	514	1395	277	178
2001	4	455	1455	2141	274	175
2002	2	66	306	806	150	96

2003 年，永州市农民中等专业教育与中等职业教育同步，并入县职业中专的农民中专（成人中专）学校停止招生。随着成人教育的改革与发展，全市成人教育管理体制和教育培训模式发生相应变化，农民中等专业教育的主要任务是实施“四项工程”，即技能型人才培养培训工程、农村劳动力转移培训工程、农村实用人才培训工程、成人继续教育和再就业培训工程。

第三节 干部职工教育

一、干部中等教育

1992年，零陵地区有干部中等专业学校（简称干部中专）4所（地区政法干部中专、地区公安干部中专、地区粮食干部中专、地区林业干部中专），吸收本系统在职干部参加学习。干部中专按系统划分专业，学制均为2年，教学计划与教材一般采用同类普通中专的，有的学校结合本身特点和需要进行修改或另编。干部中专招生一律参加全省成人高等学校或中等专业学校招生委员会所举行的统一考试，按统一录取分数线录取新生；并对无计划招生、擅收干部代培生与旁听生等问题进行清理整顿，且要求严格管理，学制不得任意缩短或延长，学历层次不能随意升格，学员不能随便转学或转班。干部中专的招生对象为在职干部中年龄在45岁以下、身体健康、能坚持正常学习、具有初中毕业文化程度、5年以上工龄、工作岗位和所学专业对口者。在脱产学习期间工资和其他待遇等与在职干部同等对待，学完规定课程、考试成绩合格而获得毕业证书者，承认中专学历、享受相应待遇。各县党校开办干部中等专业班，主要培训区、乡（镇）干部。专业班开设哲学、政治经济学等马列主义基础理论课和语文、数学、历史等文化知识课以及政治经济学、领导科学、法律常识等专业理论课，学制2年，毕业发证，承认中专学历。是年，全区4所干部中专共招生188人，在校学生368人，毕业生120人；教职工130人，其中专任教师54人。

1996年，全市有干部中专4所，招生769人，在校学生1760人，毕业生263人；教职工134人，其中专任教师66人，兼职教师19人。是年地改市，5月，零陵地区公安干部中专更名为永州市人民警察学校。

1997年，全市有干部中专4所，招生1654人，在校学生2721人，毕业生911人；教职工135人，其中专任教师59人。招生人数和在校学生是历年来最多的一年。

1998年，全市干部中专招生849人，在校学生2479人，毕业生1154人；教职工164人，其中专任教师73人。1996—1998年是永州市党政干部学历教育的高峰期，参加中等学历教育的共有3272人。

1999年，全市有干部中专4所，招生569人，在校学生2133人，毕业生256人；教职工128人，其中专任教师62人。

2000—2003年，干部中专不断调整。2000年，市林业干部中专、市粮食干部中专、市政法干部中专3所学校无招生、无毕业生、无在校学生。2001年，市林业干部中专停办；2002年，市政法干部中专停办；2003年，市粮食干部中专停办。同年6月，市人民警察学校经省政府批准并入市委党校，实行一个机构、两块牌子。全市干部中等教育学校取消招生。

1992—2002年，全市参加干部中等教育学习的有6658人，毕业5373人。

二、职工中等教育

（一）中等专业学校

零陵地区职工中等专业学校（简称职工中专）主要由工业、供销、财税、农机、卫生等部门举办，招生对象为具有初中毕业文化程度并有2年以上工龄的正式职工（包括集体企业、乡镇企业），年龄一般不超过35周岁。所开设的专业根据本行业实际需要确定，教学计划结合职工教育的特点，参照全日制普通中等专业学校同类专业的教学计划制定。课程设置则根据学员的特点有所侧重；教材除采用普通中专统编教材外，还各自编写一些。学制一般为2~3年，其管理以所属业务部门为主，教育行政部门在业务上进行指导。学生学完教学计划规定的全部课程，考试成绩合格者，由省教育厅统一印制、统一验印毕业证书，学校发给毕业证书，国家承认中专学历。

1992年，零陵地区有财税、工业、供销3所职工中专和祁阳、冷水滩2所卫生职工中专，共计5所，共招生489人，在校学生1973人，毕业生723人；教职工212人，其中专任教师108人，兼职教师38人。

1999年2月2日，市教委下发《关于加强职工教育培训中心、职工学校管理的通知》，决定对培训中心和职工学校进行定期检查评估，重新颁发办学许可证。11月28日至12月2日，市教委组织评估专家组对全市3所职工中专进行评估。评估结果：市财税职工中专、祁阳卫生职工中专合格，市供销职工中专不合格。是年，职工中专招生337人，在校学生1427人，毕业生463人。

2000年，全市有职工中专2所，招生11人，在校学生829人，毕业生494人；2001年招生158人，在校学生514人，毕业生474人；2002年招生115人，在校学生222人，毕业生288人。

1992—2003年，职工中等专业学校也不断调整。1993年，冷水滩卫生职工中专停办。1994年8月，地区工业职工中专升格为普通中专，定名“零陵工业学校”。1999年，市供销职工中专停办。2003年，市财税职工中专、祁阳卫生职工中专停办。

1992—2002年，全市职工中专共培养毕业生5517人。

（二）岗位培训

1992年，零陵地区把开展岗位培训作为职工中等教育的重点，按照湖南省人民政府颁发的《关于职工“八五”期间开展岗位培训和建立岗位培训制度的实施意见》要求，坚持“积极稳妥、突出重点、保证质量、注重实效、逐步完善、形成制度”的工作方针，对职工进行岗位培训。岗位培训工作分为两个阶段：第一阶段，用2~3年时间，抓好岗位规范的制定、培训大纲和教材编审及资格性岗位培训的试点工作；第二阶段，用两年左右的时间，在前段的基础上，逐步扩大岗位培训的规模，基本确定和实行“先培训，后就业；先培训，后上岗”，重要、关键、主要岗位实行持证上岗的制度。地、县（市）成教部门组织力量对全区企业职工的文化、技术和业务素质及岗位情况和要求进行了一次全面系统的调查摸底。通过摸底，了解到各行业、各单位都建立了职工素质档案和培训档案，科学划分岗位，积极进行岗位规范的制定工作。各单位在岗位培训中，都注意突出能力培训，注重培训实效，把提高职工能力的培训放在突出位置，主要采取三种培训形式：示范式训练，先由师父示范，学徒、新工人边看边做；指导式训练，先学理论，后由学员按所学理论要求进行操作实践，教师从旁观察指导；实践式训练，即广泛开展岗位练兵、技术竞赛与比武、仿事故演习等。这些形式培训与生产实际结合较紧，针对性强，受训面广，切实提高职工各种操作技能。

1994年，地区职工中等教育岗位培训实施三项工程，即“各类紧缺人才（特别是高级紧缺人才）培训工程”“转岗人员培训工程”“乡镇企业人才培训工程”。培训内容以市场经济知识教育为主，突出抓好新技术、新设备、新工艺等项目的培训；采取“自培”“送培”，举办研讨会、成果展览会，开展岗位练兵和技术比武，组织技术攻关等方式，采用MES模块训练法，加大技能训练的力度，使各类培训紧贴经济建设的要求。把这三项工程作为全年的主要任务，列入工作计划，联系企业全区获省里合格证书的24所职工学校，尤其是大、中型企业和乡镇骨干企业需求，精心组织实施，探索面向市场办学的新路子。

1995年初，地区教委召开成人教育工作会，把职工中等教育列为全区成人教育工作的重点之一，要求抓紧、抓好。是年，全区职工中等教育和岗位培训得到大发展，参加成人中专和乡（镇）、村农技校培训的达180000人次，有近万名职工补习初（高）中文化和初（中）级科技知识，有1.1万名干部、职工参加高、中等教育自学考试。

1997年起，随着企业转换机制和“减员增效”举措出台，大批职工下岗。为让下岗职工尽快具备切合市场需要的技能素质，迅速走上新的岗位，再就业培训成为职工技能教育的重要内容。全市各级部门大力开展再就业培训。

1998年5月18日，省教委召开教育为再就业工程服务动员会议，并把开展第三产业和种养业等实用技术培训作为职业教育为再就业工程服务的主要内容。7月开始，永州各职工中专、职业中专、职业中学和技工学校充分利用学校资源，免费为下岗工人开展培训活动。据统计，年底全市有16000名下岗工人经过各类培训走上新的工作岗位，成为精一门、会两门、学三门专业技能的劳动者。2000年后，全市再就业培训纳入职业培训的日常工作范围。

1999年2月2日，市教委印发《关于加强职工教育培训中心、职工学校管理的通知》，明确提出实行“分级审批、统一管理”原则，省在永州单位、市属县团级企事业单位举办的培训中心、职工学校由市教委审批，报省教委备案，由市教委统一管理；县区属企事业单位举办的培训中心、职工学校由县区教委审批，报市教委备案，县区教委统一管理。要求“加强内部管理，提高办学效益。职工岗前、岗后培训，转岗、换岗培训以及下岗职工再就业培训，按需施教，学用结合”；要求搞好检查验收，进行定期评估，重新颁发办学许可证。

2001—2003年，全市职工教育以职工学校和企业职工培训中心为依托，大力开展岗前、岗后、转岗培训和下岗再就业职工培训，共培训职工14.9万人，培训合格率达90%。其中，培训下岗失业人员3.5万人，培训后就业率达82%。企业职工全员培训率达42.9%。市劳动和社会保障部门每年组织开展“职业技能宣传月”“职业技能竞赛月”活动。同时，利用广播、电视、报刊、网络等各种新闻媒体广泛宣传学历证书与职业资格证书并重制度，宣传劳动预备制度与就业准入制度。全市职业培训机构采取自培、委培、外出深造和引进等多种形式，提高培训教师综合素质。

到2015年，全市新增劳动力职业培训参训率在80%以上，在职职工年培训率达到41%，下岗职工培训率达到91%。

三、社区教育

2010年，永州以省委、省政府下发《关于推进终身教育和学习型社会建设的意见》为契机，大力推进永州市终身教育和学习型社会建设，设立“终身教育办公室”负责终身教育服务指导工作。

2013年，永州市委、市政府印发《关于推进终身教育和学习型社会建设的实施意见》提出“充分发挥永州电大系统办学优势和网络教学资源优势，以永州电大为依托，成立永州社区大学”“在全市构建成以永州社区大学为龙头、县（区）社区学院为骨干、社区学校为主体的三级社区教育体系和覆盖各级的终身教育网络”；开展青少年校外课堂、老年教育、老年在线学习等活动，进行终身教育理论研究和骨干人才培训；对社区居民开展计算机培训、法制知识培训、健康知识培训、理财知识培训、急救知识培训等，结合社区网格化治理体系，创办社区教育培训项目。

2013 年开始，永州推进社区大学各项工作，在社区试点学校建设的基础上，依托社区公共服务体系建设和乡村文明创建工程，面向社区、乡村打造“社区学校”或“村文化室”“农家书屋”项目，推进基层综合性文化服务中心建设，推动文化资源向基层特别是农村倾斜，促进“更具古道乡愁、更富人文情怀”的美丽乡村建设；推进终身教育“潇湘特色文化讲坛”品牌项目建设工作，结合永州本土理学文化、舜德文化、柳子文化、女书文化、瑶族文化等特色文化，整合、组织现有的文化资源；依托各个文化协会或相关组织，与现有的文化交流项目寻求联动，打造“潇湘特色文化讲坛”品牌项目，助力国家历史文化名城创建活动。

第八章

民办教育

第八章　民办教育

20 世纪 80 年代初，永州的民办教育逐步恢复，随着改革开放的不断深入，民办教育办学规模迅速扩大，办学门类日渐齐全，办学条件大为改善，教育质量稳步提高，到 2015 年，已逐步形成比较完整的办学体系。其发展历程大致分为三个阶段：恢复发展阶段（1980—1991 年），快速发展阶段（1992—2002 年），依法规范发展阶段（2003—2015 年）。

1980 年以后，随着改革开放大潮的兴起和社会经济的发展，民办教育进入恢复发展阶段。

1980 年秋，中共早期党员、中国著名农林科学家、教育家、原北京农业大学首任校长，时年八旬的乐天宇教授回到家乡湖南省宁远县，在九嶷山舜庙自费创办中华人民共和国成立后第一所全日制民办高等学校九嶷山学院，开中国民办大学之先河，享誉全国。在其影响下，零陵地区一大批民办学校（园）应运而生、蓬勃发展，逐步建立起层次比较齐全、结构比较合理的社会力量办学体系。1991 年，全区有各类民办学校（园）146 所（不含非学历培训机构），在校（园）学生 97779 人。其中，幼儿园 62 所，在园幼儿 85809 人；普通中小学 69 所，在校学生 8517 人；中等职业学校 15 所，在校学生 3453 人。

1992 年邓小平南方谈话后，到 2002 年 12 月《中华人民共和国民办教育促进法》的颁布，是永州民办教育的快速发展阶段。

1992 年，中共十四大报告指出“鼓励多渠道、多形式社会集资办学和民间办学，改变国家包办教育的做法”，为中国教育改革和发展提供了新的思路和动力。地区教委本着“控制规模、加强管理、正确引导”的原则，1992 年 7 月 31 日印发《零陵地区社会团体、私人办学管理办法（试行）》，对全地区社会力量办学原则、办学条件、学历认定、审批程序、学校管理等作出规定，要求“社会团体、私人办学机构一律按省、地的规定重新办理申报审批手续”。同年 8 月 28 日，地区教委设立“社会力量办学管理办公室”（简称地区社管办），负责社会力量办学的考察、审批和管理工作，协助组织民办学校办学水平年检评估工作。

1993 年 5 月 18 日，为加强对民办学校的管理，地区行署办印发《零陵地区社会力量办学管理试行办法》。

1994 年 12 月，地区教委根据《湖南省民办学校审批暂行规定》精神，相继印发《零陵地区社会办学审批条件》《零陵地区社会办学管理意见》《关于清理整顿民办学校的通知》。

1995 年 6 月，地区教委对全区社会力量办学进行全面清理登记，明确保留开办的社会力量办学机构 188 所，其中开展高等层次教育的学校 6 所，开展中等层次教育的学校 60 所。开展中等层次教育的机构中，普通中学 23 所，在校学生 2143 人；中职学校 29 所，在校学生 8560 人。开展中等以下层次教育的学校（园）122 所，其中小学 41 所，在校学生 5089 人；幼儿园 81 所，在园幼儿 78877 人。取缔办学条件差、管理混乱、办学质量低的学校 10 所（普通中学 8 所、中职学校 2 所）。通过清理整顿，全区乱招生、乱办班、乱发文凭的现象得到有效遏制，社会力量办学逐步走上规范化管理的轨道。是年 12 月，地区教委对清理整顿后的 2 所国家学历文凭试点高校、4 所非学历教育高校、15 个函授站、6 个自学考试班、60 所开展中等层次民办教育的机构进行重新审批，换发省教委统一印制的社会力量办学许可证。

1997 年 3 月，省教委在冷水滩召开全省社会力量办学经验交流会，现场参观零陵九嶷山专修学院。

1997 年 7 月 31 日，国务院颁布《社会力量办学条例》。条例规定“社会力量应当以举办实施职业教育、成人教育、高级中等教育和学前教育的教育机构为重点”“国家鼓励社会力量举办实施义务教育的教育机构作为国家实施义务教育的补充”，以行政法规的形式从总体、宏观上明确社会力量办学的重点与发展方向。按照这些规定，永州市教委确定全市社会力量办学的重点是大力发展职业教育、成人教育和学前教育的教育机构，有计划、有重点地办好一批民办中小学。全市社会力量办学发展迅速，办学领域从幼儿园到高等学校，覆盖普通教育和职业教育、学历教育和非学历教育。

1999 年 3 月 16 日，市教委印发《关于换发教育部统一印制的社会力量办学许可证的通知》，从 5 月 1 日起，全市统一换发使用教育部印制的社会力量办学许可证，换证工作于 5 月底前结束。省教委印制的社会力量办学许可证同时停止使用。12 月 5 日，市教委印发《关于 1999 年度社会力量办学单位年检的通知》，12 月中旬组织对经市教育行政部门批准设立的社会力量办学机构进行年检，凡未更换社会力量办学许可证的责成补办手续，不具备办证条件的责成其停办。

2002 年 4 月 16 日，市教育局印发《关于明确社会力量办学管理与审批权限的通知》，明确提出市教育行政部门负责全市社会力量办学工作统筹规划、综合协调和宏观管理，主要承担不具备颁发国家学历文凭资格高等教育机构、高中阶段教育机构的管理工作；县（区）教育行政部门负责本县（区）社会力量办学工作的统筹规划、综合协调和宏观管理，主要承担义务教育学校和幼儿教育机构的管理工作。

2002年10月24日，市教育局印发《永州市社会力量办教育机构年度检查评估细则（试行）》，从领导班子与教师队伍、办学条件、学校管理、教育质量四个方面，对民办教育机构进行年度检查评估。评估结果按得分分为合格、基本合格、不合格三个等级。不合格的限期整改或取消办学资格，收回办学许可证；评估结果在《永州日报》上公布。是年，全市有各类民办教育机构196所，在校学生57822人，其中幼儿园104所，在园幼儿20656人；小学20所，在校学生10212人；普通初中34所，在校学生12613人；普通高中7所，在校学生4781人；中等职业学校16所，在校学生4726人；非学历高等教育机构4所，在校学生1819人；教育培训机构11所，在校学生3015人。民办教育在层次上涵盖从学前教育到高等教育的所有领域，在形式上有个人独办、部门创办、国有民办、个人领办等，基本形成门类齐全、层次多样的办学格局。

2003年9月1日，《中华人民共和国民办教育促进法》正式实施。2004年4月1日，国务院发布《中华人民共和国民办教育促进法实施条例》。永州民办教育进入依法规范发展的新阶段，由规模发展向规范发展转变，由满足教育的补充性需求向满足群众的选择性需求转变。

2003年，永州市机构改革撤销社会办学管理科，将其职能并入市教育局计财科。由于机构不健全，力量单薄，导致民办教育管理削弱。2005年12月5日，市编委批复同意市教育局设立民办教育管理科。

2003年8月中旬，市教育局在祁阳召开学习宣传、贯彻、落实《中华人民共和国民办教育促进法》动员会，举行宣传月活动启动仪式。会议前后，市教育局相继出台《关于进一步规范重点高中举办民办学校管理的通知》《永州市民办教育办学机构收费管理办法》。

2004年4月13日，永州市民办教育协会成立，架起政府与民办学校沟通的桥梁。

2004年底，全市有各类民办教育机构297所，在校学生69339人。其中，幼儿园220所，在园人数25450人；民办普通中小学57所，在校学生32085人；中等职业学校17所，在校学生4709人；非学历高等教育机构3所，在校学生2533人。民办教育机构校园面积3508亩（自有1675亩，租用1833亩），校舍面积79.3万平方米（自有41.3万平方米，租用38万平方米），图书资料166万册，仪器设备价值11600万元，经费总投入31410万元。

2005年1月30日，为加强对民办学校的审批管理，市教育局印发民办幼儿园、小学、初中、高中、职业中学的审批条件。对达不到办学基本条件要求的民办学校（园），一律不予审批；对已经在办但没有达到办学基本条件的民办学校（园），给予半年至一年的调整完善期限，到时仍达不到基本条件要求的，一律停办。

2006 年 11 月 10 日，市教育局根据省里文件精神制定并印发《永州市中等教育民办学校年检评估标准（试行）》，决定每年组织一次年度办学情况检查，进一步规范民办学校年检评估制度，推进民办学校健康有序规范发展。年检评估实行“分级管理、分级负责”，民办高等非学历专修学院和民办普通高中、民办中等职业学校由市教育局、县区教育局共同组织实施；民办初中、小学、幼儿园和培训机构由所属县区教育局组织实施。年检评估结果分为优秀、合格、不合格三个等级。是年，市教育局组织对 44 所高中阶段民办学校进行年检评估，评估结果为优秀学校 6 所，合格学校 30 所，不合格整改学校 4 所，取消办学资格学校 4 所。

2008 年 4 月 10 日，市教育局根据省政府《关于促进民办教育发展的决定》、省教育厅《关于定期评选表彰全省民办教育工作先进县市区的通知》精神，印发《关于开展县区民办教育管理工作年度考评的通知》和《永州市县区民办教育工作考评细则》。从 2008 年起，定期对县区民办教育工作进行年度考评。是年，市教育局被评为全省民办教育优惠政策落实工作单项先进单位；祁阳县被评为全省民办教育工作综合先进县（全省 11 个先进县），宁远县被评为全省民办教育事业发展工作单项先进县。

2008 年 7 月 17 日，市政府印发《关于促进民办教育发展的决定》，在鼓励社会力量多形式发展民办教育、依法落实促进民办教育发展的各项政策、切实加强对民办教育工作的领导和管理等方面，均作出新规定，对促进全市民办教育发展起到巨大推动作用。到 2008 年底，全市有各类民办教育机构 518 所，在校学生 108389 人，占在籍学生总数的 10%。其中，民办高校 1 所，在校学生 2356 人；民办幼儿园 435 所，在园幼儿 32976 人，占在园幼儿总数 85%；民办普通中小学 36 所，在校学生 42168 人，占在籍学生总数的 5%；民办中职学校 37 所，在校学生 25187 人，占在籍学生总数的 51%；短期培训机构 9 所，在校学生 5702 人。教职工 5551 人。民办学校（园）占地面积 370 万平方米，校舍建筑面积 160 万平方米，图书资料、仪器设备价值 3.8 亿元，经费总投入超过 13 亿元。民办教育的办学领域从幼儿园、普通中小学、职业中学到高等学校，涵盖学前教育、普通教育、职业教育、成人教育、高等教育、学历教育和非学历教育，形成多层次、门类齐全、灵活多样的办学格局。

2010 年起，市本级民办教育发展专项资金主要用于零陵区、冷水滩区、金洞管理区、回龙圩管理区（简称“四区”）范围内经市、区教育行政部门审批设置的民办学校（园）的建设项目和奖励项目支出，以及市委、市政府确定的有关促进民办教育发展的专项支出，资金实行以奖代补。市教育局制定《永州市本级民办教育资助项目评审工作实施方案》，对资助对象、资助项目、申报条件、项目评审和奖补办法作出了明确规定。

2011年10月9日，市教育局印发《永州市民办学校年度办学情况评估实施方案》，从指导思想、评估对象、评估组织实施、评估程序与方法、评估结果及运用、评估费用等方面作出具体规定。

2011年12月6日，永州市人民政府印发《关于加快推进教育强市建设的实施意见》，在采取优惠政策扶持民办教育发展，落实民办公办学校一视同仁的法律地位，维护民办学校、教师、学生合法权益等方面均作出具有突破性的新规定。通过政策的支持和引导，进一步优化民办教育的发展环境，提高民办学校的教学和服务质量，促进永州市民办教育的发展。

2012年5月18日，市教育局成立高中阶段民办学校设置评议委员会，并制定《永州市高中阶段民办学校设置评议工作章程》。评议委员会委员由市教育局聘任，任期五年。从2012年起，全市新设民办学校（园），按照审批权限，均需通过学校设置评议委员会组织专家组现场考察评议并表决。

2012年10月8日，市教育局根据《湖南省人民政府办公厅关于进一步促进民办教育发展的通知》和省教育厅《关于"十二五"省级骨干民办学校建设申报遴选工作的通知》精神，决定启动"十二五"市级骨干民办学校建设工作，印发《关于"十二五"市级骨干民办学校建设申报遴选工作的通知》。从2012年开始，经过5年时间努力，全市规划建设市级骨干民办幼儿园60所、骨干民办普通中小学20所、骨干民办中等职业学校3所。

2014年，全市经教育行政部门审批的民办学校（园）共有1668所，在校学生201100人，占在籍学生总数的20%。其中，民办幼儿园1594所，占幼儿园总数的91.5%，在园幼儿146303人，占在园幼儿总数的69.8%；民办小学22所，在校学生19775人，占在校生总数的4.1%；民办初中33所，在校学生28565人，占在校生总数的14.8%；民办高中5所，在校学生4082人，占在校生总数的5.1%；民办中职学校14所，在校学生2375人，占在校生总数的4.9%。有各类文化教育培训机构156所，年培训4万余人次。民办学校（园）共有教职工16000余人，其中专任教师10000多人。据统计，2014年全市各类民办教育机构共投入办学资金3.2亿元。

2015年2月8日，市政府印发《关于鼓励和支持民间资本参与公共领域投资的实施意见》，鼓励和支持民间资本投资办学。是年，全市各类民办教育机构共投入办学资金近6亿元，经教育行政部门审批的民办学校（园）共有1636所，在校学生218401人，占在校学生总数的20.77%；另有各类文化教育培训机构220所，年培训72316人次。

2015年永州市民办教育情况统计表

表 8-1

办学层次	学校所数（所）			招生数（人）			在校生数（人）		
	全市总数	民办	民办占比例	全市总数	民办	民办占比例	全市总数	民办	民办占比例
幼儿园	1876	1556	82.94%	95562	58803	61.53%	216533	158351	73.13%
小学	461	27	5.86%	89280	4126	4.62%	496638	22749	4.58%
初中	305	36	11.8%	71620	10587	14.78%	203146	30613	15.07%
高中	31	4	12.9%	28744	1973	6.86%	81428	4487	5.51%
中等职业学校	40	13	32.5%	22615	1015	4.49%	53689	2201	4.10%
合计	2713	1636	60.3%	307821	76504	24.85%	1051434	218401	20.77%
文化教育培训机构	220	220	培训 72316 人次						

2015年永州市民办普通中小学、职业中学一览表

表 8-2　　单位：人

序号	学校名称	校址	创办时间	举办者姓　名	办学层次	在校生数	教职工数
1	零陵区新华源小学	零陵区南津北路 123 号	2001.6	叶　菲	小学	366	19
2	零陵区永圆小学	零陵区司马塘路 24 号	2008.8	唐刚燕	小学	113	10
3	零陵区珠山镇楚才小学	珠山镇王家仔岔路口	2007.3	卿利华	小学	263	9
4	零陵区珠山镇智慧树小学	珠山镇伐家	2011.9	唐琴梅	小学	417	15
5	零陵区珠山镇春若小学	珠山镇关帝路珠山法庭斜对面	2014.3	卿利民	小学	322	13
6	零陵区珠山镇明星小学	珠山镇东湘桥锰矿大院内	2014.6	刘春娥	小学	327	12
7	零陵区珠山镇新视听小学	珠山镇长吉头村马槽子	2013.9	陈艳林	小学	174	10
8	零陵区珠山镇致远小学	珠山镇王家仔粮站内	2015.2	陈忠荣	小学	174	7
9	冷水滩区启龙小学	河东湘永路 218 号体育中心	2012.8	曹启龙	小学	442	23
10	祁阳县腾龙学校	浯溪镇兴浯路 188 号	1999.7	谭晓明	小学	759	32
11	祁阳县向阳小学	陶铸路 123 号	2011.7	唐湘旗	小学	862	43
12	祁阳县紫霞新教育小学	白水镇书苑路	2013.7	刘佰桥	小学	336	20
13	祁阳县伯爵小学	祁阳经济开发区	2015.7	蒋崇智	小学	402	33

续表 8-2

序号	学校名称	校址	创办时间	举办者姓　名	办学层次	在校生数	教职工数
14	祁阳县剑侨小学	白水镇书苑路	2015.7	李　辉	小学	449	40
15	祁阳县羊角塘镇狮城天天乐小学	羊角塘镇平安片小学	2014.7	陈文英	小学	85	12
16	道县海昊小太阳小学	物价局旁	2000.1	海杰钧	小学	592	35
17	道州古郡学校	潇水北路	2012.7	何云光	小学	240	14
18	道县朝阳小学	县党校内	2013.7	唐湘旗	小学	418	22
19	宁远县科技小学	宁远县舜陵镇文明街 31 号	1996.9	欧阳小英	小学	181	12
20	宁远县育苗小学	宁远县舜陵镇沿江南路三巷 75 号	1992.8	柏　玲	小学	214	11
21	蓝山县万家小学	蓝山县新圩乡新圩村	2012.8	李　萍	小学	333	11
22	蓝山县育才小学	蓝山县塔峰镇三里村	2010.9	王新华	小学	38	1
23	蓝山县精英小学	蓝山县土市乡土市村	2014.9	李光伍	小学	169	4
24	江华剑雄实验学校	沱江镇岭尾街 98 号	2013.7	黄剑雄	小学	366	22
25	湖南江华博雅实验小学	沱江镇金牛大道	2015.8	许满君	小学	455	46
26	新田县清华源学校	新田县龙泉镇兴林路 313 号	2012.2	唐　波	小学	138	12
27	新田县苦志育才学校	新田县冷水井学校分部	2015.9	乐　巍	小学	66	10
28	东安县澄江中学	白牙市镇东新路 288 号	2002.8	东安一中	初中	2666	274
29	东安县龙溪中学	白牙市镇前进街 87 号	1999.8	龙式正	初中	241	103
30	祁阳县云龙学校	黎家坪镇东正街	2000.6	邓全红	初中	949	51
31	祁阳县宏文学校	文明铺向阳路	1999.7	曾兰秀	初中	1015	41
32	祁阳县哈弗中学	祁黎工业新区	2008.7	陈党生	初中	1284	53
33	祁阳县永红中学	狭江	1999.7	郭庚山	初中	135	7
34	宁远县爱华初级中学	宁远县舜陵镇园艺路	2011.7	吴群建	初中	335	18
35	宁远县哈弗初级中学	宁远县舜陵镇舜峰路	2013.7	翟新安	初中	147	16
36	宁远县桂冠初级中学	宁远县舜陵镇振兴路 20 号	1999.8	郑月光	初中	2532	120
37	宁远县阳光情初级中学	宁远县舜陵镇东溪路 56 号	2012.6	吴群建	初中	552	28

续表 8-2

序号	学校名称	校址	创办时间	举办者姓名	办学层次	在校生数	教职工数
38	宁远县启慧初级中学	宁远县舜陵镇舜峰路	1996.8	翟新安	初中	136	8
39	蓝山县湘江源中学	蓝山县塔峰镇南平路 168 号	2014.9	黄福华	初中	639	8
40	蓝山县新世纪中学	蓝山县大洞乡大洞村	2003.8	贺少挺	初中	201	16
41	湖南江华博雅实验中学	江华滨江大道	2015.8	许满君	初中	—	—
42	东安县江东武校	白牙市镇茶源村	2005.8	梁伟红	九年	248	9
43	永州市永实学校	零陵区黄泥塘路 112 号	2012.8	邓义斌	九年	433	29
44	永州市宗元学校	零陵区萍阳南路 100 号	2012.5	董　楠	九年	255	20
45	零陵区精华学校	零陵区钴母塘路 18 号	2007.7	万姁婷	九年	346	26
46	永州市华阳学校	零陵区桃江路 25 号	2015.4	唐湘旗	九年	117	28
47	永州市泓文寄宿学校	凤凰园湖塘东路 162 号	2010.8	王卫平	九年	687	53
48	永州青少年教育训练学校	仁湾镇棉花塘村	2011.11	郭庚山	九年	135	8
49	永州市黄冈博才学校	凤凰园湖塘西路 889 号	2013.7	李永荣	九年	2141	114
50	冷水滩区耀华学校	河东梅湾路 297 号	2011.7	李静离	九年	907	43
51	永州市蓝天学校	凤凰北路 1432 号	2000.9	叶　菲	九年	1906	80
52	永州市剑桥学校	凤凰园白竹路	2002.9	陈苏根	九年	3507	154
53	永州市京剑学校	凤凰园陶源路 469 号	2012.8	潘名爱	九年	2648	108
54	永州市永华学校	凤凰园陈家路 60 号	2005.5	周　健	九年	4268	144
55	道县冠一学校	道州北路	2001.1	蒋　斌	九年	1335	53
56	江永县振兴文武学校	江永潇浦镇城东路 328 号	2004.1	梁金玉	九年	34	13
57	宁远县文德学校	宁远县九嶷北路 143 号	2003.8	张天赐	九年	1112	48
58	蓝山县博爱学校	蓝山县塔峰镇南平中路 108 号	2010.8	雷大力	九年	3463	124
59	蓝山县辅仁学校	蓝山县塔峰镇英才路 28 号	2008.9	李国庆	九年	1800	72
60	宁远县舜德学校	宁远县九嶷北路 143 号	2010.7	彭倩倬	高中	800	45
61	东安县天成学校	白牙市镇东安大道北侧	2012.8	简成君	十二年	5669	300
62	永州陶铸中学	祁阳沿江西路	2004.5	马云珍	十二年	5189	218
63	永州东方科技职业学校	零陵区萍阳南路	2006.9	蒋建明	中职	299	21

续表 8-2

序号	学校名称	校址	创办时间	举办者姓　名	办学层次	在校生数	教职工数
64	永州育才科技职业学校	冷水滩区仁湾镇桐木塘村	1994.9	李永荣	中职	192	62
65	永州湘南旅游学校	祁阳县黎阳大道	2006.9	唐湘旗	中职	127	32
66	东安金桥中等职业学校	白牙市镇东新路 507 号	2006.8	唐高远	中职	436	32
67	永州九嶷工业学校	舜陵街道园艺路	1992.9	蓝坤荣	中职	230	12
68	宁远九嶷理工学校	舜陵街道商均路	1993.9	李小红	中职	180	17
69	永州方正职业技术学校	舜陵街道沿江路	1993.9	朱俊甫	中职	280	20
70	江华瑶族自治县民族艺术学校	沱江萌渚路 59 号	2002.5	文化局	中职	21	16

说明：年检评估不合格停止招生的永州科技学校、东安科技学校未列入

1992—2015 年永州市民办教育发展情况统计表

表 8-3

年度	幼儿园		普通小学		普通中学		中职学校	
	所数（所）	在园幼儿数（人）	所数（所）	在校学生数（人）	所数(所)	在校学生数（人）	所数（所）	在校学生数（人）
1992	75	90669	70	6684	17	2648	12	3286
1993	64	92085	58	5382	17	1917	12	7695
1994	62	105034	34	5454	31	2937	31	7700
1995	81	78877	41	5089	23	2143	29	8560
1996	86	88736	32	5734	21	2922	29	11617
1997	467	50486	48	7457	12	2047	31	8173
1998	793	42578	36	5905	8	1386	31	7554
1999	767	31446	36	7203	13	3240	30	5319
2000	734	29210	31	7384	13	6206	22	5362
2001	80	31496	17	9589	38	11275	17	4755
2002	104	20656	20	10212	41	17394	16	4726
2003	193	25669	17	10164	38	21425	15	4322
2004	220	25450	15	12847	42	19238	17	4709
2005	304	34053	15	14238	43	24159	13	7305

续表 8-3

年度	幼儿园		普通小学		普通中学		中职学校	
	所数（所）	在园幼儿数（人）	所数（所）	在校学生数（人）	所数(所)	在校学生数（人）	所数（所）	在校学生数（人）
2006	336	37809	17	15896	33	26796	23	17321
2007	391	40476	13	13615	25	28406	36	24375
2008	435	32976	9	10770	27	31398	37	25187
2009	566	92330	11	12768	28	19656	35	15063
2010	743	126728	9	13634	31	20033	27	10046
2011	1203	135497	6	13951	32	19675	20	9028
2012	1398	149850	10	13853	36	23222	18	6282
2013	1536	149282	14	17589	38	28776	16	3817
2014	1594	146303	22	19775	38	32647	14	2375
2015	1556	158351	27	22749	40	35100	13	2201

说明：九嶷职院的学生数未统计在内

2015 年，永州的民办教育虽然得到了快速发展，但民办学校总体办学条件较差，优质民办教育资源较少。虽然有一批办学条件较好、办学规模较大、社会反响好的学校，如永州陶铸中学、东安县天成学校、东安澄江中学、蓝山县博爱学校、道县冠一学校、祁阳县云龙学校、祁阳县哈弗中学、永州市黄冈博才学校、冷水滩永华中学、宁远县桂冠初级中学等，但大部分还是租赁场地办学，基础不完善，投入不够，学校持续发展条件不足。全市民办普通中小学 67 所，产权自有的学校比例不到一半。特别是幼儿园，租赁场地办园的多，自有场地的少；门面或商铺式的多，有独立园舍的少；师资队伍整体水平不高且极不稳定。

第一节　审批与管理

一、审批制度

1992 年，地区教委根据国家教委《幼儿园管理条例》精神，印发《关于实行幼儿园（班）登记、审核、注册、颁发许可证的通知》。1992 年 9 月至 1993 年 4 月，对全地区已办的各类幼儿园（班）或准备办的幼儿园（班）进行全面登记、审核，办理注册手续。从1993年6月起，对符合办园条件的64所民办幼儿园（班）分两批颁发办园许可证，对未取得办园许可证的幼儿园（班）一律关、停。

1994年10月，省教委颁发《民办学校审批暂行规定》。规定指出，申办民办学校，均须由举办者填写申请登记表，经其主管部门或个人所在街道办事处、乡镇政府同意后，报教育行政部门办理审批手续。审批程序是：举办颁发高中学历证书的学校由县教育委员会审查，签署意见，报地、市教育委员会审批，并定期汇总上报省教委。是年12月，地区教委印发《零陵地区社会办学审批条件》，对新申请举办民办高中学校提出相应的基本条件。

1999年5月1日至30日，全市统一换发使用教育部印制的社会力量办学许可证。原已领取社会力量办学许可证的民办小学，在接受年检年审后，合格者持原办学许可证到发证机关更换教育部印制的社会力量办学许可证，换证工作于5月底前结束。6月1日后，省教委印制的社会力量办学许可证一律停止使用。各县、区教育行政主管部门对辖区内的民办普通小学进行全面检查、逐个登记，凡年检评估结果合格未更换办学许可证的，责成补办手续；不具备办证条件的责令其停办。是年底，通过年检评估，全市有民办小学36所，比1992年减少34所；在校学生7203人，比1992年增加159人。

2002年4月16日，市教育局印发《永州市教育局关于明确社会力量办学管理与审批权限的通知》。通知明确民办学校审批权限：举办普通高等学校、成人高等学校和普通中等专业学校，由举办者向市人民政府提出申请。举办实施学制两年以上不具备颁发高等学历文凭资格的全日制高等教育机构及其他非学历性质的普通高等教育机构、成人高等教育机构（含自考辅导班、学历结业证书班）等，由举办者向市教育行政部门提出申请。举办普通高中教育、职业高中教育（含高考辅导班）等教育机构，由市教育行政部门受理申请与审批。各类公办学校改制办“公办民助”“民办公助”等，由市教育行政部门受理申请，专文报市人民政府审批。举办普通小学、初中教育及学前教育的教育机构、各种文化补习由办学所在地的县（区）教育行政部门受理申请与审批。根据通知精神，市教育局成立民办学校评审委员会，专门负责对单位或个人申请办学的考察与评审，提交考察与评审报告，为市教育局审批提供依据。

2005年1月30日，市教育局制定《永州市民办小学审批条件》，对新申请举办民办小学提出基本条件。凡是达不到基本条件的，一律不颁发办学许可证；对已经在办的民办小学，部分没有达到基本条件的，给予半年至一年的调整完善期限，到时仍达不到要求的，责令停办。同时，制定《永州市民办高中审批条件》，对新申请举办民办高中学校提出相应的基本条件，由举办者按条件和程序申报，县区教育局初审并签署意见，市教育局组织评议与审批。

2010年，市教育行政部门对高中阶段民办学校设立、分立、合并的审批程序已纳入市政府行政许可项目，由市教育局设在市政务中心的行政许可窗口具体负责履行和办理行政审批许可手续。申请设立实施学历教育的民办高中阶段学校的，市教育局受理申请后，组织评审委员会评议，由评审委员会提出评估意见。对批准设立的民办学校，市教育局颁发办学许可证，并将学校名称及其章程向社会公告。

二、规范管理

1997年10月1日国务院颁布的《社会力量办学条例》开始施行。市、县（区）教育行政部门严格按照《社会力量办学条例》确立的“积极鼓励、大力支持、正确引导、加强管理”的16字方针管理民办学校及幼儿园，全市民办教育进入规范管理阶段。市、县区教育行政部门建立民办学校评估制度，相继制定《民办学校年度检查评估细则》，每年12月对民办学校的办学条件、学校管理、教育教学质量、办学效益等方面进行年检评估，并将评估结果在《永州日报》上公布。

1997年12月16—22日，组织有关专家和教育行政部门干部12人分三组对经市教委批准举办的民办学校、教育机构进行年检评估，撤销10所民办普通初中学校的办学资格。

1998年10月18日，市教委根据国务院《社会力量办学条例》和湖南制定的《实施细则》等规章，制定《永州市社会力量办学年检评估细则》，每年对社会力量办学机构组织一次年检评估活动。同年12月10—20日，市教委组织评审委员会和教育行政部门干部15人，分三组，首次对经市教委审批的33所社会力量举办的高中阶段学校，就其组织领导、办学条件、师资队伍、学校管理、办学效益等方面的15个二级指标、38个三级指标进行逐项评估。评估结果是一类学校9所，二类学校18所，三类学校5所，不合格、停办注销的学校1所。

2002年4月16日，市教育局印发《关于明确社会力量办学管理与审批权限的通知》，要求各县区教育局成立社会力量办学评审委员会，每年4—5月对所管理的社会力量办学教育机构进行年检年审，年检年审结果及时向社会公布。

2002年10月24日，市教育局印发《永州市社会力量办教育机构年度检查评估细则》。明确高中阶段民办学校年检评估工作由市、县区教育局共同组织实施。2003年3月25—29日市教育局组织社会力量办学评审专家共16人分四组，对经市教育局审批的38所社会力量办学的高中阶段学校进行年检评估。对这些学校的领导班子与教师队伍、办学条件、学校管理、教育质量等方面进行认真检查，将检查结果量化评分。评估结果是一类（合格）学校10所（其中普通高中8所）；二类（基本合格）学校17所；三类（不合格）学校7所；评分不及格（59分以下）、责令停办注销的学校4所。

2002年12月13日，市教育局印发《关于对社会力量举办的中等职业学校进行检查的通知》，对本市辖区内“行业、部门、私人举办学历教育和非学历教育的中等职业学校（含技工学校）”的办学资格、办学行为、学校管理等方面进行全面检查。检查工作以县、区教育局为主组织，对办学不规范、群众反映强烈的取消其办学资格，停止招生，收回办学许可证；未经批准的学校，坚持予以取缔。检查情况向社会公布。

2003年1月15日，市教育局下发《关于规范中等职业学校办学行为的通知》，规定从2003年起，民办中等职业学校发布招生广告、印发招生简章等，必须按照学校管理权限，到市、县（区）教育行政部门审核备案。未经教育行政部门审核，职业学校不得发布招生广告、不得印发招生简章。民办中等职业学校举办中等学历教育，必须统一使用教育部和省教育厅组织编审、选用的教材及配套用书，执行教育部、省教育厅和国家相关部门、行业制定的教学大纲和教学计划。严禁使用盗版教材。必须及时按要求办理新生注册手续。凡未经批准而非法招生和违规办学的职业学校，要坚决予以取缔。

2003年10月10日，市教育局印发《关于开展中等职业学校合格评估工作的通知》，提出从2003年起开展中等职业学校合格评估工作。凡独立设置、举办中等学历教育并招生满三年的民办中等职业学校，都要进行合格评估。评估工作分三步进行：县、区教育局组织学校自评；市教育局初评；省教育厅抽查。评估结论分为合格、不合格两种。对评估不合格学校的处理分为三种：撤销建制；限期两年整改，整改期间停止学历教育招生，整改期满经复查仍不合格的，撤销建制；限期两年整改，整改期间停止不合格专业学历教育招生，停止增设新专业，整改期满经复查仍不合格的，撤销建制。

2005年1月30日，市教育局制定《永州市民办小学审批条件》，对新申请举办民办小学提出基本条件。凡是达不到基本条件的，一律不颁发办学许可证；对已经在办的民办小学，部分没有达到基本条件的，给予半年至一年的调整完善期限，到时仍达不到要求的，责令停办。

2006年11月10日，市教育局印发《永州市民办普通中学年检评估标准》，年检评估结果分为优秀、合格、不合格三个等级。年检结果通过《永州日报》、永州电视台向社会公布。是年12月25—28日，市教育局组织评审专家对全市6所民办普通高中学校进行年检评估。评估结果是优秀学校3所、合格学校2所、不合格学校1所。

2006年11月10日，市教育局印发《永州市民办中等职业学校年检评估标准》，把年检评估作为促进民办中等职业教育发展的重要措施、优化管理的重要手段。年检评估由市、县（区）教育局共同组织实施。年检评估结果通过《永州日报》向社会公布。12月14—22日，市教育局组织评审委员会和教育行政干部16人分四组对全市39所民办中等职业学校，就其组织领导、办学条件、师资队伍、学校管理、办学效益等进行逐项评估。评估结果是优秀学校3所、合格学校28所、不合格整改一年的学校4所、停止招生的学校1所、取消办学资格的学校3所。

同年，在全市开展整顿治理民办中职学校招生秩序，实行中职学历教育招生资格准入制；制止中职招生虚假广告，禁止在招生广播中作出“包分配”“包推荐工作”“100%安排就业”等不实承诺；制止买卖和变相买卖生源，禁止向职业学校收取“生源回扣费”；取消打着职业学校牌子招生，行廉价劳动力中介站之实的学校的招生资格，严格按照要求加强对民办中职学校招生工作的领导和管理。

2007年2月2日，市教育局印发《关于加强民办学校（幼儿园）安全和风险防范工作的通知》明确提出“建立民办幼儿园风险防范机制”。按幼儿园总收入的3%提取设立办学风险保证金，用于风险防范和重大安全事故的处理。按幼儿园年收入纯利润的25%提取设立民办幼儿园发展基金，用于幼儿园发展和基本建设。

2008年1月7日，省政府《关于促进民办教育发展的决定》提出“引导民办教育以发展非义务教育为重点，努力扩充优质教育资源”。民办小学与公办小学同等享受国家“两免一补”，但学费贵加重了民办小学学生家长的负担，生源得不到保障，一些靠收取学生学费来解决办学经费的民办小学相继停办。到2011年底，全市民办小学减少到6所。

2008年7月14日，永州市人民政府印发《关于促进学前教育发展的意见》，明确提出“要依法治教，清理整顿无证幼儿园；教育行政部门对民办幼儿园要每年进行一次全面评估，不合格的要取消其办园资格。民办幼儿园之间不得恶意压低收费标准争抢生源，物价部门每年要根据当地民办幼儿园的办园成本，核定并颁布幼儿学费的最低标准”。要求定期公布民办幼儿园信息，接受社会监督；让幼儿家长全面了解相关幼儿园的基本情况，从而选择适合自己需要的幼儿教育。

2008年11月18—26日，市教育局和市民办教育协会共同组织市民办学校评审委员会和教育行政部门干部18人，分四组对全市37所民办中等职业学校进行年检评估。结果是优秀学校1所，合格学校16所，不合格整改一年的学校8所，停止招生的学校5所，不合格取消办学资格的学校2所；通报批评、“黄牌”警告的学校5所。

2010年9月4日，市教育局下发《关于开展无证幼儿园清理整顿工作的通知》，对全市现有的民办幼儿园（包括已批和未批的）进行一次全面清理整顿，全市共清理整顿无证民办幼儿园23所。

2011 年 4 月 15 日，市教育局根据年检评估结果，撤销 2 所民办普通高中学校。同时，转发教育部《关于进一步规范民办教育机构办学秩序的通知》，要求各县区对各级各类民办教育机构的办学方向、办学条件、招生广告、教学质量、证书发放、财务管理、学校名称等进行全面检查，彻底清理整顿违法违规办学行为。同年 10 月 9 日，市教育局制定《永州市民办普通高级中学年度办学情况评估细则（试行）》，对民办普通高中学校的办学情况进行年检评估。

2011 年 4 月 15 日，市教育局在 2008—2010 年民办中职学校年检评估的基础上，发文撤销终止永州致远电子工业学校等 15 所民办中等职业学校办学，收回办学许可证。由学校妥善安置在校学生和教师，依法进行财务清算。

2011 年 8 月 28 日，市教育局制定《永州市民办普通小学年度办学情况评估细则（试行）》，统一全市民办小学年检评估标准、评估程序与方法、评估结果及运用。评估结果填入中华人民共和国民办学校办学许可证（副本）的年度检查情况记载栏。

2011 年 10 月 9 日，市教育局印发《永州市民办中等职业学校年度办学情况评估细则》。11 月 28 日至 12 月 3 日，市教育局组织对 17 所民办中等职业学校申报的 45 个专业进行合格评估。评估结果为市精品专业 2 个、合格专业 37 个、基本合格专业 6 个。评估结果为“合格”等第的专业，允许继续开办和招生；“基本合格”等第的专业，限期整改一年，下年度需再申请评估，如下年度评估等第仍为“基本合格”或未按要求申请评估，视为“不合格”专业；“不合格”等第的专业取消下年度招生资格。

2011 年 10 月 9 日，市教育局制定《永州市民办幼儿园年度办学情况评估细则（试行）》，并印发《永州市民办学校年度办学情况评估实施方案》，统一民办学校（园）年检评估标准、评估内容、评估方法。评估工作由县区教育局组织实施。是年，全市对 988 所民办幼儿园进行办学水平评估，评估结果为优秀 138 所、合格 719 所、限期整改 105 所、不合格取消办园资格 26 所。

2012—2015 年，市教育行政部门按照《永州市民办普通高级中学年度办学情况评估细则》对全市民办普通高中学校年度办学情况进行检查评估，永州陶铸中学、宁远县舜德学校连续四年评估结果为优秀、东安县天成学校连续三年（2013—2015 年）评估结果为优秀。2014 年，永州陶铸中学、东安县天成学校被评为永州市骨干民办学校。2015 年，永州陶铸中学通过省级骨干民办学校立项建设评估验收，被评为湖南省骨干民办学校，省教育厅授予其“湖南省骨干民办普通中学”牌匾。

2014 年，市民办学校评审委员会对全市 14 所民办中等职业学校年度办学情况进行评估，评估结果为合格学校 6 所，整改的学校 3 所，不合格、停止学历教育招生的学校 1 所，不合格、停止办学的学校 4 所。

2015 年，市民办学校评审委员会对全市 10 所民办中等职业学校年度办学情况进行评估，评估结果为合格学校7所，不合格、整改一年的学校1所，停止招生的学校2所。是年底，全市具有中等学历教育招生资格的民办中等职业学校有永州育才科技职业学校、东安县金桥中等职业学校、永州湘南旅游学校、宁远县九嶷理工学校、永州九嶷工业学校、永州方正职业技术学校、江华瑶族自治县民族艺术学校、永州东方科技职业学校8所，在校学生2201人。

2006—2015年永州市民办中职学校年检评估结果统计表

表8–4 **单位：所**

年份	学校所数	评估结果					
		优秀	合格	不合格整改	不合格停止招生	取消办学资格	黄牌警告
2006	39	3	28	4	1	3	—
2007	36	3	27	5	1	—	—
2008	37	1	16	8	5	2	5
2009	35	3	19	1	4	8	—
2010	27	8	9	1	2	7	—
2011	20	3	11	2	2	2	—
2012	18	2	9	3	2	2	—
2013	16	1	7	4	2	2	—
2014	14	—	6	3	1	4	—
2015	10	—	7	1	2	—	—

第二节　发展措施

一、政策支持

2007年5月8日，市委印发《中共永州市委 永州市人民政府关于加快发展职业教育的意见》，在鼓励和扶持社会力量投资兴办职业教育、民办职业学校师资队伍建设、招生和学生待遇等方面均作出新规定。如新建、扩建民办职业学校，按照公益事业用地及建设的有关规定给予优惠，并按规定享受国家规定的税收优惠政策；民办职业学校在师资队伍建设、招生和学生待遇等方面与公办学校一视同仁，享有同等的法律地位。市教育局为民办中等职业教育发展营造良好的环境，对招生工作实行“六统一”（统一制订招生计划，统一安排招生学校，统一招生宣传，统一招生工作进度，统一填报志愿，统一录取），把民办中职学校招生纳入全市统一招生范围，与公办中职学校招生同等对待。是年，全市有民办中等职业学校 36 所，招生 14562 人，在校学生 24375 人。招生人数是 2000 年来最多的一年。

2008 年 7 月 14 日，市政府印发《关于促进学前教育发展的意见》，在支持和鼓励民办学前教育发展方面，明确提出“积极鼓励和提倡社会力量采取联办、股份合作等形式举办幼儿园，民办幼儿园享受政策规定的优惠和支持；积极引导民办幼儿园创品牌、创特色，支持办园条件完善、水平高、师生安全有保障的民办幼儿园申报省、市示范性幼儿园；各级政府每年要奖励一批优秀民办幼儿园”。要求各县区政府要建立幼儿教育发展基金，用于改善公办骨干幼儿园办园条件；奖励办园条件完善、教育教学水平高、师生安全有保障的民办幼儿园和幼儿教育师资培训。

2008 年 7 月 17 日，市政府印发《关于促进民办教育发展的决定》，在鼓励社会力量多形式发展民办教育、依法落实促进民办教育发展的各项政策、切实加强对民办教育工作的领导和管理等方面，均作出新规定。

2011 年 10 月 9 日，市政府办印发《永州市学前教育三年行动计划（2011—2013 年）》，就切实解决民办学前教育发展中存在的问题，逐步满足人民群众对学前教育的需求作出新规定。在政府政策的大力扶持下，全市民办学前教育资源快速增加，“入园难”和“入园贵”得到有效缓解，办园水平和保教质量不断提高，人民群众满意度明显提升。

2015 年 2 月 8 日，市政府印发《关于鼓励和支持民间资本参与公共领域投资的实施意见》，鼓励和支持民间资本投资办学。

二、师资支持

2008 年 7 月 17 日，市政府《关于促进民办教育发展的决定》明确规定“允许教师在公办学校和民办学校之间合理流动。公办学校教师经批准到民办学校任教，并从事教育教学工作，年度考核均为合格的，原有教师身份保持不变，退休后按公办学校退休教师相关政策执行，连续计算工龄”“民办学校教师被国家机关和事业单位录（聘）用，在民办学校从业的年限计算为连续工龄”“民办学校教师在教师资格认定、业务进修、职称评定、科研立项、表彰奖励、职业技能鉴定等方面，均与公办学校教师同等对待，统一管理”。这些政策措施为加强民办学校教师队伍建设，促进公办、民办学校教师融通奠定了基础。蓝山、冷水滩等县区相继出台《民办学校聘用公办学校教师管理暂行规定》《关于进一步规范民办学校教师队伍管理的规定》，允许民办学校按照县区教育行政部门核定的教师编制，面向永州市范围内城区公办学校选聘在岗教师；允许公办教师带薪到民办学校任教或兼聘。

民办学校聘用公办学校教师一般在当年6月底前向当地县、区教育行政部门上报聘用计划和实施方案，经县、区教育局审核同意后实施。聘用学校在公办学校教师自愿报名的基础上，按照公平、公正、公开的原则，对应聘人选进行笔试、面试和综合考核。聘用教师名单确定后报县区教育局、人社局审批同意并办理相关手续。聘用期限原则上为三年，受聘用公办教师须与县区教育局和聘用学校分别签订协议。聘用期满，受聘用公办教师可再一次应聘，也可回原单位参加竞聘上岗。受聘到民办学校任教的公办教师，其工作关系仍保留在原单位。冷水滩区对民办学校聘用区内的在编公办教师的，要求所聘任的公办教师每一期的工资及各项保险等费用由聘用学校在开学后两周内上缴至区财政局工资统发中心，以确保聘用教师的工资及时发放；印发《冷水滩区民办学校考核及奖惩》，对考核为优秀、合格、基本合格且办学规模在500人以上的民办初中学校，根据其实际聘用的区内在职公办教职工人数，分别按人每年8000元、7000元、6000元的标准予以奖励。区财政2008—2010年共拨付民办初中学校奖补资金1300多万元。

三、资金支持

（一）设立专项发展资金

《中华人民共和国民办教育促进法》颁布施行后，市委、市政府在公共财政支持方面对民办教育给予鼓励和支持。从2005年起，市本级财政在教育事业经费之外设立民办教育发展专项资金20万元，2008年增加到50万元，2012年安排120万元，2013年、2014年每年安排150万元，2015年起，每年安排600万元，专项用于表彰奖励民办学校（园）创先争优、增加投入、改善办学条件的建设项目，支持民办学校（园）优质发展。

2010年起，市本级民办教育发展专项资金主要用于零陵区、冷水滩区、金洞管理区、回龙圩管理区（简称“四区”）范围内经市、区教育行政部门审批设置的民办学校（园）的建设项目和奖励项目支出，以及市委、市政府确定的有关促进民办教育发展的专项支出，资金实行以奖代补。市教育局制定《永州市本级民办教育资助项目评审工作实施方案》，对资助对象、资助项目、申报条件、项目评审和奖补办法作出明确规定。2010年，资助2所中职学校、2所初中学校、2所幼儿园，共资助50万元。2011年，资助2所中职学校、1所初中学校、5所幼儿园，共资助50万元。2012年，资助重点建设项目21个，共资助120万元。2013年，奖补“四区”80所普惠性民办幼儿园建设资金 150 万元。2015 年，对民办学校（园）增加投入、改善办学条件的建设项目予以奖补。奖补零陵、冷水滩两区 11 所市级骨干民办幼儿园建设资金共 110 万元、92 所普惠性民办幼儿园共 251.2 万元；奖补中心城区 7 所民办初中、小学共 90.32 万元。共奖补 451.52 万元。

（二）骨干民办学校建设

2012 年 10 月 8 日，市教育局根据《湖南省人民政府办公厅关于进一步促进民办教育发展的通知》和省教育厅《关于“十二五”省级骨干民办学校建设申报遴选工作的通知》精神，决定启动“十二五”市级骨干民办学校建设工作，印发《关于“十二五”市级骨干民办学校建设申报遴选工作的通知》。从 2012 年开始，经过 5 年时间努力，全市规划建设市级骨干民办幼儿园 60 所、骨干民办普通中小学 20 所、骨干民办中等职业学校 3 所。对骨干民办学校予以挂牌，对市级骨干民办学校每所给予奖励 10 万元，县里的市级骨干民办学校由县民办教育专项资金给予奖励，并择优推荐参评省级骨干民办学校。

2013 年 4 月 12 日，市教育局制定《永州市 2012 年市级骨干民办学校（幼儿园）评审工作方案》，成立市级骨干民办学校（幼儿园）评审工作领导小组和评审专家组，负责组织开展评审工作。

2014 年 12 月，确认“永州市骨干民办学校（园）”22 所（幼儿园 18 所，普通中小学 4 所）；2015 年 11 月，确认“永州市骨干民办学校（园）”15 所（幼儿园 12 所，普通中小学 2 所，中等职业学校 1 所）；2016 年 10 月，确认“永州市骨干民办学校（园）”33 所（幼儿园 28 所，普通中小学 5 所）。

至 2016 年底，永州共有市级骨干民办学校（园）70 所，其中幼儿园 58 所、普通中小学 11 所（高中 2 所、初中 7 所，小学 2 所）、中等职业学校 1 所；有省级骨干民办学校 5 所（幼儿园 4 所，普通高中 1 所）。

（三）普惠性民办幼儿园建设

2012 年 11 月 16 日，永州市启动普惠性民办幼儿园建设和认定工作。凡取得办园许可证，至受评学期办园达三年且符合要求的民办幼儿园，可向当地教育局申请普惠性民办幼儿园认定。对认定为普惠性民办幼儿园的，由市、县（区）两级财政依照《永州市普惠性民办幼儿园奖励管理暂行办法》的规定给予奖励，积极引导和支持其提供普惠性服务。市教育局印发《关于开展普惠性民办幼儿园建设和认定工作的通知》，对普惠性民办幼儿园的认定条件、认定程序、认定工作要求等作出明确规定。

2013 年，民办幼儿园自愿申报，经过县、区教育行政部门资格审查及遴选和公示，全市认定普惠性民办幼儿园 546 所。

2014 年 4 月 28 日，市教育局印发《关于进一步做好普惠性民办幼儿园认定和信息公开工作的通知》，对普惠性民办幼儿园作出具体的界定，认定程序的可操作性更强、更具体。县区教育局根据市教育局《关于开展普惠性民办幼儿园建设和认定工作的通知》精神和本地制定的认定管理办法，对幼儿园进行认定，并将认定结果（含退出名单）的正式文件报市教育局基础教育科。市教育局组织各县区民办教育、基础教育部门，邀请纪检监察、督导、审计、计财等部门参与普惠性民办幼儿园认定工作，完善普惠性民办幼儿园进入和退出工作机制，加强动态管理。是年，全市普惠性民办幼儿园认定428所（含道县、新田两县于2013年认定的又重新认定的民办幼儿园），退出34所。

2015年，全市进一步规范普惠性民办幼儿园的认定工作，加强对已认定的普惠性民办幼儿园的动态管理，进一步完善退出机制。是年8月，市教育局对各县、区报送的普惠性民办幼儿园认定方案和认定名单进行审核，并组织有关人员对部分县区的认定工作进行抽查。全市普惠性民办幼儿园认定249所（含新田2014年认定的又重新认定的民办幼儿园），退出22所。永州市共有普惠性民办幼儿园949所，公办幼儿园和普惠性民办幼儿园占全市幼儿园总数67.64%，在园幼儿数占全市在园幼儿总数的92.35%。

2015年永州市普惠性民办幼儿园情况汇总表

表8–5

县区	幼儿园总数（所）	民办幼儿园数（所）	截至2015年8月31日普惠性民办幼儿园总数（所）	其中2015年认定数（所）	普惠性民办幼儿园占幼儿园总数的比例	在园幼儿总数（人）	其中普惠性民办幼儿园在园幼儿数（人）	普惠性民办园在园幼儿数占幼儿总数的比例
合计	1876	1556	949	249	50.59%	216533	141792	65.48%
冷水滩区	162	161	100	31	61.73%	22018	15923	72.32%
零陵区	171	139	88	15	51.46%	19510	12000	61.51%
祁阳县	305	294	94	10	29.84%	24387	15562	63.81%
东安县	185	146	113	28	61.08%	22952	15395	67.07%
双牌县	54	47	43	4	83.33%	5858	4602	78.56%
道　县	185	184	158	18	85.41%	30509	24207	79.34%
宁远县	427	236	114	21	26.00%	33320	16217	48.67%
新田县	117	106	89	89	76.07%	11633	11227	96.51%

续表 8-5

县区	幼儿园总数（所）	民办幼儿园数（所）	截至 2015 年 8 月 31 日普惠性民办幼儿园总数（所）	其中 2015 年认定数（所）	普惠性民办幼儿园占幼儿园总数的比例	在园幼儿总数（人）	其中普惠性民办幼儿园在园幼儿数（人）	普惠性民办园在园幼儿数占幼儿总数的比例
蓝山县	105	87	73	20	69.52%	15110	12564	83.15%
江永县	101	100	47	10	46.53%	11281	5245	46.49%
江华瑶族自治县	57	49	27	3	47.37%	19077	8222	43.10%
金洞管理区	5	5	3	0	60.00%	720	628	87.22%
回龙圩管理区	2	2	—	—	—	158	—	—

四、表彰奖励

2003 年以来，永州市认真贯彻落实《中华人民共和国民办教育促进法》及其实施条例和省、市人民政府《关于促进民办教育发展的决定》精神，民办中等职业学校办学环境不断优化，办学条件和办学水平大幅度提升，涌现一批办学条件较好、办学特色鲜明、教育质量较高、具有良好声誉的民办中等职业学校；涌现一批积极投身民办职业教育事业、关心和支持民办职业教育发展的先进个人。市教育局连年开展优秀民办中等职业学校、优秀民办职业教育工作者的评选活动，多次召开表彰会，对管理好、质量高、有特色的民办中等职业学校和先进个人给予表彰奖励，调动社会力量办学积极性。

2005 年 6 月 28 日，市教育局召开民办教育表彰大会，授予永州清华职业技术学校、永州育才科技学校、永州奔腾职业技术学校、祁阳湘南旅游学校、东安江东文武学校、宁远九嶷工业学校、宁远方正电脑学校 7 所中职学校“永州市先进民办学校”称号，授予冷水滩明星幼儿园等 12 所幼儿园“永州市先进民办幼儿园”称号，颁发奖牌、奖金。

2006 年 7 月 28 日，市教育局召开民办教育“双十佳”表彰大会，授予宁远方正电脑学校校长翟新安、宁远九嶷工业学校校长蓝坤荣、永州清华职业技术学校校长张斌、湖南九嶷职业技术学院董事长黄青柳等 10 人“永州市十佳民办学校举办者”称号，永州湘南旅游学校校长唐湘旗、永州育才科技职业学校校长李永荣、永州英达职业学校校长孙永等 10 人“永州市十佳民办学校管理者”称号，授予零陵百灵幼儿园园长何湘等 10 人“永州市十佳民办学校管理者”称号，颁发奖牌、奖金。

2008 年 1 月 21 日，市教育局召开民办教育“诚信办学”表彰大会，授予宁远九嶷工业学校、永州方正职业技术学校、蓝山县博爱学校等 11 所学校“永州市民办教育诚信单位”称号，授予永州小太阳婴幼儿成长训练中心和祁阳羊角塘镇中心幼儿园“永州市民办教育诚信单位”称号，授予彭沙等 6 人“永州市民办幼儿园优秀教师”称号，授予宁远县教育局和江华瑶族自治县教育局社管办“永州市民办教育管理先进单位”称号，授予曾拥军等 22 人“永州市民办教育先进个人”称号，授予冯光明等 30 人“永州市民办学校优秀教师”称号，颁发奖牌、奖金。

2009 年 3 月 20 日，市教育局召开民办教育表彰大会，授予永州湘南职业学校等 17 所学校“永州市民办教育办学规范先进单位”称号；表彰 10 名民办教育优秀举办者、44 名民办学校优秀教师、27 名民办教育优秀管理工作者。对表彰的单位和个人颁发荣誉证书及奖金。

2010 年 3 月，市教育局召开民办教育表彰大会，授予罗锡宝等 50 人“永州市民办学校（园）优秀教师”称号，予以表彰奖励。

2011 年 2 月，市教育局召开表彰大会，授予何桂娥等 20 人“永州市民办学校优秀校（园）长”称号，授予陈云等 50 人“永州市民办学校优秀班主任”称号，予以表彰奖励。同年 3 月 20 日，零陵百灵幼儿园园长何桂娥、宁远小新星幼儿园园长屈鹭、东安开心乐幼儿园园长唐新兰、江华沱江瑶城幼稚园园长赖秀梅 4 人被评为“湖南省民办幼儿园优秀园长”。

2011 年，永州育才科技学校、永州九嶷工业学校获省规范民办学校建设奖励 20 万元（每校 10 万元）；永州方正职业技术学校获省优质民办教育资源建设奖励 10 万元。

通过表彰奖励，大大激发了社会各界和有识之士参与办学的热情。永州陶铸中学董事长马云珍投入 2 亿元，在祁阳县县城择址建校，办学条件一流；祁阳县云龙学校董事长伍保生、道县冠一学校董事长蒋斌等实业家，倾注家产兴办教育；蓝山县博爱学校董事长雷大力，从举办中华希望村收养孤儿起步，建成拥有 3800 多名学生的品牌学校；永州九嶷工业学校校长兰坤荣，年逾七十，以校为家，乐于办学。2006 年，蓝山县博爱学校校长雷大力被授予“湖南省十佳民办学校举办者”称号。2007 年，蓝山县博爱学校、永州云龙中学被授予“湖南省民办教育先进单位”称号。2008 年，祁阳县获得“湖南省民办教育先进县”荣誉称号，蓝山县博爱学校荣获“全国教育系统先进集体”荣誉称号。2011 年 3 月 20 日，省教育厅、省人力资源和社会保障厅等部门授予翟新安等 8 人“湖南省民办学校优秀校长”称号。2012 年以后，因规范各项表彰奖励，暂停民办教育表彰奖励项目。

第三节 办学规模

一、民办学前教育

永州的民办学前教育兴起于20世纪80年代初，随着市场经济的发展壮大，一些有识之士看到学前教育的市场和商机，开始尝试私人办园。当时不经登记、注册，不要办证，利用住房或租一块地就可办园（班），办园条件普遍较差，多为作坊式的简易幼儿园，教育教学是自由发挥，有些仅仅起着看管孩子的作用。多数幼儿园“小学化”现象严重。

据统计，2002年全市有114所幼儿园，其中民办104所，占91.23%。2003年，国务院办公厅转发教育部等部门联合下发《关于幼儿教育改革与发展指导意见》后，学前教育社会化、市场化大潮兴起，各地机关幼儿园逐步走向市场，依靠社会力量发展学前教育的格局很快形成。永州市原则上只要求每县、区办一所示范性公办幼儿园，因体制改革、职工重组、厂矿企业原举办的幼儿园不得不“关、停、并、转”，小学附设幼儿班、学前班因弊端突出，2005年开始被“逐步取消”。省政府发文，学前教育出现的巨大空缺全由民办幼儿园填补。尤其是在教育部颁发《幼儿园教育指导纲要（试行）》后，全市民办幼儿园园内保教工作以实施纲要精神为重点，幼儿教育进入了一个新的发展期。2015年，全市有1876所幼儿园，其中民办1556所，占幼儿园总数的82.94%；民办在园幼儿158351人，占在园幼儿总数的73.13%。

1992—2015年永州市民办幼儿园情况统计表

表8-6

年份	幼儿园所数（所）			在园幼儿数（人）		
	公民办幼儿园总数	民办幼儿园数	民办园比例	公民办园幼儿总数	民办园幼儿数	民办园幼儿比例
1992	84	75	89.29%	91840	90669	98.72%
1993	69	64	92.75%	93110	92085	98.90%
1994	67	62	92.54%	109504	105034	95.92%
1995	90	81	90.00%	102828	78877	76.70%
1996	97	86	88.66%	101344	88736	87.56%
1997	613	467	76.18%	68387	50486	73.82%

续表 8-6

年份	幼儿园所数（所）			在园幼儿数（人）		
	公民办幼儿园总数	民办幼儿园数	民办园比例	公民办园幼儿总数	民办园幼儿数	民办园幼儿比例
1998	888	793	89.30%	59583	42578	71.46%
1999	856	767	89.60%	46458	31446	67.69%
2000	907	734	80.93%	46329	29210	63.05%
2001	95	80	84.21%	33888	31496	92.94%
2002	114	104	91.23%	34706	20656	59.52%
2003	206	193	93.69%	42783	25669	60.00%
2004	229	220	96.07%	42840	25450	59.41%
2005	379	304	80.21%	56755	34053	60.00%
2006	383	336	87.73%	63015	37809	60.00%
2007	414	391	94.44%	67460	40476	60.00%
2008	458	435	94.98%	74943	32976	44.00%
2009	606	566	93.40%	118373	92330	78.00%
2010	784	743	94.77%	149643	126728	84.69%
2011	1245	1203	96.63%	173715	135497	78.00%
2012	1457	1398	95.95%	187684	149850	79.84%
2013	1636	1536	93.89%	200377	149282	74.50%
2014	1715	1594	92.94%	206836	146303	70.73%
2015	1876	1556	82.94%	216533	158351	73.13%

附：

民办幼儿园选介

宁远县中心幼儿园　宁远县中心幼儿园是加拿大籍华人蒋静于 2010 年 9 月投资兴建的一所按省级示范性幼儿园标准设计和建造的大型幼儿园，占地面积 7725 平方米，建筑面积 1 万平方米，户外活动面积 3000 平方米，绿化面积占比高于 40%。班级活动室面积 120 平方米。设有晨检室、隔离室、接待室、图书室、演出厅等功能室。保教及游乐设施较为齐全。2010 年 9 月办园以来，得到省、市、县教育主管部门和社会各

2015 年，宁远县中心幼儿园

界及幼儿家长的高度认可，连续五年被宁远县教育局评为优秀幼儿园。2012 年被省教育厅评为立项建设省级骨干民办幼儿园，2015 年通过验收，2016 年正式挂牌。在园幼儿 600 多人，教职工 80 多人。该园注重规范各项制度、规范各岗位工作流程和标准要求，从儿童身心发展特征和需要出发，实施开放式教学，引领孩子在探索问题、发现问题、研究问题和解决问题的过程中获得有益于身心发展的经验，让孩子在生活中、游戏中、操作中、运动中快乐地学习和成长。

冷水滩区舜德小太阳幼儿园 冷水滩区舜德小太阳幼儿园是经区教育局批准的一所民办幼儿园。该园创办于 2006 年 3 月，占地面积 2900 平方米，建筑面积 2000 平方米，室内活动场地面积 1000 平方米，室外活动场地面积 400 平方米，园舍布置合理，区划功能明确。至 2015 年，该园有 7 个班，在园幼儿 200 多人，教职工 36 人。该园坚持公益性原则，遵循幼儿身心发展规律，以“一切为了孩子为宗旨，以幼儿个性发展为本，为幼儿终身的全面发展奠定基础”为办园理念，坚持保教并重，促进幼儿快乐健康成长。办园水平得到社会及家长的好评，连续多年被冷水滩区教育局评为“优秀幼儿园”。2014 年被认定为市级骨干民办幼儿园，同年入围“十二五”立项建设省级骨干民办幼儿园行列。

二、民办小学教育

1992 年底，全区有民办小学 70 所，毕业生 1186 人，在校学生 6684 人；教职工 613 人，其中专任教师 551 人。当时，民办小学的生源得不到保障，办学规模普遍较小，在校学生校均不足 100 人；办学形式不一，有独立办的，也有从小学到初中联办的，入读不受区域和户口的限制。

2011 年后，各县区城区人口激增，乡镇学校学生向城区学校迁移，到城区就读的学生迅速增多。由于公办学校学位不足，为民办学校的发展提供了契机。2012 年，全市有民办小学 10 所，在校学生 13853 人。到 2015 年，全市民办小学发展到 27 所（零陵 8 所、冷水滩 1 所、祁阳 6 所、道县 3 所、宁远 2 所、蓝山 3 所、江华 2 所、新田 2

所），九年一贯制学校 18 所（零陵 4 所、冷水滩 8 所、东安 1 所、道县 1 所、江永 1 所、宁远 1 所、蓝山 2 所），十二年一贯制学校 2 所（东安 1 所、祁阳 1 所），全市共有招收小学生的民办教育机构 47 所，在校小学生 22749 人。据冷水滩区教育局基础教育股 2015 年秋季小学人数统计，民办小学在校生占城区小学在校生总数的 17.6%，民办小学的办学质量得到社会的认可。2016 年 10 月，冷水滩启龙小学、道县朝阳小学通过验收，被确认为“永州市骨干民办小学”。

1992—2015 年永州市民办小学基本情况统计表

表 8–7

年份	学校数（所）	在校学生数（人）	毕业学生数（人）	教职工数（人）	
				合计	其中专任教师
1992	70	6684	1186	613	551
1993	58	5382	1006	696	564
1994	34	5454	879	457	418
1995	41	5089	823	419	381
1996	32	5734	685	459	414
1997	48	7457	1021	537	477
1998	36	5905	713	645	594
1999	36	7203	926	1389	1332
2000	31	7384	1273	597	531
2001	17	7589	1407	705	491
2002	20	10212	1801	781	555
2003	17	10164	1737	750	509
2004	15	12847	2195	754	541
2005	15	14238	2420	735	532
2006	17	15896	2716	722	483
2007	13	13615	2347	573	393
2008	13	10770	1856	580	365
2009	11	12768	2201	675	436
2010	9	13634	2351	712	478
2011	6	13951	2406	219	163
2012	10	13853	2388	220	152
2013	14	17589	3032	216	148
2014	22	19775	3409	462	358
2015	27	22749	3922	720	519

三、民办初中教育

1992年，零陵地区有民办初中学校16所，毕业生741人，在校学生2464人。1994年，全区民办初中学校发展到27所，毕业生687人，在校学生2560人。民办初中学校狠抓教风与学风，坚持以提高质量为主题，以推进课堂教学改革和校园文化建设为突破口，办学条件进一步改善，教育质量进一步提高，为高中阶段学校输送大批优质生源，高升学率成为吸引学生家长的亮点。2011年蓝山县博爱学校、2012年祁阳县云龙学校、2013年宁远县启慧初级中学、2015年永州市黄冈博才学校分别于2011年、2012年、2013年、2015年获省规范民办学校建设奖励10万元。据冷水滩区教育局基础教育股2015年秋季初中学生人数统计，民办初中在校生占城区初中在校生总数的46.6%；在初中毕业会考中，永州四中、永州一中录取的高一学生中，民办学校生源占60%左右。是年，全市民办初中学校有36所（其中九年一贯制学校18所），占初中学校总数的11%；在校学生30613人，占在校学生总数的15.1%。

1992—2015年永州市民办初中学校数、在校生数情况表

表8–8

年度	1992	1993	1994	1995	1996	1997	1998	1999	2000	2001	2002	2003
学校所数（所）	16	16	27	20	21	11	6	11	9	31	34	30
在校生数（人）	2464	1864	2560	1740	2922	1829	911	2412	4845	7862	12613	17788
年度	2004	2005	2006	2007	2008	2009	2010	2011	2012	2013	2014	2015
学校所数（所）	34	35	27	21	24	25	28	28	31	33	33	36
在校生数（人）	18909	19302	21007	21658	16731	16274	17043	16541	19649	25020	28565	30613

附：

民办初中学校选介

蓝山县博爱学校 蓝山县博爱学校前身是雷大力于1995年4月创办的全省第一所民办孤儿院——中华希望儿童村。1996年，在其基础上创办成九年一贯制学校，定名湖南蓝山博爱学校。2005年，学校搬迁至现址，2013年改为现名。学校位于县城南平路中段。学校教学区、生活区、运动区规划合理，多媒体教学楼、科技楼、安装中央空调的学生公寓楼、多功能食堂、塑胶环形跑道、标准篮球场等设施完备先进。学校环境清幽，绿树成荫，花草点缀其间。

学校以“一切为了学生，为了一切学生，为了学生一切”为办学宗旨，以“净以求美、静以求谐、竞以求进、劲以求越”为校训，坚持“校风是脸、质量是命、生源是根、安全是天”的管理模式，学校不断发展壮大，2015 年，学校有 60 个教学班，200 多名教职工，3600 多名学生，其中寄宿生 2100 多人。

学校先后获得中国民办教育百强学校、全国教育系统先进集体、省民办教育特色实验学校、省民办教育先进单位等荣誉称号。中国“杂交水稻之父”袁隆平院士为博爱学校题写校名。原省委书记杨正午，省委宣传部部长文选德，省民办教育协会会长刘玉娥，省委常委、组织部部长郭开朗等领导先后到学校视察，充分肯定博爱学校的办学思路和办学特色，盛赞博爱学校是“民办教育的旗帜、教育改革的先锋、学生成长的摇篮、中小学校的榜样”。《人民日报》、《中国教育报》、中央电视台、湖南卫视等多家媒体多次报道过学校的办学特色、办学成绩，赞誉蓝山县博爱学校是“中国社会力量办学中的一朵奇葩”。

祁阳县云龙学校　祁阳县云龙学校（原名永州云龙中学）位于祁阳县黎家坪镇东正街，2000 年 6 月经湖南省教育厅批准设立，由建筑企业家伍保生创办，是一所全日制寄宿制完全中学。学校由老校区（初中部、小学部）和新校区（高中部）两部分组成，总面积 132 亩，建筑面积 2.88 万平方米。学校依山傍水，芳草如茵，绿树成荫，楼台亭阁与花坛草坪相映成趣。教学楼、实验楼宽敞明亮，宿舍楼舒适实用，运动场标准规范。校舍按功能分区，布局合理。电脑室、实验室、仪器室、图书室、阅览室及其他内部设施设备齐全。学校实行董事会领导下的校长负责制、全员聘任制、岗位责任制和结构工资制，内部管理规范有序，教育教学质量逐年上升。曾先后被评为祁阳县教育教学先进单位、永州市优秀学校、永州市民办教育先进学校、永州市优秀民办学校、市县文明单位、湖南省雷锋式学校，并被省教育厅推荐为全国优秀民办学校。学校董事长伍保生被评为“永州市十佳民办学校举办者”。省、地、县各级领导多次到校视察，省内外多家媒体曾予以报道。

四、民办高中教育

1992 年，零陵地区有民办普通高中 1 所，毕业生 51 人，在校学生 184 人；1994 年，民办普通高中发展到 4 所，毕业生 364 人，在校学生 437 人。当时民办普通高中学校都是租赁场地办学，条件差、场地窄，投入少，且都是以办高考复习班为主，兼招高中、初中学生。2001年，全市民办高中发展到7所，在校学生3413人。到2015年，全市有民办普通高中学校4所，在校学生4487人。

1992—2015年永州市民办普通高中学校及在校生情况表

表8–9 **单位：所、人**

年度	1992	1993	1994	1995	1996	1997	1998	1999	2000	2001	2002	2003
学校所数	1	1	4	3	0	1	2	2	4	7	7	8
在校生数	184	53	437	403	0	218	475	828	1361	3413	4781	3637

年度	2004	2005	2006	2007	2008	2009	2010	2011	2012	2013	2014	2015
学校所数	8	8	6	4	3	3	3	4	5	5	5	4
在校生数	4329	4857	5789	6748	4605	3382	2990	3134	3573	3756	4082	4487

附：

民办普通高中学校选介

永州陶铸中学　永州陶铸中学是十二年一贯制全日制民办学校。学校前身为祁阳县籍北伐名将刘兴于1943年创办的私立崇汉中学，历经祁阳三中、陶铸中学，办学72年。2003年6月22日，祁阳县人民政府与广东增城松田实业有限公司董事长马云珍正式签订《祁阳县陶铸中学新建和改制合同书》。2004年5月，经市政府批准，祁阳陶铸中学改制为民办学校，定名“永州陶铸中学”。广东增城松田实业有限公司董事长马云珍投资2亿元于祁阳县城沿江西路异地兴建校区，并兼任学校董事长。新校园濒临湘江，交通便捷，风景秀丽，环境宜人，占地面积近300亩，建筑面积110000平方米。2003年10月开工，到2006年10月止，新校按规划建设已竣工的有学生公寓5栋、学生食堂1栋、办公楼1栋，即将完工的有教

2015年，永州陶铸中学教学楼

师宿舍2栋、教学楼3栋、实验楼1栋、图书馆1栋，另有科研楼、校园超市、体艺综合楼、多功能体育馆、检阅台、礼堂等楼房已完成基础工程。学校建有400米环形跑道的塑胶田径场、12个篮球场等，有高标准、现代化的理化生实验室、语音室、微机室、音乐教室和专业舞蹈教室，体育、音乐、美术、舞蹈、电教、办公等器材齐全。学校各种教学设施按照省示范性高中标准全新配置，功能齐全，可满足6000名师生舒适地工作、学习和生活的需要。

永州陶铸中学以“为教师实现价值、为学生成就未来、为社会承担责任”为办学理念，大力打造“高效课堂、体艺特色教育、学生自主管理”三大特色。2015年，有小学、初中、高中教学班90个，学生5200余人，教职工348人。其中国家、省、市、县级骨干教师、优秀教师和学科带头人85人，高级教师50余人，硕士研究生10人，全国优秀教师、特级教师1人。学校先后获得“全国民办教育先进集体”“湖南省骨干民办学校”“湖南省民办教育特色学校”“永州市骨干民办学校”“永州市民办教育优秀学校”“永州市教育督导评估优秀学校”“祁阳县教育教学工作先进单位”“祁阳县教育教学绩效考核评估A类学校一等奖”等荣誉。学校实行全员聘任制、岗位责任制、绩效工资制。教师的工资与岗位、绩效挂钩，优质优酬。学校倡导“每一个学生都是天使，每一位家长都是上帝”的教育理念，强化教职员工的服务意识，关心和爱护每一个学生，学校办学成效显著。

五、民办中等职业教育

永州认真贯彻落实《中华人民共和国职业教育法》及有关规定，把大力发展民办职业教育作为教育战线实施“科教兴永、人才强市”战略，建设和谐教育的重要内容和加快中等职业教育发展新的增长点来抓，民办中等职业学校校均在校学生由2002年的295人增加到2008年的680人，有8所学校在校生在1000人以上。1992—2015年，全市民办中等职业学校共培养69567名适应经济社会发展需要的适用型人才。

据统计，2008年，全市民办中等职业学校有37所，招生9090人，在校学生25187人；2009年，全市有民办中职学校35所，招生5431人，在校学生15063人；2010年，全市有民办中职学校27所，招生3541人，在校学生10046人；2011年，全市有民办中职学校20所，招生2367人，在校学生9028人；2012年，全市有民办中职学校18所，招生1563人，在校学生6282人；2013年，全市有民办中职学校16所，招生895人，在校学生3817人；2014年，全市有民办中职学校14所，招生730人，在校学生2375人；2015年，全市有民办中职学校13所，招生1015人，在校学生2201人；学校所数、招生人数、在校学生数量逐年减少态势。

1992—2015 年永州市民办中职教育基本情况表

表 8-10

年度	学校数（所）	招生数（人）	毕业生数（所）	在校学生数（人）
1992	12	1514	763	3286
1993	12	2581	950	7695
1994	31	3482	962	7700
1995	29	3209	2029	8560
1996	29	6330	2680	11617
1997	31	2507	2342	8173
1998	31	3549	2272	7554
1999	30	1971	4832	5319
2000	22	2251	2325	5362
2001	17	1423	1399	4755
2002	16	1354	1300	4726
2003	15	2639	1862	4322
2004	17	2561	1559	4709
2005	13	7617	1159	7305
2006	39	10705	4319	17321
2007	36	14562	6854	24375
2008	37	9090	8345	25187
2009	35	5431	7271	15063
2010	27	3541	4144	10046
2011	20	2367	3095	9028
2012	18	1563	3382	6282
2013	16	895	2601	3817
2014	14	730	2005	2375
2015	13	1015	1117	2201

六、民办高等职业教育

零陵地区民办高等职业教育起步较早。1980年秋，中共早期党员、国家著名农林科学家、教育家，原北京农业大学首任校长、时年八旬的乐天宇教授回到家乡湖南省宁远县，自费创办九嶷山学院。2010年5月，该校由民办转为公办，与湖南潇湘技师学院合并办学（具体办学情况参见本志第六章高等教育之第三节湖南九嶷职业技术学院内容），系新中国成立后第一所全日制民办高等学校，开中国民办大学之先河。校部设在道德文化始祖舜帝陵圣地，乐天宇教授任董事长、院长。1981年下学期，九嶷山学院正式开学，共计招生181人，设中文、农林、医学3个系。学校初办时十分艰难，在九嶷山下借用舜帝陵两栋旧房作校舍，没有课桌椅，学生在树荫下坐小板凳上课，乐老每月350元离休金，只留下50元作生活费，其余全部用于办学。"文化大革命"后，国家补发给乐天宇的5万元工资也全部用作办学经费，学生每学期只收10元学费，对少数民族和家庭困难学生免收学费。在乐老精神感召下，教职员工不拿工资，由学院供给低标准的膳食和每人每月5元钱零用。从京、津各地请来的教授也是义务讲学，附近老百姓主动腾房子给学生住宿。学生大都是慕名前来求学的贫困农家子女。学校积极倡导"延安精神"。1983年，学校千方百计修建第一栋简易教学楼房，从制坯烧砖到垒墙盖顶的全部工程，都是在乐老的直接参与指导下由师生员工亲自动手完成的。九嶷山学院的奇迹和乐天宇艰苦奋斗的精神广为传播。1981年，中国人民解放军肖克将军亲临九嶷山学院视察并亲笔题写校名。他说："乐天宇办九嶷山学院，做了件大好事，我真心地支持他。"之后，中央领导王首道、李维汉、曾三和著名科学家钱学森、周培源等给予了大力支持。1985年7月，时任共青团中央书记的胡锦涛还专门写信，鼓励学院师生艰苦创业，勤俭办学。

1986年4月，学校从增加师源、生源和扩大规模出发，在冷水滩成立九嶷山学院冷水滩部，地委、行署为学院划拨土地，派出原零陵地委副书记黄森任名誉董事长，原零陵行署副专员、正厅级离休干部杜殿魁来院负责。学院用办学积累资金以及社会、单位与个人和日本领事管的捐赠资金，兴建了院舍。1998年，九嶷山学院冷水滩部更名为"零陵九嶷山进修学院"；1999年按省教委规范更名为"零陵九嶷山专修学院"；2002年8月，省教育厅发文同意九嶷山、冷水滩两校合并，冠名为"湖南九嶷山专修学院"。2005年3月，经专家评估、省人民政府批准、教育部备案，正式批准该校为湖南九嶷职业技术学院（简称九嶷职院），属专科层次面向全国计划招生的全日制普通高等职业院校，纳入普通高等院校序列，隶属湖南省教育厅和永州市人民政府共同管理，以市为主，是永州市唯一民办普通高等学校。学院占地面积335亩，其中绿化用地面积 51803 平方米，运动场地 17222 平方米；校舍建筑面积 81519 平方米；图书 13.77 万册，计算机 1168 台；固定资产总值 6126.59 万元，其中教学、实习、仪器设备资产 3267.3 万元。

到 2009 年，九嶷山学院办学 29 年，生源来自湖南、湖北、广东、广西、江西、云南、贵州乃至新疆等 19 个省市，其中还有两名日本学生远渡重洋来校就读。在校毕业的 27370 名九嶷学子分布在全国各地多个领域工作，就业率达到 90% 以上。新华社、中央电视台和《人民日报》、《中国青年报》、《光明日报》、《羊城晚报》、《湖南日报》、《香港大公报》等 20 多家新闻媒体先后报道学院的办学业绩。中央电视台还拍制《深山里的大学》专题片广泛宣传。省教育厅两次在该校召开现场会，学校 6 次被评为“国家和省市民办先进院校”。1997 年，九嶷山学院被评为“全国民办高校先进单位”，并获民办高等教育创业奖。2002 年 6 月，全国民办高等教育委员会授予该校“新中国第一所民办高校”称号；2004 年 8 月，团中央授予该校为全国首批青年创业培训基地；2005 年 3 月，经专家评估、省政府批准、教育部备案，正式批准该校为湖南九嶷职业技术学院。2009 年，湖南九嶷职业技术学院通过省教育厅组织的办学水平评估。

（一）办学体制

1986—2004 年，湖南九嶷山专修学院的办学形式为股份制合作办学，实行董事会领导下的院长负责制。2005—2008 年，九嶷职院举办权由股份制变更为独家投资，办学形式由股份合作办学变更为私人独资办学，实行董事会领导下的院长负责制。2008 年 12 月，九嶷职院举办者无力追加投入，在永州市委、市政府的部署安排下，九嶷职院由湖南潇湘技师学院接管，按照公办院校参与举办民办院校模式运作，实行董事会领导下的院长负责制，并由省派督导专员担任院党委书记。按照国家有关法律法规，履行独立法人资格，在不影响湖南潇湘技师学院自身的正常教育教学活动前提下，将潇湘技师学院的管理、教育教学经验等无形资产以及富余的师资力量、管理力量、财政性经费以外的资金、政府资助、闲置的院舍场地、教育教学设施等参与或投入九嶷职院发展建设，实现优质教育资源的扩张。2010 年 5 月，经省政府批准，九嶷职院由民办转为公办，由永州市人民政府主办，并与湖南潇湘技师学院合并办学，实行一个机构、两块牌子。九嶷职院业务由湖南省教育厅主管，潇湘技师学院业务由省人力资源和社会保障厅主管，成为湖南第一所由民办转为公办的高校。九嶷职院与潇湘技师学院合并，两院资源整合，办学实力更加雄厚，专业建设更具特色，是湖南第一所有专科、技师、高级工等多层次、多形式、多功能的高技能人才教育培训基地。

（二）专业设置与招生

2005 年底，九嶷职院设有 18 个专业（高职专业 8 个、中职 10 个）。2006—2008

年，学校逐步发展汽修、财会、医药营销、酒店管理、烹调工艺、商务英语等20多个专业。2009年初，九嶷职院调整设置“五系一部一中心”的教学管理机构，即机械工程系、机电工程系、信息工程系、服装艺术系、经济管理系、公共课部和产品研发中心。设置8个职业大类（土建类、机械设计制造类、旅游类、电子信息类、轻纺食品类、财经类、文化教育类、艺术设计传媒类）的16个专业，即室内设计、数控技术、模具设计与制造、机电一体化技术、计算机应用技术、计算机信息管理、动漫设计与制作、服装设计、会计电算化、旅游管理、酒店管理、商务英语、电脑艺术设计、市场营销、服装设计与工艺、办公自动化等。

2005年，九嶷职院决定实施减免学费的“助学扶贫工程”，面向永州市招收一批家庭经济困难的学生。5月9日市教育局下发《关于推荐贫困学生报考湖南九嶷职业技术学院的通知》，将报考名额分配到各县区。“助学扶贫工程”的对象是家庭经济困难、参加当年高考（包括对口招生）成绩达到高职院校录取最低控制分数线，并填报该院志愿的考生。

2005年，九嶷职院参加普通高考录取招收专科生78人，在校学生810人；2006年招收专科生682人，在校学生1212人；2007年招收专科生754人，在校学生1741人；2008年招收专科生1106人，在校生3365人（含中专）；2009年招收专科生620人，在校学生3422人。至2015年有毕业生（含中专）4269人。

2005—2015年九嶷职院基本情况统计表

表8–11 **单位：人**

项目＼年份	2005	2006	2007	2008	2009	2010	2011	2012	2013	2014	2015
一、专科	—	—	—	—	—	—	—	—	—	—	—
毕业生数	—	113	281	339	355	379	379	541	589	321	217
招生数	78	682	754	1106	620	577	229	380	214	238	341
在校生数	121	1212	1741	2356	1610	1467	1317	1156	781	629	685
教职工数	101	103	152	152	121	121	149	149	154	154	135
其中：专任教师	99	72	106	106	66	66	100	100	100	100	81
二、中专	—	—	—	—	—	—	—	—	—	—	—
毕业生数	—	—	—	770	512	1603	—	134	106	—	—
招生数	—	—	—	108	1812	149	—	63	110	—	—
在校生数	689	—	—	1009	1812	284	—	349	353	—	—

注：九嶷山学院2005年底毕（结）业生（含中专）共25000人

第九章

教师队伍

第九章 教师队伍

20 世纪 80 年代，永州教师队伍人才紧缺，学历不达标者和民办教师较多。1990 年以后，通过培训学习，到 2003 年，中小学合格学历教师达 51484 人。1987—1989 年，开始试行教师职务职称评审，1992 年教师职务评聘转入正常化。1998 年，实施教师继续教育制度。1998 年，市教育局设立教师工作科，负责中小学教师的招聘录用和培训、进修、职称评审等。2004—2015 年，全市发放高中教师资格证 17909 人。至 2015 年，全市有中小学专任教师 46159 人，学历合格者 42267 人；中小学教师获高、中级职称 25071 人。1992—2015 年，被评为湖南省特级教师的 91 人，受省部级表彰的全国模范教师、湖南省先进工作者 33 人，认定中小学骨干教师 575 名，全市选拔学科带头人 491 名，评出名师 78 名。

第一节 师资培训

一、培训管理

1984 年，零陵地区教委成立师训科，1998 年，市教委设立教师工作科，负责全市中小学教师培训工作的规划、组织协调全市中小学教师培训的具体实施。

1999 年，为全面贯彻落实教育部《面向 21 世纪教育振兴行动计划》和省教委《关于开展中学教师继续教育的意见》精神，实施“跨世纪园丁工程”，全面推进全市中学教师继续教育工作，市教委在 1999 年暑假期间开展中学教师继续教育，面授培训语文、数学、英语三门学科的骨干教师 1500 人，其中高中教师 260 人、初中教师 1240 人，培训时间 18 天，共计 100 个课时。高中教师的继续教育面授培训由省教育学院承担，初中教师继续教育面授培训由零陵师专承担。

2000 年，市教委在暑假开展中学教师继续教育面授培训，高中教师培训对象是语文、数学、英语、政治 4 门学科的专任教师，初中教师培训对象是语文、数学、英语、政治、历史、物理、化学、生物、音乐、体育、美术 11 门学科的专任教师，共培训教师 4700 余人，培训时间 16 天，共计 100 个学时。从这年开始，市直各培训机构和县区教师进修学校每年都举办面授培训班，培训中小学教师。全市中小学新课程改革的通识培训和学科课程培训，基本上通过面授形式完成。

2001 年 6 月 5 日，永州市教委成立永州市中小学教师继续教育工作领导小组并设立办事机构，负责全市中小学教师继续教育的管理工作。随后，各县区教委也成立领导小组及办事机构，加强对本县区中小学教师继续教育工作的领导与管理。

市级教师培训基地主要承担全市高中教师继续教育和小学、初中骨干教师培训任务以及省要求开展的各种培训及管理工作。县区教育行政部门负责本县区中小学教师继续教育工作，落实国家、省、市有关继续教育规定和确定的培训任务，制定本县区中小学教师继续教育的规划和实施意见，建设县区教师培训基地，审定县内举办的教师继续教育培训班教学计划，指导、评估本县教师培训机构的建设和办学质量，确保培训经费落到实处。县区教师培训基地主要承担本县区初中、小学教师的继续教育和教师全员培训项目相关培训任务及相应管理工作。全市中小学校组织开展“校本培训”，有计划地安排教师参加教育行政部门组织的教师继续教育培训，市、县（区）、校三级都有自己的教师培训任务。

2015 年，江华瑶族自治县教育局新任教师培训

2001 年永州市教委印发《贯彻落实省人事厅、市人事局关于将专业技术人员继续教育纳入专业技术职务评聘工作的通知》，决定从 2001 年起，将专业技术人员继续教育纳入专业技术职务评聘工作，培训内容为教育部《中小学教师继续教育课程指南》规定的范围，每五年为一周期，每年不得少于 12 天，初级技术职务者由县区培训，中级或申报中级职务者由市教委培训。

2001 年 6 月 16 日，永州市教委发出《关于小学教师继续教育培训者培训方案的通知》，决定对全市小学教师继续教育机构的专任教师开展培训，全面提高小学教师继续教育师资队伍的整体素质。培训形式是坚持脱产培训与自觉研修相结合，脱产学习不少于 144 学时。培训考试考核由培训单位组织进行，合格者由市教委发给“培训结业证书”。整个培训由市教委统一组织，省教育厅负责骨干教师的培训，市教委负责县区教师进修学校教师的培训，县区负责乡镇培训辅导员的培训。

2002 年暑假，根据省教委师范处《关于印发湖南省中学教师继续教育第一周期培训教学计划的通知》，市教育局在零陵学院、湖南广播电视大学零陵分校、道县师范、永州职业技术学院、祁阳师范等培训单位组织教师继续教育，直接培训教师 1165 名。

2005 年 6 月 1 日，永州市教育局下发《关于加强全市中小学教师继续教育管理工作的意见》，对全市中小学教师继续教育管理权限、培训机构的办学行为、继续教育的主要内容、考核管理、证件登记等作出规定。意见同时规定“中小学教师继续教育每五年为一周期，新一轮继续教育从 2004 年开始，即从 2004 年开始每个教师每年必须参加 98 小时的脱产培训”。

2005 年暑假，市教育局在湖南科技学院、永州市继续教育中心（道县师范）、祁阳师范统一组织全市初中教师 1758 名、高中教师 685 人，进行为期半个月继续教育岗位培训。在 2005—2009 年五年时间里，市教育局按照“面向全员、突出骨干、倾斜农村”的方针，认真组织实施以新理念、新课程、新技术和师德教育为重点的新一轮中小学教师全员培训。组织优秀教师高层次和骨干教师培训，提高广大中小学教师的学历、学位层次和实施素质教育的能力水平，促进全市教师队伍整体素质显著提高。全市近 5 万名教师普遍接受培训，80% 以上小学教师取得专科及以上的学历，50% 以上的初中教师取得本科学历，高中教师基本取得本科学历，具有研究生学历者达到一定比例。同时，认真组织以提高实施素质教育能力和水平为重点的骨干教师高级研修、新课程骨干教师培训、优秀教师专项培训。

2006 年，市教育局全面推进以校本培训为主要形式的中小学教师继续教育工作，启动远程教育培训工作，举办校本培训和校本研修骨干班，建立永州教师培训师资库，组织特级教师、学科带头人、骨干教师讲师团，广泛开展校本培训、校本研修等活动。

2006 年 4 月 4 日，省教育厅印发《湖南省中小学教师非学历远程培训工作实施的通知》。从 2006 年起，全市逐步将远程培训作为中小学教师全员培训的主要手段，有效提高培训质量。

2007 年，根据省教育厅的安排，市教育局草拟全市教师培养培训“十一五”规划。2009 年，又启动新一周期（2009—2013 年）教师培训工作，确定以新理念、新技术、新课程和师德教育为主要内容。以农村教师为重点对象，采取集中培训、远程培训、送教上门等灵活多样的方式实施。同时对全市中小学教师进行教育技术能力员培训。幼儿教师五年周期全员培训也同时启动。在这五年里，全市每年都有上万名中小学教师参加包括教育技术能力培训在内的不同类型、不同层次的学习培训活动。为保证新周期教师培训的需要，市教育局除要求县区加强教师进修学校建设，还遴选一批办学理念先进、教育教学质量高、师资力量强的中小学校，作为中小学教师培训基地。

“十一五”期间，全市选派教师参加国培计划和省培训6200余人，市本级培训校长320人，高中新课改培训7100人次，继续教育培训1.2万人，各县都组织学科培训，学校组织校本培训，所有中小学教师每年至少参加一次培训。

2011年永州市教育局印发《永州市中小学教师继续教育管理暂行办法》，提出“中小学教师继续教育每五年为一培训周期，五年里应接受不少于360学时的继续教育培训”。为加强教师继续教育管理，对教师继续教育实行登记管理制度，中小学教师参加各种形式继续教育都要按有关规定登记到省教育厅统一印制的《湖南省中小学教师继续教育登记证书》上，作为教师考核、职务晋升和聘用的必要条件之一，达到规定培训学时和要求，方可晋升和聘任教师专业技术职务。

2011年，市教育局印发《关于“十二五”时期中小学教师培训规划》，提出“十二五”时期中小学教师培训的总体要求是：贯彻落实国家教育规划纲要和市建设教育强市规划纲要，以教师队伍整体素质提高为目标，通过加强教师队伍建设，推进素质教育及教育改革和教育评价制度的改革；通过优化教师培训资源和体系，推进教育均衡发展；通过培训模式的创新，追求培训的科学性和实效性，为促进基础教育尤其是农村教育健康发展、均衡、持续发展提供坚实的师资保障。

2012年，市教育局举办高级教师培训示范班，示范班结合课程实际，把理论考试、课题讲座、教学示范、教学比武等内容相融合，突出培训的针对性和实效性。办班期间，组织各县区教师培训管理人员与进修学校负责人跟班观摩，共同提高教师培训质量。

二、培训机构

永州市师资培训中心 1983年10月7日，原零陵地区编委批准设立零陵地区函授站，为科级事业单位，编制10人，1984年5月，零陵地区教育局正式组建零陵地区函授站，并正式运转，负责管理、指导全地区中师函授教育工作。1996年，零陵地区撤区建市，加之为适应小学教师继续教育需要，1996年3月，永州市人民政府办公室发文，将零陵地区函授站更名为“永州市师资培训中心”，主要职责是负责全市小学教师的中师学历补偿教育和在职小学教师继续教育的业务管理及指导。2002年3月20日，永州市编委办发文，撤销市教科所、市成教培训中心、市师资培训中心，设立“永州市教育科学研究中心”，机构为全额拨款的副处级事业单位，其主要职责是承担全市基础教育、职业技术教育、成人教育等教育科学研究和咨询服务工作。

零陵师专培训部（湖南科技学院成教部） 1982年，零陵地区教师进修学院撤销，该院所承担的培训业务全部移交零陵师专培训部。零陵师专培训部负责全市中小学教师专科以上学历培训、校长培训、中小学教师培训工作。

湖南广播电视大学永州（零陵）分校电大开放教育学历培训站 2002年4月，电大分校在省电大的指导下，开展"中央广播电视大学人才培养模式改革和开放教育试点""开放教育学历培训"工作。市教育局支持永州电大改善办学条件，并于2010年8月25日下发《关于确定永州电大为永州市中小学教师培训基地的通知》，确定永州电大为"永州市中小学教师培训基地"，开展全市中小学教师培训工作，加强教师和校长培训基地建设，为教师专业化和校长职业化成长创造良好的培训条件。

永州市中小学教师继续教育中心 2002年4月，道县师范向市教育局先后提出《关于申办清华大学现代远程教育学院道县师范教学点的请示》《关于申办湖南大学远程（网络）教育学院道县师范教学点的请示》，均获得批准。2002年9月18日市教育局下发《关于成立永州市中小学教师继续教育中心的批复》，同意在道县师范成立永州市教师继续教育中心，与道县师范实行一个机构、两块牌子，负责全市中小学教师继续教育工作。

县区教师进修学校 20世纪80年代，经省教育厅验收，11所县区教师进修学校获准备案，全面开展师资培训工作。1991—1995年，省教委组织对县区教师进修学校复查评估，全市11所县区教师进修学校全部合格，其中芝山（零陵）区、东安县、江华瑶族自治县、宁远县4所教师进修学校被评为全省先进教师进修学校。东安县、道县、宁远县、蓝山县为达到省检标准，重新规划、搬迁新校址，建设新校园。1996年，省教委又组织开展全省教师进修学校教学质量评估检查，芝山（零陵）、新田、东安3所学校被评为全省教师进修学校教学质量评估先进单位，受到省教委表彰。通过全省教师进修学校复查评估和教学质量评估检查，全市师资培训机构建设和教师培训质量跃上了新的台阶。全市师训工作受到省教委的肯定和表扬，省教委1994年10月以江永县教师进修学校为现场召开全省小学教师基本功培训研讨会，2000年10月以东安县教师进修学校为现场召开全省教师进修学校校长第三届年会暨继续教育研讨会。2001年6月，永州市教委印发《关于开展中小学教师继续教育工程县（区）自评工作的通知》，要求各县区对开展中小学教师继续教育工程进展情况进行自评，总结成功经验，发现存在的问题，找出下一步改进和完善"工程"实施的具体措施，促进"工程"目标顺利完成。按照《教育部关于加强县级教师培训机构建设的意见》，为让县级教师进修学校适应"新时期开展中小学教师继续教育工作的需要"2005年5月28日，市教育局印发《关于开展示范性县级教师培训机构评估申报工作的通知》，决定每年向省教育厅申报2~3所县级教师培训机构为省示范性县级培训机构。县区培训机构也按照“小实体、多功能、大服务”区域性教师学习与资源中心的要求，积极开展省级示范性县级教师培训机构的创建活动，通过五年的努力，全市有26所学校被评为省级教师培训基地校。

2010年，市教育局制定“中小学教师校本培训管理办法”，遴选一批办学理念先进、教育教学质量高、师资力量强、具有学科特色和示范性的中小学校作为教师培训基地。

到2012年，全市中小学教师培训机构，依托湖南科技学院、零陵师范、道县师范、祁阳师范，并在道县师范成立永州市中小学教师培训继续教育培训中心，承担全市中小学教师培训任务，整合教师培训、教育教学研究、广播电视大学、电化教育等多种教育资源，构建起“小实体、多功能、大服务”、上挂高等院校、下联中小学校的新型教师学习与资源中心，形成市县校三级一体的教师继续教育网络。

在经费保障上，按照“地方负责、分组管理”的原则，建立教师继续教育经费的保障机制，全市教师继续教育经费在教职工工资总额1.5%范围内，由事业费开支，按照学校年度公用经费预算总额的5%安排，将教师继续教育经费纳入教育事业经费预算予以保障。同时，学校学杂费中也提取一部分用于教师继续教育，一些县区还积极探索中小学教师继续教育由学校主管部门、学校和教师共同承担成本的分担机制，教师学历提高培训经费以教师个人承担为主。政府部门组织教师集中培训的经费以有关部门负担为主，市本级教师专项培训经费主要用于市教育局组织的教师培训项目。

三、学历培训

1991年，全市小学教师25478人，其中有大专毕业学历的415人，仅占1.8%；中师学历的12438人，占48.8%；50%的教师学历不达标。普通高中教师2194人，本科以上学历的1282人，仅占38.2%。初中教师9245人，本科以上学历的247人，仅占2.7%；专科学历的5103人，仅占55%。20世纪90年代，中小学教师培训，重点是教师合格学历培训，即小学教师要达到中师毕业学历水平，初中教师要达到专科毕业学历水平，高中教师要达到本科毕业学历水平。全市中小学教师积极参加函授、电大、自学考试、脱产进修学习培训，达到学历合格要求。1998年8月12日，永州市教委印发《关于中小学教师继续教育和小学教师补修中师学历教育的意见》，对中小学教师继续教育的指导思想与基本原则、对象与目标、内容与形式、组织与管理、政策与措施做详细的规定。要求各级教育行政部门把提高中小学教师队伍整体素质作为长期战略任务，开展对所有取得教师资格的在职中小学教师、行政干部和试用期新教师的继续教育培训，并在“九五”期间把培训的重点放在中青年骨干教师。

1999年6月8日，市教委召开全市师训工作会议，提出教师培训工作要抓住重点，在培训内容上要抓住职业道德教育、基本功训练、专业知识教育。对教师培训制定规划、建设好培训基地。

2001年7月16日，市教委印发《关于推荐优秀在职小学教师通过继续教育达到专科学历水平培训的通知》，直接组织全市中小学教师开展提升学历培训。根据在全市推荐一批具有中师学历、年龄在45岁以下、身体状况良好并在一线任教5年以上的优秀小学教师通过继续教育达到专科学历水平培训。优秀小学教师学历提升培训采取函授或远程教育等方式，实行宽进严出和学分制管理，培训内容和方法严格按课程改革新方案后的《湖南省小学教师进修高等师范专科学历初等教育专业教学计划》执行。培训工作由市教委统筹，零陵区、道县、祁阳县3所师范学校分别承担各县的教学任务，对修满规定学分的学员，发给继续教育结业证书，经考试合格者颁发专科毕业证书，全市首批培训870名小学教师。

2002年4月4日，省教育厅印发《关于在职中学教师通过继续教育达到本科学历水平培训的意见》，通过教师自愿报名、任教学校推荐、县市区教育局同意，市教育局审查并造册，组织具有专科毕业学历、思想表现好、身体健康、能坚持自学、在一线任教的中学教师参加继续教育培训学习达到本科学历水平，首批640名政治、语文、英语、数学、物理、化学、计算机7个专业的教师在湖南师大道县师范教学点参加培训授课学习，并取得毕业学历证书。

2002年，永州市教育局下发《关于选送教师参加电大开放教育学历培训的通知》，组织全市选送1446名具有专科学历的教师参加电大开放试点本科学历培训，取得本科学历。通过努力，到2003年，小学教师25450人。其中，有大专毕业学历的7252人，占29%；中师学历的17629人，占69%；仅有2.3%的教师学历不达标。普通高中教师5198人，本科以上学历的3326人，占64%。初中教师21514人，本科以上学历的2273人，占13.7%；专科学历的13183人，占78%；仅有8%的初中教师学历不合格。

2007年，全市组织开展中小学教师远程教育学历培训，由永州电大负责实施，全市设8个远程教育培训点，有零陵电大、道县师范、祁阳师范、冷水滩教师进修学校、东安教师进修学校、道县教师进修学校、宁远县教师进修学校、江华瑶族自治县教师进修学校。各级教育行政部门督促所属中小学校所有学历不合格教师及其他工作人员、学历未达到专科层次的小学和幼儿园教师及工作人员、学历未达到本科层次的中学教师及工作人员参加学历提高培训学习。

2007年5月31日，永州市教育局印发《关于加强教师研究生学历培训的通知》，提出为推进教育强市建设，提高教师队伍素质，决定开展面向高中（含职业高中、中专）教师为主的研究生学历培训工作，具有本科学历，取得学士学位或中级职称，并有三年以上基础教育工作经历的在职教师、教研员或管理人员可以申报参加教育管理、课程与教学论、教育技术学、小学教育专业研究生报名考试，学习三至四年达到研究生学历要求。其间市县教育行政部门还特别注意组织“扶贫县”农村教育硕士的需求情况调查摸底，并选拔优秀教师参加研究生学历培训。

2010年，全市基本实现《湖南省2010年教师队伍建设规划》所提出的教师学历要求，即小学教师专科以上学历达到80%，初中教师本科学历达到80%，高中教师学历合格率达到95%。

到2015年，全市高中专任教师5277人，其中达到大学本科及以上学历的5049人（其中研究生学历138人），专科毕业学历的228人，分别占高中专任教师的95.7%、4.3%；普通高中教师具有研究生学历者达到1.5%以上。初中专任教师14732人，其中达到本科及以上学历的10710人、专科学历的4002人、高中学历的20人，分别占初中专任教师的72.7%、27.2%和0.1%。小学专任教师23837人，其中本科及以上学历的7416人、专科学历的13185人。高中学历的3236人，分别占专任教师的31.11%、55.31%、13.58%。全市学前教育教师具有专科以上学历者在65%以上。

四、非学历培训

坚持以“国培计划”为引领，“省培计划”为拓展，市、县培为主体，校本研训为基础，远程教育和集中培训为主要方式，有目的、有计划地对全体教师进行分类、分层、分岗培训。

2001年，湖南省教育厅《关于印发湖南省关于实施“中小学教师继续教育工程”的意见的通知》提出目标是：“对全省现有53.5万中小学（含职业学校）教师基本轮训一遍，教师整体素质明显提高，基本适应实施素质教育的需要。到2002年底以前，全体中小学教师通过多种形式普遍完成不少于180学时的培训。”“全体中小学教师普遍接受信息技术基本知识与技能和普通话水平的培训。使大多数教师具备运用计算机的基本技能，能开展不同程度的计算机辅助教学；使全体中小学教师的普通话水平得到提高，坚持用普通话进行教学。”

永州市严格执行湖南省人民政府办公厅转发《省教育厅关于进一步加强教师队伍建设意见的通知》规定，一方面着力构建教师教育新体系，加强市县两级教师培训机构的建设和管理，推进教师培养培训一体化，在全市范围逐步形成以校本培训为基础、现代远程教育为依托、课程改革为核心内容、学分制为管理手段、任职学校、培训机构和行政部门共同管理、岗位培训与学历提高培训结合的中小学教师继续教育模式。另一方面进一步完善教师继续教育制度，努力建设教师终身教育体系，市教育局统一规划，各级各类教师培训基地具体实施。继续加大中小学信息技术、英语、艺术类和综合类课程教师培养培训力度。以 5 年为一个周期，在职在岗教师都要按照专业对口的原则，参加相应的岗位培训或学历教育，培训时间累计不得少于 240 学时，骨干教师要通过更高要求的培训。实施新的教师素质建设工程，以岗位技能培训、学历提升培训和新课程培训为重点，切实开展教师全员培训。

校长园长培训　从 1993 年开始，地区教委委托零陵师专举办首届中学校长培训班，拉开了校长集中培训的序幕。首届校长培训班全市有 100 名高中副校长、初中校长参加，培训班坚持业余培训为主，业余培训与脱产培训相结合，学制一年，脱产培训时间 3 个月，共 300 个课时。培训期间，所有小学校长学完“建设有中国特色社会主义理论与教育改革”“教育政策法规”“中小学校长职业道德专题”“中学管理”“中小学教育统计”等课程。从这年开始，地区教委每年都在零陵师专举办一期校长培训班，每期培训校长 100~150 人。

1996—2000 年，全市组织完全中学、高级中学、职业中学、教师进修学校校长、县区教委主任和幼儿园园长参加湖南省教委组织的培训。完全中学、高级中学、职业中学、教师进修学校副校长、初级中学校长和学区主任，参加市教委组织的培训。初级中学副校长、中心小学、实验小学正副校长、片、村初级小学校长参加由县区教委组织的培训。市教委培训完全中学、高级中学、职业中学、教师进修学校副校长、初级中学校长和学区主任 828 名。

2001 年 3 月 16 日，永州市教委《关于印发中小学校长培训工作管理暂行办法的通知》提出：要建立校长岗位培训、提高培训和持证上岗制度，新任校长必须接受不少于 300 小时的岗位培训，并取得“任职资格培训合格证书，持证上岗”“以后满五年的，要继续接受累计不少于 240 小时的提高培训，取得提高培训合格证”。对全市校长培训也做了职责分工：“高中、完全中学、职业中学、教师进修学校的校长必须送省培训；副校长参加省市培训均可；初中校长由市教育局培训；小学校长、学区主任由县区负责培训。”市教委培训的机构是零陵师专，县区的培训机构是县区教师进修学校。对校长培训效果要进行严格考核和奖惩。

2001 年 4 月，零陵师专成教部制定《永州中学校长培训工作管理实施细则》。培训内容主要包括：政治理论、思想道德修养、教育政策法规、现代教育理论和实践、学校管理理论和实践、信息教育技术、现代科技、人文社会科学知识等。到 2005 年底，市教育局在零陵师专举办校长培训班 13 期，培训中学校长 1670 人次。

2005 年 4 月 1 日，市教育局印发《新一轮中小学校长、教师培训课程设置指导意见》对中小学校长、教师培训做出具体规定。2006 年全省实行中学校长持证上岗，市教育局在湖南科技学院举办校长任职资格补修班，共 517 名中学校长参加学习。

2006 年，市教育局还举办永州市中学校长提高班和小学校长高级研修班，100 名中学校长参加永州市第五期中学校长提高培训班为期 2 个月的培训、80 名小学校长参加为期半年的永州市第一期小学校长高级研修班培训。

2011 年 6 月，市教育局举办校长培训示范班，对全市农村合格中小学校校长进行现代教育思想、现代学校管理制度，职业素养与党性教育以及教育管理实践培训班，培训中小学校长 137 人，2012 年培训校长 55 人，2013 年培训校长 98 人。

2015 年，集中脱产培训初中校长 300 余人，选送一批优秀校长参加省级和国家级培训，同时确保每位校长不少于 240 学时的脱产培训。

2015 年，所有公办幼儿园园长和 200 名民办幼儿园园长参加省级和国家级培训，五年内市级培训 400 余名园长。

班主任培训 2006 年，市教育局贯彻《教育部办公厅关于启动实施全国中小学班主任培训计划的通知》和湖南省教育厅 2006 年 11 月 30 日下发的《关于实施全省中小学班主任培训计划的通知》精神，建立中小学班主任岗位培训制度，规定凡担任中小学班主任的教师，按五年一个周期，在每个周期内均需接受班主任专题培训，培训时间不少于 30 小时。为提高班主任培训效果，省、市教育行政部门相继举办班主任培训班培训骨干，市教育局按 1 ∶ 10 的比例组织 1000 名骨干班主任的专项培训。各县区教育行政部门也制订本区域中小学班主任培训规划，并委托教师培训机构组织实施本区域内义务阶段中小学班主任培训工作。所有中小学校都制定本校班主任培训计划，积极组织本校班主任参加各层次的培训活动，组织班主任开展校本研修，进行班主任培训学分登记等。全市于 2007 年、2008 年两年基本完成中小学班主任培训任务。从 2009 年开始，根据省教育厅《关于组织 2009 年全省万名中小学班主任省级远程培训的通知》，以远程培训为主要方式，对尚未接受班主任专项培训的中小学班主任进行省级远程培训，全面完成第一轮全员培训任务。通过培训，提高全市中小学班主任队伍的思想政治素质和业务素质，提升班级管理能力和科学育人的水平。

2015 年，市级培训基地分期、分类完成中小学骨干班主任培训 2500 余人。

全员岗位培训 2009 年，全面启动新一轮中小学教师全员岗位培训，以新课程、新理念、新技术和师德教育为重点，帮助教师更新教育理念，树立与素质教育相符合的教育观、人才观和质量观，达到中小学教师教育技术能力标准，不断提高广大中小学教师实施素质教育的能力和水平，促进教师队伍整体素质显著提高，认真按照省教育厅的统一要求，确保 4 万名中小学教师在“十二五”期间全面完成不少于 360 学时的培训任务。

骨干教师、学科带头人、名师培训 2000 年 1 月 17 日，教育部《关于做好中小学骨干教师国家级培训工作的通知》，决定对中小学骨干教师进行国家级培训，培训采取集中脱产的办法进行，时间为3个月。通知还要求“地方各级人民政府也要多渠道筹资设立骨干教师专项资金，加大对中小学骨干教师培训的步伐和力度，在全国逐步建设一支符合时代要求、能发挥示范和辐射作用的骨干老师队伍，带动整个中小学教师队伍建设”。按照省、市教育行政部门的要求，道县师范、祁阳师范骨干教师培训基地，相继制定《市级小学骨干教师培训实施方案》，并于2002年4月举办第一期小学骨干教师培训班，零陵学院中学骨干教师培训基地制定《中学骨干教师市级培训方案和实施细则》并相继举办中学骨干教师培训班，开展全市中小学骨干教师培训。

2007年，国家实施“国培计划”对中西部农村骨干教师设立专门的培训项目开展培训。市县教育局认真贯彻落实湖南省《“国培计划”（2010）农村中小学教师置换脱产研修实施方案》，开展农村初中骨干教师置换脱产高级研修班，积极组织农村初中骨干教师和具有高级职称、市级学科带头人参加培训，为农村学校培养和造就一批能推进课程改革、实施素质教育，发挥辐射作用的市州学科带头人，有力地推动农村教师队伍整体素质提升。全市选派教师参加“国培计划”和省级培训12456人次。

2012年，永州市教育局在永州电大举办全市义务教育新课标骨干教师培训班，培训中学骨干教师106名、小学骨干教师261名。

按照《永州市中小学学科带头人评选与管理暂行办法》规定，市教育局对所有名师都组织集中、分散等多种形式的培训与交流。全市所有的学科带头人都参加“英特尔”未来教育培训和教育技术能力培训，部分学科还组织专业培训，通过培训提高学科带头人的基本素质，充分发挥学科带头人的模范带头和辐射作用。

从2015年12月起，决定对考核合格的首届413名市级骨干教师进行信息技术通用高端技术培训，主要培训微课制作、音视频制作与处理、个人空间应用与建设、电子表格应用等现代教育技术。到2015年，有3500名骨干教师、1500名左右学科带头人、50名名师参加市级培训，选派一批有突出贡献或特级教师参加省级、国家级培训。

新课程培训 2001年10月17日，教育部《关于印发开展基础教育新课程实验推广工作的意见》，为加快构建符合素质教育要求的基础教育新课程体系，决定从2001年秋季起，开始进行基础教育新课程实验推广工作，并要求“教育行政部门要切实做好新课程的师资培训规划，确保师资培训工作与新一轮课程改革的推进同步进行并适当超前。按照先培训，后上岗；不培训，不上岗的原则，将新一轮基础教育课程改革的有关内容纳入中小学教师继续教育的核心内容；将新课程培训作为正在实施的继续教育工程中各级骨干教师培训的重要内容”。东安县被列为全国新课程改革试点县。永州市教育局严格执行教育部和省教育厅的文件精神，于2002年9月19日印发《永州市基础教育新课程实验推广教师培训方案的通知》，并在全市范围，对所有中小学教师进行新课程教学培训。新课程培训内容为两个方面，通识培训和学科培训。

通识培训和学科培训都由省教育厅直接组织。市教育局承担县区教育行政管理人员的通识培训以及县区教师培训机构培训者和教研员的通识培训和学科培训。

县区教育局承担实验学校行政人员通识培训、实验课程教师的通识培训和学科培训。学校承担校本培训，对校内全体教师进行教师全员培训。

新课程师资培训工作从小学和初中起始年级任课教师抓起，逐步扩展到其他各年级的任课教师，到 2004 年秋季中小学开学前，全市基本完成对中小学各起始年级实施新课程的教师上岗培训的任务。2004 年到 2008 年，继续做好对其他年级广大中小学教师进行新课程培训的工作。

全市中小学教师新课程培训坚持培训、教研、教改相结合，坚持集中培训与分散培训相结合，坚持短期面授与长期跟踪指导相结合，注重发挥校本培训的作用，充分发挥现代远程教育在师资培训方面的作用，倡导培训者与教师的平等交流、对话，了解他们的疑惑和困难，引导教师结合自己的教学实际深入讨论。全市所有教师都全身心地参与到培训中，并在 2007 年 7 月底前完成第一轮通识培训任务。

信息技术培训　2001 年，省教育厅《关于在中小学教师中开展信息技术培训与考试的通知》提出："为提高中小学教师应用现代信息技术手段进行教学的能力和水平，适应中小学开设信息技术必修课的需要，决定在中小学教师中开展信息技术培训与考试。"2003 年又要求申报中级及以上职称的教师必须经过信息技术高级培训，并取得培训合格证书。

永州市严格按照省教育厅的要求对 1955 年 1 月 1 日以后出生的中小学管理人员和专任教师都进行信息技术培训。至 2005 年底，全市累计参加培训与考试的人数达 1.6 万人次，取得省教育厅颁发的信息等级证书的人数达 1.5 万人，广大中小学教师应用现代教育手段进行教学的能力和水平明显提高，促进现代教育技术在教育教学中的应用。

2004 年，教育部《关于启动实施全国中小学教师教育技术能力建设计划的通知》，提出全国中小学教师教育技术能力建设计划的宗旨是：以《中小学教师教育技术能力标准》为依据，以全面提高教师教育技术应用能力，促进技术在教学中的有效运用为目的，建立教师教育技术培训和考试体系，组织开展以信息技术与学科教学有效整合为主要内容的教育技术培训，全面提高教师实施素质教育的能力水平。市教育局按照"总体规划、分步实施、学用结合、注重实效"的原则认真组织实施，从 2005 年起，通过三年的努力，在全市范围，凡 1955 年 1 月 1 日以后出生的中小学教学人员、管理人员和技术支持人员，普遍接受不低于 50 学时的教育技术应用能力培训，并参加国家统一组织的教育技术能力水平考试认证。

启动中小学教师教育技术能力培训考核工作，按照省教育厅的要求，开展中小学教师信息技术培训与测试工作，从2006年下半年开始，启动中小学教师教育技术能力培训考核工作。2006年，完成省级教师培训412名，完成市级培训教师3480名。

2006年12月29日，市教育局印发《关于做好“教育部—微软公司携手助学项目”工作的通知》,对全市400余名信息技术专任骨干教师进行培训,培训内容为计算机硬件、软件、网络、互联网和信息安全、多媒体设备以及问题解答等。

2009年，省教育厅决定，用5年时间，对全省中小学教师进行教育技术能力全员培训，继续开展教育部—微软（中国）“携手助学”项目中小学信息技术专任教师培训和英特尔未来师资培训项目工作。

2009年3月，全市中小学教师教育技术能力建设工作启动，制定全员培训的工作目标，组织开展培训基地培训者培训，向省教育厅申报认定“湖南省中小学教师教育技术培训基地”，并从下半年开始组织教师进行新一轮教育技术培训和考试。到2015年全部完成培训任务，培训教师47825名。

2011年，省教育厅印发《湖南省中小学教师教育技术能力建设实施方案》，决定从2011年开始，全面启动和实施中小学教师教育技术能力建设项目。永州市在2011—2015年认真组织开展中小学教师教育技术全员培训和教育技术能力水平等级考试认证工作，有力地促进教师专业成长与发展。

普通话培训 2001年，永州市教委、永州市语言文字工作委员会发出《关于印发永州市普通话培训测试工作实施细则的通知》规定，普通话培训由市县语委办和师训部门进行组织和管理；为提高中小学教师的普通话水平，各单位、各学校都要举办普通话培训班并报语委办备案，培训内容和方式，根据培训对象的普通话基础确定，可集中培训，也可采用分散与集中相结合的方式进行，市教育局带头组织工作人员培训和测试。全市所有需要参加普通话测试的中小学教师，都按要求参加培训和测试。

英特尔未来师资培训 2005年，国家开展“英特尔”未来教育师资培训，2005年省教育厅“英特尔”未来教育师资培训计划分配永州主讲教师18名，学科教师300名。2006年4月14日，湖南省教育厅印发《关于认真做好中小学教师英特尔未来教育师资培训项目的通知》,培训永州骨干教师600名,市级培训1200名。2007年电大培训500名，2008年培训800名，全市参加英特尔未来师资培训教师共6000余名。

学前教育教师培训 市教育局在坚持健全幼儿教师、保育员准入制度的前提下，依托幼儿教师基地实施幼儿园师资队伍培训工程，在2011—2014年，根据《永州市2011—2015年幼儿教师队伍培训规划》，在实施农村幼儿教师国家级培训计划的示范引领下，通过不同形式为每个县区培训4~6名学前教育教师带头人，每个乡镇培训1~2

名骨干教师。每年都选送400余名教师参加省级及以上的培训，市级每年培训150余人，县区每年培训700余人，实现对幼儿园园长和教师进行新一轮全员培训的目标。与此同时，市县教育行政部门还组织所有幼儿园开展园本培训，帮助完善幼儿教师专业培训体系，加强幼儿教师队伍建设，不断提高学前教育质量，2015年，全市通过脱产培训、短期集中培训、转岗培训等多种形式，充分运用市级培训基地，培训学前教育教师3500余人。

农村中小学现代远程教育工程培训 2004年，教育部印发《教育部关于加快推进全国教师教育网络联盟计划，组织实施新一轮中小学教师全员培训的意见》，在全国范围全面推进中小学教师现代教育技术远程培训。2004年，全市积极开展农村中小学现代远程教育工程。11个县区完成教学光盘播放点或卫星收视点或计算机教室建设，并为每所中心小学、初中培养1名计算机教师，全市所有中小学教师都按照湖南省中小学教师继续教育指导中心2006年5月《关于印发湖南省中小学教师非学历远程培训教学实施计划的通知》要求，报名参加全国中小学教师继续教育网的网络课程学习，并修满学分，接受考核。

教育专业培训 组织参加教师资格认定的非师范类毕业生及拔高类教师参加教育专业培训，培训的主要内容为：教师职业道德、现代教育技术、教育教学基本技能（包括教学设计、教学实施、学业评价及班主任工作）、教学基本功（包括普通话、毛笔字、钢笔字、粉笔字等）和现行教育政策法规。教师教育专业培训由市教师资格认定机构统一组织，定点培训。参培对象都到市教育局指定的教师培训基地，接受15天的教育专业培训。

安全教育培训 2010年，根据《教育部办公厅关于加强中小学教师培训安全管理工作的通知》精神，全市各级培训机构在教师培训时还对参训教师和顶岗实习师范生进行安全教育培训，进一步强化教师对学生安全意识，提高教师自我保护能力。

专业不对口人员培训 市教育局决定从2011年暑假开始举办专业不对口教师即转岗教师现任教学科培训。市教育局对全市专业不对口教师队伍进行全面摸底调查，根据摸底调查情况制订详细的培训规划，并组织培训。专业不对口教师培训分两个阶段进行，先是前期校本研训阶段，参训学员制定校本培训学习方案，读一本与所教学科相关的大学教科书，结合自身情况，撰写不少于5000字的学习心得，交市县培训机构审查；参加理论学习活动不少于2次，理论学习活动记录，由参培教师在到培训班集中时学习交培训机构；上2节公开课，学校年级组、学科组对其进行评价，听课记录、点评记录相关文字材料复印件交培训机构审验；学员备课教案由所在学校审核后才能使用，并在集中培训时交培训机构审核。然后是集中培训，在培训机构脱产培训时间不少于140小时。

特岗教师培训 2011 年，全市举办 2009 年度特岗教师第一期培训班，相关县按照“坚持思想表现和教学业绩第一的原则，兼顾个人素质和个人能力”，选送 50 名优秀特岗教师，到永州电大参加为期一个星期的培训班，脱产学习“爱心与职业道德教育、专业思想教育、教育教学方法与技巧”。市教育局每年都举办一期特岗教师培训班，培训优秀特岗教师。2012 年，市教育局印发《永州市农村义务教育阶段学校特岗教师培训工作方案》，规定市教育局对全市特岗教师进行全员培训，当年市教育局在永州电大举行 13 期特岗教师培训班，培训特岗教师 650 人。

2005—2015 年永州市中小学教师各类培训统计表

表 9-1 **单位：人**

年份	培训班名称	人数	培训方式	培训对象
2005	英特尔未来教育培训班	300	集中授课	中小学教师
	小学校长、副校长、教导主任计算机基础知识培训班	180	集中授课	中小学校长、副校长、教导主任
	中学校长任职资格培训班	100	集中授课	中小学校长
	新课程培训班	2239	集中授课	中小学教师
2006	校本培训考核管理班	50	集中培训	中小学教师
	校本培训骨干班	400	集中培训	中小学教师
	中学校长提高培训班	100	集中培训	中小学教师
	小学校长研修班	80	集中培训	中小学教师
	中学教师学科带头人、骨干教师培训班	400	集中培训	中小学教师
	幼儿教师培训班	80	集中培训	中小学教师
	新课程骨干教师培训班	1455	集中培训	中小学教师
2007	中学教师专业不对口人员培训班	807	集中培训	中学教师
2008	中学教师学科继续教育培训班	1000	集中授课	中学教师
	中学班主任教师培训班	600	集中授课	中学班主任
	英特尔未来教育培训	800	集中授课	中小学教师
	农村中小学薄弱学科教师培训班	450	集中授课	农村中小学教师
	幼儿教师培训班	200	集中授课	幼儿园教师
	中小学教师学历提高培训班	400	集中授课	中小学教师

续表 9-1

年份	培训班名称	人数	培训方式	培训对象
2009	中学教师学科继续教育培训	1000	集中培训	中学教师
	中小学心理健康教育教师培训班	80	集中授课	中小学教师
	初中体育教师培训班	100	集中授课	初中体育教师
	初中英语教师培训班	100	集中授课	初中英语教师
	初中生物教师培训班	100	集中授课	初中生物教师
	初中地理教师培训班	100	集中授课	初中地理教师
	小学音乐教师培训班	100	集中授课	小学音乐教师
	小学美术教师培训班	100	集中授课	小学美术教师
	合格学校初中物理实验员培训班	72	集中授课	初中物理实验员
	合格学校初中化学实验员培训班	72	集中授课	初中化学实验员
	合格学校初中生物实验员培训班	72	集中授课	初中生物实验员
2010	中学教师学科继续教育培训班	1000	分批培训	中学教师
	中学班主任教师培训班	300	集中授课	中学班主任
	薄弱学科骨干教师培训班	200	分批培训	中小学教师
	中小学校长任职资格和提高培训班	120	集中授课	中小学校长
	专业不对口培训	258	集中培训	初中教师
	教师学科培训	500	集中培训	中学教师
	特岗教师培训	50	集中培训	特岗教师
	小学骨干教师培训	203	集中培训	全市小学语文、数学、英语教师
	幼儿园骨干教师培训	55	集中培训	幼儿园教师
	英特尔未来教育培训	1100	集中培训	中小学教师
	班主任培训	72	集中培训	小学教师
2011	英特尔培训	772	集中培训	中小学教师
	教师资格认定	594	集中培训	教师资格认定人员
2012	教师资格认定	496	集中培训	教师资格认定人员

续表 9-1

年份	培训班名称	人数	培训方式	培训对象
2012	普通话培训	55	集中培训	教师资格认定人员
	英特尔培训	1014	集中授课	中小学教师
	专业不对口培训	273	集中培训	中小学教师
	初中学科教师培训	335	集中培训	初中教师
	高中学科教师培训	361	集中培训	高中教师
	高中、初中、小学骨干班主任培训	146	集中培训	中小学班主任
	“国培计划”远程培训项目辅导者选拔培训班	65	集中培训	中小学教师
	职称评审学时不足人员补训	184	集中培训	中小学教师
	2012 年永州市中小学骨干教师选拔培训	820	集中培训	中小学教师
	校长、副校长培训	248	集中培训	中小学校长
	特岗教师培训	98	集中培训	特岗教师
2013	教师资格认定	775	集中培训	教师资格认定人员
	普通话培训	55	集中培训	教师资格认定人员
	英特尔培训	881	集中培训	中小学教师
	高中教师培训	1113	集中培训	高中教师
	中、高级专业技术人员集中培训	374	集中培训	中小学教师
	特岗教师培训	360	集中培训	特岗教师
	两区班主任培训	142	集中培训	两区班主任
	国培辅导员集中培训	112	集中培训	国培辅导员
	幼儿教师“送培上门”集中培训	128	集中培训	幼儿园教师
2014	合格学校教师培训	240	集中培训	中小学教师
	农村学校薄弱学科教师培训	313	集中培训	农村学校教师
	教育技术培训示范班	57	集中培训	中小学教师
	国培辅导员培训	48	集中培训	国培辅导员

续表 9-1

年份	培训班名称	人数	培训方式	培训对象
2014	信息技术项目管理员培训	45	集中培训	中小学教师
	电脑制作培训	51	集中培训	中小学教师
	特岗教师培训	165	集中培训	特岗教师
	高中教师远程培训	659	集中培训	高中教师
	中高级专业技术人员培训	1113	集中培训	中小学教师
	初中专业不对口培训	186	集中培训	初中教师
	英特尔培训	499	集中培训	中小学教师
2015	合格学校教师培训	216	集中培训	中小学教师
	新教师素质提升培训	324	集中培训	新入职教师
	信息技术应用能力提升工程培训	650	集中培训	中小学教师
	两区班主任培训班	110	集中培训	两区班主任
	复习课实效培训	162	集中培训	高中教师
	中、高级专业技术人员培训	827	集中培训	中小学教师
	市级骨干教师高端培训	356	集中培训	市级骨干教师

第二节　教师管理

一、教师补充

1992—2015 年，全市中小学教师队伍主要来源有以下七条渠道。

（一）师范院校毕业生分配

1992—2001 年，永州市公办中小学、公办幼儿园教师，主要靠国家举办各级师范院校培养，国家将师范院校毕业生直接分配到中小学、幼儿园任教。湖南一师、零陵师范、道县师范、祁阳师范等师范学校是小学教师的培养基地；湖南师大、华中师大和零陵师专、衡阳师专、郴州师专等是中学教师的培养基地；长沙师范、衡阳幼师等是幼儿教师的摇篮。这些师范院校的毕业生毕业后，由设在市教委的大中专院校毕业生分配办公室分配到各县区，各县区教育局再将他们分配到中小学从事教育教学工作。国家对 1997 年招生的大中专院校毕业生就业方式做了重大改革与调整，取消除师范类外的其他所有全日制大中专院校毕业生国家分配的就业制度，实行“用人单位和毕业生双向选择，毕业生自主择业的办法解决大中专毕业生就业的制度”。从 1998 年开始，各级师范学校招收的师范生也取消统一分配。因此，国家举办各级师范院校，培养中小学、幼儿教师，将师范院校毕业生直接分配到中小学、幼儿园任教的主渠道受到关闭。与此同时，教育部将原有的三级师范改为二级师范，取消中等师范学校招生计划。

1999—2001 年，招生入学的师范类毕业生还是按国家计划陆续分配进入各县区中小学、幼儿园教师队伍。

此外，1999 年在国家实行大中专毕业生自主择业，双向选择，取消大中专毕业生分配制度的情况下，省教委决定，允许县区根据自己需要教师的实际情况，可以向省计委、省教育厅申报师范学校招生指标，选拔优秀初中毕业生到师范学校学习，并签订好任教就业协议，毕业后由选送县区教委择优安排到所属学校任教。全市 1999 年共选送初中毕业生 450 名，分别进入零陵师范、道县师范、祁阳师范、湖北孝感师范等学校学习，毕业后大多数都陆续录用充实到农村小学任教。2004 年，经批准，零陵师范并入永州职业技术学院。道县师范、祁阳师范以招收幼师为主，迎来新的发展机遇。

（二）招收“五大毕业生”（电大、函大、业大、职大、夜大）

20 世纪 90 年代，全市要实现普及九年义务教育，初中在校学生大幅增长，需要补充大量初中教师。为解决师资短缺问题，1995 年，零陵地委和行署召开全区教育工作会议，决定除所有师范院校毕业生必须分配到中小学从事教育工作外，还连续三年每年拿出 500 个教师录用指标，面向社会公开择优招录五大毕业生充实到初中学校。全市共招录新教师 1126 名，全部安排到县区农村初中任教。1998 年，全市通过国家普及九年义务教育验收，此项工作停止。

（三）民办教师转为公办教师

永州市 1986 年 12 月底以前任教、到 1992 年经省教委备案登记在册、并发给《湖南省民办教师任用证书》的民办教师有 9525 人，省教委每年都拿出一部分民办教师转为国家正式教师的指标，办理“民转公”。1997 年 9 月 7 日，《国务院办公厅关于解决民办教师问题的通知》要求：“九五”期间全国解决民办教师问题工作的分年度目标是 1997 年民办教师占全国中小学教师的比例要从 17% 减少到 12%，1998 年减少到 7%，1999 年减少到 3%，2000 年基本解决民办教师问题。据此，《湖南省人民政府办公厅关于解决民办教师问题的通知》提出 1998 年基本解决民办教师问题，全市符合前述条件的 9525 名民办教师，除极少数违反计划生育政策、超过退休年龄等个人原因或脱离教育岗位的外，都转为公办教师。

（四）培养免费师范生

2002年，省教育厅发布《湖南省2010年教师队伍建设规划》，提出“要认真规划高中、初中、小学各层次的教师需求计划”“将小学和幼儿园教师的培养逐步纳入高等教育层次”。湖南省政府办公厅转发《省教育厅关于进一步加强中小学教师培养工作意见的通知》决定，从初中毕业生中招收部分优秀学生，定向培养为五年制大专层次的小学教师，并于2006年开始实施农村小学教师定向培养专项计划。永州市首批选送优秀初中毕业生100名参加农村小学教师定向培养学习。2007年，国家在直属师范大学开展师范生免费教育试点。永州市按照省政府办公厅印发的省教育厅、财政厅、人事厅和省编办《关于认真做好教育部直属师范大学开展师范生免费教育有关工作的通知》精神，在2007年招录省计划324名初中毕业起点的免费师范生。此后，每年都招收一批免费师范生，毕业后都被录用到各县区农村中小学任教，从而在全市范围开辟一条高素质教师培养的新渠道。到2015年，全市共招录免费师范生近4000人，其中高中起点免费师范生486名。

（五）公开招聘录用教师

根据《教师资格条例》和《教师资格认定的过渡办法》的规定，中小学、幼儿园教师只能从持有《教师资格证书》的人员中录用。从2005年开始，全市各县区需要补充中小学教师，基本上采取到高等学校直接录用师范专业毕业生和向社会公开录用具有教师资格证书、符合教师条件人员的办法录用教师。到2015年，全市共公开招聘教师13280名。

（六）特岗教师

从2006年开始，教育部、财政部、人事部、中央编办印发《关于实施农村义务教育阶段学校教师特岗计划的通知》，决定实施“农村义务教育阶段学校教师特设岗位计划”，通过招募高校毕业生到农村义务教育阶段学校任教，引导和鼓励高校毕业生从事农村教育工作，逐步解决农村师资总量不足和结构不合理等问题，提高农村教师队伍整体素质。新增特岗教师通过县区教育局摸底，将农村学校教师缺岗情况上报到省教育厅，由省教育厅统一发布招聘特岗教师信息，统一组织招聘考试，统一组织面试录取，统一组织调配。特岗教师在对应的岗位上工作三年后，本人仍愿意留在原学校任教的，县区教育局为其办理教师入编手续，聘为正式教师。各县区通过特岗教师途径，让一大批符合教师条件的高校毕业生直接进入农村学校任教。国家每年拿出一定数量的特岗教师指标，用于贫困县山区中小学招录教师。永州市有江华瑶族自治县、新田县、宁远县、双牌县、江永县于2009年起列入范围。2010年，特岗教师范围进一步扩展，革命老区祁阳县、蓝山县等也相继进入。2012年，零陵区、东安县、道县进入特岗教师范围。为切实做好特岗教师管理工作，市教育局印发《永州市关于推进农村义务教育阶段学校教师特设岗位计划的具体实施意见》对特岗教师管理的目标任务、实施范围、设岗原则、资金安排、招聘原则、招聘对象及基本条件、招聘程序、相关保障政策、特岗教师的户口和档案管理、聘后管理以及职责分工都做出详细规定，为特岗教师的管理提供制度保障。至2015年，全市共补充特岗教师4210名，其中2009年第一批申报特岗教师279名，2010年录用特岗教师382名，2011年录用特岗教师414名，2012年录用特岗教师535名，2013年录用特岗教师600名。农村中小学通过招录特岗教师，新增一批年轻、紧缺学科教师，有效缓解全市农村学校，特别是边远山区学校教师数量不够、学科结构不合理、年龄结构老化等突出问题，为促进全市教育均衡发展，奠定基础。

2015年，湖南省人民政府办公厅《关于印发湖南省教育扶贫规划（2015—2020）》提出要"实施贫困地区教师队伍建设工程"，通过加大农村教师公费定向培养、健全农村教师补充机制、完善教师培训制度、改善教师待遇等措施来加强贫困地区教师队伍建设，惠及永州市江华、新田、宁远、江永等县。

（七）培养学前教育师资

2007年，组织力量开展幼儿园教师需求情况调查，就科学统筹幼儿园教师培养基地建设提出规划性意见。2011年，市人民政府制定《永州市学前教育三年行动计划（2011—2013）》，提出优化幼儿教师队伍，提高学前教育师资整体素质的要求。市教育局全面落实行动计划，在三个方面下功夫：努力建立幼儿教师培养基地，加大幼儿教师培养力度。依托道县师范、祁阳师范扩大幼儿教师和保育员招生规模，确保每年招生在800人左右。积极探索依托永州职院定向培养幼儿园保健医生的有效办法。2007年经省教育厅考核评估，永州职业技术学院人文学院被批准为"小学和幼儿教师培养基地"，挂靠湖南第一师范学院，承担全市培养大专学历层次小学、幼儿园教师的任务。道县师范和祁阳师范也以永州职业技术学院人文学院为依托，积极开展幼儿教师培养。面向社会公开招聘合同制幼儿教师，在组织招录中小学教师中加大新聘幼儿教师的比例。培训小学富余师资转岗学前教育。2014年前随着农村计划生育工作深入开展，小学学生日益减少，特别是农村小学学生大幅下降，一部分农村小学教师富余下来，县区教育局对他们进行培训后，再转岗到乡镇幼儿园任幼儿教师。

二、管理

（一）教师管理体制

1992年，地区教委切实担负起管理中小学教师队伍的责任，依法履行统一管理中小学教师的职责。

2002 年 4 月 14 日，国务院下发《关于完善农村义务教育管理体制的通知》，明确规定："农村义务教育实行在国务院领导下，由地方政府负责、分级管理、以县为主的体制。"从 2004 年开始，永州市严格执行国务院和省政府的规定，将全市中小学教师的资格认定、招聘录用、职务评聘、培养培训、调配交流、档案管理和考核奖惩等管理职能，是否真正统一归口到县级教育行政部门，作为市人民政府教育督导室考核县级人民政府及党政主要负责人教育实绩的重要考核评估内容，并作为一票否决的指标。

2007 年、2012 年，市教育局分两次在全市范围开展中小学专任教师情况调查。2008 年开始，开展中小学教师队伍基本信息采集工作。2012 年全市中小学教师数据库初步建立。市教师数据除全市 5 万余名中小学教师的基本信息外，对所有的骨干教师、学科带头人、特级教师，都建立电子档案、教师数据库。

市县区教育局积极履行管理职责，"围绕提高素质，努力加强教师队伍建设"，采取一系列得力措施，出台《永州市普通中小学教师管理评估细则》，全面加强教师队伍管理。

2010 年，市人大对市教育局进行审议，提出教师队伍管理中的一些问题，包括极少数教师停薪留职、借勤工俭学之名外出的问题。市教育局进行认真的整改，成立"勤工俭学""停薪留职"人员清理工作领导小组，下发《关于开展中小学教师"勤工俭学""停薪留职"专项清理工作的通知》。各县区和学校对"勤工俭学""停薪留职"教师进行详细摸底，登记造册，拿出具体的清理及处理办法。市教育局派员进行专项督查，核实情况，全市"勤工俭学""停薪留职"教师共 320 人，其中零陵 87 人，宁远 29 人，东安 152 人。年底前，绝大多数教师都回到自己的教学工作岗位，极个别教师因另有事业，也办理调离或离职手续。对涉及的经费全部上缴财政。

（二）师德建设

1998 年 3 月 24 日，省教委印发《关于认真贯彻落实国家教委、全国教育工会中小学教师职业道德规范的通知》（以下简称《规范》），全市教育行政部门组织广大教师认真学习《规范》，熟悉《规范》的各项具体要求，并结合个人情况开展讨论。要求全体教育工作者认真贯彻中小学教师职业道德规范，大力倡导热爱学生、严谨治学、为人师表、教书育人的高尚师德，倡导五种精神，即：终身从教的献身精神，认真执教的敬业精神，爱生如子的园丁精神，不甘人后的拼搏精神，不计得失的牺牲精神。

认真贯彻落实《中小学教师职业道德规范》《公民道德建设实施纲要》，开展形式多样的师德教育活动，努力提高教师的师德和育人水平。

2010 年，市教育局印发《关于在全市教育系统党的基层组织和党员中深入开展创造争优活动的实施意见》，组织全市中小学党组织和教育战线全体党员、非党积极分子开展争先创优活动。在活动中教职工党员“教书育人做楷模、服务发展当先锋”，开展志愿服务，争当“优秀共产党员”“师德师风标兵”，发挥教师党员作用。市教育局党组还组织广大党员开展三项活动，要求“每一名党员教师都要结对关爱一名留守儿童”；组织33名优秀党员教师举行庄严的师德宣誓仪式，并由全国模范教师唐作明代表33名优秀党员教师向全市广大中小学教师发出《教师职业道德倡议书》，提出共同遵守教师职业道德规范；在党员教师中开展教学教改比武活动，提升教育教学能力。

2010年下学期起，在全市范围推行学校中层领导上课备案制度和中小学教师挂牌上课制度，并通过数据采集措施加以督促检查。挂牌上课制度包括两个方面：一是要求任课教师挂牌进课堂及学生综合实践场所；二是实行师德师风举报制度，设立举报电子信箱，教师的言行和教育教学状况接受学生、学生家长及社会的监督。为把教师挂牌上课制度落到实处，江永县教育局还结合实际，开展“学生评教师、家长评教师、教师评教师”三测活动，对教师的师德师风进行考评，考核不合格实行一票否决；江华瑶族自治县采取不定期督查办法进行督查。

2012年4月，市教育局组织开展“永州优秀教师先进事迹巡回报告会”，组织优秀教师到各县区作巡回报告，报告团人员有蓝山楠市中心小学副校长盘晓红、道县祥林铺中心小学教师周彩莲、冷水滩区马坪学校校长周大战、永州工商职业中专教师盛小霞、永州一中教师李毅。他们突出的优秀事迹和精彩演讲，给全市广大教师听众留下深刻印象。市教育局还在全市推介盘晓红老师的美心教育课。

2014年，市教育局印发《永州市第四中学师德师风建设专项整治工作方案》，要求永州四中“以做人民满意教师，办人民满意教育为宗旨，以服务师生群众、提高立德树人质量为主线，以爱岗敬业、教书育人、为人师表为核心，以解决师德师风建设中的突出问题为关键，树立以人为本、依法执教、以德治教的理念，进一步规范教师从教行为”。

（三）资格证制度

2000年，教育部下发《〈教师资格条例〉实施办法》，在全国实行教师资格证制度。教师资格制度实施工作由县以上教育行政部门负责，2001年市县区教育局成立教师资格认定工作领导小组，负责组织教师资格认定工作。全市实施教师资格制度分两步实施，对现有教师实行资格过渡。教师资格过渡工作分级负责，省教育厅负责大学教师资格的审核发放，市教育局负责中学教师资格的审定发放，县区教育局负责小学、幼儿园教师资格的审定发放，2003年全市5万余名中小学在职教师，第一次领到资格证书。2004年秋季开学开始，全市各级各类学校的专任教师都持相应教师资格证书上岗任教。对符合教师条件的相关人员申请教师资格证书，分两类人员采取不同方式发放教师资格证书。师范专业毕业生符合教师条件的，由其毕业学校向当地教育行政部门直接申请教师资格证书，非师范专业毕业生申请教师资格证书，按规定参加相关课目的学习考试和培训合格再领取教师资格证书，市教育局每年都组织教师资格证的考试和培训工作。到2015年，累计发放高中教师资格证17909份。

（四）名师工程

2005年永州市教育局开始开展骨干教师的选拔培养。2010年，全市启动以培养市、县、校三级骨干教师为目标的“名师工程”，构建全市“三梯次”（即骨干教师、学科带头人、名师）教师成长成才路径，研究出台中小学骨干老师、学科带头人和名师的选拔与管理办法，提出用5年时间培养选拔3000名县级骨干教师，1000名市级骨干教师、学科带头人和名师。建立起可上可下、可进可出、具有较强激励机制的教育人才管理模式。使中心小学以上学校各主要学科拥有学科骨干教师或学科带头人，省市示范性学校拥有自己的“名师”队伍。建立名师工作站、特级教师讲学团，组织各级各类各层次专业培训，发挥他们在教书育人方面的示范作用，带动全市中小学校教育教学与教研教改整体水平的提升，促进教师队伍素质的整体提高。为鼓励青年教师成才，在中学高级教师职务评审时，将年仅33岁，获得中学一级教师职称资格仅3年，但师德师风高尚、教育教学业绩十分突出的东安一中邓永红老师破格评审为中学高级教师。同时启动“教师与新课程同成长活动”，广泛开展青年老师比武，鼓励青年老师成长，鼓励骨干教师“名师化”，培养和建设“永州名师”团队。

评选骨干教师　市教育局全面开展市级骨干教师评选活动。全市普通中小学、职业中学、幼儿园、特殊教育学校、教师进修学校的教师及教研部门教研员，达到要求的均可参评骨干教师。骨干教师实行年度认定、年度考核和届次任期制。每年评选认定一定数量的骨干教师，每届任期三年。任期从评审认定当年9月1日起至届满年份8月31日止。第四年起，所获称号自动消失，相应的骨干教师待遇取消。任期届满后，原骨干教师可继续申请参加新一届同级骨干教师的评选认定。三年考核均合格的骨干教师可申报参评当年的学科带头人。

2005年，市级骨干教师评选活动，通过学校推荐、县区教育局初评，市教育局组织复评考核，选拔市级中小学骨干教师300名，其中中学骨干教师200名，小学骨干教师100名。将骨干教师评选活动作为中小学教师管理的正常工作。

2011年，市教育局出台《永州市中小学骨干教师评选与管理暂行办法》，对中小学骨干教师的评选条件、评选程序与评选办法以及骨干教师的责任与义务、培训、考核、管理、待遇和奖励，都做出明确具体规定。2012年全市选拔、认定小学、初中、高中三个学段31个学科413名市级骨干老师。

2013年，市教育局对申报市级骨干教师基本条件提出新的要求：认真执行国家教育方针，教书育人，为人师表，爱岗敬业，近三年年度考核达到合格以上等次（含合格），师德师风表现良好；教学工作量达到规定要求，连续从事本学段相应学科教学三年以上；熟练应用现代教育技术辅助教学，具有一定的教育科研能力，三年来有独撰的教育教学论文在市级以上刊物上公开发表或在市级教育教学教研论文评选中获二等奖以上；具有较强的事业心、责任感和开拓进取、改革创新精神，在教育教学工作中对学生进行思想品德教育，效果明显，教学成绩较突出；积极参加继续教育学习，近五年累积达到360学时，其中专业培训学时达到324学时以上；具有较系统的学科知识，业务素质优良，在相应层次专业培训考试考核中，取得良好成绩，进入骨干教师候选人队伍；小学教师具有专科以上学历、中学教师具有本科以上学历以及相应层次教师资格证，男教师年龄不超过55周岁，女教师年龄不超过53周岁。

《关于开展市级骨干教师评选活动的通知》还规定市级骨干教师的待遇和奖励："教育行政部门和学校要为骨干教师进修提高创造条件，有计划地安排他们参加学术交流、业务进修和考察学习活动。三年任期中年度考核均为合格的骨干教师，职务评聘给予优先考虑。具备高级职称的市级优秀骨干教师，将吸纳为市中高级职称评审评委库人员。优先安排参加省级培训和国家级培训。市级骨干教师三年考核均合格的可参评市级学科带头人，优秀的市级骨干教师推荐参评省级骨干教师。"

2013年，市教育局印发《关于开展市级骨干教师评选考核复选工作的通知》，对413名市级骨干教师进行全面的考核复评。认定冷水滩马坪学校吕海龙等404名教师为首批永州市中小学骨干教师，骨干教师任期从2012年9月1日起。

2014年，市教育局组织对所有市级骨干教师进行考核。2014年12月11日，《关于公布2013年度市级骨干教师考核结果的通知》，认定优秀骨干教师119名、合格骨干教师256名、不合格28名。2015年市教育局下发《关于开展第二批市级骨干教师评选活动的通知》，决定在全市范围开展第二批市级骨干教师评选活动，计划评选460名骨干教师，其中第一批市级骨干占310人，新评选骨干教师150人。2015年评出骨干教师200名。

评选学科带头人　2005年，市教育局出台《永州市关于评聘首届中学教师学科带头人的通知》，决定在全市中学教师队伍中启动学科带头人评选工作。首届中学教师学科带头人有1440余人参加考试，通过推荐、笔试、讲课、材料评审、考察考核、公示等程序，选拔出中学学科带头人363名。

2011年5月19日，出台《永州市中小学学科带头人评选与管理暂行办法》，并成立市级学科带头人评选领导小组、办公室和专家评审小组，在全市范围组织开展永州市中小学学科带头人评选活动。明确为学科带头人创造有利的工作、学习环境。有计划地为学科带头人提供外出进修、参观学习的机会。市级学科带头人，将推荐参评省级骨干教师，并优先推荐参加省级学科带头人评选。在职务评聘时给予优先考虑。任期内考核均合格的可参评市级名师，特别优秀的可推荐参评特级教师。坚持在一线从事教育教学和科研工作，任期内年度考核合格的市级学科带头人，可享受奖励性津贴，奖励经费从教育事业费中列支。

2015 年，第三次开展市级学科带头人评选活动。2015 年 9 月 2 日，下发《关于认定桂阳玲等 128 人为永州市中小学学科带头人》的通知，认定祁阳县民生小学桂阳玲等 128 人为永州市中小学学科带头人。

评选名师 2011 年，市教育局出台《永州市中小学名师评选与管理暂行办法》，在教师中评选出一批具有良好师德修养，教育教学水平高，教育科研能力强，在本市教师中有很强影响力，在教书育人、教研教改、教师培训与培养中起模范带头作用，且成绩特别突出的优秀教师为市级名师。《永州市中小学名师评选与管理暂行办法》对评选条件做出具体规定。

2011 年，通过公开推荐、公平竞争、公正选拔，首届市级名师当选人数 60 名。《永州市中小学名师评选与管理暂行办法》还规定，永州名师可享受下列待遇和奖励：教育行政部门和学校要认真总结、积极推广名师的典型经验，为名师创造有利的工作、学习环境，做到人尽其才。同时，有计划地为名师提供外出进修、参观考察的机会。市级名师将推荐参加省级学科带头人评选，并优先推荐参加省级名师评选。任期中年度考核均为合格的名师，优先推荐参加特级教师评选。市级名师在职务评聘时给予优先考虑，具备高级职称的名师，将吸纳为永州市中高级职称评审评委库人员。坚持在一线从事教育教学和科研工作，任期内年度考核合格的市级名师，可享受奖励性津贴，奖励经费从教育事业费中列支。

2014 年，市教育局启动“名师工作室”建设，出台《名师工作室管理办法》，并在全市范围建立起 20 个名师工作室。

2015 年，在全市范围正式启动中小学名师评选活动。2015 年 9 月 10 日，《关于认定成少华等 18 人为永州市中小学名师的通知》，认定永州一中成少华等 18 人为永州市中小学名师。

2015 年，市教育局向市人民政府提出《关于批准“名师工程”总体构想及其奖励标准的请示》，得到批准。对市级骨干教师、学科带头人、名师实行任期目标考核、定期培训和任期岗位奖励制度，年度考核合格，任期岗位奖励标准如下：市级骨干教师每人每年 5000 元，学科带头人每人每年 8000 元，名师每人每年 16000 元，名师工作室每年工作经费 20000 元。

三、考核与交流

（一）教师考核

20 世纪 90 年代，全市教师考核以常规考核和专项考核相结合，以常规考核为主。市级专项考核有骨干教师考核、学科带头人考核、名师考核等。

2012 年，《永州市中小学骨干教师评选与管理暂行办法》规定，骨干教师考核的基本原则是要坚持师德第一、业绩为主、学生认可和社会认可原则，兼顾年龄、地域和学科、学段以及教育类别结构，同等条件下向边远山区和农村学校教师倾斜。其步骤和办法是要求对照《永州市中小学骨干教师评选与管理暂行办法》中所列的申报骨干教师应当具备的基本条件，个人书写述职报告；考核内容是执行国家教育方针，教书育人、为人师表、师德师风表现情况；完成教育教学工作量情况；应用现代教育技术情况，教育科研能力；是否有较强的事业心、责任感和开拓进取、改革创新精神；教育教学工作中对学生进行思想品德教育，效果如何，教学业绩如何；是否积极参加继续教育学习，近五年来累积学时多少；是否较好地发挥了示范作用和传帮带作用。骨干教师考核还要进行师德师风测评和教学业绩测评，师德师风测评不合格，实行一票否决。教学业绩测评主要看其所教学科在县区或市级抽考成绩排位和进行现场抽考，同类比较。同类比较有明显差异者，实行一票否决。

2015 年，《永州市中小学学科带头人评选与管理暂行办法》指出：“学科带头人实行动态管理和年度考核制度。各级教育行政部门、业务指导部门负责检查和监督。学校负责做好学科带头人日常管理工作，建立学科带头人电子档案，认真记载学科带头人的主要业绩及考核奖惩情况；市、县（区）教育行政部门在学校考核的基础上进行年度考核，并填写考核鉴定；考核结果分优秀、合格、不合格三个层次。对年度考核不合格的学科带头人，取消其当年相应的待遇，两次考核不合格，取消其学科带头人荣誉称号。”

2015 年，《永州市中小学名师评选与管理暂行办法》规定名师实行动态管理和年度考核制度。各级教育行政部门、业务指导部门负责检查和监督。学校负责做好名师日常管理工作，建立名师档案，记载名师的主要业绩及考核奖惩情况；市、县（区）教育行政部门在学校管理的基础上进行年度考核，并填写考核鉴定。考核结果分优秀、合格、不合格三个层次。对年度考核不合格的名师，停发其当年的奖励经费，两年考核不合格的，取消其名师荣誉称号。

（二）教师交流

20 世纪 90 年代，教师队伍基本上保持稳定，除教师因工作需要作个别调整外，大范围带政策性的调整只有“支教调整”。2000 年，各级政府通过提高生师比、下岗、分流富余人员等途径，优化中小学教职工队伍，提高办学效益；进一步完善师范毕业生的定期服务制度，对高校毕业生（包括非师范类）到边远贫困的农村地区任教，采取定期轮换制度，并享受国家规定的工资倾斜政策；鼓励各级政府机关公务员到中小学任教。市人民政府采取多种措施，开通优质教师资源通向农村学校的途径。每年拿出 120 个教师指标，选拔优秀初中毕业生，参加农村免费师范生培养，毕业后到农村任教；在职称评审时要求，城市小学、初中教师申报中级以上专业技术职务必须有农村学校任教经历，城市小学教师申报中学高级教师专业技术职务必须有农村学校任教两年以上的经历，将教师专业技术职务指标通过岗位设置的办法向农村学校倾斜，对乡镇及以下中小学教师取得中学二级教师职务 6 年以上、小学一级教师职务 8 年以上、截至 2005 年底在农村工作满 20 年，追加中级岗位职数，使他们在 3 年内分期分批获得中小学中级教师职务任职资格。还开展定向为民族贫困地区培养教师的工作，招聘取得教师资格的高校毕业生到农村，特别是民族贫困地区的学校任教，贯彻执行农村艰苦边远地区教师津贴制度，定期选派教学水平高、经验丰富的教师到边远山区学校支教、讲学，从边远山区学校选派优秀教师到城镇发达地区学校学习和挂职锻炼，为边远山区教育培育教学骨干。

2012 年 4 月 19 日，省教育厅印发《湖南省县域内义务教育学校教师均衡配置指导意见》，提出通过体制创新，争取到 2015 年，全省县域内义务教育学校师资城乡之间、校际差距明显缩小，教师配置基本平衡，教师队伍整体素质明显提高。市县教育行政部门采取一系列积极措施落实要求。建立校长、教师定期交流制度和工作任期制度、实行骨干教师均衡配置，让骨干教师指标到校、均衡配置、动态管理。统一学校岗位结构比例，使城镇学校之间、城镇学校与农村地区同类学校之间的教师高级、中级岗位结构比例保持相对均衡，保证农村地区学校不低于城镇同类学校。建立新进老师均衡配置机制，对所有新进老师，按照辖区内各学校教师的学科、学历、年龄、性别等结构进行配置，并重点向农村学校和薄弱学校倾斜。大范围实施城镇学校教师农村任教服务制度，引导教师到农村学校、薄弱学校任教，城镇中小学教师评聘中、高级职称应有农村学校任教经历，服务时间不少于 1 年，农村学校教师评定为特级教师和高级专业技术职务，应服务 5~8 年后方可流动。

2013 年 2 月，湖南省教育厅、省委组织部、财政厅、人社厅决定对远贫困地区、民族地区和革命老区人才支持计划教师专项计划，永州 5 个县获得对口支持，2014 年有 128 位教师分别到双牌县、江永县、宁远县、新田县、江华瑶族自治县支教。为加强乡村教师队伍建设，推进义务教育均衡发展，省人民政府办公厅《关于印发湖南省乡村教师支持计划（2015—2020）实施办法》提出加强乡村教师队伍建设的目标。2015 年 7 月，市委、市政府出台《永州市乡村教师支持计划实施细则》，提出措施，切实改善乡村教师资源配置，让乡村教师“下得去、留得住、教得好”。公费定向培养成为县区乡村教师补充主渠道。鼓励优秀教师到乡村任教，鼓励退休特级教师、高级教师到乡村学校支教讲学。提高乡村教师待遇，逐步提高绩效工资、补助，改善居住条件，将符合条件的农村学校教职工周转宿舍建设统筹纳入县区教育系统棚户区改造计划范围。关心教师身心健康，乡村教师每两年公费体检不少于1次。健全乡村教师成长激励机制，创新骨干教师奖励制度，设立“永州市村小教育成就奖”，对在乡村学校任教10年以上优秀教师给予表彰奖励。这些措施有力促进中小学教师向农村流动，改善资源配置的薄弱状况。

第三节　职称评审

1987—1989年，零陵地区教师首次职称评审工作结束，教师职称工资从1987年7月起执行。1992年，专业技术职务评聘工作转入经常化，每年一次。

一、评审机构

地区成立职称改革领导小组，由行署常务副专员任领导小组组长，地区人事局局长为副组长，地区教育局分管人事工作的副局长为领导小组成员。地区教委成立职称改革工作领导小组，由教委主任任组长，分管政工的副主任任副组长，下设职改办。地区职称改革工作领导小组下设办公室（职改办），设地区人事局。地区教委先由政工科后由教师科负责教师职称工作，承担职改办的职责。

二、评审方法

零陵地区取职改办对专业技术职务任职资格的申报规定：申报要求包括年度考核、外语水平、专业学术论文、学历水平、计算机知识培训、继续教育培训、破格申报评审高（中）级专业技术职务任职资格的条件和对转体分流人员的要求等。中小学教师除申报中学高级职称外，申报中级、初级职称的对外语水平不做要求。每年地区职改办将省里下达的职称指标分配至县区及地直学校。申报程序包括个人申请、学校审查、逐级推荐。中小学教师申报材料经地区教委进行资格审查后，统一报地区职改办。申报评审高级专业技术职务任职资格材料呈报省人事厅职改办。从2009年起，中学高级教师任职资格下放由市里组织评审。

教师职称的评审由教师系列专业技术职务评审委员会负责，中小学各学科评委由地区教育部门推荐，由地区职改办建立评委库，每年随机抽调，各学科的主任委员由教育部门的专业技术人员担任。评审工作采取封闭式方法，按学科小组进行初评，评委员终评，集体投票表决。中学高级教师任职资格按资格审查、论文评审、评委会评审、论文答辩等环节进行。通过的先公示，无异议的，中级职称由地区人事局发文，初级职称由地区教委发文，高级职称由省人事厅发文。

1994 年 4 月，零陵地区职称改革办公室下发文件，对申报评审高一级专业技术职务任职资格的专业技术人员，原则上应在近三年的考核中有两个年度考核结论为“优秀”，另一年度为“称职”以上。1997 年，按照省里“摸索量化评审办法”要求，市里在中专教师、中学教师系列（限县区属以上中学教师）中级评委会试行量化评审。各个专业结合各自的特点，从学识水平、业务能力。业绩成果方面进行具体量化，突出实践能力和业绩成果。量化评审分两步进行：第一步为论文评审，第二步为实际水平能力和业绩成果评审。1998 年，推行“量化推荐，择优申报”原则，对申报对象任期内的德、能、勤、绩四方面进行量化评分，按得分高低，排出名次，依次向上推荐。1999 年，在教育系列试行考评结合力法，对符合申报条件的对象，全市统一组织教育学、心理学、职业道德考试。2003 年，分配中专、中小学教师职称评审指标实行公示制，将省职改办下达的 258 个高级、1229 个中级指标一次性分配下达到各县区人事局和市直教育行政部门，不截留一个指标作“机动”，将指标分配情况列表张榜公布，接受社会监督。2005 年按照“保证重点、倾向农村、超结构比例不分、全部使用”原则，当年申报、分解及核定下达全市中小学校高级岗位职数 395 个、中级岗位职数 3558 个。对乡镇以下中小学教师取得中学二级教师职务 6 年以上、小学一级教师职务 8 年以上，在农村中小学工作满 20 年者，下达专项中级岗位职数 2192 个（中学一级 283 个，小学高级 1909 个）。对尚没有中学高级教师的农村中学，至少允许 1 名符合条件的教师申报中学高级教师任职资格，解决部分农村中无高级教师的问题，全市分解下达岗位职数 194 个。分配岗位职数实行公开，分配情况张榜公布，接受社会监督。完善落实职称评审“双公示制度”，对申报评审高、中级专业技术职务任职资格人员申报材料，所在单位对其学历、资历状况、计算机应用能力考试成绩、获奖成果、项目名称及颁发单位，论文著作题目、个人排名、发表刊物名称等情况均在申报前进行 7 天的公示，对评审通过人员名单还在本单位再公示 7 天，无异议后，人事（职改）部门才发文确认其任职资格。

2006—2007 年，根据省职改办规定结构比例，分别及时分解、核定下达全市中小学校教师高级岗位职数 416 个、407 个，中级岗位职数 3156 个、3353 个。2008 年职称申报工作首次与岗位设置管理衔接。全市申报教师高级岗位565个、中级岗位951个。2009年，中小学校高、中级岗位职数分解后及时向社会公布，广泛接受社会监督，杜绝职称指标“戴帽”与“截留”现象。全市申报中小学教师高级岗位577人、中级岗位1600个。经过资格审查、论文评审、评委会评审、论文答辩等环节，有523人获中学高级教师任职资格，936人获中学一级教师任职资格，549人获小学高级教师任职资格。2010年，按照国家关于事业单位岗位设置要求，分配中小学教师岗位职数时坚持面向教学一线教师，向师德师风好、教学业绩突出、学生家长反映好的一线骨干教师倾斜，继续实行网上公示，张榜公布，接受广大教师和社会各界的监督。全市申报中小学教师系列高级433人，中级1750人。经市里组织评审，获得中学高级教师任职资格402人，获得中学一级教师任职资格1066人，获得小学高级教师任职资格567人。2011—2015年，按照省里的部署，认真完成中小学教师高、中级任职资格评审工作。在其他系列实行评审职数一律放开，推行评聘分开等改革措施时，中小学系列因人数众多，事关教师的切身利益，所以一直坚持评审职数控制，评聘结合，稳定教师队伍。在评审中，对少数学历、资历不够的教师，因教学实绩突出予以破格通过。

2002—2015年永州市教师职称评审情况汇总表

表9-2　　单位：人

年份	高级职称		中级职称					
	参评人数	通过人数	参评人数	中学参评	小学参评	通过人数	中学通过	小学通过
2002	220	197	1340	628	712	1298	602	696
2003	360	303	1326	703	623	1280	669	611
2004	418	357	2107	1107	1000	1949	990	959
2005	448	379	3632	1120	2512	3400	1010	2390
2006	424	371	3129	1249	880	2902	1134	1768
2007	450	390	2917	1286	1631	2672	1150	1522
2008	561	520	950	777	173	894	725	169
2009	571	526	1589	1018	570	1481	939	542
2010	433	402	1751	1153	598	1634	1067	567
2011	—	—	1015	519	496	967	492	475
2012	771	475	1066	492	574	1010	459	551
2013	539	296	1221	491	730	1142	454	688
2014	466	257	1228	515	713	1155	477	678
2015	386	256	1259	501	758	1196	468	728

1992—2015 年部分年份永州市中小学教师职称比例情况统计表

表 9–3 **单位：人**

类别	指标	1992 年	1995 年	2000 年	2005 年	2010 年	2015 年
小学	总人数	25515	25008	26647	24181	25229	23837
	中学高级	12	6	6	50	45	213
	所占比例	0.047%	0.02%	0.02%	0.2%	0.02%	0.9%
	小学高级	2570	3806	7777	9564	13824	11790
	所占比例	10%	15.2%	29%	39.6%	54.8%	49.5%
	小学一级	10602	15061	13235	12471	9570	8246
	所占比例	41.6%	60%	49.7%	51.6%	37.9%	34.6%
	小学二级	80 10	3916	3052	1551	619	1150
	所占比例	31%	15.7%	11.5%	6.4%	2.5%	4.8%
初中	总人数	9838	11572	16222	—	16772	14732
	高级教师	67	111	152	—	1110	1542
	所占比例	0.68%	0.96%	0.9%	—	6.6%	10.5%
	一级教师	1846	2501	4321	—	7247	6438
	所占比例	18.8%	21.6%	26.6%	—	43%	43.7%
	二级教师	3671	5 675	6685	—	7466	5839
	所占比例	37.3%	49%	41%	—	44.6%	39.6%
	三级教师	2217	13 66	2034	—	340	57
	所占比例	22.5%	11.8%	12.5%	—	2%	0.4%
普通高中	总人数	2296	2224	3061	—	5954	5277
	高级教师	311	381	462	—	1422	1607
	所占比例	13.5%	17%	15%	—	23.9%	30.5%
	一级教师	583	696	1305	—	24717	2068
	所占比例	25.4%	31.3%	15%	—	40.6%	39.2%
	二级教师	868	973	1134	—	1915	1413
	所占比例	37.8%	44%	37%	—	32%	26.8%
	三级教师	279	30	17	—	39	26
	所占比例	12.2%	1.3%	0.5%	—	0.7%	0.5%

说明：2005 年全市普通中学专任教师 23577 人，其中高中 6384 人、初中 17193 人。职称统计（未分高中、初中）：中学高级教师 1466 人，占比 6.2%；中学一级教师 8025 人，占比 34%；中学二级教师 11505 人，占比 49%；中学三级教师 1285 人，占比 5%。

第四节　教师待遇

一、政治待遇

（一）评先评优

市委、市政府按照国家和省教育行政部门的计划，除积极向省和国家推荐优秀教师、先进教育工作者、先进劳动模范外，坚持在教师中每年开展一次小表彰、每三年开展一次大表彰活动，并召开教师节庆祝大会，市委、市政府主要领导出席并讲话，表彰优秀教师、优秀教育工作者、师德标兵、优秀班主任等。县区政府每年都按 15% 的比例评选优秀教师，按 5% 的比例给教师记功。2015 年 9 月 10 日，永州市委、市政府下发《关于表彰优秀教师和先进教育工作者的决定》，并召开庆祝表彰大会，隆重表彰陈英等 16 名“永州市优秀校长”、唐自知等 42 名“永州市优秀教师”、曾德平等 20 名“永州市优秀班主任”、杨林海等 20 名“永州市师德标兵”、吴虹等 15 名“永州市先进教育工作者”、邓社华等 22 名“永州最可爱的乡村教师”、成少华等 18 名“永州市名师”。1991—2014 年，全市受省部级表彰的教师 33 人次。

（二）参政议政

1992—2015 年，11 个县区当选县党代会代表 1257 人、县人大代表 567 人，当选县政协委员 891 人；当选市人大代表 51 人、省人大代表 9 人；当选市政协委员 88 人、省政协委员 3 人。

（三）评选省特级教师

1992—2015 年，全市共评选出特级教师 91 名。2005 年推荐 49 名教师参加省特级教师评选，其中 18 名教师获得湖南省特级教师荣誉称号。2006 年，推荐 52 名，其中有 25 名教师获得湖南省特级教师荣誉称号。2008 年，推荐 50 名，其中 25 名教师获得湖南省特级教师荣誉称号。2014 年，省组织评选第九批特级教师评审，永州市有 36 人申报，省评审通过 28 人。

二、经济待遇

（一）工资制度

1993 年，国务院行文，对机关和事业单位工作人员工资制度进行改革，建立起符合机关和事业单位特点的工资制度与正常的工资增长机制。教师工资由1989年的基础工资、职务工资改为职务工资、职别工资、基础工资、工龄工资，并提高各个级别教师的职务工资。

1997年7月1日、1999年7月1日，中小学教师工资又与机关和其他事业单位人员同时进行两次调整，2001年9月7日，人事部、财政部下发《关于调整机关工作人员人资标准的实施方案》，决定从2001年10月1日起调整机关事业单位工作人员工资标准，中小学教师被列入调整范围，通过3次工资调整，广大中小学教师工资得到较大幅度提高。

2007年，湖南省人事厅、财政厅、教育厅《关于印发湖南省高等学校、中小学、中等职业学校贯彻〈事业单位工作人员收入分配制度改革方案〉三个实施意见的通知》，对普通中学、小学、幼儿园、特殊教育学校、工读学校、职业学校教师工资做出明确规定。中小学实行岗位绩效工资制度，岗位绩效工资由岗位工资、薪级工资、绩效工资和津贴四部分组成，其中岗位工资和薪级工资为基本工资。基本工资执行国家统一的政策和标准。中小学教师岗位工资和薪级工资标准，在新的专业技术人员基本工资标准的基础上分别提高10%，义务教育学校教师的平均工资水平应当不低于当地公务员的平均工资水平。市委、市政府均每月严格执行这一政策规定，千方百计保证教师工资按时、足额发放。

2008年，为落实上级规定，保障全市教师工资待遇，市委、市政府在《关于建设教育强市的决定》中提出："依法保障教师工资及时足额发放，教师的政策性津补贴，各项社会保障金，住房公积金和工会会费等与公务员一视同仁。"从此，全市政府举办的各级各类学校教师工资待遇与当地公务员一样得到全面保障。

（二）津补贴与福利

进入21世纪，国家公职人员工资由基本工资和津贴两部分组成，基本工资由财政统一发放，各级政府想方设法给予保证，但津贴部分，由单位自筹解决，一部分九年义务教育阶段学校因无法筹集到足够的钱款，教师工资的津贴部分经常不能按时发放。直到2007年全市九年义务教育阶段中小学教师工资和津贴全部由财政统一负责后，教师工资和各种津贴才与公务员一样都得到及时足额发放。

2007年，湖南省人事厅、财政厅、教育厅《关于印发湖南省高等学校、中小学、中等职业学校贯彻事业单位工作人员收入分配制度改革方案三个实施意见的通知》，同时对教师津贴补贴做出规定，对艰苦边远地区的教师发放艰苦边远地区津贴和补贴，以及教龄津贴；对班主任发放班主任津贴、对特级教师发放特级教师津贴、对特殊学校教师发放特殊教育津贴等。全市广大农村、山区、边远地区中小学校教师还享受农村、山区、边远地区津补贴，分别是每人每月300~800元不等。

为落实教师工资、津补贴待遇，2015 年 9 月 6 日市委常委会会议研究同意由财政全额拨给市直一中、四中两所学校教职工绩效工资。两所学校上交市管后，教师工资及时足额发放、政策性津补贴、各项社会保障金，住房公积金和工会会费等与公务员一样标准得到落实。

东安县委政府努力提升教师幸福指数，倾力改善教师工作条件。县财政对乡村教师住房公积金和各项社会保险全额兜底，落实“乡村教师支持计划”，每年拿出 576 万元根据乡村学校的偏远程度给予乡村教师每人每月 50~800 元的生活补助。县财政每年安排资金 50 万元对有突出贡献的乡村教师和全县优秀教师进行奖励。共评选出明星学校 20 所、明星校长 25 人、明星教师 74 人、明星学生 101 人、重教功臣 34 人。县委、县政府每年拿出 70 万元，对全县市级骨干教师 13 名每人 5000 元 / 年、市级学科带头人 12 名每人 8000 元 / 年和 191 名骨干教师每人 3000 元 / 年进行奖励。

道县县委、县政府将教师“五险一金”全额纳入财政预算，教师人均年收入由 2010 年的 2.75 万元增加到 2016 年末的 4.5 万元。道县建立教师定期公费体检制度，从 2014 年开始，教师每两年公费体检不少于 1 次（高级职称教师每年一次）。单独设立与提高班主任、中学高级教师、中小学骨干教师、特殊教育教师、农村教师岗位津补贴，将乡镇学校教师纳入乡镇工作人员补贴范畴。

江华瑶族自治县出台《江华瑶族自治县尊师重教十条》《江华瑶族自治县农村学校人才津贴发放实施办法》，全县教师“五险一金”、体检费用纳入财政预算，教师绩效工资、年终绩效考核奖、文明县城奖与公务员一个标准发放，居全省同类县区前列。大幅度提高农村教师人才津贴，比省里的标准分别提高 100 元至 400 元，最偏远的乡村教师每年享受津补贴总额比县城教师高 2 万余元。

祁阳县财政每年安排专项资金 100 万元，用于提高农村偏远山区教师岗位津贴，补贴额度最高达 450 元 / 月。加大对优秀教师和骨干教师、学科带头人的奖励力度。2015 年祁阳县评选首届卓越教师 25 名、明星教师 103 名，每两年为一届，每年奖励每位卓越教师 3600 元、明星教师 2400 元。

双牌县实施“农村基层教卫人才津贴”，对符合条件的乡村教师，根据学校所在地的偏远，分别给予每人每月不低于 700 元、500 元、300 元的人才津贴；把乡镇教师纳入机关事业单位工作人员乡镇工作补贴范围，根据任教年限每人每月发放 200 元至 500 元不等的乡镇补贴。

（三）教师周转宿舍建设

2010 年，各县区政府认真贯彻湖南省委、省政府印发《关于进一步推进义务教育均衡发展的意见》提出的要求，全面启动农村学校教师周转宿舍建设，并将教师周转宿舍建设纳入合格学校建设范围。通过努力，到 2015 年，全市教育部门建成农村教师周转房6000余套，教师的工作和生活条件得到较大改善。

东安县修建教师周转房200套、公租房840套。双牌县加大乡村教师周转宿舍建设力度，共投入资金3312万元，建设乡村教师周转宿舍713套，总建筑面积27927平方米，有效解决农村教师住房难问题。道县教育局“十二五”期间，配建适量的教师周转宿舍，建成教师公租房877套，总面积41.5万平方米，切实改善教师居住条件。江华瑶族自治县建成教师公租房、周转房2200套，2500名教师搬进新房，并将公租房租金全额返还学校。

2014年，宁远实验中学教师周转房

（四）“爱烛行动”

2009年，省教育基金会启动“爱烛行动”，倡导党委政府推动、部门大力支持、社会各界参与，建立“爱烛行动”运行机制，市、县区教育基金会与省教育基金会联动救助特困教师、奖励优秀教师、组织教师开展“园丁之家”活动，实实在在帮助一大批需要帮助的特困教师缓解实际困难。

2015年中央彩票公益金和省教育厅开展助学活动，资助特困教师630人，每人1万元，其中“润雨计划”资助110人，“励耕计划”资助520人。

2009—2015年，全市共资助特困教师1781人（包括省、市、县区教育基金会），资助金额913.4万元；表彰奖励优秀教师7352人次（包括教师节、春节等走访慰问），发奖金和慰问金470余万元；组织教师参加省、市“园丁之家”活动1059人次，开支经费324.6万元。

三、离退休待遇

（一）离休、退休（退职）条件

1949年9月30日前，参加革命工作的，教师可以享受离休待遇。

事业单位工作人员男年满60周岁，女年满55周岁，参加革命工作年限满10年的；或男年满50周岁，女年满45周岁，参加革命工作年限满10年，经过医院证明完全丧失工作能力的；或因工致残，经过医院证明完全丧失工作能力的可以退休。

经过医院证明完全丧失工作（劳动）能力，又不具备国家规定的退休条件的，应当退职。所谓不具备退休条件，主要是指男未满 50 周岁，女未满 45 周岁，或者参加革命工作年限未满 10 年的。

（二）离休、退休（退职）待遇

离休人员离休费按本人离休前基本工资全额计发。已发放的老红军高龄生活补贴、抗日战争时期及其以前参加革命的离休干部生活补贴、健康休养费、生活长期完全不能自理的离休干部护理费、离休干部交通费、已进入基本离休费的 1993 年工资改革时保留的津贴（奖金），仍在基本离休费中发放。

2007 年 7 月，离退休人员津贴补贴归并为离退休人员生活补贴。离休人员生活补贴水平占同职级在职人员津贴补贴水平的比例为 90%，退休人员生活补贴水平占同职级在职人员津贴补贴水平的比例为 78%（后调整为 75%），退职人员补贴水平占同职级在职人员津贴补贴水平的比例为 57%。

事业单位工作人员退休（退职）费计发办法

2006 年 7 月 1 日，国家规定：公务员、机关工人（技术工人和普通工人）和事业单位工作人员退休费按退休前基本工资的一定比例计发。工作年限满 35 年的按 90% 计发；工作年限满 30 年不满 35 年的按 85%计发；工作年限满 20 年不满 30 年的按 80%计发；工作年限满 10 年不满 20 年的按 70%计发；公务员退休工作年限不满 10 年的按 50%计发。

事业单位工作人员退职后的退职生活费按本人退职前基本工资的一定比例计发。工作年限不满 10 年的按 50%计算；工作年限满 10 年不满 20 年的按 60%计算；工作年限满 20 年的按 70%计算。

2010 年 1 月 8 日，湖南省对 2006 年 7 月 1 日后退休、退职的人员，按其本人退休前基本工资一定比例计发退休费和退职生活费的政策做了调整。

2010 年机关事业单位工作人员退休费计发标准表

表 9–4

工作年限	计发比例	工作年限	计发比例
满 35 年以上	90%	满 30 年	85%
满 34 年	89%	满 29 年	84.5%
满 33 年	88%	满 28 年	84%
满 32 年	87%	满 27 年	83.5%
满 31 年	86%	满 26 年	83%

续表 9–4

工作年限	计发比例	工作年限	计发比例
满 25 年	82.5%	满 17 年	77%
满 24 年	82%	满 16 年	76%
满 23 年	81.5%	满 15 年	75%
满 22 年	81%	满 14 年	74%
满 21 年	80.5%	满 13 年	73%
满 20 年	80%	满 12 年	72%
满 19 年	79%	满 11 年	71%
满 18 年	78%	满 10 年	70%
公务员不满 10 年	50%		

2010 年机关事业单位工作人员退职生活费计发标准表

表 9–5

工作年限	计发比例	工作年限	计发比例
满 20 年	70%	满 14 年	64%
满 19 年	69%	满 13 年	63%
满 18 年	68%	满 12 年	62%
满 17 年	67%	满 11 年	61%
满 16 年	66%	满 10 年	60%
满 15 年	65%	不满 10 年	50%

根据《国务院关于机关事业单位工作人员养老保险制度改革的决定》和《湖南省人民政府关于机关事业单位工作人员养老保险制度改革的实施意见》，对 2014 年 9 月 30 日改革前参加工作、2014 年 10 月 1 日后退休的人员，计发基本养老金 10 年过渡期（2014 年 10 月 1 日至 2024 年 9 月 30 日）。参保人员在过渡期内退休，实行新老待遇计发办法对比，保底限高。新办法待遇标准（含基本养老金和职业年金待遇）低于老办法的，按老办法待遇标准发放；高于老办法待遇标准的，超出的部分，第一年退休

的人员（2014 年 10 月至 2015 年 12 月）发放超出部分的 10%，第二年退休的人员（2016 年 1 月 1 日至 2016 年 12 月 31 日）发放超出部分 20%，以此类推，至过渡期末年退休的人员（2024 年 1 月 1 日至 2024 年 9 月 30 日）发放超出部分 100%。过渡期结束后退休人员执行新办法，不再对比老办法。

2014 年 9 月 30 日前已经退休的人员，继续按照国家和湖南省规定的原待遇标准发放退休待遇，统筹项目内部分纳入养老保险基金支付，同时执行基本养老金调整办法。

从 2014 年 10 月 1 日起，事业单位原获得省部级以上劳模、有重大贡献高级专家等荣誉称号的人员以及中小学从教 30 年的教师，退休时不再提高基本退休费比例。

改革后获得省部级以上劳模、有重大贡献的高级专家等荣誉称号的工作人员，在职时给予一次性奖励。改革前已获得上述荣誉称号的人员和中小学从教 30 年的教师，退休时给予本人一次性退休补贴。

（三）解决国有企业职教幼教退休教师待遇问题

2011 年 12 月 21 日，根据国务院国资委、教育部、财政部、人力资源和社会保障部《关于妥善解决国有企业职教幼教退休教师待遇问题的通知》、财政部《关于印发中央财政解决国有企业职教幼教退休教师待遇专项补助资金管理办法的通知》等文件精神，经湖南省人民政府同意，省政府办公厅转发省国资委、省教育厅、省财政厅、省人力资源和社会保障厅《关于妥善解决国有企业职教幼教退休教师待遇问题的实施意见》，对国有企业举办的职业学校、成人初等中等、教育学校、技工学校、幼儿园、高等教育、党校等职教幼教机构教育教学岗位上退休的教师，从 2011 年 1 月 1 日起给予生活补贴。明确由职教幼教退休教师所在企业负责申报，企业主管部门和教育部门负责岗位审核和身份认定，人社和财政部门负责补贴标准核定和资金拨付及发放。2012 年，省教育厅、省人社厅、省财政厅相继下文，就教师岗位审核、身份认定、生活补贴核定和专项资金管理问题做出进一步明确。2012 年 3 月 28 日、5 月 8 日、6 月 12 日、8 月 31 日，市国资委召集市人社、教育、财政部门相关科室会商工作推进情况，9 月，市国资委完成企业申报对象汇总及教师岗位初步审核并向企业反馈。2013 年 6 月 30 日，市国资委对企业申报对象教师岗位再次审核。7 月 13 日，省政府办公厅召开全省落实解决国有企业职教幼教退休教师待遇工作座谈会。7 月 15 日，市国资委、市教育局、市人社局、市财政局对企业职教幼教退休教师岗位和身份进行联合审核并向企业公示。2013 年 11 月 11 日，经省国资委、省教育厅、省人社厅、省财政厅联合审定，永州市国有企业和中央、省在永企业符合企业职教幼教退休教师享受生活补贴待遇条件的有 54 人（中央、省属企业 34 人，市属企业 22 人），其中，高级职称 1 人、中级职称 16 人、助理级 8 人、员级 29 人。

四、民办教师

1992年，零陵地区有公办教职工35825人，民办教职工9525人，民办教职工占教职工总数的21%。随着经济社会发展，民办教师的地位、待遇等问题随之产生。永州市贯彻落实中央解决民办教师问题的“关、转、招、辞、退”5字方针，将符合条件的民办教师逐步转为公办教师。到2000年，全市有民办教职工109人。到2001年，全市不再有持证民办教师。转正的民办教师按国家政策套改工资，提高待遇。

2014年，根据省政府办公厅《关于做好原中学民办教师和代课教师生活困难补助发放工作的通知》，对符合条件的对象进行摸底，截至2015年3月26日，通过市级审核认定，全市各县区审核通过民办、代课教师补助申报人员共45615人，其中工作限五年以上人员31081人，工作年限五年以下人员14534人。按照工作5年以下30元／月，工作5~8年（含五年）60元／月，工作8~12年（含8年）90元／月，工作12年（含12年）以上120元／月的标准，从2014年10月1日起计发。所需资金由省、市、县财政分担，由户口所在地的县区人力资源社会保障部门通过城乡居民社会养老保险机构按月发放。从2016年1月1日起，每人每月增加30元。

1992—2015 年永州市中小学特级教师一览表

表 9–6

姓名	工作单位（部门）	性别	民族	籍贯	出生年月	政治面貌	学历	从事学科（专业）	专业技术职称	现（曾）任行政最高职务
杨国斌	永州市教科院	男	汉	宁远县	1966.02	中共党员	大学本科	—	高级教师	—
唐嗣德	祁阳师范学校	男	汉	祁阳县	1942.11	中共党员	大学本科	语文	高级讲师	曾任祁阳师范学校校长
周士杰	祁阳师范学校	男	汉	祁东县	1948.06	中共党员	大学本科	语文	高级讲师	曾任祁阳师范学校副校长
何敦遂	道县师范学校	男	汉	道县	1941.12	中共党员	大学本科	数学	高级讲师	—
罗德康	道县师范学校	男	汉	衡南县	1940.01	中共党员	大学本科	—	高级讲师	党委书记、校长
成少华	永州市第一中学	男	汉	零陵区	1967.06	民盟盟员	大学本科	语文	高级教师	—
陈宗华	永州市第一中学	男	汉	零陵区	1962.11	中共党员	大学本科	—	高级教师	校长
蒋庆荣	永州市第一中学	男	汉	零陵区	1965.05	中共党员	大学本科	—	高级教师	办公室主任
唐金娥	永州市第一中学	女	汉	零陵区	1963.01	中共党员	大学本科	—	高级教师	—
唐骑龙	永州市第一中学	男	汉	零陵区	1959.04	中共党员	大学本科	—	高级教师	—
李朝华	永州市第四中学	男	汉	冷水滩区	1963.05	中共党员	大学本科	物理	正高级教师	—
李定钧	永州市第四中学	男	汉	冷水滩区	1939.11	中共党员	大学本科	俄语	高级教师	永州第四中学党总支书记
欧阳慧	永州市第四中学	女	汉	宁远县	1966.01	民盟盟员	大学本科	音乐	正高级教师	永州市第四中学副校级干部
张新军	永州市第四中学	男	瑶	江华瑶族自治县	1962.11	民盟盟员	大学本科	计算机	高级教师	—
曾雪梅	永州第二中学	女	汉	冷水滩区	1947.12	中共党员	大学本科	—	高级教师	—

续表 9-6

姓名	工作单位（部门）	性别	民族	籍贯	出生年月	政治面貌	学历	从事学科（专业）	专业技术职称	现（曾）任行政最高职务
邓冰浦	永州第二中学	男	汉	冷水滩区	1938.12	中共党员	大学本科	化学	高级教师	—
邓春艳	冷水滩舜德小学	女	汉	冷水滩区	1970.03	—	大学本科	—	高级教师	校长
邓美荣	冷水滩翠竹园小学	女	汉	冷水滩区	1964.02	—	大专	—	高级教师	—
胡松青	永州综合职业中专	男	汉	冷水滩区	1962.04	中共党员	研究生	—	高级教师	校长
蒋文秀	冷水滩三多亭小学	女	汉	冷水滩区	1942.12	中共党员	中师	—	一级教师	校长
康中年	冷水滩教师进修学校	男	汉	零陵区	1957.01	中共党员	大学本科	—	高级教师	校长
刘华金	冷水滩三多亭小学	女	汉	冷水滩区	1983.06	中共党员	大专	—	一级教师	—
刘伟燕	冷水滩区教育局	男	汉	武冈市	1953.08	中共党员	大学本科	—	高级教师	教研室副主任
罗晓华	冷水滩区杨家桥小学	女	汉	耒阳市	1948.12	中共党员	大学本科	—	一级教师	—
秦四年	冷水滩区教育局	男	汉	冷水滩区	1956.01	—	研究生	—	高级教师	教研室副主任
屈新善	冷水滩区杨家桥小学	男	汉	冷水滩区	1952.09	中共党员	大专	—	高级教师	—
周卓敏	永州第二中学	男	汉	冷水滩区	1944.09	中共党员	大学本科	语文	高级教师	—
吉飞莉	零陵区徐家井小学	女	汉	宁远县	1962.08	中共党员	大专	音乐	一级教师	—
王赛璀	零陵区富家桥镇中学	男	汉	零陵区	1967.11	群众	大学本科	生物	高级教师	—
吴同和	永州市第七中学	男	汉	江苏兴化	1941.11	中共党员	大专	语文	高级教师	—
郑玉英	永州市第三中学	女	汉	零陵区	1966.12	中共党员	大学本科	英语	高级教师	—
龚朝阳	祁阳县职业中专	男	汉	祁阳县	1963.12	中共党员	大学本科	英语	高级教师	—

续表 9–6

姓 名	工作单位（部门）	性别	民族	籍贯	出生年月	政治面貌	学历	从事学科（专业）	专业技术职称	现（曾）任行政最高职务
桂阳玲	祁阳县民生小学	女	汉	祁阳县	1980.05	中共党员	大学本科	语文	一级教师	副校长
蒋民主	祁阳一中	男	汉	祁阳县	1954.12	中共党员	大学本科	语文	高级教师	教科室主任
刘家骥	祁阳一中	男	汉	祁阳县	1936.11	中共党员	大学本科	地理	高级教师	副校长
谭又平	祁阳二中	男	汉	祁阳县	1968.09	中共党员	大学本科	地理	高级教师	教科室主任
王景魁	祁阳县职业中专	男	汉	祁阳县	1971.02	中共党员	大学本科	政治	正高级教师	—
胡楚鹍	东安耀祥中学	男	汉	东安县	1940.9	中共党员	大学本科	语文	高级教师	—
蒋玉娥	东安一小	女	汉	东安县	1955.1	中共党员	专科	语文	一级教师	—
魏就元	东安一中	男	汉	东安县	1962.12	中共党员	研究生	物理	高级教师	校长
吴才有	东安大盛中心小学	男	汉	东安县	1972.07	群众	大专	数学	一级教师	—
夏尊华	东安一中	男	汉	东安县	1962.01	中共党员	大学本科	化学	高级教师	一中副校长
袁作钰	东安一中	男	汉	东安县	1963.12	中共党员	大学本科	物理	高级教师	校长（副处级）
张建荣	东安一中	女	汉	东安县	1963.01		大学本科	英语	高级教师	—
龚铁森	双牌县第二中学	男	汉	双牌县	1964.11	中共党员	大学本科	化学	高级教师	—
王守武	双牌县第二中学	男	汉	零陵区	1960.09		大学本科	政治	高级教师	—
柏太瑞	宁远县教育局	男	汉	宁远县	1963.12	中共党员	大学本科	物理	高级教师	校长
陈清祥	宁远县第一中学	男	汉	宁远县	1965.1	群众	大学本科	英语	正高级教师	—
廖金明	宁远县第一中学	男	汉	宁远县	1955.11	中共党员	大学专科	政治	高级教师	—

续表 9–6

姓 名	工作单位（部门）	性别	民族	籍贯	出生年月	政治面貌	学历	从事学科（专业）	专业技术职称	现（曾）任行政最高职务
欧阳祥华	宁远县实验中学	男	汉	宁远县	1964.07	中共党员	大学本科	—	高级教师	校长
欧咏梅	宁远县第八中学	女	汉	宁远县	1971.07	群众	大学本科	—	高级教师	副校长
唐湘玲	宁远县舜陵二小	女	汉	东安县	1968.08	中共党员	大学本科	数学	一级教师	副校长
王　毅	宁远县莲花小学	女	汉	宁远县	1977.03	群众	大学专科	语文	一级教师	无
肖　铁	宁远县教育局	男	汉	宁远县	1944.03	中共党员	中专	—	高级教师	电教馆馆长
郑　青	宁远县莲花小学	女	汉	宁远县	1970.09	群众	大学本科	语文	高级教师	校长
郑　适	宁远县第一中学	男	汉	宁远县	1940.09	中共党员	大学本科	语文	高级教师	学校校长
柏先前	道县第一中学	男	汉	道县	1966.12	中共党员	大学本科	地理	高级教师	道县一中副校长
陈波浪	道县第三中学	男	汉	道县	1970.02	中共党员	大学本科	英语	高级教师	—
欧阳先博	道县第一中学	男	汉	道县	1942.10	中共党员	大学本科	数学	高级教师	—
曾庆梅	道县教育局	女	汉	冷水滩区	1927.01	群众	高中	语文	一级教师	—
费得意	江永县第一中学	男	汉	江华瑶族自治县	1931	中共党员	大学本科	数学	高级教师	—
何淑清	江永县第一小学	女	汉	道县	1934.06	中共党员	初师	语文	一级教师	副校长
李品菁	江永县第一中学	女	汉	长沙市	1944.07	中共党员	大学本科	化学	高级教师	—
黄春云	江华瑶族自治县大路铺中学	女	瑶	江华瑶族自治县	1969.02	中共党员	大学本科	数学	高级教师	—

续表 9-6

姓名	工作单位（部门）	性别	民族	籍贯	出生年月	政治面貌	学历	从事学科（专业）	专业技术职称	现（曾）任行政最高职务
贺美玉	江华瑶族自治县桥市中学	女	瑶	江华瑶族自治县	1971.04	中共党员	大学本科	语文	高级教师	—
蓝忠武	江华瑶族自治县职业中专	男	瑶	江华瑶族自治县	1942.01	中共党员	大学专科	英语	高级教师	—
杨 硕	江华瑶族自治县第二中学	男	瑶	江华瑶族自治县	1967.05	中共党员	大学本科	化学	高级教师	—
刘本文	新田县教师进修学校	男	汉	祁东县	1953.12	中共党员	大学本科	法律	高级教师	校长
刘大启	新田第一中学	男	汉	新田县	1952.07	中共党员	大学本科	语文	高级教师	副校长
沈继国	新田县一中	男	汉	新田县	1947.06	中共党员	大学本科	物理	高级教师	—
宋艾德	新田第一中学	男	汉	新田县	1961.07	中共党员	大学本科	语文	高级教师	副校长
谭荣安	新田县教育局	男	汉	新田县	1956.05	中共党员	大学专科	教研员	高级教师	校长
黄少雄	蓝山县第二中学	男	汉	蓝山县	1956.02	群众	大学本科	生物	高级教师	—
彭彩玲	蓝山县第二中学	女	汉	蓝山县	1966.08	群众	大学本科	英语	高级教师	—
唐艳兰	蓝山县教育局	女	汉	蓝山县	1962.04	群众	中专	语文	一级教师	—

第十章

教育经费与设施建设

第十章　教育经费与设施建设

1992—2015 年，永州市教育经费主要来自财政拨款（包括政府征收用于教育的税费），其他还有学校按政策规定收取的学杂费和勤工俭学收入、社会募集及企业办学经费。教育经费管理随财政管理体制变化而调整，原则上由财政部门拨款到教育行政部门，再由教育部门分拨给学校。教育经费使用包括人员经费、日常运转公用经费、基本建设经费和学生资助经费。市、县（区）教育部门内设审计机构，对教育经费管理和使用情况进行内部审计。永州市把这“两个比例，三个增长”作为各级财政教育投入的法律依据和监测指标，保障教育经费主渠道。

1991—2015 年永州市教育经费“两个比例，三个增长”落实情况统计表

表 10–1

年份	国家财政性教育经费占国民生产总值的比例	预算内教育经费支出占财政支出的比例	预算内教育经费拨款增长高于财政经常性收入增长比例	生均预算内教育经费（元）						生均预算内公用经费（元）						在职教师平均工资（元·人/月）
				普通高校	中师	中职	普高	初中	小学	普通高校	中师	中职	普高	初中	小学	
1991	—	27.70%	-5.3%	—	1364	682	253	245	99	—	499	276	42	41	11	117
1992	—	29.00%	9.9%	—	1396	930	479	285	121	—	437	397	129	30	14	124
1993	—	26.60%	1.0%	—	1470	820	610	326	139	—	491	280	138	13	10	124
1994	3.08%	30.28%	-6.4%	—	1539	917	725	393	183	—	159	207	96	33	13	319
1995	3.74%	34.42%	-19.6%	—	1817	1015	602	383	195	—	738	118	24	32	8	342
1997	3.38%	29.44%	4.9%	—	2139	1110	625	371	227	—	972	248	36	29	14	453
1998	1.81%	22.00%	1.2%	—	1554	959	658	244	241	—	241	183	31	20	3	482
1999	2.05%	29.81%	7.5%	—	1384	1154	858	452	305	—	151	79	121	23	8	510
2000	2.12%	29.92%	—	—	1512	1279	906	514	488	—	127	196	79	26	21	598
2001	2.72%	30.56%	—	1075	1773	1257	845	597	483	—	363	64	100	57	18	709
2003	2.78%	28.66%	—	932	1115	870	1043	870	777	43	162	46	55	89	44	1012
2004	3.19%	27.66%	-7.2%	1903	1339	1218	1224	964	976	151	220	11	108	73	76	1111
2005	3.64%	26.55%	4.4%	1821	962	1367	1439	1208	1220	281	113	20	177	146	115	1288
2006	3.05%	25.05%	12.6%	1373	1049	1382	1525	1692	1503	367	121	68	66	234	147	1633
2007	4.36%	31.47%	61.2%	2092	—	2572	1992	2369	1893	172	—	58	188	433	306	2251
2008	4.91%	30.94%	28.2%	3845	—	3402	2272	3556	2293	1590	—	683	287	1055	587	2529
2009	5.45%	30.63%	3.8%	6483	—	4615	3250	4740	2783	3774	—	1467	796	1780	910	2834
2010	5.53%	28.42%	3.7%	5441	—	4797	3163	5256	3208	1110	—	4075	722	1812	1186	2943
2011	5.13%	34.22%	2.0%	16657	—	5485	4074	6074	3627	13810	—	2272	1245	2382	1509	3105
2012	5.27%	37.48%	2.4%	15838	—	6225	4276	6400	3960	13360	—	2856	1266	2603	1855	3284
2013	5.23%	25.79%	-18.1%	7919	—	6886	5900	7970	5403	3713	—	2992	1535	2472	2126	3561
2014	4.58%	18.21%	-10.0%	8224	—	6164	6182	8612	6016	4642	—	2685	1497	2641	2295	3893
2015	4.62%	17.56%	-14.1%	8468	—	7529	7206	9291	6191	3991	—	2684	1594	2670	2042	4556

说明：1996 年、2002 年统计资料缺失。

第一节 教育经费

一、经费来源

2008 年，永州市贯彻落实《湖南省人民政府办公厅关于建立教育强省投入保障监督机制的意见》，明确教育强市投入保障各项经费指标。

2014 年，永州市人民政府制定《关于加强中心城区义务教育学位建设工作的实施意见》，要求全面落实有关教育经费政策，保障学位建设投入。对教育费附加和地方教育附加、土地出让收入提取教育资金，城市维护建设税安排教育资金，城市基础设施配套费划转为城市义务教育设施配套费等政策作出明确规定。市本级财政全部落实到位，2015 年上述五项财政资金达 2.4 亿元。同时，将这几项政策落实情况列入对县（区）党委、政府“教育优先”考核指标体系，确保教育投入优先。

（一）财政拨款

1991—2004 年，永州市预算内教育经费主要保障教师工资。1994 年工资改革，教职工工资大幅增长，预算内教育经费比上年增长 28.5%；2001—2003 年税费改革，取消农村教育费附加和教育集资（预算外经费），缺口资金由预算内转移支付安排，2001 年增长 27.4%，2003 年增长 29.9%。

2004 年秋季开始，义务教育实行“两免一补”（免杂费、免费提供教科书、贫困家庭寄宿学生补助生活费）。2007 年开始，逐步建立学前教育、职业教育、普通高中教育、高等教育等各类教育贫困家庭学生资助体系。同年，实施义务教育经费保障机制改革。2006—2008 年，实行义务教育“两免一补”和经费保障机制改革、中职助学金和免学费政策，所需经费由各级财政按比例分担，全市预算内教育经费三年分别增长 29.3%、59%、33.2%。2009 年，中等职业教育免学费，贫困家庭学生资助经费和免学杂费后财政补助公用经费，由中央、省、市、县各级财政分项目按比例分担，从预算内教育经费拨款列支。

2006 年，湖南省建立校舍维修改造长效机制，每年安排校舍维修改造专项资金，按小学生均面积 4.5 平方米、初中生均面积 6 平方米，计算校舍总面积，再按 3.3% 折算危房，以每平方米 300 元标准预算校舍维修改造资金。2008 年，标准提高到每平方米 400 元。2014 年，按照抗震防灾的要求建立校舍安全长效机制，标准提高到每平方米 800 元。校舍维修改造和校舍安全长效机制所需资金由中央、省、市、县各级财政按比例分担，从预算内教育经费拨款列支。义务教育预算内教育经费拨款基本实现“保吃饭，保运转，保安全”的目标。

（二）教育税费

教育费附加和地方教育附加　教育费附加即城市教育费附加，永州市1986年开始按增值税、营业税、消费税三税税额的3%征收，1991—1994年列预算内教育经费管理、教育费附加收入1991年为510.7万元、1994年为854万元。1995年教育费附加列预算外专项管理，当年收入达到1746.9万元，2007年收入3908.4万元。2008年开始分别按“三税”税额的3%和1.5%同时征收教育费附加和地方教育附加，当年两项附加收入达到7241.8万元。2010年，地方教育附加征收率提高到2%，教育费附加和地方教育附加收入12176.6万元，到2015年达到27091.5万元。

农村教育事业费附加　农村教育事业费附加（不列支民办教师工资后称农村教育费附加）主要用于乡、村两级中小学民办教师工资集体补助部分，农村中小学校舍维护、危房改造和学校布局调整，补充学校公用经费等。永州市1987年开始按上年农民人均纯收入的1%征收农村教育事业费附加。当初农村教育事业费附加由乡镇财政部门“随粮征收”，1990年后因粮食统购统销政策放开，“随粮征收”的渠道逐渐消失，收入下滑。1991年收入2228.1万元。1993年征收率提高到1.5%，1994年将“随粮征收”改为随农业税一并征收，并允许有条件的地方采取由学校代发，抵家庭上交村、乡统筹提留款的办法征收（“随读代征”），当年收入2727.7万元。1995年征收率提高到2%，当年收入4342.4万元，1996年收入高达7339万元，1997年收入7022.2万元。此后因政策调整收入逐年减少。1998年，《湖南省政府关于进一步加强农村教育费附加征收管理的通知》，规定农村教育费附加不得由学校和教师向学生“随读代征”，实行“乡征县管教育用”，并纳入县级财政实行收支两条线管理。2001年，《教育部 财政部 农业部关于继续做好农村教育费附加征收管理工作的通知》，严禁直接向学生和家长征收农村教育费附加。2002年农村税费改革，取消农村教育费附加和教育集资。为弥补因此产生的教育经费缺口，湖南省规定农村税费改革转移支付66%以上、一般性转移支付25%以上用于教育。2007年义务教育经费保障机制改革后，中央和省级财政逐渐增加教育专项转移支付补助。到2015年，永州市获中央和省级财政教育专项转移支付超过6亿元，教育一般转移支付近10亿元。

城市维护建设税用于教育资金　1991—1997年，此项经费列入预算内教育经费管理。永州市城市维护建设税中计提教育资金在150万元至330万元之间，提取比例不足15%。税费改革后，这一政策曾中断执行。2008年，《关于建立教育强省投入保障监督机制的意见》《关于建设教育强市的决定》再次明确这一政策。2014年，《永州市人民政府关于加强中心城区义务教育学位建设工作的实施意见》规定，市本级财政自 2014 年开始从城建税中按 15% 的比例每年安排教育资金 3000 万元。

土地出让收入提取教育资金　从 2011 年起，永州市根据《财政部、教育部关于从土地收益中计提教育资金有关事项的通知》规定，将国有土地出让收入扣除相关项目支出后，按照 10% 的比例计提教育资金，当年土地收益计提教育资金 963.7 万元。从 2013 年年终清算起，财政按土地出让总收入的 2.5% 计提教育资金，当年收入达到 6414.7 万元，2015 年为 5229.4 万元。

其他地方基金用于教育　主要有财政返还处置学校土地资产收入、体育彩票公益金等。1998—2015 年，永州市各级财政安排其他地方基金用于教育共 2.4 亿元，其中市财政返还永州职院 1.1 亿元、潇湘技师学院 1.2 亿元老校区土地处置收入用于新校区建设。

（三）企业办学中的企业拨款

1998 年开始，永州市厂矿企业子弟学校办学经费单列统计，当年企业投入办学经费 478.8 万元，2005 年企业拨款达 2766.5 万元。2007 年全部改制，企业办学移交地方教育部门管理。到 2015 年，只有零陵卷烟厂办有一所幼儿园，每年有近 100 万元投入办学。

（四）勤工俭学收入

1991 年，零陵地区教育勤工俭学收入为 446.3 万元、1993 年 1017.1 万元、1994 年 1453.3 万元、1995 年 2443.6 万元，2000 年永州市勤工俭学用于教育 1981.2 万元，2006 年高达 3886.9 万元，2010 年收入 2578.7 万元。2012 年以后，中小学勤工俭学主要是学校商店、猪场、果园、蔬菜地等承包收入，不再列勤工俭学收入，计其他收入。

（五）社会团体、公民个人投资

1998 年，永州市开始统计民办教育投入。是年，投入为 177.6 万元。民办教育举办者投入有三个高峰：2001—2003 年第一个高峰，民办教育兴起，主要兴办义务教育学校，2002 年投入达到 11336.3 万元；2005—2006 年第二个高峰，2006 年投入 15096.6 万元，主要投资办中等职业学校；2012—2015 年第三个高峰，2012 年投入 13722.9 万元、2015 年为 13134.2 万元，主要兴办学前教育和普通高中教育。

（六）群众集资和社会捐赠

群众集资。1993 年 5 月，湖南省义务教育工作会议重申，解决学校“校校无危房，班班有教室，人人有课桌凳”的问题（简称“一无两有”），可向群众集资。1997 年，农业部、财政部、国家发展计划委员会发布《农村教育集资管理办法》，规定农村教育集资可以通过资金、实物和劳务等方式进行；用于实施义务教育学校的危房改造和修缮、新建校舍所需资金，经村民会议讨论决定，可以向本村集体经济组织或村民筹集。1995—1999 年，永州市实施“基本普及九年义务教育”，在财政困难的情况下，为了实现“一无两有”鼓励发动群众集资办学，各地掀起集资建校热潮，全市五年共集资 23676.3 万元。此外，各地还有大量实物和村组群众集资、劳务投入未列入统计。

2000—2005 年，政策允许村民按照“一事一议”集资用于中小学危房改造，全市每年尚有 1000 多万元的群众集资收入。2006 年以后群众集资办学被严令禁止。

社会捐赠。1995 年 1 月 8 日，地委书记邹金鹫主持召开以“普九”为主要议题的地委扩大会议，决定动员地直机关、企事业单位干部职工捐资办学，地委委员、行署副专员带头每人捐款 1000 元，共收到捐款 398 万余元，另有建筑水泥 800 吨。其中 100 万元划拨给地区教师奖励基金会作垫底基金，其余捐款和水泥分给冷水滩市和永州市建学校。这次会议后，以个人、团体或企业名义捐资办学的氛围逐步形成。2000 年，深圳市宝安区委常委李焕平（零陵籍），通过宝安区青年联合会，动员企业和社会各界人士捐款 130 余万元，为零陵区水口山镇中心小学兴建教学楼、综合楼和校门，2005 年学校改名为“水口山宝安小学”。2005—2008 年，祁阳县退休干部陈昌世，动员在深圳创办展辰达化工有限公司的 3 个儿子，陆续捐资 66.6 万元，专项用于肖家镇太平学校改善办学条件；2014 年，又捐资 150 万元为文明铺镇狭江完小修建教学楼，添置设施设备。2006—2007 年，湖北省鹤峰县林业局退休高级会计师成纯先（道县籍），捐款 70 万元为道县洪塘营中心小学新建综合性礼堂，并捐赠价值 20 万元的电脑和图书；2012 年，又捐 28 万元支持建设教师周转宿舍。2007 年，广东省东莞市皓志稀土有限公司总经理谢喜明（祁阳籍），捐资 40 万元，支持母校——祁阳县观音滩镇八尺完小建好 1180 平方米的教学楼；此后，连续几年，又捐款 200 余万元，为白水镇中学、仁冲完小兴建教学楼和综合楼。2008 年，湖南省水利厅纪检组长何世军捐资 90 万元，为宁远县清水桥完小新建图书馆（求知楼）。2011 年，海南中海集团董事长周晨（周敦颐后人），捐款 73 万元，为祖籍地道县楼田村建起仿古式“濂溪小学”。2013 年，北京紫郁若金股权投资有限公司郁留香管理顾问有限公司董事长蒋宇飞（宁远籍），捐款 35 万元，用于家乡学校改善办学条件；宁远县教育基金会成立时，他又捐赠 60 万元，用于发展家乡教育事业。2014 年，株洲神农城文化中心旅游发展有限公司捐款 100 万元，为江永县夏层铺镇学校新建教学楼；同年，永州市协合医疗器械有限公司总经理义海湘，捐款 93 万元，在江永县兴建“海湘希望小学”。2014 年，广东省东莞市展能 LP39 爱心团队，捐资 260 万元，整体新建祁阳县黄泥塘三联希望小学（教学楼 1500 平方米、综合楼 1200 平方米），学校竣工庆典时，爱心人士与当地干部群众现场向学校捐款 12.7 万元；此爱心团队还向学校师生捐赠价值 30 多万元的课桌、鞋服、书包、体育器材和学习用品。2015 年，深圳爱心人士黄保黔和省佛慈基金会共同捐建新田苦志育才学校，是全省唯一一所免费接收孤儿和特困家庭子女入学并免费提供吃住穿的九年一贯制学校。

港、澳、台捐款。1994 年，根据国家有关政策，开始吸收香港、澳门和台湾等地私人捐款在内地办学，永州市主要有香港邵逸夫、邢李㷧、杜景成、吕志和、沈炳麟，台湾王永庆等知名企业家和慈善家捐资建校项目，其中比较突出的有：1994—2007年香港邵逸夫基金会捐款，在永州市中小学建设16所（栋）“逸夫学校”或“逸夫楼”。2005—2011年，台湾台塑集团董事长王永庆共为永州市捐款1240万元，援助建成24所“明德小学”。2007年，香港慈善老人杜景成（名医）及夫人蔡悦纯捐资75万元，捐赠学生课桌椅1380套，支持祁阳县三口塘镇学校异地搬迁新建教学楼，学校冠名“杜景成希望学校”；2011年，又到校赠送50台电脑。2008年6月，捐款50万元，支援江永二中兴建“桃溪书”教学楼。2013—2015年，香港邢李㷧创建的言爱基金会在永州市新田、江华、江永三县分别援建一所“思源学校”，每所学校援助1000万元。

（七）事业收入

1992年，湖南省提高普通高校、普通中专等非义务教育阶段学杂费标准，将高中学生学杂费收费项目和标准的管理权下放给地市。1993年，对义务教育实行省里只统一规定收费项目，具体标准由县、市根据当地实际提出方案，签具意见，报省批准后实施。要求学校公布收费标准，实行亮证收费。

1997年，湖南省物价局、财政厅、教委《关于颁发义务教育等四个收费管理暂行实施办法的通知》，义务教育免收学费，只收杂费、借读费；非义务教育阶段学校收取学费、住宿费，高中学校可以收取计划外生费。同时规定了收费减免优惠政策，义务教育减免杂费、高中减免学费分别控制在10%、5%以内；中等职业学校要从学生缴纳学费中分别按5%和10%以上的比例，建立奖学金和助学金制度。

1997年秋季学期中小学收费标准表

表10–2　　**单位：元/生**

学段		贫困地区			一般地区			地（州）市（县、区）所在地城区和市（县、区）城关镇		
		杂费	代收费	合计	杂费	代收费	合计	杂费	代收费	合计
小学	一年级	50	56	106	70	58	128	90	66	156
	二年级	50	57	107	70	59	129	90	69	159
	三年级	50	74	124	70	76	146	90	89	179
	四年级	50	79	129	70	81	151	90	94	184
	五年级	50	79	129	70	81	151	90	83	173
	六年级	50	76	126	70	78	148	90	80	170
初中	一年级	70	121	191	90	123	213	110	125	235
	二年级	70	143	213	90	145	235	110	147	257
	三年级	70	186	256	90	188	278	110	190	300

1997 年秋季学期普通高中学费标准表

表 10–3 单位：元 / 生

分类	重点高中	城市一般高中（含县城）	农村高中
一般地区	450	350	260
贫困地区	300	260	200

职业中专学杂费标准：农、文（含商业、财经、外贸、法律、文秘、管理）、师范类，每生每期 1100 元；医、卫、体、服装、旅游服务、美容类，每生每期 1400 元；艺术（音乐、美术）、汽车驾驶维修、烹饪类，每生每期 1600 元。职业高中学杂费标准：农、文类（含商业、财经、文秘、管理），每生每期 900 元；医、卫、体、服装、烹饪、旅游服务、美容类，每生每期 1600 元。

永州市物价、财政、教育三家补充通知，规定寄宿生住宿费收费标准：高中 100 元 / 生・期，初中 50 元 / 生・期，小学 30 元 / 生・期。经市人民政府批准，高中计划外招生收费标准：重点高中最高限额 6000 元 / 人（每年 2000 元 / 人），一般高中最高限额 4800 元 / 人（每年 1600 元 / 人），在新生入校时，一次性收取或分学年收取。借读生收费标准：省定初中最高限额 150 元 / 生・期，小学最高限额 100 元 / 生・期。

1997 年以后，职业中专和职业高中学费收费标准按照 2009 年中职学校免收学费执行。普通高中学费每生每期标准，1998 年调整为农村一般地区 260 元、贫困地区 200 元，城市一般高中 500 元、省级重点高中 650 元；1999 年调整为省级重点高中 800 元，一般高中城区 650 元、农村 450 元；2001 年规定最高限额为省级重点高中 1000 元、一般高中城区 800 元、农村 550 元。2002 年，教育部下发《关于加强基础教育办学管理若干问题的通知》，明确普通高中招收"择校生"，永州市计划外生费省重点高中 8000 元、市重点高中 6000 元；此后未再调整，永州市执行到 2015 年。2016 年，永州市按国家、省要求全面取消普通高中择校生招生计划，计划外生费随之取消。义务教育杂费标准，永州市免收杂费农村执行到 2007 年、城市执行到 2008 年，代管经费每年核定一次。

上述七条渠道构成永州市教育经费总来源。全市教育经费总收入 1991 年为 2.08 亿元、2015 年为 78.43 亿元。2015 年是 1991 年的 37.7 倍。

1991—1997 年永州市教育经费来源情况统计表

表 10-4　　单位：万元

年份	总计	财政预算内教育经费								预算外教育经费								附：国家财政性教育经费
		小计	财政教育事业费拨款	城建税	城市教育费附加	不发金少民建补	乡镇财力用于教育	财政预算内基建	其他	小计	农业税附加	城市教育费附加	农村教育费附加	勤工俭学	学杂费	捐资办学	其他	
1991	20846	13483	12437	157	511	38	89	70	181	7363	47	0	2228	446	2511	1357	774	16204
1992	26164	16516	15076	255	574	24	242	70	275	9648	86	0	2401	643	4384	1294	840	19646
1993	30316	19788	16949	216	970	5	0	626	1022	10528	31	0	2228	1017	5175	998	1079	23064
1994	42963	25433	22731	150	854	5	0	13	1680	17530	69	0	2728	1453	6204	2741	4335	29683
1995	54424	25897	24315	179	0	12	0	38	1353	28527	0	1477	4342	2444	12328	4893	3043	34160
1996	63950	29874	29508	203	0	38	29	82	14	34076	0	1599	7339	1629	13541	4788	5180	40441
1997	65900	31467	30468	326	0	28	27	242	376	34433	0	1546	7022	2130	15249	4330	4156	42165

说明：

1. 国家财政性教育经费 = 预算内教育经费 + 农业税附加 + 城市教育费附加 + 农村教育费附加 + 勤工俭学；
2. 预算内教育经费“其他”主要是上年结余、预算外抵支收入等；预算外教育经费“其他”主要是借读费、住宿费等。

1998—2015年永州市教育经费来源情况统计表

表 10-5　　单位：万元

年份	总计	一、预算内（公共财政预算）教育经费					二、各级财政用于教育的税费						三、企业拨款办学	四、勤工俭学	五、社会团体公民个人办学	六、社会捐赠	七、事业收入		八、其他收入	附：国家财政性教育经费
		小计	财政教育事业费拨款	基建拨款	科研拨款	其他拨款	小计	教育费附加	农村教育费附加	地方教育附加	土地出让收入	其他地方基金					小计	其中学杂费		
1998	78263	33482	33260	222	0	0	6776	1393	5283	0	0	100	479	1697	178	4857	28207	20724	2587	42434
1999	84978	39724	39285	439	0	0	6354	1488	4866	0	0	0	291	1894	848	4808	28725	22903	2334	48263
2000	89583	43420	43139	281	0	0	5339	1204	4135	0	0	0	317	1981	1333	1535	33697	26070	1961	51057
2001	105863	55310	54407	551	0	352	4886	1163	3608	0	0	115	516	2074	3086	1494	36794	28979	1703	62786
2002	114832	57984	56616	1368	0	0	1207	1190	17	0	0	0	753	1655	11336	1176	38240	27357	2481	61599
2003	134812	75334	74618	716	0	0	1326	1326	0	0	0	0	1013	1766	3388	917	48900	34334	2168	79439
2004	147028	84819	83354	1465	0	0	1987	1987	0	0	0	0	1145	2465	5783	652	49013	36297	1164	90416
2005	180070	103856	102474	1197	122	63	2679	2679	0	0	0	0	2767	2615	10826	1334	55248	34265	745	111917
2006	224515	134310	133704	440	0	166	4090	4090	0	0	0	0	2746	3887	15097	1130	62439	41237	816	145033
2007	275958	213640	158351	607	0	54682	4571	3908	0	0	0	663	0	3198	3804	722	48394	31894	1629	221409
2008	348621	284536	210832	4952	40	68712	7244	6565	0	677	0	2	0	2123	1811	470	49951	34316	2486	293903
2009	410244	346616	268516	3842	7	74251	8068	5683	0	2385	0	0	0	2622	1112	483	48628	35392	2715	357306
2010	492476	399887	304420	2628	0	92839	23658	8179	0	3998	964	10517	0	2579	3557	482	57850	49409	4463	426124
2011	578787	468808	370678	0	0	98130	31579	11025	0	5478	4154	10922	0	36	4933	557	67682	55083	5192	500423
2012	644863	527955	410327	9741	308	107579	22973	12569	0	7646	2758	0	0	0	13723	914	72521	61810	6777	550928
2013	645264	524116	485619	10445	0	28052	30372	20501	0	3174	6415	282	0	0	3562	768	80099	64391	6347	554488
2014	700170	563047	529131	5180	153	28583	32601	19098	0	9946	2871	686	50	0	4866	1362	91292	78699	6952	595698
2015	784286	625456	581842	6229	126	37259	33300	16366	0	10726	5229	979	100	0	13134	251	105892	87468	6153	658856

说明：1. 国家财政性教育经费等于一至四项经费之和；2. 预算内教育经费“其他拨款”主要是离退休人员工资、社会保障、科研拨款等；3. 其他收入主要是利息收入、租金收入、投资收益等。

二、学生资助

2000年后，社会助学逐渐增多，国家和地方政府逐步重视资助学生。

2004—2006年，国家和地方政府对学生的资助主要集中在九年义务教育阶段，提供免费教科书，逐步减免杂费，对贫困家庭寄宿学生补助生活费，简称“两免一补”。2007年秋季起，设立中职国家助学金。2009年秋季起，实行中职免学费，2010年秋季起，设立普通高中国家助学金。2012年秋季起，实施学前教育资助。

（一）义务教育“两免一补”

2004年秋季开始，江华、新田2个国家贫困县义务教育家庭贫困学生免除基本杂费和免费提供教科书；2005年春季开始，江华、新田2个国家贫困县和宁远、双牌2个省级贫困县义务教育贫困家庭学生免除基本杂费，全市11个县区对农村义务教育贫困家庭学生免费提供教科书，给部分贫困寄宿生补助生活费；2006年春季开始，全市农村（含县城）义务教育贫困家庭学生“两免一补”；2007年秋季开始，农村义务教育学生全部享受“两免一补”。2008年春季开始，城区义务教育免杂费，向城市低保户子女免费提供教科书；2016年秋季开始，城乡义务教育学生按统一标准全部实行“两免一补”。根据省有关部门文件规定，永州市“两免一补”的标准作了六次调高。

2004—2015年部分年份永州市农村义务教育“两免一补”标准情况表

表10-6 **单位：元/生·年**

起始时间	免杂费			免教科书			补寄宿生生活费		
	小学	初中	特校	小学	初中	特校	小学	初中	特校
2004年	140	180	140	70	140	70			
2005年	140	180	140	70	140	70	50	50	50
2007年	300	500	300	90	180	90	500	750	500
2010年	400	600	400	—	—	—	750	1000	750
2011年	500	700	500	—	—	—	1000	1250	1000
2013年	560	760	560	—	—	—	1000	1250	1000
2014年	600	800	4000	—	—	—	1000	1250	1000
2015年	600	800	6000	—	—	—	1000	1250	1000

免费提供教科书资金由中央财政负担，2008年起按规定书目发放免费教科书，没有具体标准。

城市义务教育免杂费每生每年标准：2008—2013年，小学280元、初中417.5元；2014年，提高到小学600元、初中800元（与农村标准一致）。

2004—2015 年永州市义务教育“两免一补”情况表

表 10–7

年份	免杂费（财政补助公用经费）		免费提供教科书		补助贫困家庭寄宿生生活费	
	学生（人）	金额（万元）	学生数（人）	金额（万元）	学生数（人）	金额（万元）
2004 年	6680	104	56311	353	—	—
2005 年	83710	1304	173927	1712	37618	188
2006 年	173924	1728	173924	2127	72205	361
2007 年	619283	15500	173922	2267	53265	780
2008 年	646165	23100	594155	8094	80217	4684
2009 年	660014	27124	601399	7261	79653	4684
2010 年	668192	23255	607474	6441	89036	5277
2011 年	667008	32137	593626	6362	84305	7366
2012 年	649507	36040	608198	6654	89327	8920
2013 年	645779	41484	615477	7055	87122	8958
2014 年	669574	51848	613612	8434	77474	8561
2015 年	699784	54112	629880	8490	81241	9148

（二）中职助学金

根据国家和省有关文件精神，2007 年秋季开始，永州市设立中等职业学校国家助学金。资助对象是具有中等职业学校全日制正式学籍的在校一、二年级所有农村户籍的学生和县镇非农户口的学生以及城市家庭经济困难学生。资助标准每生每年 1500 元。三年级学生通过工学结合、顶岗实习获得一定报酬，支付学习和生活费用。

2012 年，根据国家和省有关部门文件精神，永州市对中等职业学校国家助学金的资助对象、资助比例、资助标准做出调整。

2007—2015 年永州市中等职业教育助学金发放情况表

表 10–8

年度	资助人数（人）	资助金额（万元）
2007 年秋季学期	45483	3527.00
2008	61052	4560.22
2009	46311	3464.80
2010	44253	3318.95

续表 10-8

年度	资助人数（人）	资助金额（万元）
2011	50371	3777.50
2012	40413	2988.57
2013	21450	1601.02
2014	12567	942.53
2015	12370	1226.94

（三）中职免学费

根据国家和省财政、教育、人社等部门文件精神，2009 年秋季学期，永州市实施中职免学费政策。免学费的学校是政府职业教育行政管理部门批准设立、实施全日制中等学历教育的各类职业学校，包括普通中专、成人中专、职业高中、技工学校和高等学校附属的中专部、中等职业学校等。免学费的对象包括公办中等职业学校全日制学籍一、二、三年级在校生中的农村家庭经济困难学生和涉农专业学生（艺术类相关表演专业学生除外），以及各类特殊教育学校中的全日制残疾中职学生。永州市中职免学费按照全日制在校生（扣除涉农专业学生）的 15% 确定。从 2011 年春秋学期起，享受免学费政策的城市家庭经济困难学生按在校城市学生的 10% 确定，中央财政统一按每生每年 2000 元的标准计算。根据省有关部门文件规定，永州市按全日制在校生的 15%、每生每年平均 2400 元的标准实行。

2012 年秋季学期起，根据国家和省有关部门的文件精神，公办中等职业学校全日制正式学籍一、二、三年级在校生中所有农村（含县镇）学生，城市涉农专业学生和家庭经济困难学生（艺术类相关表演专业学生除外），以及各类特殊教育学校中的全日制残疾中职学生全部免除学费。涉农专业范围，根据教育部发布的中等职业学校专业目录及专业设置管理办法确定。享受免学费的城市家庭困难学生比例按在校城市学生的 10% 确定。

为保证学校正常运转，对因免除学费导致学校收入减少的部分，非顶岗实习阶段（一年制的第一学期、二年制的前三个学期、三年制的前两个学年）由财政按照享受免学费政策学生人数和免学费标准补助学校；顶岗实习阶段原则上由学校通过校企合作和顶岗实习等方式获取的收入予以弥补，不足部分由财政按照不高于顶岗实习阶段享受免学费政策学生人数 50% 的比例和免学费标准，适当补助学校。免学费补助按照物价部门批准的学费标准执行。免学费补助资金由各级财政共同分担。永州市中职免学费政策按全日制在校生的 100%，每生每年平均 2400 元的标准实行。

2009 年秋季学期至 2015 年度永州市中职免学费执行情况表

表 10–9

年度	享受免学费学生人数（人）	免费金额（万元）
2009 年秋季学期	4574	457.4
2010	5027	502.7
2011	10960	1096
2012	42118	5480.8
2013	65802	7892.04
2014	72689	8722.6
2015	86555	10386.48

2010 年，蓝山县实行“9+3”免费职业教育政策，在国家提供助学金的基础上，由县财政为职业中专学生每人每年补助 1500 元，实现中职在校学生“免费就读”。到 2016 年，县财政共为职业中专学生免费 916.47 万元。

（四）普通高中助学金

2010 年秋季学期起，根据国家、省财政和教育部门的文件要求，永州市设立普通高中国家助学金，用于资助普通高中在校家庭经济困难学生，优先考虑资助对象与学前教育资助对象相仿。平均资助面为普通高中在校学生总数的 20%，具体由各地结合实际分类明确，适当向农村和县镇倾斜。平均资助标准为每生每年 1500 元，具体由各地结合实际在 1000~3000 元范围内确定，可分为 2~3 档。根据国家、省财政和教育部门的文件通知，从 2015 年起，普通高中国家助学金平均资助标准提高到每生每年 2000 元。资助面为具有正式注册学籍的普通高中在校生总数的 20%，集中连片特困地区及国扶县、省扶县、少数民族县按在校生的 30%，其余县（区）按在校生的 15% 核定。每个学期，市、县（区）教育部门负责将省分配的国家助学金名额分配到所属普通高中学校，由各校组织评定。永州市资助标准统一分三档：一等每生每年 3000 元，占资助总人数的 10%；二等每生每年 2000 元，占资助总人数的 30%；三等每生每年 1000 元，占资助总人数的 60%。资助情况：2011 年 36259 人次，总金额 2719.35 万元；2012 年 32123 人次，总金额 2641.00 万元；2013 年 30755 人次，总金额 2306.60 万元；2014 年 30950 人次，2321.20 万元；2015 年 32356 人次，3146.30 万元。

（五）学前教育资助

根据《财政部、教育部关于加大财政投入支持学前教育发展的通知》和《财政部、教育部关于建立学前教育资助制度的意见》文件精神，2012 年秋季学期起，永州市设立家庭经济困难幼儿入园补助金，用于资助家庭经济困难的在园幼儿。实施范围是：

全市公办幼儿园和经县级以上教育行政部门审批设立普惠性民办幼儿园，不包括托儿所、亲子园等早期教育机构。补助对象：家庭经济困难的在园幼儿，优先考虑城乡低保家庭幼儿、孤残幼儿、烈士子女、父母丧失劳动能力幼儿、少数民族特困家庭幼儿和家庭遭受重大灾害或变故的幼儿。享受入园补助政策的家庭经济困难幼儿全省平均按在园幼儿总数的 10% 确定，其中集中连片特殊困难县、国扶县、省扶县和少数民族县（含民族自治县和少数民族人口过半县）按 15% 确定，其他地区约按 7.8% 确定。重点向农村幼儿园倾斜。资助标准：平均每生每年 1000 元。永州市共补助家庭经济困难的学前教育在园幼儿及补助金额为：2012 年秋季学期 17364 人，金额 866.00 万元；2013 年度 32430 人次，金额 1621.50 万元；2014 年度 38474 人次，金额 1923.60 万元；2015 年度 39332 人次，金额 1966.55 万元。

（六）生源地信用助学贷款

根据国务院有关文件精神，2007 年，财政部、教育部和国家开发银行联合开展生源地贷款业务，先在 5 个省、市试点，贷款对象为普通本科高校、高等职业学校和中等职业学校家庭经济困难学生。2009 年，永州市新田县开始试点，秋季学期共为 28 名贫困大学生办理助学贷款 15.70 万元。2010 年秋季学期共为 52 名贫困大学生贷款 30.10 万元，续贷 24 人。2011 年，永州市将助学贷款办理生源范围扩大到 5 个县、区，即新田县、冷水滩区、东安县、宁远县、蓝山县。秋季学期共为 773 名大学生办理了生源地信用助学贷款，金额共计 458.56 万元。2012 年，全市 11 个县（区）都申请开办了生源地信用助学贷款，共办理 5168 人，金额 3000 余万元。2013 年，全市共办理 8501 人，总额 5080.00 万元，贷款人数和金额在全省名列第一。2014 年，全市共办理 11823 人，总额 8338.53 万元，仍名列全省第一。2015 年，共办理 14490 人，总额 1.12 亿元，继续保持全省第一。

（七）大学新生入学政府助学

根据《湖南省家庭经济困难学生助学办法》，永州市人民政府从 2006 年开始设立专项资金，资助家庭经济困难的大学新生。其中：2006—2012 年，每年资助 30 万元，资助 150 人，每人 2000 元；2013 年，资助 70 万元，每人 2000 元，资助 250 人，每人 2000 元；2014 年，资助 80 万元，资助 350 人，每人 3000 元，资助 100 人；2015 年，资助 80 万元，资助 400 人，每人 2000 元。在此期间，新田、祁阳等县政府拨出专项资金，对一批家庭经济困难的大学新生给予一次性资助。2007 年起，湖南省教育基金会每年资助永州市考上“一本”大学的家庭经济困难大学新生 4~8 名，每人 5000 元。

（八）社会助学

20 世纪 90 年代，社会各界有识之士重视教育，爱心助学兴起，市内各县（区）时有传颂。1995 年，祁阳县工商局副局长陈昌世退休后，用自己省吃俭用存下的 10 万元，先后资助 7 名贫困学生完成大学学业。1999 年 7 月，他与 3 个儿子出资 200 万元设立祁阳县昌世助学基金，并与祁阳县教委签订助学协议，资助祁阳籍应届高中毕业考入二本以上大学家庭经济困难的学生及奖励高考文、理科全县第一名的优秀学生。16 年累计资助家庭经济困难学生 933 人次，资助金额 275.77 万元；奖励优秀学生 36 人，奖励金额 4 万元。

进入 21 世纪，社会助学更为广泛。市、县、区干部职工捐资助学，成功人士爱心助学。据各县（区）记载，爱心助学捐款 100 万元以上的有：2001 年，广东省东莞市世华胶管有限公司经理何上福（道县籍）资助家乡寒门学子，连续 14 年，累计捐资 112 万元，资助道县近 500 名家庭贫困学生完成学业。2005 年起，"宁远同乡广州联谊会"和"九嶷山舜文化教育基金会"连续 11 年回乡开展奖教助学活动，累计捐款 120 余万元，资助贫困学生近 800 人次，奖励优秀教师 60 余人。2006 年，澳门汇才慈善会资助江永县家庭经济困难的学生，至 2015 年，已资助高中学生 6404 人次，大学新生 257 人，初中学生 156 人。累计捐赠金额达 1266.80 万元。2011 年，阳光 100 总裁易小迪（东安籍）捐款 200 万元，资助东安县家庭经济困难的学生完成学业。2013 年，厦门松霖科技有限公司董事长周华松（永州一中校友），捐款 120 万元，用于母校奖教奖学，奖励品学兼优高考成绩优秀的学生。2013 年，蓝山县各单位和干部职工、社会成功人士合计捐资 107.30 万元，为该县 6 个少数民族乡学生购买"一蛋一奶"营养餐。

2012 年起，湖南省教育基金会启动"育才行动"，每年资助永州市 60 名家庭经济困难中、小学生。其中，小学生每人 1000 元，初中学生每人 2000 元，高中学生每人 3000 元。2014 年起，永州市教育基金会开展"励志行动"，每年设立 25 万元专项资金，资助全市 200 名品学兼优家庭经济困难学生。其中，每年小学生 100 名，初中学生 50 名，每生 1000 元，高中学生 50 名，每生 2000 元。

2012 年 12 月 21 日，市委书记张硕辅主持召开市委常委会会议，研究慈善工作。会议决定，凡有财政拨款的党政机关、群团组织、事业单位及其干部职工（特殊人员除外）开展"一日捐"活动。干部职工分别为慈善、助学、助残事业捐出一日工资，单位分别捐出一日的办公经费。此活动自 2013 年起，连续开展四年。2013 年 5 月 22 日，市委办、市政府办发出《关于开展"助学一日捐"活动的通知》，对"助学一日捐"提出具体要求。经过市教育基金会和市教育局努力，2013—2016 年，共收集"助学一日捐"款 267.85 万元，资助学生 855 人。

（九）高等学校奖、助学金

2010—2016 年，永州职业技术学院奖励学生 2135 人次，共发奖学金 1083.10 万元；资助家庭经济困难学生 15807 人次，共发助学金 4742.10 万元。2013—2016 年，湖南科技学院学生享受国家奖学金 95 人次，获奖金 76.00 万元；享受国家励志奖学金 1633

人次，获奖金 816.50 万元；享受国家助学金 23442 人次，获资助金 3516.80 万元；校级奖学金 7717 人次，发奖金 562.48 万元；校级助学金资助 4801 人次，金额 401.76 万元。

附：永州市教育基金会简介

1993 年 6 月，零陵地区行政公署办公室批准成立零陵地区教师奖励基金会。当时的理事会，由地委书记、行署专员、地委分管教育的副书记任名誉理事长，行署分管教育的副专员任理事长，地区教委主任任常务副理事长，1 名副主任任副理事长兼秘书长，地区物价、财政、民政、审计、人事、人民银行等部门 1 名负责人和地区教委有关科室负责人及县、市教委主要负责人为理事。理事会制定了基金会章程。2005 年，永州市教师奖励基金会报省民政厅正式注册登记，成为合法公募基金会。是年，基金会换届，产生永州市教师奖励基金会第二届理事会，理事长由曾斌继任，市教育局副局长陈岩任副理事长兼秘书长，负责日常工作。理事有部分调整。2009 年 12 月 17 日，永州市教师奖励基金会更名为永州市教育基金会，并报省民政厅备案。2012 年，理事长曾斌因年事已高和身体原因，向市委递交了辞职报告。至 2015 年，新的理事长人选未确定，陈岩继续负责基金会日常工作。

零陵地区教师奖励基金会成立之初，只有按省有关部门文件规定收取中专新生每人 1 元的基金共 3.6 万元。1995 年，地委、行署决定从干部职工捐资办学的款项中划拨 100 万元，作为基金会的垫底基金。2001 年，根据省政府办公厅文件精神，动员全市中小学生家长向基金会捐款，农村学校每生每学期 1 元，县城以上城区学校每生每学期 2 元，县（区）基金会自留 70%，30% 捐市基金会。至 2007 年，市教育基金会基金增加到 761 万元。2009 年，市教育基金会组织募捐活动，市内机关单位和部分企业捐款 31 万元。2011 年，全省教育基金会研讨会在永州市召开，市财政连续 5 年给市教育基金会注入资金 330 万元。2013 年，市委常委会会议决定在市直单位开展“助学一日捐”活动，连续 4 年，至 2015 年，收到市直单位及干部职工捐款 204.12 万元。2014—2015 年，市育才保险公司捐款 60 万元。加上投资增值等，至 2015 年底，市教育基金会共募集资金 2185.19 万元，基金账户存流动资产总额 1055 万元。固定资产有市教育局捐赠土地 680 平方米。

基金会从成立至 2008 年，主要是表彰奖励优秀教师和教育工作者，走访慰问困难教师和名优教师，组织教师“园丁之家”活动等。2009 年，湖南省教育基金会开展上下联动救助特困教师的“爱烛行动”。至 2015 年，市教育基金会累计救助特困教师 416 人，奖励优秀教师和教育工作者 2234 人次，走访慰问优秀教师和困难教师 518 人次，组织教师参加“园丁之家”活动 659 人次，表彰奖励“永州最可爱乡村教师”60 人。2014 年，开展“励志行动”，资助家庭经济困难的品学兼优中小学生，每年 200 人。至 2015 年，各项公益活动共计开支经费 1130.19 万元。

三、勤工俭学

1992—2015年，永州市中小学勤工俭学大致经历三个阶段：20世纪90年代初，学校兴办工厂、农场，重在创造经费收入，弥补教育经费不足；1996年起，提倡因地制宜，发展校办第三产业；进入21世纪后，发展校园经济，服务素质教育。

1992年，在邓小平南方谈话精神鼓舞下，零陵地区教育部门和学校解放思想、迅速行动，掀起创办教育经济实体的热潮。全区开展勤工俭学的学校5885所，占学校总数的92%；校办企业66个，其中，年产值100万元以上的企业2个，年产值10万元至100万元的企业13个。校办产业多元化发展，有化工、机械加工、电器、玻璃仪器、体育器材、印刷、服务等24个行业，产品120多种。零陵地区校办企业有两项产品列为湖南省定点生产产品：新田二中南岭家用电器厂生产的“便携式贮能取暖器”在湖南省新技术、新产品交易会上获科技创新金奖；祁阳县兴华洋伞服装有限公司（县教育局办）被确定为全省教育部门十大骨干企业之一。全区校办企业有固定资产750万元，流动资金705万元，有校办企业职工1635人，安排教职工子女就业370余人。是年，全区勤工俭学总产值4793万元。其中，工业产值1052万元，农业产值2632万元，三产业及其他产值1109万元。勤工俭学总产值比1991年增长43%，纯收入643万元，年收入过百万元的县市有祁阳、宁远、东安、永州、道县。在湖南省开展的创农村中小学勤工俭学基地面积达标县（市）活动中，全区有276个乡镇实现基地达标，祁阳、东安、冷水滩、永州、江华等5个县（市）经省验收，认定为生产基地达标县（市）。

1993年，地区教委下发《关于加强中小学校生产示范基地建设的通知》和《关于中小学开展勤工俭学有关事项的通知》，要求各县（市）因地制宜开展勤工俭学活动，不得给学生摊派创收指标，要以兴办校办企业和开发校园经济为重点。全区开展勤工俭学活动的学校有5821所，占学校总数的94%，兴办校办企业94个，比上年增加28个，第三产业服务网点增加到971个。全区共有劳动生产基地3651个，基地总面积22700亩。

是年，地区教委成立校办企业开发公司，属全民所有制，归地区勤工俭学管理站（简称“勤管站”）主管。全区有九个县（市）办起教育服务公司，实行联合经营，服务教育内部。各县（市）各学校因地制宜开发校园经济。全区实际完成勤工俭学总产值7693万元，比上年增加2900万元，突破省计划851万元。纯收入1017万元，比上年增加928万元，突破省计划指标342万元。纯收入过100万元的县（市）有祁阳、宁远、东安、永州、道县、冷水滩、江华7个。全区勤工俭学纯收入过10万元的企业有12个，宁远县教育印刷厂年产值过100万元，创纯利25万元。东安县职业培训中心，新办的电脑显示屏装配厂，实现产值120万元，盈利10余万元。江华瑶族自治县四中校园经济开发独特，学校办起三厂两场、两园，创纯利润20万元，居全地区中学之首。

1996年，市勤管站制定全市勤工俭学“九五”发展规划和1996年全市勤工俭学工作计划，提出坚持因地制宜、发挥本地优势，积极开发名优特产品，“种、养、加”结合，大力发展校办农业和第三产业。东安县各学校办起“六小”（小饮食店、小商店、小文印店、小照相馆、理发店、小小学前班）的经验，在全区推广。是年，道县一中印刷厂被省教委列为省勤工俭学重点企业。各地各校办起的“六小”第三产业创纯收入300多万元。

1998年，根据全省教育系统勤工俭学工作会议精神，永州在大力发展校办农业，稳步发展校办工业的同时，重点发展以规范和开拓教育系统内部市场为主体的校办第三产业。是年，各县区教育服务公司独立，勤工俭学管理办公室单独办公。随着民营企业的兴起，校办企业受到极大的冲击。1999年由于政策因素，各级教育服务公司注销。

1999年7月，教育部下发《关于贯彻落实全面推进素质教育决定，进一步加快中初等学校校办企业发展的若干意见》。同年12月，省教委下发《关于坚持正确的育人方向，促进中小学勤工俭学健康发展的通知》，永州市各县区认真落实文件精神，抓住季节，精心组织学生搞好“小春采”“小秋收”，发动中心完小以上的学校开办小商店、饮食店、学前班、幼儿园等创收项目，既方便师生，又为学校增加收入；充分利用学校的学农基地，发动有条件的学校养猪种菜，积极创收。

2000年，为贯彻落实中央七部委关于增加中小学生营养，提高中小学生身体素质的有关文件精神，开展“一杯奶工程”。冷水滩区四小办起豆奶厂，每天为学生提供一杯豆奶，并向其他一些学校供应豆奶。后因卫生难达标、质量难保证和配送管理等问题而停办。2003年，全市停止学校向学生供应豆奶。

2000年，永州市勤工俭学工作一改过去硬性下达创收指标的错误做法，变指令性计划为指导性计划，充分发挥勤工俭学基地的育人优势，为全面推进素质教育提供优质服务。2000年，全市勤工俭学总产值9620万元，纯收入3218万元，补充教育经费2578.7万元。

2009年初，根据湖南省勤工俭学研究会的推荐，市教育局组织有关人员赴常德市考察“教育超市”，并决定引进楚康连锁有限公司进驻永州市开办“校园超市”。全市共办起“校园超市”18家，办得较好的有永州一中、永州二中、永州八中等“校园超市”。由于管理存在一些问题，2012年开始，市教育局对“校园超市”进行整顿，停止新办，后随着合同到期，“校园超市”逐渐减少。

到2009年底，全市开展勤工俭学的学校869所，农、林、牧、渔基地1156个，面积 13675.58 亩，接纳学生劳动实践基地 1633 个，552889 人次。勤工俭学从业人员 2211 人，其中教职工 987 人。全市勤工俭学总收入 19837.07 万元，利润总额 3825.46 万元，缴纳税金 254.96 万元，净利润 3570.50 万元。资助贫困学生 113366 人共 749.65 万元，改善办学条件支出 1542.57 万元，师生集体福利 684.83 万元。

根据全省教育工作会议精神，从 2008 年起，各县（区）开展农村中小学劳动实践基地建设工作。到 2015 年，先后有宁远县双板桥完小、祁阳县下马渡镇大桥湾完小、双牌县江村中学、零陵区富家桥镇中学、东安县横塘学校、零陵区接履桥镇中学、冷水滩区竹山桥镇学校、零陵区梳子铺中学、祁阳县梅溪镇广岐完小、双牌县尚仁里学校 10 所学校的劳动实践基地经省验收合格，被授予“湖南省农村中小学劳动实践场所”合格单位匾牌。

四、经费管理和使用

（一）管理

1992—2001 年，永州市中小学实行“分级办学，分级管理”体制，市、县、乡、村都有教育管理和办学职责，充分调动各级政府投资和群众集资办教育的积极性。为实现“基本普及九年义务教育，基本扫除青壮年文盲”的“两基”目标，为农村中小学实现“一无两有”，开展各种形式的捐资、集资办学活动，出台一系列增加教育投入的具体措施和政策。这期间，县级财政主要负责公办教师工资（含离退人员工资）、民办教师国家负担部分工资及对乡镇学校建设补助；乡镇财政负担民办教师集体负担部分工资、乡镇中学和中心小学建设；村级负责村小建设。中小学公用经费收取学杂费解决。中央、省、市教育经费补助，逐级下达到县级财政。县级财政、教育部门年初编制教育经费预算、年终统一结算、决算，经费分月拨至教育部门，由教育部门拨至各中学、中心小学（学区）。祁阳县、零陵区各乡镇设教育办（教育管理中心），教育部门拨款到乡镇教育办，乡镇教育办再拨至各中学、中心小学（学区）。各中学、中心小学（学区）作为法人单位，设财务机构，独立核算学校经费，村小和教学点经费统一由中心小学或学区核算。

2002 年后，推行税费改革和财政管理体制、国库集中支付改革，实行“以县为主”的管理体制。教育经费由县财政统管，教师工资由县财政统一发放，县财政直接将各类办学经费拨至学校，不再通过教育行政部门和乡镇财政中间环节。

2007 年，义务教育经费保障机制改革，实行“中央补助，省级统筹，以县为主”的管理体制，湖南省推行财政“省直管县”，中央、省级教育经费补助由省财政直接下达到市、县财政。永州市财政只管辖零陵区、冷水滩区和金洞管理区、回龙圩管理区。

提倡“校财局管”，各县区财政或教育部门成立学校会计核算中心（后逐渐全部移交教育部门），统一核算学校经费，学校只设报账员。2013 年，湖南省出台义务教育经费管理办法，要求在三年内撤销学校会计核算中心，恢复学校会计机构、单独核算学校经费。

在教育经费管理中，教育行政部门对学校收费进行规范管理。每学期开学前制定下发收费文件，明确收费要求；开学后，市教育局组织的开学工作检查，把学校收费作为一项重要内容，发现有乱收费的问题，交由纪检监察部门调查处理。1999—2006 年，市纪委牵头，市物价、财政、教育等部门参与，组成专门检查组，每学期开学时开展一次专项检查，发现有自立项目、提高标准的乱收费现象，立即核实，清退、收缴违规收费，查处乱收费责任人。2007 年实行义务教育经费保障机制后，农村中小学不再向学生收费，由学生或家长自愿购买保险、教辅资料和期刊。

（二）使用

人员经费支出

1993 年，工资改革，永州市在职公办教职工人均月工资为 124 元，1994 年为 319 元，2007 年达到 2251 元，到 2015 年达到 4556 元。1992—2000 年，农村教师工资由县、乡两级管理，因乡镇财力薄弱，拖欠教师工资现象比较严重。为保证教师工资按时足额发放，从 2001 年开始，教师工资按国家规定的工资项目和标准上划到县，统一发放。2004 年开始，逐步建立养老保险、医疗保险、失业保障险、工伤保险、生育保障和住房公积金“五险一金”社会保障制度，离退休人员工资逐渐转为社会保障支出。2007 年以后，永州市实施义务教育经费保障机制、教育强市、“三项优先（教育优先）”政策，教师“五险一金”单位负担部分从由学校公用经费列支，逐渐转为由财政预算安排。

日常运转公用经费支出

1992—2006 年，永州市各类学校日常运转公用经费主要依靠向学生收取学杂费，财政补助的学校运转经费很少。全市 1991 年日常运转公用经费支出为 0.2 亿元，1995 年该项支出为 1.5 亿元，2000 年该项支出为 2.1 亿元，2006 年该项支出为 4.4 亿元。2007—2015 年，建立并逐步完善义务教育经费保障机制，义务教育全部免杂费、免费提供教科书，实行中职学校免学费，学校公用经费由中央、省、市、县各级财政按比例分担补助；非义务教育的幼儿园和普通高中收取学费，用于日常运转公用经费支出。全市 2007 年支出为 4.2 亿元、2010 年 8 亿元、2015 年 14 亿元。

基本建设经费支出

1991 年，全市基本建设支出 0.6 亿元、1995 年 1.5 亿元、2001 年 2.1 亿元、2005 年 3.3 亿元、2010 年 10.2 亿元，2015 年达 15.6 亿元，1991—2015 年累计基建支出 138.6 亿元，年均支出 5.5 亿元。

五、经费审计

1991 年，零陵地区教委设立审计科。各县（区）教委相继设立审计机构。为规范财务收支管理，提高资金使用效益，1992—2015 年，市教育局审计科每年组织力量对局直属单位全面实施财务收支审计，及时纠正财务管理存在的问题。按照省教育内审的安排，开展各类专项资金、基建项目等审计工作。

2001 年，市、县（区）教育内审共完成审计项目 323 项，审计总金额 26772.00 万元，查出有问题金额 975.00 万元，其中违纪违规金额 327.00 万元。挽回经济损失 690.00 万元，促进增收节支 400 余万元，查处小金库 89.00 万元，查处贪污贿赂案 4 件，贪污私分金额 13 万元，交纪检部门给予党纪政纪处分 4 人，移交司法机关处理 1 人。下达审计意见书 159 份，审计决定 58 份。

2003 年，市教育局审计科组织人员对全市 7 所重点高中财务收支进行审计，发现普遍存在分年级收取补课费、政府调控事业资金、将事业收入转入食堂或工会账户、发放各种津补贴、违反“收支两条线”规定、部分收入未纳入学校财务统收统支管理、负债建校、代收款应退未退、往来账款清理不及时、各种奖金补助发放欠规范、会计基础工作需进一步加强等 9 个方面的问题。通过审计查处违规违纪金额 200 余万元。

2007 年，市教育局制定 8 项审计办法和制度。即《中小学校财务收支审计实施办法》《中小学校经济责任审计实施办法》《教育系统固定资产审计实施办法》《教育系统企业财务收支审计实施办法》《永州市教育局直属单位财务收支定期审计制度》《审计质量控制办法（试行）》《永州市教育系统审计档案管理制度》《教育审计“十不准”》。

2008 年，市、县（区）教育系统内部审计共 600 个项目。其中，财务收支审计 147 项，基建 24 项，修缮 35 项，经济责任 111 项，专项资金 92 项，其他项目 191 项。审计资金总额 74955.05 万元。审出有问题资金 570.06 万元，其中，财务处理不当 396.00 万元、损失浪费资金 67.42 万元、违纪违规金额 106.64 万元。促进增收节支 562.91 万元，其中，纠正违纪金额 333.33 万元、挽回经济损失 29.51 万元、工程审减 132.99 万元、其他增收节支 67.08 万元。移交纪检部门经济案件 3 件，涉案金额 2.32 万元，受党纪政纪处分 1 人。

2013 年，市教育局发出《关于对全市中小学校食堂伙食费成本管理专项审计调查的通知》，由审计科牵头组成专项审计调查小组，对冷水滩、祁阳、新田 3 个县（区）的 10 所城乡中小学食堂伙食费成本管理情况进行抽样调查。发现部分学生食堂收入的核算方法不规范、综合毛利率超标、伙食质量难保证等问题，并就有关问题提出审计建议。

2014 年，根据省教育厅《关于开展农村义务教育学校学生用床及课桌椅内部审计调查工作的通知》要求，在全市开展专项审计调查。据调查统计，截至 2013 年底，全市农村义务教育阶段寄宿学生186537人，可用床位162432张。学生课桌椅479191套，其中单人469699套，双人9492套。另外学生自带课桌椅82套。通过审计推动，2014年全市新配置学生用床19911套，费资1017.30万元；购置学生课桌椅45002套，费资701.80万元。

2015年，市、县（区）教育系统内部审计项目219项，包括财务收支、预算执行与决算、基本建设、修缮、经济责任、经济效益、专项资金和其他项目。审计资金64857.56万元。审出有问题资金648.01万元，其中，财务处理不当469.20万元、损失浪费金额46.01万元、违纪违规金额132.80万元。促进增收节支285.40万元，其中，纠正违纪金额98.70万元、挽回损失71.00万元、工程审减金额85.70万元、其他增收节支30.00万元。查出经济案件4件，涉案金额20.00万元，移交纪检部门受党纪政纪处分14人。同年，按照省教育厅《关于开展教育专项资金全部综合审计调查工作的通知》要求，组织审计人员对2011—2014年中央和省级教育专项资金管理和使用情况开展调查。共审计调查建设工程规划内项目资金176419万元，用于一般转移支付资金145011.92万元，学生资助资金92457.75万元。发现工程建设审批手续烦琐，工期过长，学生资助市、县（区）分担资金缺口367.95万元，中小学（幼儿园）校车补贴发放滞后等问题，并提出了整改建议。

第二节 设施建设

一、校舍建设投资

（一）学前教育建设

国家财政和教育部门组织实施扩大学前教育资源建设。永州市2010—2015年各级财政投资5.1亿元，利用农村中小学闲置校舍改建幼儿园240所，农村小学增设附属幼儿园350所，支持城区和农村公办幼儿园建设230所次，扶持民办幼儿园建设1424所次。

2015年，零陵区学前教育推进工程新建的梳子铺乡中心幼儿园

国家发改委和教育部门

组织实施学前教育推进工程。永州市 2010—2015 年中央预算内投资 1.2 亿元，新建 55 所幼儿园，新建园舍 11 万平方米。

湖南省政府组织实施农村公办幼儿园建设实事项目。永州市 2011 年开始实施学前教育三年行动计划（2011—2013 年），2015 年开始实施第二期学前教育三年行动计划（2015—2017 年）。2011—2015 年，永州市共投资 1.8 亿元，建成 94 所农村公办幼儿园。

（二）义务教育学校建设

1995—1998 年，零陵地区 11 个县区全部完成“两基”任务。四年内学校硬件建设及内部设施配套投入 7.2 亿元（其中新田县、江华瑶族自治县分别获中央和省财政“贫困地区义务教育专项工程”拨款 629 万元、620 万元），新建校舍 117 万平方米，改造危房 22.5 万平方米，添置课桌椅 11 万套。基本实现“一无两有”。

2001 年，国务院决定在全国实施“中小学危房改造工程”，当年投入专款 30 亿元，重点补助中西部地区，永州市获得中央预算内专项资金 389 万元。市教委、市计委、市财政局联合成立中小学危房改造协调小组，开展危房核查鉴定，制定危改规划，组织实施“危改工程”。2001—2005 年，全市共投资 2.8 亿元、改造校舍危房 53.1 万平方米。其中，2005 年湖南省委、省政府将中小学危房改造列入为民办实事项目，实施危改攻坚。当年全市共有 355 所学校实施危改工程，投资 1.1 亿元，改造危房 21.5 万平方米，其中 D 级危房 12.8 万平方米。2006 年，建立校舍维修改造长效机制，中央和地方各级财政每年按比例安排专项资金用于校舍维修改造。全市 2006 年投资 1614 万元，2007 年投资 3071 万元，2010 年投资 3642 万元，2013 年投资 4022 万元用于校舍维修改造，校舍维修改造专项资金逐年增加，基本做到当年产生危房当年消除。

2005 年，双牌县江村中学校舍危房改造典型项目

2004—2007 年，永州市实施农村寄宿制学校建设工程，江华、新田、东安被列入中央资金补助项目县，宁远、双牌被列入省级资金补助项目县。2006 年，省委、省政府将寄宿制学校建设工程列入为民办实事项目，加快推进。四年完成 23 所学校项目建设，投资 1.2 亿元，改、扩、新建校舍 2.6 万平方米。

2007 年，根据中央和省里要求，按照“省级补助，以县为主”的原则筹措资金，全面化解“普九”债务。2007年11月至2008年3月，永州市通过多次调查清理，最后经审计部门核实认定，全市“普九”债务余额4.8亿元。各县区政府制定化债方案，积极推进债务化解工作，到2009年底，4.8亿元债务全部化解。义务教育其他债务在2010年底也基本化解。

2008—2015年，永州市实施两期农村初中校舍改造工程，投入资金2.6亿元，其中中央预算内基建专项资金2.3亿元，省财政资金0.3亿元，实施项目学校190所、新建校舍面积24万平方米、设备购置0.8亿元。

2008年开始，湖南省实施义务教育合格学校建设工程。2008—2015年，永州市投入20.63亿元建成636所合格学校，完小以上的义务教育学校全部达到合格学校标准。2015年开始全面启动教学点标准化建设。

2009年，按照国务院统一部署，永州市对中小学校舍安全进行排查，全市中小学校舍总建筑面积708万平方米，按照抗震防灾的标准鉴定，存在安全隐患的校舍建筑面积达346万平方米，占校舍总面积的49%。2009—2013年，五年内全市共投入11.3亿元，对519所学校实施校舍安全工程，消除危房346万平方米（其中D级危房69万平方米），新建校舍97.6万平方米，维修加固校舍273万平方米。2014年，校舍安全工程与校舍维修改造长效机制结合，建立校舍安全长效机制，保障校舍安全使用。2008—2012年，永州市委、市政府加大中心城区学位建设力度。新建冷水滩舜德小学、长丰小学，零陵南津渡小学、萍洲小学（职院附小搬迁），改扩建冷水滩朱家山小学、永州十中、京华中学，零陵黄古山小学、柳子街小学，新增学位2.1万个。2013年，市政府制定《关于进一步加强中心城区义务教育学位建设的实施意见》，计划2013—2016年，投资4亿元，调整扩容13所、改扩建10所、续建3所、新建5所义务教育学校，新增学位3万个。2013—2015年，已完成投资2.6亿元，新增学位1.8万个。计划调整项目基本完成，冷水滩十六中、珊瑚学校扩建完工，改建零陵千秋岭小学、神仙岭小学，新建成零陵五里堆小学，冷水滩翠竹园小学基本完工、竹塘小学主体完工。冷水滩珍珠小学、银象小学、春江小学和零陵区七里店小学、日升小学等新（续）建项目学校主体工程已开工建设。

2009年，永州市发改委和教育局联合制定农村教师周转宿舍建设规划。2009—2015年，共投资11.2亿元，建成教师周转宿舍10738套，建筑面积49.8万平方米，其中利用发改委中央预算内资金建设1087套，利用房产部门公租房政策建设8261套，县区自筹资金建设1390套。

2014年开始，国家实施农村义务教育薄弱学校改造工程。2014—2015年，永州市获中央和省级专项补助6.1亿元，与合格学校建设工程整合，优先将薄弱学校建成合格学校。

（三）普通高中学校建设

1992年以来，零陵地区各县（市）加强普通高中建设，投入资金近1000万元，改善办学条件，争创省、地重点高中。1994 年，祁阳一中、道县一中第一批建成“湖南省重点中学”（全省 20 所）。永州四中、永州一中分别于 1995 年、1998 年挂牌。1999—2008 年，东安一中、宁远一中、蓝山二中、新田一中、双牌二中、江华一中、江永一中、祁阳四中先后建成省重点中学（2004 年后改为“示范性高中”）。2001—2006 年，祁阳二中、永州二中、永州三中、东安二中（耀华中学）、道县二中、宁远二中、江华二中、新田二中、宁远三中、永州八中先后创建成市重点（示范性）高中。其他一般高中也增加投入，改善办学条件。

普通高中学校建设投资较多的有：1995—2010 年，市财政投入 3100 多万元，扩建李达中学（原永州八中）。1996—2000 年，江华瑶族自治县投入 4000 多万元，将江华一中从偏僻的水口镇（涔天河水库扩容水淹区）搬迁到县城沱江镇。2015 年投资 1700 万元改造可容纳 2 万多人，富有民族特色的现代化田径运动场。2003—2007 年，广东增城松田实业有限公司董事长马云珍投资 2 亿元，建成规模 6000 学生的新陶铸中学（民办）。2005—2010 年，市财政投入 2.5 亿元，将永州四中从冷水滩区河东搬迁到河西，占地面积 411 亩，建筑面积 13 万平方米，规模 120 个班。2001—2014 年，湖南亚亨教育投资有限公司董事长简成群等 5 人投资 2.55 亿元，在东安县城创办天成学校，占地面积 200.38 亩，建筑面积 7.5 万平方米。2015 年，在校学生 5669 人。

（四）中等职业教育基础能力建设

2005 年开始，国家发改委、教育部、劳动和社会保障部会同地方人民政府实施中等职业教育基础能力建设工程，国家发改委每年安排专项资金 10 亿元，重点支持中等职业教育学校改善办学条件，扩大办学规模。2005—2015 年，永州市获国家发改委和省财政中职基础能力建设专项资金 1.2 亿元，市、县（区）财政投入和学校自筹 3.9 亿元，用于中职学校教学楼、实验楼基础设施建设和实验实训设备配置及更新。资金投入较大的学校有蓝山县职业中专 8670 万元、祁阳县职业中专 8376 万元、永州市工商职业中专 7904 万元、永州工贸职业中专 7513 万元。

（五）高职院校建设

2000 年 7 月，零陵农校和零陵卫校合并升格成永州市高等职业技术学院，2003 年 6 月，零陵工业学校、零陵高校、零陵师范三所普通中专成建制并入，形成了五址办学格局（医学校区、信息工程校区、商贸校区、理工校区、师范校区）。2005 年，启动校本部建设，规划占地面积 2234 亩，建筑面积 47 万平方米，总投资 5 亿元。2010 年 8 月，学院本部建设基本完成，学院实质性合并（人、财、物统一），商贸、理工、师范校区整体搬迁至院本部，形成三大校区（院本部、医学部、农学部）办学的格局。

2010 年 5 月，湖南九嶷职业技术学校由民办转为公办，与潇湘技师学院合并办学，2014 年 2 月两校新校区正式开工扩建，总投资为 4.12 亿元，占地面积 389.7 亩。

2015年12月，永州市委、市政府决定，将祁阳师范和道县师范合并搬迁到中心城区，启动创建永州高等师范专科学校。规划选址零陵日升路北与永州职院中间段，校园用地面积503.77亩，建筑面积17.9万平方米，办学规模设置学生7000人，概算总投资7亿元。

（六）特殊学校建设

1989年，零陵地区财政投资120万元在永州市建成零陵地区第一所聋哑学校，地、市共管，以市为主。2007年，更名为永州市特殊教育学校。2009年，投资670万元新建科教综合楼，开始招收中职学生。2011年，投资620万元新建艺体综合楼和运动场等附属设施。2013年，上收市管。2015年，投入330万元新建培智教育功能室、教学录播室，开始举办学前教育。该校具备幼儿、小学、初中、中职各类特殊教育功能，面向全市招生。

2009年，道县特殊教育学校开工建设。2010年，永州市发改委和市教育局按照国家关于“人口30万以上的县建一所特殊教育学校”的要求，联合制定特殊教育学校建设规划向国家申请专项补助。2008—2012年，国家发改委补助永州市预算内中央资金2420万元，县级自筹近1000万元，先后建成道县、江华、宁远、蓝山、祁阳、东安6所特殊教育学校。新田县特殊教育学校在同期立项并获得中央补助，因征地问题到2015年尚未建成。

1991—2015年教育经费支出情况统计表

表10–10 **单位：万元**

年份	合计	人员经费			日常运转公用经费	基本建设经费		
		小计	其中			小计	其中	
			离退休人员费	奖助学金			设备购置费	基建和修缮费
1991年	20254	11691	1394	62	2295	6268	719	5549
1992年	24998	14980	1856	74	3925	6093	1235	4858
1993年	29349	18139	2498	65	3895	7315	1188	6127
1994年	41817	26354	3440	113	8943	6520	65	6455
1995年	53733	26843	3841	97	15339	11551	93	11458
1996年	59788	31500	4237	194	14283	14006	233	13773
1997年	65641	32449	4535	134	17213	15978	292	15686
1998年	76590	35483	5110	250	20060	21046	4028	17018
1999年	79670	41470	8341	262	18997	19203	3540	15663
2000年	83909	46330	7507	198	20547	17032	4050	12982
2001年	105371	58840	9732	254	25668	20863	5055	15808
2002年	114700	71860	12217	286	20043	22797	6133	16664

续表 10-10

年份	合计	人员经费			日常运转公用经费	基本建设经费		
		小计	其中			小计	其中	
			离退休人员费	奖助学金			设备购置费	基建和修缮费
2003 年	134624	84487	14700	507	24970	25167	7636	17531
2004 年	147029	93231	17349	587	27113	26685	6224	20461
2005 年	180070	112539	21895	1063	34284	33247	5700	27548
2006 年	224513	143374	29429	1873	44035	37105	8228	28876
2007 年	275959	204231	32479	6334	42014	29714	10291	19423
2008 年	348619	242144	42587	12586	59019	47455	11913	35543
2009 年	410243	268638	44016	10534	57102	84503	44998	39506
2010 年	492475	309609	50073	12842	80026	102839	26121	76718
2011 年	578787	340335	60838	16470	95414	143038	59351	83688
2012 年	644862	357101	63693	16057	91709	196051	42520	153532
2013 年	645264	373038	64739	17503	106604	165622	42646	122976
2014 年	700168	414389	73349	18079	116157	169623	32993	136630
2015 年	784285	488342	86329	18740	140085	155858	35120	120739
合计	6322715	3847396	666185	135164	1089738	1385581	360370	1025210

1991—2015 年各项教育经费支出占总支出的比例统计表

表 10-11 **单位：%**

年份	人员经费			日常运转公用经费	基本建设经费		
	小计	其中			小计	其中	
		离退休人员费	奖助学金			设备购置费	基建和修缮费
1991 年	57.8	6.9	0.3	11.3	30.9	3.5	27.4
1992 年	59.9	7.4	0.3	15.7	24.4	4.9	19.5
1993 年	61.8	8.5	0.2	13.3	24.9	4.0	20.9
1994 年	63.0	8.2	0.3	21.4	15.6	0.2	15.4
1995 年	50.0	7.1	0.2	28.5	21.5	0.2	21.3
1996 年	52.7	7.1	0.3	23.9	23.4	0.4	23.0

续表 10-11

年份	人员经费			日常运转公用经费	基本建设经费		
	小计	其中			小计	其中	
		离退休人员费	奖助学金			设备购置费	基建和修缮费
1997 年	49.5	6.9	0.2	26.2	24.3	0.4	23.9
1998 年	46.3	6.7	0.3	26.2	27.5	5.3	22.2
1999 年	52.1	10.5	0.3	23.8	24.1	4.4	19.7
2000 年	55.2	8.9	0.2	24.5	20.3	4.8	15.5
2001 年	55.8	9.2	0.2	24.4	19.8	4.8	15.0
2002 年	62.7	10.7	0.2	17.5	19.8	5.3	14.5
2003 年	62.8	10.9	0.4	18.5	18.7	5.7	13.0
2004 年	63.5	11.8	0.4	18.4	18.1	4.2	13.9
2005 年	62.5	12.2	0.6	19.0	18.5	3.2	15.3
2006 年	63.9	13.1	0.8	19.6	16.6	3.7	12.9
2007 年	74.0	11.8	2.3	15.2	10.7	3.7	7.0
2008 年	69.5	12.2	3.6	16.9	13.6	3.4	10.2
2009 年	65.5	10.7	2.6	13.9	20.6	11.0	9.6
2010 年	62.9	10.2	2.6	16.2	20.9	5.3	15.6
2011 年	58.8	10.5	2.8	16.5	24.8	10.3	14.5
2012 年	55.4	9.9	2.5	14.2	30.4	6.6	23.8
2013 年	57.8	10.0	2.7	16.5	25.7	6.6	19.1
2014 年	59.2	10.5	2.6	16.6	24.2	4.7	19.5
2015 年	62.2	11.0	2.4	17.9	19.9	4.5	15.4

二、基本办学条件

1991—2015 年，永州市各级各类学校基础设施投入达 138.6 亿元，办学条件得到很大改善。每个乡镇基本上建成 1 所公办幼儿园；农村中心小学以上的学校达到合校学校建设标准，能够满足学生寄宿住校需求；建立校舍维修和校舍安全保障长效机制，基本消除危房，保障校舍安全使用；农村中小学 50% 以上的教师入居周转宿舍；普通高中和职业教育基础办学能力有较大提升。整体上，各类学校生均校园和校舍面积、生均图书等基本办学条件基本达到国家建设标准，学校办学规模不断扩大，办学效益逐步提高。

1991—2000 年永州市中小学基本办学条件一览表

表 10–12 **单位：万平方米**

年度	中等职业学校		普通中学		小学		幼儿园	
	校园占地面积	校舍建筑面积	校园占地面积	校舍建筑面积	校园占地面积	校舍建筑面积	校园占地面积	校舍建筑面积
1991	232	24	905	139	1275	261	8	2
1992	235	26	967	146	1427	279	7	2
1993	237	32	1002	157	1441	300	7	3
1994	238	32	1009	167	1450	312	9	3
1995	225	36	1032	179	1633	319	11	5
1996	249	37	1113	205	1532	332	9	3
1997	327	49	1247	238	1645	352	8	3
1998	328	59	1258	266	1674	361	13	7
1999	319	64	1290	279	1616	369	12	7
2000	283	55	1335	288	1618	372	12	7

1991—2000 年永州市中小学生均基本办学条件一览表

表 10–13 **单位：平方米**

年度	中等职业学校		普通中学		小学		幼儿园	
	校园占地面积	校舍建筑面积	校园占地面积	校舍建筑面积	校园占地面积	校舍建筑面积	校园占地面积	校舍建筑面积
1991	201	21	44	7	19	4	6	1
1992	188	21	48	7	21	4	3	1
1993	130	17	48	8	21	4	4	2
1994	120	16	43	7	21	4	11	4
1995	101	16	45	8	23	5	15	6
1996	89	13	37	7	22	5	8	3
1997	127	19	37	7	23	5	12	4
1998	113	20	38	8	25	5	15	9
1999	117	24	39	8	25	6	11	6
2000	102	20	38	8	27	6	14	8

2001—2015 年永州市中小学基本办学条件统计表

表 10–14

年度	中等职业学校				普通高中				普通初中				普通小学				幼儿园		
	校园占地面积（万平方米）	校舍建筑面积（万平方米）	仪器设备（万元）	图书（万册）	校园占地面积（万平方米）	校舍建筑面积（万平方米）	仪器设备（万元）	图书（万册）	校园占地面积（万平方米）	校舍建筑面积（万平方米）	仪器设备（万元）	图书（万册）	校园占地面积（万平方米）	校舍建筑面积（万平方米）	仪器设备（万元）	图书（万册）	校园占地面积（万平方米）	校舍建筑面积（万平方米）	图书（万册）
2001	206	45	2141	34	395	100	5760	220	1114	211	4907	514	1332	331	6627	678	18	8	3
2002	248	47	2632	33	349	113	8456	226	1121	211	7203	528	1335	316	6908	651	17	9	4
2003	264	47	7729	243	386	132	10123	235	1066	212	8624	549	1288	307	8389	700	20	12	6
2004	264	45	8604	244	409	143	12785	249	1057	214	10891	582	1229	297	7489	701	20	11	7
2005	267	53	14563	124	443	150	13431	250	1076	220	11442	584	1141	288	8104	721	41	19	16
2006	292	57	13902	134	448	163	9700	247	1032	224	10338	623	1113	291	7785	742	42	22	14
2007	324	77	19644	151	447	164	16453	250	980	213	10705	602	1062	281	8121	751	67	31	14
2008	235	62	13742	120	431	161	8814	262	970	221	11534	592	1051	281	8559	751	56	32	13
2009	233	61	15008	111	407	161	15458	247	914	229	12246	592	1052	288	8902	750	84	46	28
2010	208	64	15069	133	398	161	15415	213	949	245	14421	595	1045	288	9954	747	108	53	28
2011	234	71	16649	151	343	150	14764	210	1010	268	18543	655	986	266	10491	691	126	72	38
2012	215	70	14987	145	364	153	12524	266	1045	282	18788	665	967	267	11034	724	156	84	40
2013	230	72	16400	141	359	155	16991	223	1070	287	24331	661	969	283	15323	745	177	100	59
2014	231	68	15934	123	359	166	15309	214	1069	293	26558	656	1011	295	20667	764	190	115	60
2015	214	69	16343	111	327	158	17332	209	1061	315	30745	702	1021	314	23438	804	208	133	76

2001—2015年永州市中小学生均基本办学条件一览表

表 10-15

年度	中等职业学校				普通高中				普通初中				普通小学				幼儿园		
	校园占地面积（平方米）	校舍建筑面积（平方米）	仪器设备（元）	图书（册）	校园占地面积（平方米）	校舍建筑面积（平方米）	仪器设备（元）	图书（册）	校园占地面积（平方米）	校舍建筑面积（平方米）	仪器设备（元）	图书（册）	校园占地面积（平方米）	校舍建筑面积（平方米）	仪器设备（元）	图书（册）	校园占地面积（平方米）	校舍建筑面积（平方米）	图书（册）
2001	90	20	930	15	60	15	874	33	38	7	167	17	24	6	118	12	21	9	3
2002	102	19	1080	13	43	14	1048	28	38	7	243	18	26	6	133	13	16	8	4
2003	74	13	2153	68	41	14	1089	25	35	7	285	18	28	7	179	15	13	8	4
2004	95	16	3097	88	41	14	1284	25	35	7	365	20	29	7	175	16	11	6	4
2005	83	16	4557	39	41	14	1238	23	39	8	411	21	28	7	199	18	15	7	6
2006	77	15	3649	35	43	16	935	24	42	9	418	25	28	7	193	18	15	8	5
2007	58	14	3537	27	46	17	1677	26	44	10	477	27	25	7	194	18	20	9	4
2008	53	14	3115	27	46	17	932	28	46	11	553	28	24	6	197	17	15	9	4
2009	56	15	3626	27	44	18	1686	27	46	12	618	30	23	6	193	16	9	5	3
2010	53	16	3806	34	44	18	1702	24	49	13	744	31	22	6	206	15	9	4	2
2011	51	15	3600	33	41	18	1744	25	52	14	953	34	19	5	207	14	9	5	3
2012	43	14	3003	29	47	20	1619	34	58	16	1039	37	21	6	235	15	11	6	3
2013	47	15	3345	29	46	20	2184	29	59	16	1341	36	21	6	330	16	11	6	4
2014	48	14	3272	25	45	21	1931	27	55	15	1378	34	21	6	433	16	12	7	4
2015	40	13	3044	21	40	19	2129	26	52	16	1513	35	21	6	472	16	13	8	5

三、装备现代化建设

（一）教学仪器装备

1992年，为规范常规教学仪器采购行为，加强和组织教学仪器设备的采购和质量监管，零陵地区教委组织电教仪器站、纪检监察、计财等部门和各县、市教委相关人员制订“零陵地区教学仪器订货守则”。是年，零陵地区统一组团参加浙江省杭州市全国普教仪器订货会，统一鉴签，共签订合同375份，定购仪器282.7万元。此后，每年以地区为单位统一组团参加全国教育装备展示订货会。

1997年，永州市物价局、财政局、市教委关于中小学收费文件明确规定，仪器电教费集中县（区）教委管理，其标准为贫困地区，小学3元，初中5元，一般高中9元，重点高中10元；一般地区，小学5元，初中8元，一般高中12元，重点高中15元；市、县（区）所在城区，小学6元，初中9元。仪电费集中县（区）统一管理后，仪器设备采购量不断增加。

2015年，永州市组团参加在山东临沂举办的第68届中国教育装备展示会，共采购常规教学仪器设备2800多万元。是年，全市新建标准化实验室78间、多媒体教室157间、“班班通”358间。

2008年起，永州市以合格学校建设为契机，切实加强电教仪器装备，大力开展标准化实验室、多媒体教室、计算机教室等功能教室的建设和管理工作，进一步提升教育技术装备水平。至2015年底，全市建设小学科学实验室554间，科学仪器室344间，科学实验准备室45间，科室实验员室34间；中学物理实验室303间，物理仪器室240间，物理准备室63间，物理实验员室36间；中学化学实验室515间，化学仪器室238间，化学实验准备室80间，化学实验员室47间；计算机教室513间，计算机资料及工作室103间。2008—2015年，全市投入30454.09万元，购置实验仪器设备11084852件。体、卫、艺器材490001件；装备音体美教室、器材室、活动室680间；添置信息技术设备计算机35132台，交换机、软件等7899件。据统计，至2015年末，全市电教仪器设备价值：高中17332万元，初中30745万元，小学23438万元，中等职业学校16843万元。教学仪器设备及常规实验药品基本满足教学需要。

（二）实验教学

20世纪90年代，零陵地区大力开展“实验教学普及县”创建工作。1991年，湖南省教委决定在全省开展“实验教学普及县”建设工程，并制发《湖南省中小学实验教学普及县标准（试行）》，对各级各类中小学实验室用房、仪器器材装备、水、电管理和应用效率等作出明确具体的规定。根据省定标准，零陵地区各县、市（区）多

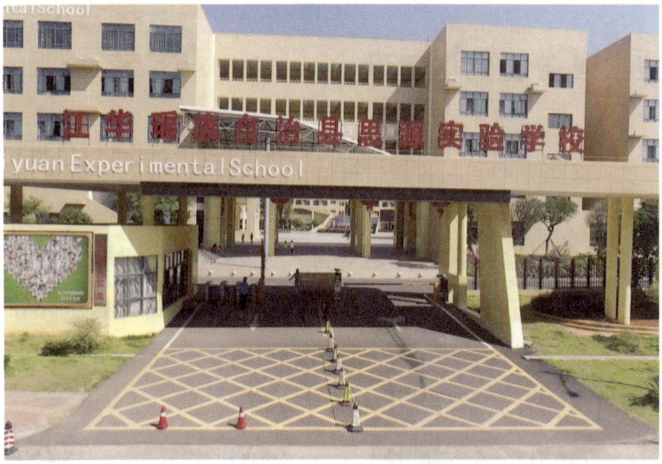

2015 年，江华思源实验学校

方筹集资金，扩建实验用房，购置仪器设备，装备实验教室，培训实验管理人员，大力加强实验教学。1993 年，东安县率先建成实验教学普及县并经省验收合格。1994 年双牌县，1995 年江华瑶族自治县、冷水滩市、祁阳县，1996 年江永县、芝山区、新田县、蓝山县，1999 年道县、宁远县先后建成实验教学普及县。至此，全市“实验教学普及县”全部建成并经省验收、复查合格。县城小学、乡镇中心小学、完全小学演示实验开出率达到 90%，学生分组实验开出率达到 70%；中学演示实验开出率达到 85%，学生分组实验开出率达 80%。

1992—1998 年，永州市电教仪器站先后 7 次举办实验教师创新大赛、技能大赛、说课大赛、自制教具比赛等，提高中小学理科教师实验教学水平和实验综合素养。1999 年 9 月，组织全市初中物理和化学实验教学课竞赛，评出一等奖各 2 名、二等奖各 4 名、三等奖各 5 名。2000 年 12 月，组织全市中小学实验教学论文评选，共收到论文 556 篇，评出一等奖 8 篇、二等奖 10 篇、三等奖 21 篇。2001 年 10 月，举办初中生物、小学自然实验教学课竞赛。2002 年起，市教育局定期举办中学理、化、生及小学自然实验教学课竞赛。选送优秀教师参加全省比赛，均获得较好成绩。

2009 年，永州市教育局统一安排组织开展初高中学业水平物理、化学、生物实验操作和信息技术操作考察工作，每年抽调一线骨干教师担任命题专家，命制理化生实验操作和信息技术操作考查试卷，按照学业水平考试有关工作程序，县区教育局成立考点考察工作领导小组，制定考查实验细则，市教育局派出人员抽查各县区学校实验考查组考情况，按照客观、公平、公正的原则考查学生操作技能，促进学生创新精神和实践能力的发展。

2013 年 11 月，开展中学化学和生物教师实验创新大赛，推选 4 名教师参加全省大赛，东安县的唐明杰、蓝山县的邓喜庆获得生物组省一等奖，东安县的陈辉、祁阳县的高满华分别获化学组省一等奖和二等奖，永州市综合成绩名列全省第一。2014 年 4 月，东安县澄江实验中学生物教师唐明杰代表湖南省参加第二届全国中小学实验教学说课活动，获得全国一等奖（全国仅 8 名）。5 月，开展全市幼儿玩教具作品大赛，评出优秀作品市一等奖 20 件、市二等奖 56 件，并从中选送优秀作品参加湖南省和全国比赛，获评省一等奖 1 件、二等奖 8 件、三等奖 11 件，双牌县作品《多功能机器人》代表湖南省参加全国比赛获三等奖。2015 年 10 月，永州市教育局组织教师参加湖南省物理实验技能大赛。选送冷水滩区马坪学校黄斌等 6 名教师参加全省大赛，获省一等奖 2 名、二等奖 2 名、三等奖 2 名。11 月组织参加湖南省化学、生物教师实验创新大赛。选拔永州四中李吉利等 4 名教师参加全省决赛，获得省一等奖 2 名、二等奖 2 名，综合成绩名列全省第二。永州市教育局获省教育厅颁发的"全省中学实验教学系列活动优秀组织奖"。

2015 年，全市中学实验教学人员 1349 人。其中，高级职称 182 人，占 13.5%；中级职称 766 人，占 56.5%；初级职称 352 人，占 26%；其他 49 人，占 4%；专职 686 人，占 51%；兼职 663 人，占 49%。全市小学实验教学人员 975 人。其中，高级职称 164 人，占 17%；中级职称 516 人，占 53%；初级职称 238 人，占 24%；其他 57 人，占 6%；专职 380 人，占 39%；兼职 595 人，占 61%。

（三）图书装备

"文化大革命"期间，学校的图书作为"封、资、修"毒品被焚毁破坏。20 世纪 80 年代，规模较大的中学逐渐购置一些图书，限于经费和书源，添置图书的数量极少。进入 20 世纪 90 年代，各级教育行政部门把图书建设提上议事日程，作为教学工作的一项基本建设，像装备教学仪器一样，抓图书装备工作。1991 年 9 月，国家教委图书馆工作委员会成立。湖南省教委于 1995 年 2 月发出关于成立"湖南省教育委员会中小学图书馆工作委员会"（简称"图工委"）的通知，明确该委员会是省教委对全省中小学和中职中专学校图书馆（室）进行管理、指导、协调、督查的工作机构。省图工委下设办公室，负责图工委日常工作。

2015 年，永州职业技术学院图书馆

1996 年，省教委印发《湖南省中小学图书馆（室）建设合格县（市）评估验收办法（试行）》，明确图书馆（室）建设的指导思想、工作目标、评估标准、验收程序、奖励办法等。评估验收的标准，对馆舍、藏书、管理、利用等作出具体规定，其中对藏书量规定的最低标准是：全县（市、区）在校学生生均藏书量为小学 15 册、初中 20 册、高中（职业中学）25 册，县以上重点高中生均藏书量为 30 册，省重点中学藏书不少于 8 万册。

1997 年，永州市教委成立“中小学图书馆工作委员会”，由市教委办公室负责日常工作。各县、区教委先后成立图工委。同年 8 月，省教委下发《关于加强中小学图书馆（室）建设的意见》，决定在“九五”期间，全省各级教育部门和各中小学要继续加快中小学图书馆（室）建设，每年评估、验收一批县（市、区）图书馆（室）建设工作。要求市、县（区）均应单列图书经费，在中小学学杂费中确定图书资料费标准。1997 年，永州市物价、财政、教育三家行政管理部门《关于 1997 年秋季中小学教育收费有关项目的通知》明确图书资料费，每学期每生标准为贫困地区小学 3 元、初中 5 元、一般高中 9 元、重点高中 10 元，一般地区小学 5 元、初中 8 元、一般高中 12 元、重点高中 15 元，县（区）所在城区小学 6 元、初中 9 元。由县区教育部门集中统一管理，用于购置馆藏书刊。此后，各县（区）开始中小学图书馆（室）合格县（区）创建工作。永州一中、祁阳一中、永州四中、道县一中、东安一中、宁远一中等一批省重点中学先后建起图书馆。各县（区）每年集中统一向省图工委确定的湖南省教育书店订购图书。同时市、县教育部门举办专门的培训班，培训图书馆（室）工作人员。中小学校按规定要求筹建图书馆（室）、阅览室。1998 年，零陵区在全市率先创建“图书馆（室）合格区”，经省图工委组织评估验收认定为合格。1999 年，冷水滩区、祁阳县经省教育督导室组织评估验收认定为合格。东安县，蓝山县、江永县，宁远县、新田县（按新标准）先后于 2001 年、2003 年、2005 年、2016 年经省教育督导室组织评估验收，认定为合格。道县、江华瑶族自治县、双牌县在 2008 年后的合格学校建设中，加强中小学图书馆（室）建设，逐年添置图书，藏书量和馆舍基本达到要求。2012 年，道县学校藏书已达 130.7 万册，生均藏书量达到小学 13 册、初中 20.5 册、高中 18.9 册、职业中专 35 册。2015 年，全市小学藏书 804.1 万册，生均 16.2 册；初中藏书 702.2 万册，生均 34.6 册；高中藏书 208.6 万册，生均 25.4 册。

第十一章

教育科学研究和现代教育技术

第十一章　教育科学研究和现代教育技术

第一节　教育科研

一、教学研究

永州市教学研究在教育行政部门领导下，由市县（区）教研机构组织实施。两级教研机构结合教育教学实际，制定中长期和近期教研活动规划，统筹安排全市和各县（区）的教研活动。

20 世纪 90 年代初，零陵地区中小学教研活动主要围绕教材教法开展常规教学研究。地区教研室制定了体育、中学化学、小学语文和思想品德四个学科的教学常规评估方案。续办《教育园地》（内部刊物），及时总结推介常规教学教研的先进典型经验，同时组织学科研讨会和教学观摩活动。1992 年 10 月，在双牌县举办第三届“永州之野”中学语文讲习班，吸引地区内外 700 多名教师参加。当年，地区教研室教研员深入全区 29 所中小学听课，人均 70 节。各学科提供高中、初中、小学三级会考复习备考的教学建议和信息；编制小学初中质量检测题和高一、二年级期末全区统一检测试卷；组织 2 次高考模拟测试，向高中学校提供大量的高考备考信息。各县（区）教研室围绕三级会考，组织教师研究教材教法。祁阳县重视教学研究工作，除加强县教研室力量，不少学校建立教科室。祁阳一中于 1990 年率先在全省建立第一个学校教科室，任命专职副主任，配备专职教研员 3 人。到 2001 年，祁阳二中、祁阳四中、祁阳七中、陶铸中学相继建立教科室；浯溪镇二中建立全省第一个初级中学教科室。

1993 年下期，按照国家教委和省教委的规定，义务教育起始年级（小学一年级、初中一年级）按新的课程计划开课。地区教科所（1993 年 1 月，零陵地区教学研究室更名为零陵地区教育科学研究所，简称“教科所”）组织分层培训学科教研员，派出语文、数学、外语、地理教研员参与指导县级教师培训工作。其间，撰写和整理近千篇文章通过内部刊物《教育园地》刊发，供教师学习参考。地区教委组织参加省第二届青少年百项科技活动，在全区选 8 项作品送省参赛全部获奖，其中一等奖 3 项（占全省 1/4）、二等奖 12 项、三等奖 4 项。地区教科所组织教研人员深入高中学校听高三复习课人均 40 节以上。通过听课、评课传递高考信息，指导高三复习教学。当年，高考全区本科上线首次突破千人大关，人均总分居全省第 8 位。

1994 年，地区教科所组织力量，对中、小学各个学科制定教学常规。同时，狠抓高中会考和高考的复习教学研究。全区高三毕业会考合格率居全省第 1 位，高考人均总分居全省第 3 位。地区教科所教研员汪端福指导编写《镰刀术》被编入省编体育教材；汪华明编著《高中历史实用信息点集》和《历史学习诀窍点拨》分别在北师大出版社和西北大学出版社出版发行；欧阳德购撰写《思想品德课的考核与思考》获省论文一等奖，并摘登在全国《小学德育》杂志第 1 期。

1995 年，一些县区开始引进外地教研教改实验成果，开展教研教改活动。祁阳县教研室从广东省教科所引进“掌握教学”教材，组织全县初中数学教师在浯溪镇二中进行现场教学示范，并以浯溪二中和杨桥中学作为教改实验示范学校。通过几年的努力，“掌握数学”的教育理论和教学程序被全县大部分初中数学教师掌握和运用，初中学生数学成绩普遍提高。1999 年，湖南省教科所以浯溪二中、浯溪三中为现场，召开全省“掌握数学教学”研讨会，推介其经验。

1996 年，永州市开始学习汨罗经验，推行素质教育。市、县（区）教育行政部门规定，所有中小学校要严格按照国家统一规定的课程计划安排课时，不得任意挤占非文字课授课时间，重视音、体、美、劳等课的教学。课堂教学要面向全体学生，着力向培养学生技能、全面提高学生综合素质转变。市教科所各科教研员先后参加省教科所举办的素质教育教学研讨会，《教育园地》改为《永州教育》，重点宣传本市实施素质教育的典型经验；通过开展优秀教案和说课评选、优质课竞赛，探求总结出“引导发现式”“定向引导式”“质疑激思式”等体现素质教育要求的教学模式，选送到省参赛，有 6 人获一等奖，6 人获二等奖，4 人获三等奖。

2000 年，在前两年素质教育的理论学习、培训并开展一系列活动的基础上，教研人员的教育观念由过去偏重知识传授的研究，转向重视学生的智力开发、个性的自由发展和素质全面提高的研究。在研究高考复习教学方面，市教科所教研员首先深入 22 所高中学校听课 1063 节，然后召开学科复习教学研讨会，重点研究学生学的效果，再组织 288 名高三教师集中观摩，交流经验，传递高考信息。是年，全市高考本科上线 3113 人，首次突破 3000 人大关。

2001 年，市教科所组织各学科开展优质课竞赛，全市 105 名教师参加竞赛，评选 14 人到省比赛并全部获奖。其中，一等奖 5 人，二等奖 8 人，三等奖 1 人。在全国首届中学英语教学技能大赛中，永州市有 4 名教师分别获高、初中组一等奖。各学科推选137篇教学论文送省参加评比，123篇获奖，其中一等奖22篇、二等奖46篇、三等奖55篇。是年，永州市中学生文学总社成立，创办社刊《潇湘中学生文学报》，全年出刊4期。语文、政治两学科分别组织学生参加全省中学生创新作文和学理论小论文竞赛，1篇获一等奖，8篇获二等奖，10篇获三等奖。

2002年3月，撤销永州市教育科学研究所、永州市成教培训中心、永州市师资培训中心，设立永州市教育科学研究中心（简称市教科中心），教研工作增加了职业技术教育和成人教育教学研究。教研人员全员参加基础教育新课程通识培训和学科培训，反复研究讨论，运用新课改理念指导教学研究。组织教研员到高中学校听课800多节，先后召开文科综合、理科综合高考复习研讨会，组织近500名高三教师集中观摩。通过复习经验交流，复习课程观摩，互相传递“两考”信息，指导复习方法等，促进高中教育教学效益和教学质量提高。全市高考本科上线和录取人数分别达到4628人和5184人，增幅居全省前茅。年内，市教科中心先后开展小学生心理健康教育等8个学科和中学语、数、外等9个学科的说课、优质课、优质课件竞赛活动及中小学21个学科教研论文评比活动。30余项说课、优质课、优质课件获省以上奖，120余篇论文获省级以上奖。蓝山县重视实验教学，将中小学实验考查成绩列入初中升高中、小学升初中的升学成绩，在全省属首创。

2003年，除常规教研工作外，市教科中心开始指导学校初步建立具有本市特色的校本教研制度。开展中小学各学科新课程教师培训，培训中小学教师1100多人。同时开展职业教育和成人教育教研活动，对全市46所中等职业技术学校做了调查，组织职业技术教育计算机、英语等级考试和教学质量评估，举行教育教学论文评比和优质课竞赛，确定一批职业教育科研课题。祁阳县职业中专“中等职业学校学生就业指导研究”和“中等职业学校教育质量评价研究”被列为永州市“十五”教育科学规划第二批课题。市教科中心建立教研联络员制度，将全体教研员以小组为单位分配到各县、区驻点、调研，及时了解中小学课程改革、课题研究和教学教研动态。同时建立特约教研员制度，在全市范围内聘请第一批高中7门高考学科的50名特约教研员。

2004年，市教育局印发《永州市关于进一步加强基础教育教学教研教改工作的意见》。市教科中心制定《永州市学校校本教研工作实施意见》，具体规范市、县（区）有关教研、教改工作，初步形成教师教学过程中“自我反思、同伴扶助和专家引领”的校本教研格局。

2005年，全市新课程改革已全面铺开。市教科中心以新课改为重点开展各项教研活动。首先组织中小学18个学科的数千名教师参加新课程培训，教研员全程参与并担任班主任。教研员到学校听课，组织所在学校的教师开展讲座或学科研讨，帮助教师领会新课程理念，掌握新课程的教学方法。市教科中心从省教科院和长沙名校请6名专家和教师进行专题讲座，送课下乡，举办专家讲座 2 场，上示范课 21 节，听课教师有 600 多人。

2006 年，为进一步落实《永州市学校校本教研工作实施意见》，市教科中心按学科搭配，每 3 名教研员分成一组，每组负责 2 个县（区），联系 2 所高中、2 所初中和 2 所小学，每名教研员在校驻点时间一年不得少于 40 天。同时，要求教研员做到“六能一会用”，即能精通一门学科，能命制一套好题，能写一篇好文章，能评好一节课，能开一个讲座，能用电脑。由于永州市小学语文在实施《课程标准》教科书 6 年实验研究中的努力工作，语文教研员欧阳德购被教育部课程教材研究所评为优秀教研员，其论文《割弃“繁肿”走向“简单”》被评为一等奖。

2007—2009 年，按照市教育局要求，市教科中心以推进素质教育为宗旨，以新课程实施为重点，围绕“课改”“质量”“创新”“提升”开展教研工作。每年分两个阶段集中听课、评课、开展专题讲座，组织各学科说课、优质课、优秀课件比赛等。组织中等职业技术学校教师论文评选，先后两次组织各职业学校专业教师对“机械加工技术”“商贸旅游”“电子电工”等专业及语、数、外等课程进行为期一个月的培训。同时组织职业学校学生职业技能竞赛，提高中职学生职业技能水平。2007 年，蓝山县教研室开建“蓝山教研博客”，为课改教师了解课改动态、便捷提出课改实践中的疑问提供交流沟通的平台。不到一年时间，点击超过 18 万人次，平均每天 500 余人次。

2008 年秋，道县教育局根据本县“普九”期间新进教师教学业务水平参差不齐的情况，实施课堂教学校、片、县三级达标评优活动。先后制定《道县中小学课堂教学达标评优活动实施方案》和《道县中小学课堂教学达标评价表》等。一个月内，全县义务教育阶段 9 个教学片教研中心全部成立。第一届教学片教研中心，共聘请初中、小学各科兼职教研员 329 人。2009 年 4 月，各学校都完成校级达标活动。5 月 24 日，所有参加校级课堂达标活动合格的教师（共 1755 人）在道县师范学校进行课堂教学达标笔试活动。由于考风不正，5 月 31 日在道县二中重新考试，县委常委、组织部部长张建坤主考，其中笔试成绩不合格的 200 多人于 9 月 20 日进行了补考。年底，道县 9 个教学片第二届义务教育阶段教学片教研中心都成立，共聘初中、小学各科兼职教研员 170 人。

2009 年，宁远县教育局在借鉴外地成功经验的基础上，总结研究提出“学—议—评—练”四环节课堂教学模式，构建新课程背景下“对话、交流、互动”的新课程文化，促进学生自主、合作、探究学习。经过几年的努力，“四环节”课堂教学模式在全县推广，教学质量逐步上升，教师和学生参加各级各类竞赛获奖人数明显增加，获奖层次明显提升。

2010 年，市教育局印发《推进全市普通中小学课堂教学改革的实施意见》。市教科中心开展“构建有效课堂、高效课堂”为主题的联片教研活动，召开“有效教学”

推进会，组织初中学科送教下乡，到江永、蓝山、江华等县，观摩的教师达4000多人次，掀起了一场农村教师研究课堂教学的热潮。引发创新教学模式，先后有“同课异构”“先学后导—问题评价”“学训互动奠基础、点面齐动出实效，上下联动拓展”“问题引领，自主探究”“导、学、练”等课堂教学模式在不同学校涌现。祁阳县倡导教案、学案一体化的新型教学方式，完善“县、片、校、科”四级教研网络，推进课堂教学模式改革和课程改革实验，把教研工作的重心聚集于课堂。陶铸中学尝试改变传统的教学方式，倾力创设以学生为主体、以教师为主导的幸福、生动、生态的“活力课堂”。“活力课堂”由过去的“教师带着知识走向学生”转变为“教师带着学生走向知识”，由“带着问题学”转换为“学出问题来”，让学生真正成为学习的主人。“活力课堂”变“教材”为“学材”，变“一言堂”为“群言谈”，变“权威性”为“人性化”。是年，职成教所召开模块式教学为主题的经验交流会，选出优秀模块式教学、专业课程建设及管理共8篇典型经验印发到各职业学校。

2011年4月，市教育科学研究中心升格为副处级事业单位，更名为市教育科学研究院（简称市教科院）。接着，大部分县、区教研机构升格为副科级事业单位。

2011—2014年，市教科院一方面继续开展常规教研活动，另一方面不断推进以“自主探究、合作学习”为主要特征的优质高效课堂，倡导“轻负担、高质量”的课堂教学。在全市大力推广冷水滩区马坪学校的“生态课堂”和道县三中“农村学校综合改革”的课改典型经验，开发“小学语文群文阅读研究”“小学语文特色课程建设研究”，推介宁远县“四环节”教学模式、零陵区城区大班额教学“三步”模式、东安县农村小班额自主探究教学模式、新田县“四环、六步、双向”课堂教学模式、蓝山县楠市中心小学盘晓红“美心教育”等课改成果。2013年，永州一中学生张志宇在全国奥林匹克数学竞赛中获一等奖，并入选国家奥数冬令营，是1986年以来，全省除长沙“四大名校”外第一个入选者。2014年，职业中专学生两次参加湖南省职业能力考试，参考18389人科次，合格11827人科次，合格率64.32%。

2015年，市教科院整合教育资源，形成教育教研合力，组织开展中学化学学科基地建设，中学历史课堂课型基地建设，历史教学“三案”（教案、学案、考察）基地建设，语文、数学、外语、物理、化学、地理等六科优质空间课堂建设。在永州一中、永州四中分期举行全国新课程卷高考复习备考研讨会，邀请河北省衡水中学、长沙一中、长郡中学等名校名师作高三备考专题讲座，九科教研员分别作了专题报告，全市高三教师1700余人与会。继续实行三会（三次高考备考会）、三考（三次模拟考试）、三分析（三次质量分析）的高三复习备考模式，又增加了三视导，即由市教科院组织专家团队对学校教育教学管理的视导、学科教研员和兼职教研员对学科的教学视导、核心高考指导分队对学校备考的特殊专项视导。是年，职成教研究所在永州工商职业中专等5所职业中专举办十大类29个项目、12所学校共233人参加的市级职业技能比赛，选出58人参加省10类共24个项目的比赛，1人获国家一等奖，2人获省一等奖，8人获省二等奖，21人获省三等奖。

2009—2015年永州市高考二本以上上线人数一览表

表11-1 **单位：人**

年份	2009	2010	2011	2012	2013	2014	2015
二本以上上线人数	5993	6889	7180	7215	7580	7887	7721
应届生人数	3687	4362	4822	5181	5951	6375	6435
往届生人数	2306	2527	2358	2034	1629	1512	1286
一本上线人数	1056	1225	1394	2161	2169	2399	2331

二、课题研究

20世纪90年代初到2015年，永州市教育课题研究发展大致经历了自主探索、专业引领、成果推广三个发展阶段。

（一）自主探索

1992—1994年，顺应各地教育科研的潮流，地、县（市）教委及教研室指导中小学各学科积极引进教育发达地区教改实验项目。其中“小学语文主题教改实验”“小学数学三算结合实验”“初中数学自学辅导法教学实验”等实验项目发展较快，至1992年底共发展到764个实验班。至1994年底，开展“初中数学自学辅导教学法实验”的实验班从1992年的118个发展到500个。

大量教改实验项目的引进，让广大参与者接触并较为系统地学习了先进的教育理论，掌握了先进的教学方法，为全市教育科研自主探索发展奠定了基础。

早在1990年，金洞林场中学语文教研组为改变山区初中学生写作水平低、学生害怕作文的现状，探索山区初中作文教学新方法。成立“作文引路激趣六步教学法”课题组，改革作文课堂教学，形成以“导引、行文、批改、讲评、后记、复批”为基本内容的新教学模式和方法，在各个教学环节中充分发挥学生的主体作用，激发学生兴趣。学生写作水平和语文成绩大面积提高。1993—1995年，连续3年初中毕业会考语文平均成绩居祁阳县第一名。至1995年，学生在各级作文比赛中获县级以上奖励23人次，在县级以上报刊发表作品60余件。该课题1995年获湖南省中小学教研成果教改经验二等奖。

1993年，江永一中课题“协同思维教学法”荣获湖南省第三届基础教育教研教改成果二等奖。1991年3月开始，该课题组在费得意带领下，以人脑功能互补协同原理、辩证唯物论的知行统一观、科学的“三论”（系统论、信息论、控制论）、多媒体组合优化教学设计的原理与方法和教育心理学的学习效率法则等理论为依据，建构一种运用先进科学的电教手段，发挥大脑整体思维功能，获得最佳思维效果的教学方法。1991 年 3 月至 12 月，课题组编制《协同思维教学法》的实验教材，建立结构模式。该课题经历两年半的实验，课题组编写了专著《高中数学应用题解题思路与技巧——征服高中数学的制高点》（1992 年 2 月由陕西人民教育出版社出版）。由嘉禾教学互动制片厂出版发行其教学影像片累计 269 片（《初中代数》64 片，《平面几何》120 片，《立体几何》41 片，《解析几何》44 片）。编写的教材《平面几何》获得湖南省教材二等奖。在协同思维教学法的润泽下，实验班数学成绩普遍提高，会考合格率 100%。学生李争、孔永红在全国高中奥林匹克数学竞赛中获得地区一等奖，李争获得省二等奖，孔永红获得省三等奖。

1993 年，冷水滩区教研室针对中小学课堂教学中普遍存在的教师只管教、不管学、教学质量下降的现象，提出“教法与学法同步研究”的教改实验研究课题。课题组人员运用教育学、心理学基本原理提出提高课堂教学质量的策略，构建同步教学课堂教学模式群，实施课堂教学，指导开展课堂教学的对比实验研究。1995 年，该课题被批准为湖南省“九五”重点研究课题，1998 年 7 月完成研究，同年 12 月获湖南省第五届基础教育教研教改成果二等奖。

（二）专业引领

1998 年 9 月，东安县教研室开展“教育一创新—效益”课题研究。该课题建构“设疑—析疑—发现—创新—超越”的教学模式，并对设疑教学法、激励教学法、发现教学法、成功教学法、实践教学法等新的教学法进行有效的探究。该项目以《中小学创新教育研究》为题申报，2005 年获湖南省第一届基础教育教学成果二等奖。

2001 年 6 月，教育部颁布《基础教育课程改革纲要》。全市在素质教育理念的引导下开展教改实验探索，各级教育行政部门及基础教育阶段所有学校对校本教研空前重视。市教科中心专门配备教育理论教研员。大部分县、区教研机构充实教研力量，较大的中小学校都设立教科室。市教科中心建立校本教研课题的申报、立项、开题、结题、评选的管理机制。自此，永州教育科研发展进入专业引领发展的轨道。

2001 年下学期，东安县列入湖南省第一批新课程改革实验县。到 2004 年下学期，新课程改革在全市所有九年义务教育阶段全面推开。2007 年下学期，永州市所有高中开始全部实施新课程改革。为落实新课程改革的理念，切实推进素质教育，市教科中心下县（区）学校积极推行校本教研，多种渠道进行研究，校本教研的选题涵盖了基础教育的各个领域。各县（区）纷纷组织参加省、市“十五”“十一五”“十二五”教育科学规划课题申报的活动，其中永州市立项的课题有 64 项，湖南省立项的课题 63 项。

2002年12月，永州市22所学校部分学科教研组获湖南省优秀教研组受到表彰。其中小学3所，初中5所，高中14所。同年，有4所高中的语文、物理、化学、政治教研组组长分别被评为湖南省优秀教研小组长。

2003年，永州市首批湖南省基础教育教学研究实验学校确定为芝山区一小，冷水滩区七小，双牌县一小，新田县龙泉镇一小，祁阳县浯溪镇中心学校，东安县芦洪市镇中学，宁远县民族中学，蓝山县龙溪中学。

2004年，永州市冷水滩区马坪学校按照素质教育和新课程改革的要求，根据儿童好学、好创新、好自然的天性，开创性地提出以自主学习、小组合作学习为主要教学方式，带领全校教师，经过8年校本教研，形成“自主学习—发问提问—合作探讨—测试反馈—整合内化—扩展延伸”的“自主发现式教学模式”。2011年10月，湖南省教育厅副厅长葛建中到校考察后，给予充分肯定。同年12月，湖南省义务教育阶段省级课改样板校建设研讨会以马坪学校为现场在冷水滩召开。2012年6月，马坪学校的“自主发现教学模式”获湖南省第三届基础教育教学成果特等奖。2014年，以“马坪学校‘阳光生态’教学成果主题报告”参加国家教学成果评奖，获国家级教学成果二等奖。该校被人力资源和社会保障部授予“全国教育系统先进集体”荣誉称号。至2015年底，马坪学校引来省内外十余万名教育工作者参观，市教育局将该校定为“永州市课改样板校”。省教育厅将该校认定为“湖南省基础教育课程改革样板校”和“湖南省中小学教师培训基地”。

2015年，冷水滩区马坪学校在校开展了示范课展示与研讨活动

2009年下期，道县三中根据“全人教育”理念，提出“完整教育模式”，开展全方位的教育教学改革。即校本德育研究、课堂教学减负五步曲、阳光体育运动、人事制度改革。校本德育研究：强化师生的政治思想教育，转变传统的教育观念，用校训（上善、厚德、勤奋、博学）、校风（继承、创造、友爱、健康）、教风（进德、修业、务实、创新）、学风（自主、自治、自学、自信）来鞭策师生；建立学生自主管理委员会，让学生强化自我教育、自我管理的能力，同时定期转化“学困生”“意偏生”，使他们从思想上发生根本转变。课堂教学减负五步曲：以校本德育为基础把课堂45分

钟分成“追忆感悟、自主互动、聚焦点拔、探学导航、测评反馈”五个教学环节进行的教学模式。阳光体育运动：每天两节课，上午半小时，下午半小时，设有舞蹈、跑步、球类、腰鼓、田径等20个项目，学生根据兴趣自主选择、自由轮换。开展这些活动增强学生体质，使学生学而不累、学而充实，并从中感到生命的价值，体验到兴趣、游戏、运动带来的愉悦和开朗的心境。人事制度改革：每学年初，全体教师实行优化组合、采用聘任制，校长聘任班主任、班主任聘任科任教师。2011年8月该校被湖南省教育厅批准为“湖南省体育、艺术2+1项目示范性学校”；2011年12月，由《中国教师报》主办的“全国未来教育论坛暨道县三中课改经验观摩会”在该校召开；2012年6月，该校“完整教育模式”获第三届湖南省基础教育教学成果二等奖；2015年12月该校被省教育厅确定为“湖南省基础教育课程改革样板校”。

2011年，蓝山县楠市中心小学结合新时代社会背景下学校德育工作面临的新形势，针对农村学校留守儿童多，学生普遍存在思想迷茫、心灵空虚的实际，开发出一系列具有针对性、实效性而又适合学生身心特点的“美心课”教学内容。自这一年秋季学期起，在全校20多个班开设“美心课”。教学内容有认识人生、尊重生命、孝道感恩、课堂礼仪、热爱祖国、文明诚信、爱护环境等。为培养学生对农村生活的热爱和对农业生产的了解，还开展美心教育实践体验活动，把学生带到茶园、葡萄园、葛根基地进行劳动体验式学习，深受学生欢迎。永州电视台、《永州日报》、湖南教育电视台、湖南卫视、中央电视台等多家媒体相继报道该校“美心教育”的情况；华中师大教育学院、湖南一师、长沙师范等院校邀请盘晓红到校给来自各地的校长、班主任介绍“美心教育”经验。

2011年，市教科院大力开展中小学各学科高效课堂理论和实践操作研究，依据“开口小，内容实，够得着”的研究思想开展“微型课”的研究，提高全市广大教师的课堂教学操作水平。

2014年初，蓝山县制定《关于开展中小学教育教学微型课题研究的实施方案》，成立“微课题开发小组”，确定14个县级重点微课题。民族中学教师周小珍主持的《初中说明文阅读技巧研究》获市一等奖。

2015年初，东安县成立20个名师工作室，共评聘名师43名，结合集团办学，开展集团教研活动，既发挥名师引领、示范、辐射作用，又促进名师自身专业成长，使全县新课改不断全面、深入发展。

2015年3月，市教科院被评为“湖南省2014年度市、州教育科研机构工作课堂教学改革研究先进单位”。

（三）成果及推广

1992—2002年，永州市在湖南省基础教育教研教改成果评奖中获省一等奖1项、二等奖2项、三等奖16项。

1992—2002年永州市获湖南省基础教育教研教改成果奖一览表

表11-2

届别	课题名称	申报单位	主持人	获奖等级
第三届（1993年）	协同思维教学法实验报告	江永县第一中学	费得意等	省二等奖
	开展协同实验优化课堂教学结构	冷水滩区第一小学	秦四年 屈新善等	省三等奖
	小学作文整体系列训练	冷水滩区第四小学	周进禄 秦四年等	省三等奖
	运用系统理论实现复式课	江华瑶族自治县教研室	朱建才等	省三等奖
第四届（1995年）	小学心理教育课程与学生个性发展实验研究	冷水滩区第一小学	屈美英等	省三等奖
第五届（1998年）	教法与学法同步研究	冷水滩区教研室	刘伟燕 秦四年等	省二等奖
	小学数学操作教学	冷水滩区第三小学	唐曙光	省三等奖
	分流办学，异步达标	东安县大江口中学	蒋益 欧阳德购等	省三等奖
	语文六课型教学模式实验	金洞林场中学	邓先华 邓双华等	省三等奖
	农村英语课堂素质教学常规模式初探	芝山区教研室	欧阳白芳 谢恩峰等	省三等奖
第六届（2002年）	推广“同步教学实验成果”，推进区域性素质教育	冷水滩区教研室	刘伟燕 秦四年 杨振华等	省一等奖
	自主学习课堂教学模式	芝山区第三小学	何小英 杨建国等	省三等奖
	小学德育重在基础	冷水滩区第四小学	秦四年 周进禄等	省三等奖
	初中语文六课型活动教学研究	金洞林场中学	邓先华 唐际阳等	省三等奖
	儿童意象工笔画课题实验	芝山区第一小学	余小英 吕满妹等	省三等奖
	利用多媒体培养学生的语文综合素质	祁阳县浯溪镇第二中学	刘水生 谢青元等	省三等奖
	作文高效快捷训练	道县祥林铺镇中学	杨祥雨等	省三等奖
	探索具有山区特色的中学生物教学与STS教育模式	永州市教科所	陈建平 邓金新等	省三等奖
	永州市基础教育改革与发展调查报告	永州市教育局	刘宏来 杨平安等	省三等奖

2003—2015 年永州市获湖南省第一届至第三届基础教育教学成果奖共 16 项，其中特等奖 1 项、二等奖 2 项、三等奖 12 项，国家级二等奖 1 项。

2003—2015 年永州市获湖南省历届基础教育教学成果奖（或国家级奖）一览表

表 11-3

届别	课题名称	申报单位	主持人	获奖等级
第一届（2005年）	中小学创新教育研究	东安县教育局	陈泽杰，郭荣军等	省二等奖
	中学语文研究性学习教学经验	永州市第三中学	彭建华，邓石桥等	省三等奖
	小学数学自主创新情感、意志、思维的培养	冷水滩区教研中心	刘伟燕，李柱南等	省三等奖
	创新课堂教学与素质发展	冷水滩区教研中心	秦四年，周祖国等	省三等奖
	高中英语课外阅读发展训练	江华瑶族自治县第一中学	左艳玲，邓家团等	省三等奖
第二届（2009年）	话题作文技法指津（高考版）	永州市第一中学	蒋庆荣，高建山等	省三等奖
	Excel 在教育统计中的开发与利用研究	永州市第一中学	陈宗华，黄秋元，唐丽玲等	省三等奖
	初中生态课堂教学研究与实践	永州市第九中学	夏顺光，高建山等	省三等奖
第三届（2012年）	自主发现教学模式	冷水滩区马坪学校	周大战，吕海龙等	省特等奖
	完整教育模式	道县第三中学	陈波浪等	省二等奖
	高中学困生优势培育法的研究	祁阳县第四中学	李继生等	省三等奖
	新课程实施中小学语文朗读教学指导与评价研究	零陵区徐家井中学	蒋晓闻等	省三等奖
	生态写作	永州市第九中学	夏顺光等	省三等奖
	高中数学教师与师生活动研究	永州市第一中学	黄秋元等	省三等奖
	示范性高中班主任专业化发展理论与实践研究	永州市第四中学	陈英等	省三等奖
国家级（2014年）	马坪学校“阳光生态课堂”教学成果主题报告	冷水滩马坪学校	周大战等	国家级二等奖

1992—2015 年，永州市区域推广的教育科研成果主要有 3 项。

1998 年 12 月，“教法与学法同步研究”的教改实验研究课题获湖南省第五届基础教育教研教改成果二等奖。1999 年初，冷水滩区教委根据省教科所的意见，在进一步总结《教法与学法同步研究》成果的基础上，继续深化研究，提出以“推广同步教学实验成果，推进区域性素质教育”为主要内容的《冷水滩区跨世纪教研教改规划》，由冷水滩区教研室作出推广这一实验课题的教改实验方案和计划，并主持这项实验研究，开展为期三年的推广实验活动。三年中参加推广实验的教师共 1326 人，占冷水滩区教师的23%，参加推广实验的学生共17056人，占冷水滩区学生数的25%。该课题于2001年获湖南省第六届基础教育教研教改成果一等奖。课题实验成果大型舞蹈《大红绸子飘起来》《小小交通警察》等到土耳其参加国际民间少儿艺术节目演出，湖南卫视以《出访土耳其，凯旋冷水滩》为题进行报道，有关介绍其他成果的文章在《湖南教育》《永州日报》上登载。中国教育电视台记者采访该项实验时认为，大规模地推广一项自创的综合教改实验成果，在全国实属首创，并将部分实验成果拍摄成十多分钟的纪录片在中央电视台播出。

2009年，宁远县教育局在全县推广“学—议—评—练”四环节课堂教学模式。县教研室组织编写出《宁远县实施“四环节”课堂教学模式教学指导书》，发到教师手中。2011年，全县创建宁远一中、实验中学、莲花小学、九嶷中心校、保安中心校等12所“四环节”课堂教学模式示范学校。全县教师撰写以“四环节课堂教学模式”为主题的教学论文上千篇。

2011年下学期，蓝山县楠市中心小学“美心课”引起社会的广泛关注。2012年3月，蓝山县所有中小学思想品德课教师到楠市中心小学观摩学习“美心课”；同年，永州市教育局及教科院派员到该校了解总结“美心课”教学经验。随后，蓝山县委、县政府决定，由蓝山县教研室将“美心课”作为课程开发在全县推广。当年，“美心课”在蓝山县全面铺开，至2015年仍在延续。

第二节　教育信息化

永州市推进教育信息化，大致经过了现代教育技术建设、教育电视台建设、农村中小学远程教育工程建设、教学点数字教育资源建设、中小学网络联校建设、数字校园建设等几个阶段。

一、现代教育技术建设

20世纪90年代，永州市电化教学主要是普及幻灯片教学。从1997年起，永州以中小学现代教育技术实验学校为基地探讨教育信息化实现的途径和方法，着手实施中小学现代教育技术实验学校项目建设。2000年，全市各级各类学校基本形成幻灯、录音、录像等多种媒体相结合的教学手段。21世纪初，计算机教学进入课堂，现代教育技术迅速发展，到2015年，全部中学有计算机教室318间、语言室57间、多媒体室

2015 年，永州市李达中学开展计算机教学

565 间；小学有通用技术室 73 间、计算机室 304 间、语言室 58 间、多媒体室 451 间。中小学有计算机 44238 台，人机比是 16 ∶ 1。其中，中学有计算机 22593 台，人机比是 14 ∶ 1；小学有计算机 21645 台，人机比是 18 ∶ 1。全市普通全日制乡镇以上中小学基本实现互联网接入，1217 个农村教学点实现数字资源全覆盖，50% 以上的班级配备多媒体设备，764 所学校开通教师空间，3.4 万人开通网络学习空间，全市教师应用信息技术开展教学的比例超过 60%。2015 年 11 月 25 日，永州市政府在双牌县召开永州市县域整体推进教育信息化现场会，贯彻落实第二次全国教育信息化工作电视电话会议精神，推介双牌县整体推进教育信息化工作经验，安排部署全市教育信息化工作。会后，市教育局下发《关于组织实施 2015 年度“永州市教育信息化创新应用工程”的通知》，计划从 2015 年开始，全市遴选确定部分市级教育信息化创新应用示范县区、学校、网络联校和网络学习空间，在全市范围内树立一批教育信息化建设和应用的典型。截至 2015 年，全市拥有省现代教育技术实验县 1 个、省教育信息化试点县 1 个、教育部教育信息化试点校 2 所、省教育信息化试点校 6 所、全国现代教育技术实验学校 1 所、省级现代教育技术实验学校 30 所，逐步迈入教育信息化时代。

二、教育电视台建设

20 世纪 90 年代，乡镇仍以幻灯教学为主，辅以录音、录像。随着远程教育的兴起，在应用幻灯片教学的同时，零陵地区以县、市为单位建设教育电视台。1991 年，全市建立了祁阳、冷水滩、道县、江永、江华、宁远、新田、蓝山等 8 个教育电视台。1993 年，组织各县市分管业务的教委副主任和电教馆馆长去怀化地区参观学习教育电视台的建设经验，同年研究和下发音像教材发放办法。1996 年 1 月，印发《全区教育电视节目联网交流发行管理办法》。教育电视台建设为宣传教育方针、政策、教改课程及当地教育信息起到很好的媒介作用。2002 年，教育部、广电总局印发《关于推进市（地）县（市）教育电视台播出机构职能转变工作的意见》，教育电视台陆续取消或并入当地电视台。

2003 年 3 月，道县教育电视台移交该县广电局。至此，全市的教育电视台全部停办。

三、农村中小学远程教育工程建设

2003 年起，永州市开展以信息技术为手段，采取教学光盘播放点、卫星教学收视点、计算机教室三种模式将优质教育资源传输到农村。2005 年起，全面实施农村中小学远程教育工程，根据省农村中小学远程教育工程领导小组办公室的部署，为加快全市中小学教育信息化步伐，市电教馆组织双牌等 5 个县区作为新实施项目区，冷水滩和祁阳作为未完全实施的补充县区向省远教办申报农村中小学现代远程教育工程。双牌、道县和新田获省批准立项，共建设站点 563 个，总投入 1100 余万元，其中冷水滩等县区被评为全省远教工程先进单位。至 2015 年，全市农村中小学远程教育工程形成了基本满足农村中小学教育教学需要的资源体系，初步实现了工程确定的优质教育资源共享的目标。

四、教学点数字教育资源建设

2012—2013 年，在省教育厅的部署下，永州市全面铺开“教学点数字教育资源全覆盖”项目工程建设，为农村教学点配备数字教育资源接收和播放设备，帮助教学点开足开好国家规定课程，更好服务农村边远地区适龄儿童就近接受良好教育的需要。全市第一、二批共计 1231 个教学点已全部安装调试完成，并对教学点所有教师进行设备使用和维护、教学点教学资源包的使用方法、信息技术与各学科深度融合等知识的全员培训。基于此项目，缺少专业教师的教学点开设英语、音乐、美术等课程，从而促进了教育均衡，为学生的全面发展奠定基础，扎实推进教育公平。

五、中小学网络联校建设

2015 年，永州市开始尝试建设中小学网络联校，按照教育部《教育信息化“十三五”规划》中“推广‘一校带多点、一校带多校’的教学和教研组织模式”的要求，以“网络联校”为切入点，通过教育信息化等手段，缩小校际的差距，实现教育均衡，提高教育质量，为精准扶贫、全面小康注入正能量。2015 年 12 月 8 日，永州市第一个网络联校正式开课，宁远县印山小学与晓睦塘完小结对开展“网络联校”，对英语、音乐、科学等农村学校的薄弱课程进行同步上课，老师还结对开展教研活动，促进两个学校教师共同成长。省教育厅督查组到宁远县印山小学督导义务教育均衡发展工作，对该校网络联校项目给予充分肯定。

六、“数字校园”建设

随着教育与教学现代化、网络化、信息化的不断深入，校园计算机网络已经成为各级各类学校办学的基础设施和必备条件，约从2006年起，永州市逐渐进入“数字校园”建设时期。截至2015年，永州一中成功申报中央电教馆“数字校园”；永州市第四中学、永州市第三中学成功申报湖南省“数字校园”试点示范单位；永州四中和冷水滩区舜德小学成为教育部教育信息化试点学校；东安一中、祁阳县职业中专、永州工贸职业中专、江华瑶族自治县白芒营中心小学、道县一中、零陵区神仙岭小学6所学校成为省教育信息化试点学校。2015年，全面启动市级“教育信息化创新应用工程”。市教育局下发《关于组织实施2015年度“永州市教育信息化创新应用工程”的通知》，争取从2015年开始，到2020年，全市共遴选确定3个市级教育信息化创新应用示范县区、40~50所市级教育信息化创新应用示范学校、20~30所市级中小学网络联校、100个市级教师信息化教学应用示范网络学习空间，在全市范围内树立一批教育信息化建设和应用的典型，如双牌县的“探索均衡路径，践行教育公平”信息化发展道路、新田县教育督导信息化和自主开发视频直播系统平台“N+N”网络联校、蘋洲小学“创客教育”探索与实践等崭露头角。

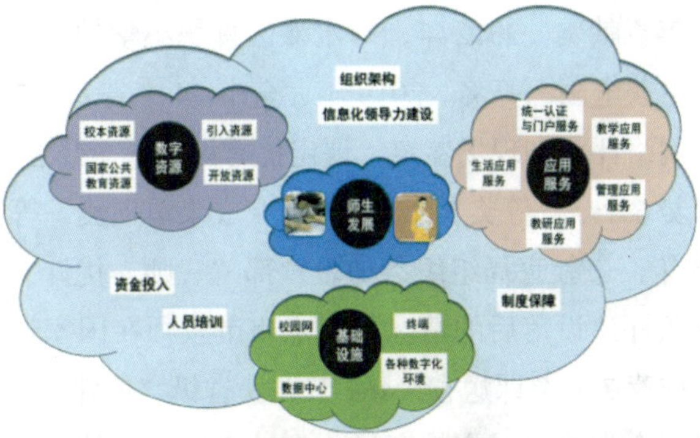

数字校园系统架构示意图

七、课题研究与竞赛

1993年以来，永州市注重多媒体教学、信息技术教学的研究。1997年，永州市祁阳一中的语文课《守财奴》获全国中小学素质教育与课程导学研讨会展评一等奖；永州四中的初中语文课《曲尽其妙写童话》获2000年全国首届初中计算机辅助教学竞赛一等奖；1995—2000年，市电教馆承担“九五”国家教委重点课题“义务教育音像教材建设的理论与实践”5个子课题研究，全部结题，获二等奖2个、三等奖2个；承担“九五”课题省电教馆“现代教育技术实验学校”子课题15个，全部结题。2001—

2005 年，承担“十五”课题“专题学习网站应用与研究”等国家级课题 7 个，省级网络环境下信息教育技术与学科教学整合课题 40 余个，全部结题。2006 年，宁远一中肖疑芳主持的课题“中学古诗文教学软件资源的开发研究”，共开发出中学古诗文教学软件 13 个篇目。其研究成果《初中古诗词鉴赏》《初中古文鉴赏》均获湖南省“十一五”现代教育技术课题研究成果评比一等奖；《鲁迅作品鉴赏》获湖南省第九届多媒体课件比赛特等奖。该课题组研究开发的《小学古诗鉴赏》《初中古诗词鉴赏》《初中古文鉴赏》三套教学软件均已出版，被湖南省和全国基础教育资源中心采用并在网上推广。2003—2010 年，市电教馆每年定期举办课题组、电教业务骨干培训班，组织中小学电脑制作活动，并送国家、省参赛。其间，获得国家级奖项 20 个。冷水滩区电教馆、永州市八中获湖南省中小学电脑制作活动十年成就奖，冷水滩区电教馆杨晓荣、永州八中教师秦耀华、祁阳一中教师高琳、永州市电教馆何小柳获湖南省中小学电脑制作活动十年贡献奖。2012 年，冷水滩区舜德小学的《南京大屠杀纪念碑前》在全国多媒体大赛中获全国一等奖。2015 年，全市 24 个省“十二五”教育技术规划课题全部结题，通过网络评审和现场鉴定，评定优秀课题 8 个、合格课题 16 个，获省研究成果综合奖一等奖 6 个、二等奖 5 个，获省研究成果单项奖一等奖 6 个、二等奖 13 个、三等奖 8 个。2015 年，市教育局组织参加教育部“一师一优课，一课一名师”活动，在全市教育信息化条件建设落后的情况下，永州市教师在国家资源平台晒课 3 万多节，全省排名第三。推荐 749 节课送省，461 节课获省级“优课”，82 节课获部级“优课”，“优课”数量居全省第一。市教育局获省教育厅颁发的“优秀组织奖”。同年 8 月，组织参加全省教育教学信息化大奖赛，全市有 187 所学校 500 多名教师参加，共收作品 566 件，参评作品获国家三等奖 3 个、省一等奖 15 个、省二等奖 24 个、省三等奖 20 个。获一等奖作品数仅次于长沙，大幅领先其他市州。

2001—2015 年永州市中小学生电脑制作作品获国家级奖项情况表（26 个）

表 11-4

作者	作品	类型	赛期	获奖等次	组别	所在学校	指导教师
张璐影	贪的下场	电脑动画	第二届	优秀奖	初中	永州四中	张新军
何可馨	星球模特	电脑绘画	第三届	优秀奖	小学	零师附小	何小柳
蒋　娜	望	电脑绘画	第四届	三等奖	初中	永州市第八中学	秦耀华
易不易	碰怀	电脑绘画	第五届	一等奖	初中	永州市第八中学	秦耀华
欧阳东杰 李　婷	共和国之旅	网页设计	第六届	三等奖	高中	永州市第四中学	艾灵仙

续表 11-4

作者	作品	类型	赛期	获奖等次	组别	所在学校	指导教师
蒋泽宇	电荷·场	程序设计	第六届	一等奖	高中	永州市祁阳一中	高 琳 陈 楠
周春江	视力表	平面设计	第七届	二等奖	高中	永州市十六中	宋学军
王昱星	贪	平面设计	第七届	三等奖	高中	永州市第四中学	张新军 杨 芹
郭艾迪	特殊的喇叭	平面设计	第七届	二等奖	高中	永州市第四中学	秦耀华
黄 超	南有新田	网页制作	第七届	三等奖	小学	永州市新田 龙泉一小	杨进一
张 昕	我咋办	电脑绘画	第七届	三等奖	初中	永州市新田一中	刘 庆
钟 丹	云梯	电子报刊	第七届	三等奖	初中	永州市新田一中	刘 庆
欧阳朝	留守学生报	电子报刊	第八届	三等奖	初中	永州市宁远八中	邹小华
段 袁	春晓新解	电脑绘画	第八届	三等奖	高中	永州市宁远八中	邹小华
徐文祺	规划	艺术设计	第九届	三等奖	高中	永州市第四中学	向元勇
袁晨航	拯救	艺术设计	第十届	三等奖	高中	永州市第四中学	张新军
杨凯帆	企业标志	艺术设计	第十一届	二等奖	高中	永州市第一中学	唐丽玲
唐 田	兔子恰恰的梦	电脑动画	第十三届	二等奖	高中	永州市四中	张新军
邓文辉 孟海宙	作茧自缚	电脑动画	第十三届	二等奖	高中	蓝山县职业中专	杨 芹
袁问渔	说悄悄话	电脑绘画	第十四届	一等奖	小学	永州职院附小	邓湘玲
袁问渔	给太阳降温	电脑绘画	第十五届	一等奖	小学	永州职院附小	邓湘玲
朱瑗怿	校讯通—开学庆典	手机动漫	第十五届	二等奖	高中	永州一中	唐 凯
陈 诺	长颈鹿，你别怕	电脑绘画	第十五届	三等奖	小学	永州职院附小	周 江
蒋涵希	无忧学习	电脑绘画 （二维）	第十五届	三等奖	高中	永州三中	蒋荣琼
林思琪	唱起来！跳起来	电脑绘画	第十六届	一等奖	小学	永州职院附小	张 文
袁问渔	哎呀，摔倒了！	电脑绘画	第十六届	二等奖	小学	永州职院附小	邓湘玲

第十二章

教育管理

第十二章　教育管理

第一节　管理机构

一、市级教育行政管理机构

1985 年 12 月，成立零陵地区教育委员会，定编 37 人。1989 年，地区教育委员会有在册干部职工（不含离退休人员）44 人。

1992 年，地区教育委员会设办公室、政工科、普教科、职教科、师训科、计财科、工农教育科、社会力量办学管理办、监察室、审计科等职能科室。教委党组下设纪检组。

地区教委下属单位有招生办、自考办、成人招生办、教科室、大中专毕业生分配办、勤工俭学管理站、中师函授站。管理的学校有湖南电大零陵分校、零陵师范、道县师范、宁远师范、祁阳师范。

地区教委的主要职能是综合管理全市基础教育、职业技术教育、成人教育、民办教育、市属高等教育，指导协调各县区、各部门的有关教育工作。具体职责包括会同有关部门制定筹措教育经费、教育拨款、教育基建投资等规范性文件；鼓励、支持和规范社会力量办学；主管全市教师工作；指导、推动九年义务制教育的实施和教育结构调整以及教学改革、学校布局调整和规范中小学用书；拟定职业技术、成人教育的发展规划，指导扫除青壮年文盲工作；制定市属高校、中等职业学校和成人高等学校的招生计划，组织招生考试和录取工作；负责各类大中专毕业生、毕业研究生的就业指导、服务和管理工作；制定教育督导评估工作方案并组织实施；指导全市教育教学研究、现代技术、电化教育及勤工俭学工作。

1996 年，因地改市，地区教育委员会改为永州市教育委员会。

1997 年 3 月，市政府办印发市教委“三定方案”，市教委机关行政编制 33 名，内设机构 11 个：办公室（加挂“法规科”牌子）、政工科（加挂“老干科”牌子）、普教科、职教科、师训科、计财科、成人教育科（加挂“成人招生办”牌子）、社会力量办学管理科、纪检监察室、市人民政府教育督导室、审计科。

2001年9月，因机构改革，永州市教育委员会改为永州市教育局。2002年1月，市政府办公室印发《永州市教育局职能配置、内设机构和人员编制规定的通知》，市教育局机关行政编制调整为27名，内设科室调整为8个，分别是办公室（加挂“法规科”牌子）、政工科（加挂“老干科”牌子）、计财科（加挂“社会力量办学管理科”牌子）、普教科、职业教育与成人教育科、教师工作科、学生科（加挂“高教科”牌子）、审计科。教育局党组下设纪检组，纪检组设纪检监察室。市人民政府教育督导室调整为事业单位。

2002年3月2日，市招生办、自考办、成人招生办合并组建永州市教育招生考试中心，下设招生科、自考科、综合科，为全额拨款的副处级事业单位。

2003年5月8日，永州市大中专毕业生分配办公室更名为永州市毕业生就业管理办公室。

2005年12月，市编办正式批复市教育局撤销学生科，设立法制科，人员编制2名。主要负责教育法制、依法治教、依法行政工作，指导全市教育系统的行政复议、行政诉讼应诉工作，教育行政部门、学校和教师的维权工作，处理信访案件、学生伤害事件，负责学校周边环境综合治理等工作。

2005年12月5日，市编委批复同意市教育局设立民办教育管理科。

2007年7月1日，《湖南省教育督导案例》施行，市、县（区）开始任命专职主任督学、副主任督学，并聘任兼职督学。

2009年2月，市编办批复市教育局设立学生资助管理科，负责家庭经济困难学生资助管理工作。明确行政编制2名。

2010年8月13日，市委常委会会议研究教育工作，决定永州一中、永州四中上收市直管，实行“以市管为主，两区协管”的管理体制。2011年1月正式移交市教育局管理。

2011年4月，市政府办印发市教育局“三定方案”，市教育局机关行政编制为35名，内设机构11个，分别为办公室、政策法规科、政工科、计划财务科、基础教育科、职业教育与成人教育科、教师工作科（加挂“市语言文字委员会办公室”牌子）、民办教育管理科、学生资助管理科、体育卫生与艺术教育科、审计科。教育局党组下设纪检组，纪检组设纪检监察室。

2012年12月28日，市政府第十六次常务会议决定，永州市特殊教育学校由零陵区管理上收归永州市教育局直接管理。

2015年10月，机构改革，市编办批复设立教育督导科，为行政科室，加挂永州市人民政府教育督导室牌子，原核定的市人民政府教育督导室2名事业编制分别划转市教育工会和市就业办。同时，增加2名行政编制，编制调整后，市教育局行政编制为37名。调整后的机关内设科室为办公室、政策法规科、政工科、计划财务科、基础教育科、职业教育与成人教育科、教师工作科（挂“永州市语言文字委员会办公室”牌子）、民办教育管理科、学生资助管理科、体育卫生与艺术教育科、审计科、督导科等。教育局党组下设纪检组，纪检组设纪检监察室。所属事业单位有市教育工会、市勤工俭学管理站、毕业生就业管理办公室、市教育考试院、市教育科学研究院、市电化教育馆（教学仪器站）、湖南广播电视大学永州分校、道县师范学校、祁阳师范学校、永州一中、永州四中、永州市特殊学校。

2015 年，永州市教育局

2015 年，机构改革后，永州市教育局的主要职责：贯彻落实国家和省关于教育工作的法律、法规和政策，起草地方性教育法规草案，拟订全市教育改革与发展战略、方针、政策和规划，并组织实施。负责各级各类教育的统筹规划和协调管理，组织实施各级各类学校设置标准，指导各级各类学校的教育教学改革，负责教育基本信息的统计、分析和发布。负责推进义务教育均衡发展和促进教育公平，负责义务教育的宏观指导与协调；指导普通高中教育、幼儿教育和特殊教育工作；落实基础教育教学基本要求，全面实施素质教育；负责管理各直属单位。指导以就业为导向的职业教育发展与改革，执行教学指导文件和教学评估标准；指导中等职业教育教材建设和职业指导工作。统筹指导全市高等教育、成人高等教育、高等教育自学考试和继续教育等工作。参与拟订高（中）等学校毕业生就业措施，指导高（中）等学校开展大学生就业创业工作。统筹管理本部门教育经费；参与拟订全市教育经费筹措、教育拨款、教育基建投资办法与措施；负责统计和监测全市教育经费的投入和使用情况；指导、管理全市资助经济困难学生工作；指导和组织实施教育系统内部审计工作。统筹和指导少数民族教育工作。指导全市中小学校的思想政治工作、德育工作、体育卫生与艺术教育以及国防教育工作。依据《中华人民共和国教师法》规定，在职责范围内，主管全市教师工作；贯彻实施各级各类教师资格标准，配合有关部门组织实施各级各类学校编制标准；负责普通中小学校（含职业学校）、中等专业学校、幼儿园教师资格认定、培养培训工作；统筹指导管理新进教师培养工作；会同有关部门组织实施教师专业职务评聘、招聘录用、考核奖惩和新教师的转正定级工作；指导教育系统人才队伍建设。组织、指导全市教育督导工作。统筹管理全市语言文字工作，拟订全市语言文字规划并组织实施，指导推广普通话和规范字及普通话师资培训工作。承办市委、市人民政府交办的其他事项。

永州市教育局1990—2017年副处级以上干部一览表

表12-1

届　别	姓　名	单位及职务	任职起止时间
1990.09—1994.03	甘明俊	零陵地区教委党组书记、主任	1990.09—1994.03
	周忠信	零陵地区教委党组副书记、副主任	1994.02—1994.09
	雷治松	零陵地区教委党组成员、副主任	1990.09—1994.05
	谢秀英	零陵地区教委党组成员、副主任 零陵地区教委正处级督学	1990.09—1992.02 1992.02—1994.03
	李中文	零陵地区教委党组成员、纪检组长	1990.09—1991.03
	蒋先柏	零陵地区教委党组成员、副主任	1991.11—1994.09
	周山清	零陵地区教委党组成员、纪检组长	1991.11—1994.09
	朱光钧	零陵地区教委副主任	1992.02—1994.09
	张作翱	零陵地区教委党组成员、副主任	1993.01—1994.09
	吕国康	零陵地区教委委员	1991.07—1994.09
	陈　岩	零陵地区教委委员	1993.06—1994.09
	柏光华	零陵地区教委正处级督学	1990.09—1994.03
	杨平安	零陵地区教委副处级督学	1990.08—1994.09
	何积成	零陵地区教委副处级督学	1992.08—1994.02
	蒋亦农	零陵地区教委副处级督学	1992.02—1992.07
	匡荣庆	零陵地区教育工会主席	1992.09—1993.07
	周孟庄	零陵地区教育工会主席	1993.07—1994.09
1994.09—2001.06	周忠信	零陵地区（永州市）教委党组书记、主任	1994.09—2001.06
	蒋先柏	零陵地区（永州市）教委党组副书记、副主任 永州市教委调研员	1994.09—1999.08 1999.08—2000.08
	陈　岩	零陵地区（永州市）教委党组成员、副主任 永州市教委党组副书记、副主任	1994.09—1999.08 1999.08—2001.09
	周山清	零陵地区（永州市）教委党组成员、纪检组长	1994.09—1998.08
	朱光钧	零陵地区（永州市）教委副主任	1994.09—1996.08
	张作翱	零陵地区（永州市）教委党组成员、副主任	1994.09—2000.08
	陈桂兰	零陵地区（永州市）教委党组成员、副主任	1994.09—2001.09
	杨平安	零陵地区（永州市）教委副处级督学 永州市教委党组成员、副主任	1994.09—1999.08 1999.08—2001.10

续表 12–1

届　别	姓　名	单位及职务	任职起止时间
1994.09—2001.06	周金国	零陵地区（永州市）教委助理调研员 永州市教委党组成员、纪检组长	1994.12—1999.06 1999.06—2001.09
	周孟庄	零陵地区（永州市）教育工会主席	1994.09—2001.09
	何修国	零陵地区（永州市）教委副处级督学	1994.12—2001.09
	王少成	零陵地区（永州市）教委副处级督学	1995.12—1997.08
	彭格兰	永州市教委副处级督学	2000.09—2001.09
	吕国康	零陵地区（永州市）教委助理调研员	1994.09—1997.03
	兰天葆	零陵地区（永州市）教委助理调研员	1994.09—2001.09
	滕永兴	永州市教委助理调研员	1999.08—2001.09
2001.09—2007.01	刘宏来	永州市教委党组书记、主任 永州市教育局党组书记、局长	2001.09—2002.01 2002.01—2007.01
	陈　岩	永州市教委党组副书记、副主任 永州市教育局党组副书记、副局长	2001.09—2002.01 2002.01—2007.03
	唐　巍	永州市教育局党组副书记、副局长	2006.06—2007.03
	陈桂兰	永州市教委党组成员、副主任 永州市教育局党组成员、副局长	2001.09—2002.01 2002.01—2007.03
	周金国	永州市教委党组成员、纪检组长 永州市教育局党组成员、副局长、纪检组长	2001.09—2002.01 2002.01—2007.03
	滕永兴	永州市教委（教育局）助理调研员 永州市教育局党组成员、副局长	2001.09—2002.11 2002.11—2007.03
	文俊学	永州市教育局党组成员、市教育招生考试中心主任	2004.02—2007.03
	吕国康	永州市教育局正处级督学 永州市教育局主任督学	2004.02—2006.04 2006.04—2007.03
	杨平安	永州市教委（教育局）调研员	2001.10—2004.02
	周孟庄	永州市教育工会主席	2001.09—2003.06
	何修国	永州市教委（教育局）副处级督学 永州市教育局副主任督学	2001.09—2006.04 2006.04—2007.03
	彭格兰	永州市教委（教育局）副处级督学 永州市教育局副主任督学	2001.09—2006.04 2006.04—2007.03

续表 12-1

届　别	姓　名	单位及职务	任职起止时间
2001.09—2007.01	杨用秀	永州市教育局副处级督学 永州市教育局副主任督学	2002.11—2006.04 2006.04—2007.03
	谢显柱	永州市教育工会主席	2003.06—2007.03
	兰天葆	永州市教委（教育局）助理调研员 永州市教育局调研员	2001.09—2003.12 2003.12—2007.10
	周瑞英	永州市教育局助理调研员	2004.02—2007.03
	唐寿淑	永州市教育局副调研员	2006.07—2007.03
2007.03—2015.01	郑山明	永州市教育局党组书记、局长	2007.03—2015.01
	陈　岩	永州市教育局党组副书记、主任督学 永州市教育局原主任督学、原党组副书记	2007.03—2009.08 2009.08—2011.01
	文俊学	永州市教育局党组成员、市教育招生考试中心主任 永州市教育局党组成员、副局长 永州市教育局党组副书记、副局长	2007.03—2007.12 2007.12—2010.06 2010.06—2015.04
	陈桂兰	永州市教育局党组成员、副局长	2007.03—2008.10
	周金国	永州市教育局党组成员、副局长、纪检组长 永州市教育局党组成员、副局长 永州市教育局党组成员、主任督学 永州市教育局原党组成员、原主任督学	2007.03—2008.10 2008.10—2010.06 2010.06—2012.05 2012.05—2014.01
	滕永兴	永州市教育局党组成员、副局长	2007.03—2015.04
	何　宁	永州市教育局党组成员、副局长	2012.05—2015.04
	李谋韬	永州市教育局副局长	2007.10—2015.04
	谢显柱	永州市教育工会主席 永州市教育局党组成员、市教育工会主席 永州市教育局调研员	2007.03—2007.12 2007.12—2012.05 2012.05—2014.06
	刘安球	永州市教育局党组成员、纪检组长 永州市教育局党组成员、副局长、纪检组长 永州市教育局党组成员、副局长	2008.10—2010.06 2010.06—2010.09 2010.09—2015.04
	陈泽利	永州市教育局党组成员、副局长	2012.12—2015.04
	张建华	永州市教育局党组成员、市教育招生考试中心主任 永州市教育局党组成员、市教育考试院院长	2009.08—2010.06 2010.06—2015.04

续表 12-1

届　别	姓　名	单位及职务	任职起止时间
2007.03—2015.01	王亚春	永州市教育局党组成员、纪检组长	2010.09—2015.04
	吕国康	永州市教育局调研员	2007.03—2008.10
	杨用秀	永州市教育局副主任督学 永州市教育局主任督学 永州市教育局调研员	2007.03—2007.06 2007.06—2010.09 2010.09—2012.07
	何修国	永州市教育局副主任督学 永州市教育局调研员	2007.03—2009.06 2009.06—2009.09
	彭格兰	永州市教育局副主任督学 永州市教育局调研员	2007.03—2009.08 2009.08—2011.12
	周瑞英	永州市教育局副调研员 永州市教育局副主任督学	2007.03—2009.08 2009.08—2015.06
	王小林	永州市教育局副主任督学	2008.10—2015.06
	任　福	永州市教育局副调研员 永州市教育工会主席	2009.08—2013.08 2013.08—2015.04
	唐寿淑	永州市教育局副调研员	2007.03—2014.07
	唐云春	永州市教育局副调研员	2008.12—2015.04
	王红军	永州市教育局副调研员	2013.08—2015.02
2015.04—2017.02	蒋俊林	永州市教育局党组书记、局长	2015.04—2017.02
	文俊学	永州市教育局党组副书记、副局长	2015.04—2015.09
	滕永兴	永州市教育局党组成员、副局长	2015.04—2016.08
	何　宁	永州市教育局党组成员、副局长	2015.04—2017.02
	李谋韬	永州市教育局副局长	2015.04—2017.02
	刘安球	永州市教育局党组成员、副局长	2015.04—2017.02
	陈泽利	永州市教育局党组成员、副局长	2015.04—2017.02
	张建华	永州市教育局党组成员、市教育考试院院长	2015.04—2016.08
	王亚春	永州市教育局党组成员、纪检组长	2015.04—2017.02
	任　福	永州市教育工会主席 永州市教育局党组成员、市教育工会主席	2015.04—2015.09 2015.09—2017.02
	杨兰荣	永州市教育局党组成员、主任督学	2015.11—2017.02
	唐云春	永州市教育局副调研员	2015.04—2015.09

二、市级直属教育机构

（一）永州市教育考试院

2002年3月，由永州市教育局的招生办、自考办、成人招生办合并，成立永州市教育招生考试中心，隶属永州市教育局管理。2002年3月20日，永州市编委批复设立永州市教育招生考试中心，为全额拨款的副处级事业单位，核定编制10名，其中主任1名、副主任2名；下设招生科、自学考试科（均为副科级）。2006年3月20日，市编办批复增设信息综合科，增配副科级职数1名。2009年9月30日，市编委批复将永州市教育招生考试中心更名为永州市教育考试院。

永州市教育考试院的主要职责是负责组织全市普通高校招生考试、成人高校招生考试、高等教育自学考试、硕士研究生招生考试、普通高中学业水平考试、中小学教师资格证考试（笔试）、全国英语等级考试、普通高校招生美术专业考试、成人学位英语考试等国家教育考试招生工作。

2002年2月至2003年12月，文俊学、罗怀亮任市教育招生考试中心副主任（正科级）。

2003年12月至2007年12月，文俊学任市教育招生考试中心主任（副处级）、袁兆林、张建华任市教育招生考试中心副主任（正科级）。

2007年12月至2008年10月，袁兆林、张建华任市教育招生考试中心副主任（正科级）。

2008年10月至2009年3月，张建华任市教育招生考试中心主任（副处级），唐元生任市教育招生考试中心副主任（正科级）。

2009年3月至2010年6月，张建华任市教育招生考试中心主任（副处级），唐元生、罗光明任市教育招生考试中心副主任（正科级）。

2010年6月至2012年6月，张建华任市教育考试院院长（副处级），唐元生、罗光明任市教育考试院副院长（正科级）。

2012年6月至2015年12月，张建华任永州市教育考试院院长（副处级），罗光明、蒋程任永州市教育考试院副院长（正科级）。

（二）永州市教育科学研究院

永州市教育科学研究院主要职责是依据国家教育方针，以提高教育教学质量和效益为宗旨，以面向全体学生、促进学生的全面发展为目标，开展永州市基础教育、职业技术与成人教育的教学研究、教学指导、教学业务管理、教学质量检测、教改实验指导。

1992年，零陵地区教研室主任黄彬兰，副主任唐忠元、唐国庆、欧阳德购。零陵地区编制委员会定编 19 人，正科级事业单位，隶属零陵地区教育委员会。

1993 年 1 月，零陵地区教育委员会更名为零陵地区教育科学研究所，所长黄彬兰，副所长唐忠元、欧阳德购、王红军、唐昌德。

1996 年，因零陵地区改永州市，更名为永州市教育科学研究所。

1999 年 1 月，黄彬兰退休，副所长汪华明主持工作，副所长欧阳德购、唐昌德。

2001 年 1 月，永州市教育委员会任命汪华明所长，副所长欧阳德购、唐昌德。

2002 年 3 月，撤销永州市教科所、永州市成教培训中心、永州市师资培训中心，设立永州市教育科学研究中心，定编 22 名，为全额拨款的副处级事业单位，下设办公室、基础教育研究所、职业技术与成人教育研究所（均为副科级）。主任罗怀亮。

2003 年 12 月，市委组织部任命汪华明、左全华、欧阳德购为副主任。

2004 年，永州市教育局任命唐佐明为办公室主任、唐柏青为基础教育研究所所长、陈建平为职业技术教育与成人教育研究所所长。

2010 年罗怀亮退休，6 月严中斌任主任，副主任左全华、欧阳德购、唐佐明。

2011 年 4 月更名为永州市教育科学研究院，院长严中斌，副院长左全华、欧阳德购、唐佐明。

2015 年，永州市教育科学研究院院长严中斌，副院长唐佐明、唐柏青、杨振华。7 月，唐作明任基础教育研究所所长、杨国斌任职业技术教育与成人教育研究所所长、黄军民任办公室主任。

（三）永州市教学仪器站（电化教育馆）

1957 年，衡阳专署教学仪器站（简称仪器站）成立，负责地区师范和中、小学教学仪器的添置分配和指导维修管理。1962—1971 年，零陵地区的教学仪器工作按照省里的规定由衡阳地区教学仪器站负责，未单独设立机构。1972 年，零陵地区设教学仪器管理机构，即教学仪器组。1975 年，更名为零陵地区教学仪器站，定编 4 人。

1982 年，仪器站实行经济独立核算，行政上属地区教育局领导。站内设办公室、仪器股和电化教育股。1983 年 1 月，王少成任站长，吕正东任副站长。

1984 年，各县（市）教研室设仪器电教组，配 1~2 名仪器、电教专干。

1985 年，地区电化教育馆成立，各县（市）亦成立相应机构。地区电教馆、仪器站合署办公，一个机构、两块牌子，行政属教育局领导，定编 20 人，主要任务是负责全区仪器管理工作及电化教学、实验教学与研究工作。陈宝患、齐光焦、吕正东任副馆（站）长。

1987 年，周绍苏任馆（站）长，陈宝忠、吕正东任副馆（站）长。

1996 年，地改市，零陵地区教学仪器站更名为永州市教学仪器站，仍然实行一个机构、两块牌子。

2004 年 8 月，严中斌任站（馆）长，周黎、秦秋生任副站（馆）长。

2010年8月2日，周黎任站（馆）长，2011年3月10日，秦秋生任支部书记，李天国任工会主席。

2013年，市教育局成立教育信息化领导小组，统筹、协调、指导全市教育信息化建设工作，办公室设在市电教馆，周黎任信息化办主任，秦秋生任信息化办副主任。

2015年，周黎任站（馆）长，秦秋生任支部书记，李天国任工会主席，郑君良任副站长。

三、县（区）、乡镇教育管理机构

1992—1993年，零陵地区义务教育的办学体制和管理体制实行的是地、县、乡、村四级办学和地、县、乡三级管理的体制，把发展基础教育的责任交给地方。1994年12月，湖南省政府召开全省教育工作会议后，零陵地区贯彻会议精神，加快推进办学体制改革，形成政府办学为主、多种力量参与、多种形式办学的新体制，将预算内经费归口到县一级政府管理，地区一级办学经费管理权和使用权下放到县级，县一级办学权和管理权扩大并在组织义务教育的实施方面负主要责任，包括统筹管理教育经费、调配和管理中小学校长、教师、指导中小学教育教学工作等。乡级政府负责落实义务教育的具体工作，包括保障适龄儿童、少年按时入学。1997年4月23日至26日，湖南省教委在永州市芝山区召开全省部分县市区（场）“普九”工作现场会，充分肯定和推介永州市教育人、财、物和事权“四权”由县区统筹的经验。2001年，永州市贯彻落实国务院2001年5月发布的《关于基础教育改革与发展的决定》和2001年9月湖南省委、省政府《关于基础教育改革与发展的决定》要求，将“地方负责、分级办学、分级管理”的基础教育管理体制进一步完善为“实行在国务院领导下，由地方政府负责，分级管理，以县为主”的体制，进一步明确县级政府发展义务教育的主要责任，省市和乡镇承担相应的责任，县乡两级管理、以县为主的体制得到确定和完善，直到2015年未发生变化。

（一）县（区）教育管理机构

2002年，县区教育委员会更名为教育局。县级教育局是中小学的行政主管部门，其机构设置因各地地域大小、人口数量等情况有所不同。一般内设股室主要包括办公室、人事股、教师工作股、基础教育股、体卫艺股、计财股、审计股、纪检监察室、法制办、信访办、职成办，统管县域内基础教育、职业技术教育、成人教育的各类学校和乡镇联校的教育教学工作。县区教育局二级机构设置行使职能的正股级事业单位主要有电教仪器站（将原电教馆和仪器站合并）、教育基金办公室（合并了公费医疗办）、教学研究室、勤工俭学管理站、招生考试办公室、教育督导室、学生资助中心。独立群团组织为教育工会（兼团工委、妇委会、关工委）。根据形势的发展，不少县区还设立了保卫股、安全办、校车办等机构。祁阳县因人口超过100万人，师生人数多，设立了乡镇街道教育管理中心，设主任1人，副主任2人，财务专干1人。

县级教育管理机构的主要职责包括：贯彻落实党和国家的教育方针、政策、法律法规，结合本地实际制定具体的实施办法和有关补充规定。在当地政府和上级教育行政机关的领导下，制定本地区教育事业的发展规划，统筹管理本地区的幼儿教育，九年制义务教育、高中教育、成人教育和职业技术教育。指导乡教育行政组织机构制定教育事业发展计划。统一指导本县各级各类学校的各项教育教学工作，组织各种教研活动，推进教育改革。统筹管理本县各级各类学校的招生工作。在当地政府领导下，做好所属部门的思想政治工作。做好本县教师和教育行政干部的培训、管理工作。做好教育经费的分配工作，并对下属教育行政机构和学校的财务进行监督。组织并指导教学仪器和电教设备的采购、供应和管理。建立健全教育督导制度，既"督政"又"督学"，督导范围包括"下级人民政府的教育工作，下级教育行政部门和学校工作。"承办当地政府和上级教育行政部门交办的其他工作。

（二）乡镇教育管理机构

1985年以来，基础教育开始实施"分级管理、分级办学"的体制，基础教育的管理权限下放，全市大多数乡镇成立教育委员会作为基层教育行政组织，教育委员会下设教育办公室作为日常办事机构。2002年9月，省编办、省教育厅、省财政厅《关于湖南省中小学教职工编制标准实施意见》明确：乡镇不设专门的教育管理机构，可在核定的乡镇行政编制内确定1~2名助理和干事协助乡镇长管理教育事务，有关教育教学业务管理由乡镇初中或中心小学在人员编制内明确1~2人（万人以上的乡镇可明确3人），协助校长做好相关工作。

乡镇教育管理机构的主要职责包括：贯彻落实党和国家的教育方针、政策、法律法规。协助上级教育行政部门制订教育事业发展计划，并组织制定本乡镇的教育事业发展规划。在当地政府和上级教育行政部门的领导下，统筹管理本乡镇的中小学和幼儿园的设置、招生、教学工作。重点抓好九年义务教育工作。协助当地政府和上级教育行政部门做好本乡镇教育行政干部和教师的考核、任免和日常管理工作，努力改善广大教师的工作和生活条件，不断提高教师社会地位。编制本乡镇的教育经费的收支计划。多渠道筹措教育经费，建立健全财务制度，管好用好教育经费。负责组织对本乡镇学校校舍的建设、维修，并保护学校的财产不受侵占。加强对本乡镇各级各类学校各项工作的检查、督导。做好本乡镇各项教育事业的统计工作。积极向乡镇政府和上级教育行政部门反映群众对教育工作的意见，同时努力争取各村民委员会、乡镇企业和广大农民对教育的支持。承办乡镇政府和上级教育行政部门交办的其他工作。

第二节　学校管理

一、中小学管理

全市中小学实行校长负责制，校长对学校各项工作负总责。学校一般设立党支部、教务处、团总支部（少先队）、工会等组织，规模较大的学校还设立政教处、教研室等。这些机构的负责人与校长一起组成校务会或学校工作领导小组。学校工作中有关学校发展或事关教职工、学生利益的重大问题，召开教代会或教职工全会讨论解决，其他需要研究的事项，召开学校行政会议研究决定。一般职代会或教职工全体大会一年不能少于一次，学校行政会议一周一次。

校长管理。1992 年，县区各中小学的校长主要采取任命的方式，副科级以上级别的校长，由县区党委组织部门任命，副处级以上级别的校长，由市委组织部门任命，其他学校校长由县区教委任命。2000 年以后，先在部分中小学试行校长及中层干部竞聘上岗的办法，之后逐步推广。但校长选拔的方式主要还是按干部管理权限考察任命。

教师安排。1992—2000 年，对师范院校毕业生采取包分配的方法，市里将名单分配到校，由县区教委安排到所需要的学校任教。2001 年以后，由各县区根据工作需要，负责教师招聘录用、调配交流、考核奖惩等管理工作。

进入 20 世纪 90 年代特别是 2001 年以后，全市各县区根据中央省有关规定，对中小学的管理体制先后进行调整，逐步适应教育改革与发展的要求。

2001 年，根据国务院颁布的《关于基础教育改革与发展的决定》，全市各县区人民政府对本地农村义务教育负有主要责任，抓好中小学的规划、布局调整、建设和管理，统一发放教职工工资，负责中小学校长、教师的管理，指导学校教育教学工作。乡镇人民政府承担相应的农村义务教育的办学责任，根据国家规定筹措教育经费，改善办学条件，提高教师待遇。继续发挥村民自治组织在实施义务教育中的作用。乡镇、村都有维护学校的治安和安全、动员适龄儿童入学等责任。从 2001 年起，将农村中小学教师工资的管理权上收到县，原乡镇财政收入中用于农村中小学教职工工资发放的部分也相应划拨上交到县级财政，并按规定设立“工资资金专户”。教师工资性支出，由财政部门根据核定的编制和中央统一规定的工资项目及标准，通过银行直接拨入教师在银行开设的个人账户中。同时，实行政校分开，理顺教育行政和学校的关系，使学校成为相对独立的办学实体。

二、中专、中师、中职学校管理

中专、中师学校实行省、市共管，以市为主的办学体制，每年的招生计划、基建立项拨款均由省主管部门下达，领导班子配备、教职员工调配则由市主管部门负责。1998年实行招生并轨，面向市场办学，毕业生自主择业，不再包分配。

2015年，全市共办有中职学校40所，其中教育部门26所、非教育部门1所、民办13所。中职学校以县管为主。办得好、影响大的有永州工业贸易中等专业学校（道县）、永州市工商职业中等专业学校（零陵）、祁阳县职业中专学校等。

三、高等院校管理

2000年以后，永州高等教育迅速发展，形成普通高等教育与成人高等教育共同发展，职业教育由中专向高职迈进的局面。2015年，全市有普通高等教育院校3所，即湖南科技学院、永州职业技术学院、湖南九嶷职业技术学院（潇湘技师学院）。

2000年7月，经湖南省政府批准，由零陵卫校和零陵农校合并，建立永州职业技术学院。实行省、市共管，行政主管为永州市人民政府，业务主管为湖南省教育厅。当年，分南院（卫校）、北院（农校）两个校区办学。

2002年，零陵师范专科学校经教育部批准，升格为本科院校，定名为零陵学院。实行省、市共管，以省为主的管理体制，校址仍在零陵区河西杨梓塘。

2003年6月，经湖南省人民政府批准，将零陵商校、零陵工业学校、零陵师范三所中专成建制并入永州职院，规模大增，分五个校区办学。同时，学院启动本部建设，在零陵区城北老埠头村和日升村共征地2234亩。

2004年，经教育部批准，零陵学院更名为湖南科技学院。

2005年3月，经湖南省人民政府批准，正式成立湖南九嶷职业技术学院，为民办高校，隶属省教育厅管理。2010年5月，经省政府批准，湖南九嶷职业技术学院由民办转为公办，由省教育厅和永州市人民政府共管，并与湖南潇湘技师范学院合并办学，实行一个机构、两块牌子，成为一所以工科类为主的高职院校，并于2014年5月在冷水滩永州大道旁开工建设新校区。学院于2016年9月搬迁。

湖南广播电视大学永州分校（简称永州电大）创办于1980年6月，原为零陵地区电大工作站，2011年4月更名为现名。永州电大位于零陵区黄泥塘路112号，是永州市唯一一所利用现代信息技术手段举办远程开放教育的新型成人高等学校。行政上归市教育局管理，业务上由省电大指导。1992—2015年，培养各类毕业生35800余人。

第三节　教育督导

一、教育督导机构

1988年9月，国家教委、人事部联合发出《关于建立教育督导机构问题的通知》后，湖南省正式恢复建立教育督导机构。

1990年，零陵地区教委成立督导室，配备正、副处级督学3人。

1991年4月，国家教育委员会颁发《教育督导暂行规定》；10月，县（市）设立教育督导室，配备督导员。

1999年，省政府正式批准设立省政府教育督导室，挂靠省教育行政部门。同年，永州始设市人民政府教育督导室。之后，各县区也相继设立政府教育督导室，均挂靠同级教育行政部门。

2007年7月1日，《湖南省教育督导案例》施行，市、县（区）开始任命专职主任督学、副主任督学，并聘任兼职督学。

2014年，省人民政府办公厅行文，成立教育督导委员会，并要求各市州相应成立教育督导委员会。

2015年8月，市机构编制委员会办公室行文，对市教育局机构编制进行调整，明确“基础教育科加挂教育督导科牌子”。同年10月，市编办再次行文，批复市教育局：“同意将原在市教育局基础教育科加挂牌子的教育督导科独立设置，并加挂永州市人民政府教育督导室牌子。”2016年8月，市人民政府办公室行文，成立“永州市教育督导委员会”，其下设办公室与市人民政府教育督导室合署办公。至此，市级教育督导机构，一变而成“一个机构、三块牌子”。对内是市教育局内设行政科室，对外加挂市人民政府教育督导室牌子，同时还是市教育督导委员会这一议事机构的常设办公室。

各县区成立相应机构，新田县于2015年3月成立县教育督导委员会，其办公室与县人民政府教育督导室合署办公；蓝山县于2015年5月成立县教育督导委员会，由副县长兼任主任，县相关部门的副职为副主任或委员。

二、教育督导形式

（一）督政

“两基”验收

1992年，中国共产党第十四次全国代表大会上提出，要把教育摆在优先发展的战略地位，要求“到20世纪末，基本扫除青壮年文盲，基本实现九年制义务教育”。1993年，国家教委宣布从1993年开始，建立每年对普及义务教育县（市，区）和扫除青壮年文盲进行评估验收的制度。

1993年4月，湖南省研究部署“普九”和扫盲工作，下发《湖南省普及九年义务教育和扫除青壮年文盲县（市、区）评估验收实施意见》，并于1993年开展对14个县（市、区）进行评估验收的试点。

1994年，“两基”评估验收在全省全面展开。零陵地区按照上级安排部署开展“两基”评估验收工作。1995年，东安县首先通过评估验收，1996年，芝山区，冷水滩区江永县3县区接受评估验收，到1998年，全市“两基”评估验收工作全面完成。

1998年8月，教育部下发《关于认真做好“两基”巩固提高工作的若干意见》，要求建立、健全“两基”巩固提高工作的督导评估和监控、奖惩制度，采取抽查的方式进行，开展“普九”年检工作，年检的主要内容为：巩固“普九”的政府行为、办学基本条件、普及程度。2001年，抽检芝山区，芝山区年检达到合格要求。2002年，全省建立县级行政区域素质教育督导评估制度，其中包含“普九”成果巩固。2006年底，湖南省开展迎接国家“两基”总验收督导检查，各县（市，区）进行全面自查整改。2007年4月，国家督导检查组对湖南抽查14个市（州）28个县（市、区）。永州抽查宁远县。

县级人民政府教育工作“两项督导评估考核”

县级人民政府教育工作“两项督导评估考核”是指县级人民政府教育工作督导评估和县级党政主要领导教育工作实绩督导考核。1991年5月，江华瑶族自治县接受省教委督导团督导评估，并被授予教育工作先进县。

2004年4月13日，湖南省人民政府教育督导室下发《关于建立对县级人民政府教育工作进行督导评估制度的通知》，同年8月20日，中共湖南省委组织部、湖南省教育厅联合发出《关于实行县级党政主要领导干部教育工作实绩督导考核制度的通知》。以上两个文件通知的出台，将县级人民政府教育工作的考核作为一项制度被确定下来，正式拉开教育工作“两项督导评估考核”的序幕，永州市教育工作“两项督导评估考核”也由此走上制度化、规范化轨道。

2005年开始，按照省里“两项督导评估考核”制度的要求，永州市人民政府教育督导室与市委组织部联合组成评估团，对全市 11 个县区分批进行“两项督导评估考核”。

2006 年，零陵、祁阳、东安三县区接受省两项督导评估考核，零陵区人民政府获得优秀等次，党政主要领导唐定、黄小明教育工作实绩考核获得优秀。

2007 年，冷水滩、双牌、江华、新田接受省两项督导评估，均获合格等次。

2008 年 5 月 6 日，省人民政府办公厅下发《关于开展教育强市（州）强县（市区）督导评估的通知》，同年，宁远、道县、蓝山、江永接受评估，宁远县人民政府获得优秀，党政主要领导李光富、罗建华教育工作实绩考核获得优秀。

2009 年 1 月 7 日，省政府办公厅下发《关于建立对县级人民政府职业教育工作督导评估制度的通知》，把“教育强县”“职业教育”工作一并纳入教育“两项督导评估考核”序列。督导评估工作实行分类推进、分类指导、分类评估的原则。永州市零陵区、冷水滩区、祁阳县、东安县、道县、蓝山县归为二类，其余县归在三类。同年，省对 30 县（市、区）进行首轮“两项督导评估考核”后整改督导复查，道县、江华两县接受复查，道县获得整改工作先进单位。

2011 年，湖南省开始第二轮“两项督导评估考核”，第一批接受督导评估的是零陵区、祁阳县、东安县，零陵区人民政府获得优秀等次，党政主要领导高建华、石艳萍教育工作实绩考核获得优秀。2012 年，冷水滩区、双牌县、江华瑶族自治县、新田县接受督导评估，江华瑶族自治县、冷水滩区获优秀等次。党政主要领导罗建华、李祥红、杨军元、何冲龙获优秀等次。2013 年，蓝山县、道县、宁远县、江永县接受督导评估，宁远县获优秀等次，江永、蓝山、道县获合格等次。宁远县党政主要领导严兴德、刘卫华获优秀等次。县级人民政府职业教育工作督导评估，道县获优秀等次，江永、宁远、蓝山获合格等次。到 2013 年底，两轮教育“两项督导评估考核”完成。

2014 年起，省政府教育督导室全面启动第三轮县级教育“两项督导评估考核”。2016 年，接受督导评估考核的零陵区、冷水滩区、祁阳县 3 个县区均获较好成绩，其中祁阳县被评为“综合优秀”，时任县委书记魏湘江、县长周新辉考核为“优秀”等次。

（二）督学

县域素质教育督导评估

1997 年 6 月，省教育督导室根据汨罗研讨会和国家及省关于克服“应试”教育倾向，实施素质教育的文件精神，研究制定《湖南省素质教育实验县督导评估方案（试行稿）》。

1999 年，冷水滩区接受素质教育实验县的评估。在市教育督导室的指导下，各县区对辖区内学校进行素质教育督导评估，对区域内实施素质教育发挥导向作用。县域素质教育督导评估一直延续到 2003 年。

办学水平评估

省市示范性幼儿园办园水平督导评估。根据省教育督导室的文件精神，每三年对辖区内省市示范性幼儿园进行一轮办园水平督导评估。

2005年开始，市教育督导室进行第一轮办园水平督导评估。2006年，市教育督导室完成10所示范性幼儿园认定，其中市委市政府机关幼儿园、道县教育局幼儿园、零陵区卷烟厂幼儿园3所幼儿园为省示范性幼儿园。零陵区机关幼儿园、蓝山第一幼儿园、新田县机关幼儿园、宁远县幼儿园、江永响当当幼儿园、东安县机关幼儿园7所幼儿园为市示范性幼儿园。2008年，增加江华瑶族自治县机关幼儿园、零陵区百灵幼儿园2所市示范性幼儿园，总数达到9所。2012年，江永响当当幼儿园在评估中被亮黄牌，次年复查不合格，被摘牌。到2015年，进入第四轮示范性幼儿园督导评估。

省市示范性高中学校办学水平评估考核。2015年，永州市人民政府办公室印发《永州市普通高中学校办学水平评估考核方案》，决定从2015年开始对全市省市示范性高中进行办学水平督导评估考核，2015年12月，组织4个评估组对全市11所省示范性高中和11所市示范性高中进行评估考核，永州四中、江华二中获得一等奖，祁阳一中、永州一中、祁阳四中、永州三中获得二等奖，蓝山二中、道县一中、东安一中和永州二中、祁阳二中、宁远二中获得三等奖。

督学责任区制度

1999年，省政府正式批准实施督学责任区制度，即把县（区）中小学划分不同的区域，每区聘任兼职督学3~4人，驻点督学1~2人，同时，每责任区还确定一名教育督导办公室人员为联络员，确定局领导2人作督导考核人员。把每一所学校都纳入督学的“责任区”，实现对学校督导“全覆盖”。督学实施不定期的随访督导和回访，全程了解学校发展，实现对学校的“全过程”督导。

2010年4月，湖南省教育厅、湖南省教育督导室下发《关于建立督学责任区制度的通知（试行）》，在全省范围内建立“以县为主，分级负责”的督学责任区制度。同年6月，市教育督导室下发《关于建立督学责任区制度的通知（试行）》。2010年8月，省教育督导室在长沙召开全省推进督学责任区工作会议，道县介绍督学责任区工作的经验。

各县区相继建立督学责任区，覆盖到辖区内中小学校，市县督学责任区按照督学责任区工作规程，开展随访督导。2014年，零陵区《以乡镇为依托构建督学责任区工作模式》被评为省特色创新项目。

2014年5月，市教育督导室下发《打造永州督学责任区升级版实施意见的通知》，各县区制定打造督学责任区升级版的实施方案，进一步健全督学责任区制度。

2015年3月，国务院教育督导委员会办公室印发《中小学校责任督学挂牌督导创新县（市、区）工作方案的通知》，新田县积极推进教育督导网络平台建设，建立5个督学责任区，实施了挂牌督导。10月，永州市教育督导委员会下发《永州市中小学校责任督学挂牌督导创新县复核与评估工作方案》，新田县、东安县通过市教育督导委员会初评，同年向国家申报，新田县通过国家中小学校责任督学挂牌督导创新县验收。

督学队伍

2005年，根据《湖南省教育督导条例》的有关规定，永州市人民政府办公室下发《关于聘任第一届市人民政府督学的通知》，聘任市级督学53人，其中市直单位24人、县区29人。各县区也相继聘任政府督学，任期3年，县区政府督学人数达200余人。2008年、2011年和2014年，市、县人民政府分别聘任第二届、第三届和第四届政府督学。

2010年，市教育督导室下发《关于建立督学责任区制度的通知（试行）》。道县、冷水滩区、零陵区、祁阳县、东安县、江华瑶族自治县、新田县、蓝山县等先后建立督学责任区，聘任责任区督学196人，实行划片督导。

2011年开始，其他县区相继建立督学责任区，聘任专兼职督学。东安县等县区实行督学资格准入制度，对督学资格进行考试和考核。冷水滩区、新田县、双牌县等县区均设立专职督学。2011年，市教育督导室在道县召开现场培训会，学习道县督学责任区制度建设经验。

2012年2月19日，在全国教育督导工作研讨会上，永州市人民政府教育督导室被授予“全国教育督导先进集体”称号。

2012—2014年，市教育督导室在东安，江华、道县、祁阳、零陵等县区进行督学责任区示范点建设，先后在东安县、祁阳县和零陵区召开督学责任区工作现场会，推介工作经验。

2015年，全市13个县区共建立督学责任区62个，聘任专兼职督学336人，全市所有中小学校均实现挂牌督导。

2015年6月，在新田县召开全市督学责任区升级版现场推进会，学习新田网络督导平台的构建和开展网络督导的先进经验。

第四节　校园安全管理

2006年4月10日，经市综治委同意，成立市学校及周边治安综合治理工作领导小组及办公室，办公室设在市教育局法制科，市教育局分管副局长兼任办公室主任，负责日常工作。2006年，祁阳一中、江华一中被评为省级依法治校示范校。

2007年，调整安全生产领导小组，全面加强全市教育系统综治、维稳和信访工作。2007年，祁阳一中、东安一中、东安职业中专、蓝山二中、新田一中、江永实验小学被评为省级安全文明校园。

2008年，全市教育系统法制工作小组、全市学校安全工作领导小组成立，调整学校及周边综合治理领导小组，办公室设在法制科，各县区教育局也相应成立领导小组。制定《永州市教育局安全工作制度》，提出“预防为主，属地管理，系统联动”的安全工作原则。6月，开展学校及周边治安综合治理集中整治行动。建立学校及周边治安综合治理重大问题台账和接送学生专用校车台账。

2015年，中小学开展法制宣传

2009年，下发《永州市教育局关于规范性文件制定和管理的办法》，教育系统行政许可审批审核事项进驻市政务中心。综合治理考评被省学综办考核为满分。宁远一中、祁阳四中、东安端桥中心小学3所学校被评为省级安全文明校园，19所学校被评为市级安全文明校园。

2010年3月，制定下发《永州市教育局规范性文件制定和管理办法》。

2011年，联合市消防支队开展“消防安全教育示范学校”创建活动。本年度义务教育阶段学校安全保卫专项资金1970万元（其中市本级395万元，包括零陵区130万元、冷水滩区105万元、金洞管理区90万元、回龙圩70万元）。专项用于义务教育阶段学校（含民办学校）配置安保、防火等设备设施以及加固改造校园围墙、校门等支出，不得用于人员经费和偿还债务等支出。

2011年12月14日，市政府出台《关于加强全市中小学幼儿园学生用车管理的意见（暂行）》，要求建立全市中小学幼儿园学生用车管理工作领导小组，由分管教育的副市长任组长，领导小组下设办公室于市教育局，负责日常工作的督促指导和调度协调。至此，市校车办成立，设于市教育局法规科。同时，各县区也相应成立校车办。2011年，冷水滩区三多亭小学、宁远县莲花小学、新田二中3所学校被评为省级安全文明校园。

2012年10月26日，全市学生用车管理工作会议在宁远县召开，市委副书记唐松成出席会议并讲话。宁远县“政府主导、市场运作、公司管理、财政补贴”的校车管理模式在全省推广。同年，冷水滩区梅湾小学被评为省级安全文明校园。

2013 年 5 月 20 日，在永州八中组织“避震及火灾疏散逃生演练”观摩活动，副市长刘尤碧参加观摩。2013 年永州一中被评为省级安全文明校园。

2014 年 3 月，下发《永州市教育局“打非治违”集中行动工作方案》。7—11 月，市安监局、市交警支队、市交通运输局、市质监局、市教育局等联合开展永州市校车安全管理专项大检查。8 月，开展安全生产“大排查、大检查、大整治、大督查”专项行动。9 月，开展秋季校园及周边治安综合治理集中整治行动；同年，永州职业技术学院附属学校获评全省依法治校示范学校。

2015 年 3 月，成立永州市教育系统创建交通管理模范城市工作（简称创交模工作）领导小组，办公室设在政策法规科。6 月，与市公安局交警支队联合下发《永州市创建“文明交通示范学校”活动的实施方案》。9 月，开展整治学校及校车安全隐患。

2015 年，冷水滩区京华中学等 6 所学校获评为省级安全文明校园。40 所学校评为市级安全文明校园，22 所学校评为市级依法治校示范学校，41 所学校评为市级文明交通示范学校。市教育局安全生产、社会管理综合治理工作在全市绩效考核中为先进单位，校园及周边治安综合治理在年度考核中获得满分。

至 2015 年底，永州市有新田、宁远、蓝山、冷水滩、零陵、江永、东安 7 个县区通过“湖南省平安校园建设先进县市区”工程验收或立项。

第五节　教育工会工作

市教育工会是具有独立法人资格的事业单位，受市教育局党组、市总工会双重领导并接受省教育工会的指导；对局直属单位（学校）工会组织进行宏观管理并对 13 个县区（管理区）教育工会进行宏观指导。教育工会主席作为教育局行政班子成员，是副处级领导职务，2008 年开始，工会主席进入市教育局党组。市教育工会成立以来，历届教育工会主席为：匡荣庆（1989.8—1993.6）、周孟庄（1993.7—2002.2）、谢显柱（2002.3—2013.2）、任福（2013.8—），其中谢显柱、任福为市教育局党组成员。

1988 年 7 月，零陵地区编制委员会同意设立中国教育工会湖南省零陵地区工作委员会，定事业编制 2 名。各县区先后恢复教育系统工会组织，局直属单位和各级各类学校也都恢复工会组织。

2003 年开始，市教育工会实行委员会制度，2003 年 10 月，召开第一次工会会员代表大会，选举产生市教育工会第一届工会委员会。

2003 年开始，每年都由市教育局、市教育工会主办，县区和局直属单位轮流承办全市性的大型文体活动，根据承办单位的条件，在篮球、排球、乒乓球、羽毛球、排球等相对普及的教职工喜爱的运动项目中选定比赛项目。

2006 年 12 月，中国教科文卫体工会召开一届五次全体（扩大）会议，表彰全国教科文卫体系统优秀工会工作者，祁阳县教育工会主席宋晓春、宁远县教育工会主席王新民、江华瑶族自治县教育工会主席罗于理受到表彰。

2008 年，市教育工会组织以“我是人民教师”为主题的师德师风演讲比赛。

2009 年 5 月，第二次工会会员代表大会召开，选举产生市教育工会第二届工会委员会。2009 年，市教育工会举办有 49 人参加的新任学校工会主席培训班。

2011 年，为庆祝建党九十周年，市教育工会举办“党的恩情永不忘”征文竞赛活动。

2012 年，由于行政区划和单位名称变化，定名为“永州市教育工会”。

2013 年，市教育局、市教育工会、市教育基金会共争取和筹集资金 800 万元对困难教师进行帮扶。其中，中央彩票专项教育救助计划救助幼儿教职工 118 名、中职和中小学教师 548 名，共计 666 名困难教职工、每人 1 万元；省“爱烛行动”救助资金 90 万元，帮扶 90 名教职工；市困难职工帮扶中心专项帮扶资金 22 万元，对 44 名困难教职工进行帮扶。实施“教师健康工程”，推动落实教职工的定期健康检查制度，使教职工及时掌握自身健康状况。

2014 年，选送 20 件作品参加全省庆祝第三十个教师节“放飞中国梦，讴歌师生情”书法艺术大赛展，获一等奖 1 个、二等奖 2 个、三等奖 3 个、优胜奖 8 个，所获奖项数量在全省排第二位。

2015 年，全市教育系统有县级教育工会组织（含金洞、回龙圩区管理区教育工会）13 个、局直属（含市教育局机关工会）单位（学校）工会组织 13 个。全市教育系统有工会会员 58000 余人。当年举办全市家庭教育培训，142 人参加。2015 年，东安县大盛中心小学教师吴才有被评为省师德标兵并获省“五一劳动奖章”。

2015 年，市教育工会增加 1 名事业编制，共有事业编制 3 名。

人　物

一、人物简介

曾昭绍（1934.11—）男，汉族，湖南衡阳县人，中共党员，大学本科，中学高级教师。

1957年6月，湖南师范学院数学系毕业分配至祁阳二中任教，钻研业务，摸索创新，制作出代数、几何、三角等符合教学要求与学生实际的教具280余件，使抽象的数学概念更加直观形象。1959年底，衡阳地委文教部在祁阳二中举办数学教具专场展览会，《湖南日报》以《创制教具的红旗手》为题进行了专门报道。

1969年9月，任祁阳四中校长，在抓好办学治校的同时，注重勤工俭学，发展校办企业，办起了石灰厂、粉笔厂、纸袋厂、玻璃仪器厂和仪表厂等，积累资金30余万元，扩建校舍，把一所农村中学办成了湖南省重点中学。

1974年，负责创办黎家坪"五七"大学（即祁阳县职业中专前身），带领师生员工坚持建校、教学、科研"三不误"，烧制红砖100余万块，新建校舍3000多平方米，完成科研项目42个。学校被评为"湖南省先进单位"。

1979年9月，调任祁阳一中副校长，1984年8月，被民主选举为校长，制订并推行"四定四制""整体改革""六自主改革"等一系列改革措施，1986年，中央电视台、湖南电视台以《祁阳古城话一中》为题进行专题报道。1996年，祁阳一中成为湖南省3所"省重点中学"和"省实验中学"双挂牌学校之一。

1996年4月，退休后担任祁阳县关工委副主任、湖南省家庭教育讲师团成员，义务为师生作《抗战胜利70周年》专题报告、讲座102场。出版《教海微澜》《涓流集川》等专著8部。

1960年，被评为全国劳动模范。1991年，被评为湖南省特级教师。1993年，被授予湖南省徐特立教育奖。

何丽娟（1964.10—）女，汉族，湖南道县人，中共党员，大学专科，中小学一级教师。

1984年9月，参加工作，先后在道县会潭乡白路小学、会潭中心小学、仙子脚中心小学任教。1984—1993年，白路小学只有她一个老师，全校每学年度一个班，学生

40 人上下，一、三、五年级，二、四、六年级三级复式班年度替换，实行复式教学，校长、班主任、任课老师就她 1 人，既负责孩子们的教育教学，又管孩子们的日常生活。

1993 年 4 月 23 日下午 2 时 30 分左右，白路小学土木结构的教室屋顶突然坍塌，全班学生加上她自己上一年级的女儿全压在里面。瘦小的何丽娟不顾一切，在瓦砾堆中将学生一个个救出，与赶来的群众安顿好受伤的学生，全班 37 名学生，36 人都得救了，可她自己的女儿却永远失去生命。上级决定从中心小学抽调老师来上课，可她毅然坚持留在白路小学，强忍着悲痛，第二天又出现在教室。

何丽娟的感人事迹相继被《零陵报》《湖南教育报》《中国教育报》报道。1993 年被评为全国教育系统劳动模范，同年被湖南省妇女联合会授予“巾帼建功”标兵、“三八红旗手”称号；1995 年，被国务院授予“全国先进工作者”称号。

蒋正庚（1963.11—1998.6）男，汉族，湖南道县人，中专，小学一级教师。

1984 年 9 月，经考核当上民办教师，先后在道县原白芒铺乡仂田小学、木栅小学、吴家小学、黎家兴小学、白泥山小学、洞仂口小学、马垒小学、岩口小学、西源小学等乡村教学点任教。

蒋正庚从事教育教学工作 14 年，无论在哪个学校工作，都认真做好本职工作，从不愿落下学生的课。在洞仂口小学负责一年级的包班教学时，妻子就要分娩，为不落下学生的课，让母亲陪妻子去县人民医院做剖宫产。1995 年 10 月，父亲病重住院一个多月，他是独生子，没请一天假，让妻子去护理。对家里的事管得少，但对学生的关心却是无微不至，先后有 5 名特困生在他的资助下完成小学学业。

1998 年 6 月 13 日上午，龙卷风将西源小学至西源村段的电线吹断，电线掉落在路上。放学后，一名学生不小心绊着电线，被电流击倒在地，在场的十几个学生都惊慌了，大声求救。其时蒋正庚带着儿子正从另一条路上回家吃午饭，听到呼救，见几个学生正向受伤学生靠拢，情况非常危急，他急忙奔向出事地点，边跑边喊：“走开，快走开！”他光着脚跑过来，见学生一动不动地倒在地上，裸露的铝线搭在身上，他迅速用手中的三张报纸去挑拨电线，拨了几下，没有拨动。这时学生全身抽搐，口吐白沫，容不得迟疑，蒋正庚马上用双手拿着报纸把电线用力拉出来，电线瞬间弹起，落在了蒋正庚的手腕上。他被电击倒在田里，不幸牺牲。

1998 年 6 月，道县教委决定并报道县县委、县政府批准，把他的妻子录用为国家正式职工。2014 年 11 月 21 日，蒋正庚被民政部追认为烈士。

宾雍恕（1918—1977）男，汉族，湖南东安县人，中共党员，两年私塾。

宾雍恕的家乡高峰乡在东安县边远山区，村民居住分散，文化落后，能识字的很少。1956 年初创办夜校，把村里文盲组织起来读书识字、学文明理。当年末，初级社相继加入高级农业生产合作社，村民群众学文化学知识的积极性更高，夜校一下汇集了 40

多名学员，但还不能满足群众要求。他把夜校改为社会大课堂，在村民常去的场所醒目地画图并配以文字，120多户的墙壁及居家物件，都被书写上名称，让不识字的人，时时处处有字可认，互帮互学、灵活机动，产生了良好扫盲效果。1959年，县委、县政府、地区行署对扫盲工作进行验收，要求每人认1000字，全社180多人参加扫盲验收考试，全部合格，有的还超出合格标准。

1959年，作为民兵扫盲积极分子出席湖南省先代会。1960年，被评为全国教、文、卫、体、新闻方面社会主义建设全国先进工作者并出席全国群英会，获全国文教方面先进工作者代表大会纪念章一枚。

符德训（1935—1985.2）男，汉族，湖南湘潭县人，中共党员，大学专科。

符德训1953年毕业于衡山会计专科学校，次年3月参加工作，1959年10月加入中国共产党。先后在衡山、道县、零陵等县财贸、公安、党政部门工作，历任会计、秘书、股长、区社书记、县委副书记。1976年担任东安县革委会主任、县委书记、县人民武装部第一政委。

1980年，根据中共中央和国务院关于抓好普及小学教育的指示精神，东安县委、县政府下达《关于解决当前中小学几个问题的意见》，提出普及初等教育的规划和措施。全县确定每个公社以一所大队小学为基础创办中心小学。1983年初，东安县委、县政府作出《关于普及小学教育若干问题的决定》，动员全县各级领导和群众大力建设中心小学。符德训亲自在山口铺公社办点示范，率先建成东安县第一所标准较高的中心小学。他还在抓全县中心小学建设过程中，提出和贯彻钉钉子精神，扎扎实实抓好小学教育。仅半年时间，全县各公社、大队集资246.5万元（其中干部群众捐款48.8万元），献工6万多个，献料折价34.6万元。是年底，全县35所中心小学全部按标准建成，共建教室356间、办公室和会议室51间、教师宿舍615间、学生宿舍210间、礼堂31个，总建筑面积48300平方米，另开辟体育场35个、生产劳动基地110亩，总耗资520多万元。中心小学的建设带动了联小、村小的改建和扩建，全县各级各类小学的办学条件得以改善，促进了小学教育的普及。1983年，全县学龄儿童入学率达96%。是年，《人民教育》第八期发表了东安《任用贤才办教育》专题文章。是年7月，符德训出席全国普通教育工作会议，在会上介绍东安普及小学教育经验。《人民日报》连续发表两篇短评，赞扬东安办教育的钉钉子精神和摆正教育“小媳妇”位子的经验。是年9月，湖南省教育工作会议在东安召开，中共湖南省委书记毛致用在会上高度评价和肯定东安办中心小学的经验。从此，“东安会议”作为湖南省普通教育发展史上的一块里程碑被载入史册。1984年，东安初等教育经省委委托零陵地区验收，达到了省定标准，零陵地委、行署授予东安“零陵地区普及初等教育第一县”光荣称号。是年《湖南日报》头版头条报道东安普及教育的经验。

1984年11月，符德训身患重病仍坚持视察工作。1985年2月，因医治无效逝世。

唐臻雨（1930.10—2017.2）男，汉族，湖南省东安县人，中共党员，初中。

1946年东安县耀祥书院初中部毕业，1951年1月加入中国人民志愿军，参加抗美援朝战争。1957年退伍回家在东安县大水乡石板村务农。1958年1月参加教育工作，先后在东安县花桥镇农业中学、花桥中学、东安县第四中学任教。

1958年参加教育伊始，便担任东安县花桥农业中学校长。其间，带领师生艰苦创业，两年后学校就走出一条国家不花钱、学生不交费、师生吃住免费、教师工资自发，学校一切经费自负的农业中学办学之路，实行“两条腿走路”，以半耕半读，勤工俭学、自力更生、自负盈亏的方式自主办学十余年，发展成为6个班、师生300余人的学校。学校拥有耕地、农田、山林300余亩，实行农教科相结合，实现“学习超普中，生产赛老农”。

1960年，出席了湖南省文教群英大会。同年被评为全国教、文、卫、体、新闻方面社会主义建设全国先进工作者并出席全国群英会，获全国文教方面先进工作者代表大会纪念章一枚。1983年4月，被湖南省人民政府认定为“全国劳动模范”。

周成志（1930.2— ）男，汉族，湖南江永县人，中共党员，简师，小学高级教师。

1949年7月毕业于湖南省永明县（1956年3月改为江永县）简易乡村师范学校，1950年2月参加工作，先后在永明县夏层铺镇棠下小学、下甘棠小学任教师，1955年3月任甘棠中心小学校长，1960年9月任江永县潇浦完全小学校长，1962年2月调任县第一中学教导处副主任，1962年10月任允山附中（学区）党支部书记，1969年5月调任夏层铺中学革委会副主任，1973年9月任县业余教育办公室大干公社工作点组长，1975年2月任上江圩中学革委会副主任、党支部书记、学区主任，1985年9月至1992年1月任潇浦镇中心小学助理员。

周成志从事教育教学工作43年，不断摸索改进备课、上课、批改、辅导等教学的方式方法，其“如何提高教学质量”的经验在全县教师表彰大会上作典型发言，并编入《江永县先进教师教学经验集》。1955年，周成志每月从自己29.50元的工资中捐资20元，并带动群众捐资500余元，为夏层铺乡甘棠中心小学添置课桌凳，改善办学条件。1956年，带领村民兴办民办小学8所，其中兰溪新桥小学被评为零陵地区先进单位。1958年，所辅导的兰溪峒州村夜校在全县率先脱盲。1957年4月，因抢救落水学生被礁石撞成重伤。

1960年，被评为湖南省教育和文化、卫生、体育、新闻方面社会主义建设先进工作者，同年6月被评为全国教、文、卫、体、新闻方面社会主义建设先进工作者。

盘晓红（1970.11—）女，瑶族，湖南蓝山人，大学专科，中学高级教师。

1988年7月零陵师范学校毕业，先后在蓝山县汇源小学、广东中山三鑫双语学校、蓝山县太平学校、楠市小学任教。2004 年 8 月，任楠市中心小学副校长。

盘晓红在工作中记下 17 本近百万字的笔记和教育日记，让 20 多名问题学生当“校长小助手”，开设德育帮扶班。2010 年秋季起，开设自创的校本德育课程——美心课，包含家长美心课、美心实践体验课、留守儿童心理健康美心课等，并在省内外多所高校、中小学讲学，推广美心教育。2000 年，自学英语，跟着录音机苦学苦练，主动担任 2 个年级 4 个班的英语教学。2004 年暑假，连续 48 天走访了 15 个乡镇 38 个村，行程千余公里，走访 65 名孤儿家庭，写下了 10 余万字关于儿童失学的记录，并为这 65 名孤儿和留守儿童奔走，广泛寻求社会的援助。她先后收养了 5 名孤儿并帮助他们完成学业。为修好学校操场和校门前的一条水泥路，她走村串户去募捐；为促使对学校产生严重污染的化工厂搬迁，她冒着得罪化工厂老板的危险逐级向上反映，直至化工厂停厂关闭。

2007 年被授予“全国中小学优秀班主任”“全国教育系统巾帼建功标兵”“全国模范教师”荣誉称号；2008 年被授予“全国三八红旗手”荣誉称号；2010 年被国务院授予“全国先进工作者”荣誉称号；2011 年被授予全国道德模范提名奖；2014 年被评为湖南省特级教师。

二、人物表录

1992—2015 年永州市教育系统国家级省级荣誉获得者

姓　名	工作单位（部门）	性别	民族	籍贯	出生年月	政治面貌	学历	专业技术职称	获得的主要荣誉
唐作明	永州市教师发展中心	男	汉	零陵区	1970.7	中共党员	本科	正高级教师	全国模范教师
唐金香	祁阳师范学校	女	汉	株洲市	1965.1	中共党员	本科	高级讲师	全国优秀教师
董劲松	永州市第一中学	男	汉	零陵区	1943.5	中共党员	专科	高级教师	全国模范教师
唐凤鸾	永州市第一中学	女	汉	零陵区	1963.3	群众	专科	一级教师	全国模范教师
陈　英	永州市第四中学	男	汉	冷水滩区	1955.9	中共党员	硕士	高级教师	全国模范教师
石明一	永州市第四中学	男	汉	东安县	1968.9	中共党员	硕士	高级教师	全国模范教师
杨国斌	永州市教科院	男	汉	宁远县	1966.2	中共党员	本科	高级教师	省特级教师
唐嗣德	祁阳师范学校	男	汉	祁阳县	1942.11	中共党员	本科	高级讲师	省特级教师
周士杰	祁阳师范学校	男	汉	衡阳市	1948.6	中共党员	本科	高级讲师	省特级教师
何敦遂	道县师范学校	男	汉	道县	1941.12	中共党员	本科	高级讲师	省特级教师
罗德康	道县师范学校	男	汉	衡南县	1940.1	中共党员	本科	高级讲师	省特级教师
成少华	永州市第一中学	男	汉	零陵区	1967.6	民盟盟员	本科	高级教师	省特级教师
陈宗华	永州市第一中学	男	汉	零陵区	1962.11	中共党员	本科	高级教师	省特级教师
蒋庆荣	永州市第一中学	男	汉	零陵区	1965.5	中共党员	本科	高级教师	省特级教师
唐金娥	永州市第一中学	女	汉	零陵区	1963.1	中共党员	本科	高级教师	省特级教师
唐骑龙	永州市第一中学	男	汉	零陵区	1959.4	中共党员	本科	高级教师	省特级教师

姓　名	工作单位（部门）	性别	民族	籍贯	出生年月	政治面貌	学历	专业技术职称	获得的主要荣誉
李朝华	永州市第四中学	男	汉	冷水滩区	1963.5	中共党员	本科	正高级教师	省特级教师
李定钧	永州市第四中学	男	汉	冷水滩区	1939.11	中共党员	本科	高级教师	省特级教师
欧阳慧	永州市第四中学	女	汉	宁远县	1966.1	民盟盟员	本科	正高级教师	省特级教师
张新军	永州市第四中学	男	瑶	江华瑶族自治县	1962.11	民盟盟员	本科	高级教师	省特级教师
赵海燕	祁阳师范学校	男	汉	祁阳县	1956.8	中共党员	专科	高级政工师	省优秀教师
蒋永圭	道县师范学校	男	汉	东安县	1964.11	群众	本科	高级讲师	省优秀教师
李梅兰	道县师范学校	女	汉	宁远县	1973.12	群众	本科	高级讲师	省优秀教师
李群峰	道县师范学校	男	汉	宁远县	1959.8	中共党员	本科	高级讲师	省优秀教师
廖　涵	道县师范学校	男	汉	道县	1940.11	中共党员	本科	高级讲师	省优秀教师
欧阳际永	道县师范学校	男	汉	宁远县	1952.4	中共党员	本科	高级讲师	省优秀教师
彭文军	道县师范学校	男	汉	宁远县	1964.9	群众	本科	高级讲师	省优秀教师
陈　琦	永州市第一中学	男	汉	零陵区	1966.7	中共党员	本科	高级教师	省优秀教师
陈世晞	永州市第一中学	男	汉	零陵区	1937.5	中共党员	中专	一级教师	省优秀教师
黄秋元	永州市第一中学	男	汉	零陵区	1963.8	中共党员	本科	高级教师	省优秀教师
蒋飞云	永州市第一中学	男	汉	零陵区	1942.10	中共党员	专科	高级教师	省优秀教师
蒋昭才	永州市第一中学	男	汉	零陵区	1949.9	中共党员	专科	高级教师	省优秀教师
唐红鹰	永州市第一中学	女	汉	零陵区	1969.6	中共党员	本科	高级教师	省优秀教师
蒋亚军	永州市第四中学	男	汉	东安县	1971.5	中共党员	本科	高级教师	省优秀教师
肖三红	永州市特殊学校	女	汉	零陵区	1973.8	群众	专科	高级教师	省优秀教师
李柱南	冷水滩区教育局	男	汉	冷水滩区	1953.1	中共党员	本科	高级教师	全国优秀教师

姓　名	工作单位（部门）	性别	民族	籍贯	出生年月	政治面貌	学历	专业技术职称	获得的主要荣誉
宋学义	永州第二中学	男	汉	冷水滩区	1948.11	中共党员	本科	高级教师	全国优秀教师
周进禄	冷水滩区滨江小学	男	汉	冷水滩区	1937.9	中共党员	大专	高级教师	全国教育系统劳动模范
刘伟燕	冷水滩区教育局	男	汉	武冈市	1953.8	中共党员	本科	高级教师	省特级教师
秦四年	冷水滩区教育局	男	汉	冷水滩区	1956.1	群众	硕士	高级教师	省特级教师
邓冰浦	永州第二中学	男	汉	冷水滩区	1938.12	中共党员	本科	高级教师	省特级教师
周卓敏	永州第二中学	男	汉	冷水滩区	1944.9	中共党员	本科	高级教师	省特级教师
曾雪梅	永州第二中学	女	汉	冷水滩区	1947.12	中共党员	本科	高级教师	省特级教师
胡松青	永州综合职业中专	男	汉	冷水滩区	1962.4	中共党员	硕士	正高级教师	省特级教师
康中年	冷水滩区教师进修学校	男	汉	零陵区	1957.1	中共党员	本科	高级教师	省特级教师
刘华金	冷水滩区三多亭小学	女	汉	冷水滩区	1983.6	中共党员	大专	高级教师	省特级教师
蒋文秀	冷水滩区三多亭小学	女	汉	冷水滩区	1942.12	中共党员	中师	高级教师	省特级教师
邓春艳	冷水区滩舜德小学	女	汉	冷水滩区	1970.3	中国民盟	本科	正高级教师	省特级教师
邓美荣	冷水滩区翠竹园小学	女	汉	冷水滩区	1964.2	群众	大专	一级教师	省特级教师
罗晓华	冷水滩区杨家桥小学	女	汉	耒阳市	1948.12	中共党员	本科	高级教师	省特级教师
屈新善	冷水滩区杨家桥小学	男	汉	冷水滩区	1952.9	中共党员	大专	高级教师	省特级教师
冯冬春	冷水滩区教育局	女	汉	冷水滩区	1972.10	中共党员	大专	高级教师	省优秀教师
罗迪夫	永州市综合职业中专	男	汉	冷水滩区	1968.11	中共党员	本科	高级教师	省优秀教师
谢永芳	冷水滩区菱角山小学	女	汉	冷水滩区	1946.12	中共党员	中专	一级教师	省优秀教师
周松青	冷水滩区三多亭小学	男	汉	冷水滩区	1962.8	中共党员	中专	一级教师	省优秀教师
王恩庚	冷水滩区珊瑚学校	男	汉	冷水滩区	1959.4	中共党员	大专	高级教师	省优秀教师

姓名	工作单位（部门）	性别	民族	籍贯	出生年月	政治面貌	学历	专业技术职称	获得的主要荣誉
周新花	冷水滩区郝皮桥小学	女	汉	冷水滩区	1953.1	中共党员	中专	一级教师	省优秀教师
屈昭良	冷水滩区仁湾镇中学	男	汉	冷水滩区	1959.10	中共党员	本科	高级教师	省优秀教师
张雨发	永州市第三中学	男	汉	零陵区	1952.2	中共党员	专科	高级教师	全国优秀教师
陈培协	零陵区何仙观完小	男	汉	零陵区	1949.4	中共党员	中师	高级教师	全国优秀教师
程家忠	零陵区梳子铺中学	男	汉	零陵区	1949.12	中共党员	大专	一级教师	全国优秀教师
唐熙候	零陵区石岩头镇中学	男	汉	零陵区	1940.12	中共党员	大专	二级教师	全国优秀教师
文玉华	零陵区梳子铺乡中学	女	汉	东安县	1968.9	群众	本科	高级教师	全国优秀教师
陈文华	零陵区教育局	男	汉	零陵区	1959.11	中共党员	本科	高级教师	省徐特立教育奖
郑玉英	永州市第三中学	女	汉	零陵区	1966.12	中共党员	本科	高级教师	省特级教师
吴同和	永州市第七中学	男	汉	零陵区	1941.11	中共党员	大专	高级教师	省特级教师
吉飞莉	零陵区徐家井小学	女	汉	零陵区	1962.8	中共党员	大专	高级教师	省特级教师
王赛璀	零陵区富家桥镇中学	男	汉	永州市	1967.11	群众	本科	高级教师	省特级教师
吴才有	东安县大盛中心小学	男	汉	东安县	1972.7	中共党员	大专	一级教师	全国优秀教师
吴中雄	东安县教育局	男	汉	东安县	1947.1	中共党员	本科	高级政工师	全国优秀教师
袁作钰	东安县第一中学	男	汉	东安县	1963.12	中共党员	本科	高级教师	全国优秀教师
魏就元	东安县第一中学	男	汉	东安县	1962.12	中共党员	硕士	高级教师	全国优秀教师
张建荣	东安县第一中学	女	汉	东安县	1963.10	群众	本科	高级教师	全国优秀教师
李贻耀	东安县第一中学	男	汉	东安县	1942.3	中共党员	本科	高级教师	全国优秀教师
周满玉	东安县鹿马桥小学	女	汉	东安县	1954.10	中共党员	中师	一级教师	全国优秀教师
贺前锋	东安县竹木甸小学	男	汉	东安县	1932.12	中共党员	专科	一级教师	全国优秀教师

姓名	工作单位（部门）	性别	民族	籍贯	出生年月	政治面貌	学历	专业技术职称	获得的主要荣誉
唐国民	东安县教育局	男	汉	邵东市	1940.8	中共党员	大专	高级教师	全国优秀教育工作者
唐世祯	东安县教育局	男	汉	东安县	1953.10	中共党员	大专	高级教师	全国优秀教育工作者
文绍勇	东安县教研室	男	汉	东安县	1932.5	中共党员	中师	高级教师	全国教育系统劳动模范
唐荣道	东安县水岭学校	男	汉	东安县	1933.1	中共党员	高中	高级教师	全国优秀班主任
夏尊华	东安县第一中学	男	汉	东安县	1962.10	中共党员	本科	高级教师	省特级教师
胡楚鹍	东安县耀祥中学	男	汉	东安县	1940.9	中共党员	本科	高级教师	省特级教师
蒋玉娥	东安县一小	女	汉	东安县	1955.10	中共党员	专科	一级教师	省特级教师
于德满	东安县教育局	男	汉	东安县	1963.3	中共党员	专科	一级教师	省优秀教师
黄双玉	东安县一中	女	汉	东安县	1947.11	中共党员	本科	高级教师	省优秀教师
蒋颂安	东安县一中	男	汉	东安县	1943.10	中共党员	专科	高级教师	省优秀教师
李祖纯	东安县一中	男	汉	东安县	1947.12	中共党员	专科	一级教师	省优秀教师
李万里	东安县一中	男	汉	东安县	1940.9	中共党员	本科	高级教师	省优秀教师
唐寿祝	东安县四中	男	汉	东安县	1947.11	中共党员	本科	高级教师	省优秀教师
荣业连	东安县委党校	男	汉	东安县	1948.8	中共党员	专科	讲师	省优秀教师
陈华高	东安县第一小学	男	汉	东安县	1957.9	中共党员	专科	一级教师	省优秀教师
唐开发	东安县第二小学	男	汉	东安县	1946.11	中共党员	专科	一级教师	省优秀教师
唐任远	东安县第二小学	男	汉	东安县	1963.9	中共党员	专科	二级教师	省优秀教师
唐如海	东安县耀祥中学	男	汉	东安县	1958.3	中共党员	专科	高级教师	省优秀教师
纪存柳	东安县耀祥中学	男	汉	东安县	1950.2	中共党员	专科	高级教师	省优秀教师
宾自顺	东安县井头圩小学	男	汉	东安县	1957.6	中共党员	中师	一级教师	省优秀教师

姓　名	工作单位（部门）	性别	民族	籍贯	出生年月	政治面貌	学历	专业技术职称	获得的主要荣誉
陈培铭	东安县白沙小学	男	汉	东安县	1940.1	中共党员	中师	一级教师	省优秀教师
陈永明	东安县水岭学校	男	汉	东安县	1952.8	群众	中师	一级教师	省优秀教师
李有忠	东安县水岭学校	男	汉	东安县	1942.10	中共党员	高中	一级教师	省优秀教师
文会中	东安县水岭学校	男	汉	东安县	1963.11	中共党员	专科	一级教师	省优秀教师
黄赞荣	东安县易江学校	男	汉	东安县	1949.8	中共党员	中师	一级教师	省优秀教师
罗　莉	东安县井头圩小学	女	汉	东安县	1963.9	中共党员	专科	一级教师	省优秀教师
冯　勇	东安县井头圩小学	男	汉	东安县	1963.2	中共党员	专科	一级教师	省优秀教师
荣爱群	东安县应阳中学	男	汉	东安县	1963.8	中共党员	大专	高级教师	省优秀教师
唐树忠	东安县大江口学区	男	汉	东安县	1954.5	中共党员	中师	一级教师	省优秀教师
陈才良	东安县大庙口中学	男	汉	东安县	1949.8	中共党员	中师	一级教师	省优秀教师
丁甫生	东安县端桥铺中学	男	汉	东安县	1943.2	中共党员	中师	一级教师	省优秀教师
周　鲁	东安县石期市小学	男	汉	东安县	1936.8	中共党员	初师	一级教师	省优秀教育工作者
梁伟红	东安县江东文武学校	男	汉	东安县	1974.10	中共党员	专科	一级教师	省优秀十佳教练员
方桂元	东安县大盛中心小学	男	汉	东安县	1946.12	中共党员	中师	二级教师	省劳动模范
姚兴国	东安县新圩学区	男	汉	东安县	1968.5	中共党员	本科	一级教师	省优秀中小学校长
唐玉霞	东安县新圩学区	男	汉	东安县	1947.5	中共党员	中师	一级教师	省优秀教师
唐瑞甫	东安县新圩中心小学	男	汉	东安县	1940.8	中共党员	初中	一级教师	省优秀教师
唐建元	东安县荣源学校	男	汉	东安县	1957.10	中共党员	专科	一级教师	省优秀教师
黄　嵩	祁阳第一中学	男	汉	祁阳县	1934.11	中共党员	本科	高级教师	全国优秀教师
龚林荣	祁阳县职业中专	男	汉	祁阳县	1970.2	中共党员	本科	高级教师	全国优秀教师

姓 名	工作单位（部门）	性别	民族	籍贯	出生年月	政治面貌	学历	专业技术职称	获得的主要荣誉
张玉莲	祁阳第二中学	女	汉	祁阳县	1947.9	中共党员	专科	高级教师	全国优秀教师
李映刚	祁阳县浯溪一中	男	汉	祁阳县	1969.3	中共党员	本科	高级教师	全国优秀教师
伍小艳	祁阳第二中学	女	汉	祁阳县	1964.12	中共党员	本科	高级教师	全国优秀教师
唐春发	祁阳县大村甸中学	男	汉	祁阳县	1949.2	中共党员	中师	一级教师	全国优秀教师
唐遂鸣	祁阳县大村甸一中	男	汉	祁阳县	1949.12	中共党员	中师	教师一级	全国优秀教师
伍达生	祁阳县黎家坪小学	男	汉	祁阳县	1933.9	中共党员	中师	高级教师	全国优秀教师
黄喜竹	祁阳县羊角塘中心小学	女	汉	祁阳县	1940.12	中共党员	中师	高级教师	全国优秀教师
罗艳平	祁阳县浯溪二中	女	汉	祁阳县	1965.5	中共党员	本科	高级教师	全国优秀教师
曾祥富	祁阳第一中学	男	汉	祁阳县	1948.9	中共党员	本科	高级教师	全国教育系统先进工作者
伍仲仁	祁阳县教育局	男	汉	祁阳县	1939.3	中共党员	本科	高级教师	全国教育系统劳动模范
李映友	祁阳县教育局	男	汉	祁阳县	1965.11	中共党员	本科	高级教师	全国师德先进个人
包君康	祁阳县教育局	男	汉	祁阳县	1953.9	中共党员	大专	高级教师	全国优秀教育工作者
邓康南	祁阳县职业中专	男	汉	祁阳县	1947.11	中共党员	大专	高级教师	省优秀教师
段学义	祁阳县龚家坪镇窑头铺完小	男	汉	祁阳县	1930.6	中共党员	中专	高级教师	省优秀教师
龚朝阳	祁阳县职业中专	男	汉	祁阳县	1963.12	中共党员	本科	高级教师	省特级教师
蒋民主	祁阳第一中学	男	汉	祁阳县	1954.12	中共党员	本科	高级教师	省特级教师
刘家骥	祁阳第一中学	男	汉	祁阳县	1936.11	中共党员	本科	高级教师	省特级教师
桂夏生	祁阳第一中学	男	汉	祁阳县	1962.5	中共党员	本科	高级教师	省特级教师
谭又平	祁阳第二中学	男	汉	祁阳县	1968.9	中共党员	本科	高级教师	省特级教师
王景魁	祁阳县职业中专	男	汉	祁阳县	1971.2	中共党员	本科	正高级教师	省特级教师

姓　名	工作单位（部门）	性别	民族	籍贯	出生年月	政治面貌	学历	专业技术职称	获得的主要荣誉
桂阳玲	祁阳县民生小学	女	汉	祁阳县	1980.5	中共党员	本科	高级教师	省特级教师
王承民	祁阳县白水中学	男	汉	祁阳县	1949.10	中共党员	大专	高级教师	省优秀教师
张子汉	祁阳县白水完小	男	汉	祁阳县	1951.7	中共党员	中师	高级教师	省优秀教师
杨晓芳	祁阳县教育局	女	汉	祁阳县	1963.8	中共党员	本科	高级教师	省优秀教师
杨学光	祁阳县教育局	男	汉	祁阳县	1964.11	中共党员	本科	高级教师	省优秀教师
邓　振	祁阳第一中学	男	汉	祁阳县	1963.8	中共党员	本科	高级教师	省优秀教师
吕太清	祁阳第二中学	男	汉	祁阳县	1934.9	中共党员	本科	高级教师	省优秀教师
陈世瑞	祁阳第四中学	男	汉	祁阳县	1937.10	中共党员	本科	高级教师	省优秀教师
李铁牛	祁阳第四中学	男	汉	祁阳县	1974.9	中共党员	本科	高级教师	省优秀教师
曾念椝	祁阳第四中学	男	汉	祁阳县	1928.4	中共党员	本科	高级教师	省优秀教师
曾国来	祁阳第四中学	男	汉	祁阳县	1944.11	中共党员	大专	高级教师	省优秀教师
伍新文	祁阳第四中学	男	汉	祁阳县	1974.9	中共党员	本科	高级教师	省优秀教师
谭位月	祁阳第四中学	男	汉	祁阳县	1965.8	中共党员	本科	高级教师	省优秀教师
段美雄	祁阳县龚家坪镇荷叶塘小学	男	汉	祁阳县	1952.2	中共党员	中专	高级教师	省优秀教师
李仕云	祁阳县龚家坪镇云排岭学校	男	汉	祁阳县	1944.4	中共党员	中专	一级教师	省优秀教师
桂昭仲	祁阳县黎家坪镇大麻冲教学点	男	汉	祁阳县	1957.7	中共党员	中师	高级教师	省优秀教师
陈德良	祁阳县肖家完小	女	汉	祁阳县	1956.7	中共党员	中师	高级教师	省优秀教师
何新军	祁阳县教师进修学校	男	汉	祁阳县	1966.1	中共党员	本科	高级教师	省优秀教师
黄玉英	祁阳县人民小学	女	汉	祁阳县	1950.3	中共党员	中师	高级教师	省优秀教师
蒋华英	祁阳县白沙小学	女	汉	祁阳县	1949.5	中共党员	中师	高级教师	省优秀教师

姓　名	工作单位（部门）	性别	民族	籍贯	出生年月	政治面貌	学历	专业技术职称	获得的主要荣誉
蒋志雄	祁阳县大桥湾完小	男	汉	祁阳县	1955.1	中共党员	中师	高级教师	省优秀教师
李映廉	祁阳县黄泥塘一中	男	汉	祁阳县	1939.11	中共党员	大专	高级教师	省优秀教师
刘桂华	祁阳县龙山完小	女	汉	祁阳县	1949.1	中共党员	中师	一级教师	省优秀教师
刘海青	祁阳县第三督学责任区	男	汉	祁阳县	1963.1	中共党员	本科	高级教师	省优秀教师
刘会元	祁阳县羊角塘镇一中	男	汉	祁阳县	1946.9	中共党员	高中	一级教师	省优秀教师
申三元	祁阳县羊角塘镇一中	男	汉	祁阳县	1953.4	中共党员	中师	一级教师	省优秀教师
陈运秀	祁阳县羊角塘镇中心小学	女	汉	祁阳县	1952.7	中共党员	中师	高级教师	省优秀教师
盛菊花	祁阳县大村甸新铺子完小	女	汉	祁阳县	1951.9	群众	中师	高级教师	省优秀教师
石国民	祁阳县兰桥完小	男	汉	祁阳县	1950.2	中共党员	中师	高级教师	省优秀教师
肖晶利	祁阳县人民小学	女	汉	祁阳县	1964.6	中共党员	中专	高级教师	省优秀教师
谢交美	祁阳县人民政府	男	汉	祁阳县	1947.10	中共党员	本科	高级教师	省优秀教师
张炳玲	祁阳县白水中学	男	汉	祁阳县	1942.9	中共党员	本科	一级教师	省优秀教师
唐宝桐	祁阳县内下教育管理中心	男	汉	祁阳县	1963.1	中共党员	本科	一级教师	省优秀教师
唐平生	祁阳县文明铺镇教管中心	男	汉	祁阳县	1952.8	中共党员	大专	高级教师	省优秀教师
唐太平	祁阳县黎家坪镇第二中学	男	汉	祁阳县	1955.12	中共党员	大专	一级教师	省优秀教师
黄太山	祁阳县大村甸镇中学	男	汉	祁阳县	1948.12	中共党员	大专	一级教师	省优秀教师
唐元阳	祁阳县黄泥塘二中	男	汉	祁阳县	1948.10	中共党员	本科	一级教师	省优秀教师
王湘波	祁阳县观音滩镇中学	男	汉	祁阳县	1955.1	中共党员	大专	一级教师	省优秀教师
王振文	永州陶铸中学	男	汉	祁阳县	1972.10	中共党员	本科	高级教师	省优秀教师
文　芳	祁阳县浯溪一中	女	汉	祁阳县	1973.3	群众	本科	一级教师	省优秀教师

姓　名	工作单位（部门）	性别	民族	籍贯	出生年月	政治面貌	学历	专业技术职称	获得的主要荣誉
伍建华	祁阳县教师进修学校	男	汉	祁阳县	1962.10	中共党员	本科	高级教师	省优秀教师
曾　军	祁阳县浯溪二中	男	汉	祁阳县	1958.11	中共党员	专科	高级教师	省优秀教师
曾祥泰	祁阳县肖家镇中学	男	汉	祁阳县	1945.6	中共党员	大专	一级教师	省优秀教师
邹高松	祁阳长虹教育管理中心	男	汉	祁阳县	1968.9	中共党员	本科	高级教师	省优秀教师
许顺华	祁阳县下马渡中心小学	女	汉	祁阳县	1951.7	中共党员	高中	高级教师	省优秀教师
杨贵娥	祁阳县人民小学	女	汉	祁阳县	1957.9	中共党员	中专	高级教师	省优秀教师
杨世念	祁阳县潘市二中	男	汉	祁阳县	1949.8	中共党员	中专	一级教师	省优秀教师
周光平	祁阳县下马渡镇中学	男	汉	祁阳县	1945.10	中共党员	高中	一级教师	省优秀教师
周红平	祁阳县白水教管中心	男	汉	祁阳县	1974.8	中共党员	本科	高级教师	省优秀教师
曾中华	祁阳县教育局	男	汉	祁阳县	1964.2	中共党员	本科	高级教师	省优秀教育工作者
桂三虎	祁阳县教育局	男	汉	祁阳县	1954.9	中共党员	本科	高级教师	省优秀教育工作者
钟端阳	祁阳县职业中专	男	汉	祁阳县	1963.5	中共党员	本科	高级教师	省优秀教育工作者
陆大臻	祁阳县羊角塘镇一中	男	汉	祁阳县	1944.10	中共党员	高中	一级教师	省优秀教师
刘荣森	祁阳县观音滩镇中学	男	汉	祁阳县	1946.2	中共党员	大专	一级教师	省优秀教育工作者
刘东鑫	祁阳县教育局	男	汉	祁阳县	1962.7	中共党员	本科	高级教师	省优秀职业教育工作者
桂兹清	祁阳县文明铺镇教管中心	男	汉	祁阳县	1940.4	中共党员	大专	高级教师	省优秀教育工作者
毛顺涛	祁阳县黄泥塘一中	男	汉	祁阳县	1979.8	中共党员	本科	一级教师	省师德标兵
熊和平	双牌县第二中学	男	汉	双牌县	1970.7	中共党员	本科	高级教师	全国优秀教师
徐鸿燕	双牌县第二中学	男	汉	双牌县	1963.5	中共党员	本科	高级教师	全国优秀教师
张芳庭	双牌县第二中学	男	汉	零陵区	1929.12	中共党员	本科	高级教师	全国优秀教师

姓　名	工作单位（部门）	性别	民族	籍贯	出生年月	政治面貌	学历	专业技术职称	获得的主要荣誉
张少云	双牌县第二中学	男	汉	零陵区	1962.11	中共党员	本科	高级教师	全国优秀教师
蒋美荣	双牌县第二中学	女	汉	双牌县	1954.10	中共党员	本科	高级教师	全国优秀教师
唐贞通	双牌县第二中学	男	汉	双牌县	1964.1	中共党员	本科	高级教师	全国优秀教师
唐官前	双牌县上梧江瑶族乡民族学校	男	汉	双牌县	1928.6	中共党员	中师	高级教师	全国教育系统劳动模范
卢永良	双牌县尚仁里小学	男	汉	双牌县	1946.12	中共党员	中专	一级教师	全国优秀班主任
王守武	双牌县第二中学	男	汉	零陵区	1960.9	中共党员	本科	高级教师	省特级教师
龚铁森	双牌县第二中学	男	汉	双牌县	1964.11	中共党员	本科	高级教师	省特级教师
陈名义	双牌县教育局	男	汉	双牌县	1932.8	中共党员	大专	高级讲师	省劳动模范
唐永和	双牌县第二中学	男	汉	双牌县	1966.8	中共党员	高中	高级技师	全国优秀运动员
蒋荣军	双牌县教育局	女	汉	双牌县	1959.6	中共党员	大专	一级教师	省优秀教师
胡创开	双牌县第二中学	男	汉	双牌县	1965.2	中共党员	本科	高级教师	省优秀教师
单由运	双牌县第二中学	男	瑶	双牌县	1970.6	中共党员	本科	高级教师	省优秀教师
唐克龙	双牌县第二中学	男	汉	双牌县	1965.2	中共党员	本科	高级教师	省优秀教师
杨光文	双牌县第二中学	男	汉	零陵区	1939.1	中共党员	本科	高级教师	省优秀教师
陈水祥	双牌县理家坪乡中学	男	汉	双牌县	19645 11	中共党员	大专	高级教师	省优秀教师
林大立	双牌县林江中心小学	男	汉	双牌县	1963.5	中共党员	中专	高级教师	省优秀教师
刘铸杰	双牌县教育局	男	汉	双牌县	1963 .11	中共党员	大专	一级教师	省优秀教师
屈德光	双牌县上梧江瑶族乡民族学校	男	汉	双牌县	1962.9	中共党员	大专	高级教师	省优秀教师
乐世瑞	双牌县江村镇中学	男	汉	双牌县	1952.2	中共党员	大专	一级教师	省优秀教师
何德善	双牌县江村镇中学	男	汉	双牌县	1942.9	中共党员	大专	高级教师	省优秀教师

姓　名	工作单位（部门）	性别	民族	籍贯	出生年月	政治面貌	学历	专业技术职称	获得的主要荣誉
卢作明	双牌县教育局	男	汉	双牌县	1963.3	中共党员	本科	高级教师	省优秀教育工作者
何兆述	永州工贸学校	男	汉	道县	1953.10	中共党员	本科	高级教师	全国优秀教师
唐　悟	道县第一中学	男	汉	道县	1963.6	群众	本科	高级教师	全国优秀教师
王成瑞	道县第一中学	男	汉	道县	1947.8	中共党员	本科	高级教师	全国优秀教师
邓四卿	道县第三中学	男	汉	道县	1964.12	中共党员	专科	高级教师	全国优秀教师
蒋顺程	道县第五中学	男	汉	道县	1945.12	中共党员	本科	高级教师	全国优秀教师
汤黔生	道县第五中学	男	汉	零陵区	1945.4	中共党员	本科	高级教师	全国优秀教师
周善甫	道县第五中学	男	汉	道县	1948.1	中共党员	专科	高级教师	全国优秀教师
吴高英	道县教育局示范幼儿园	女	汉	道县	1932.12	中共党员	其他	高级教师	全国优秀教师
曾祥伟	道县审章塘瑶族乡学校	男	汉	道县	1958.9	群众	中专	高级教师	全国优秀教师
冯春廉	道县上关中心小学	男	汉	道县	1947.3	中共党员	中专	一级教师	全国优秀教师
曾德才	道县第三小学	男	汉	道县	1958.11	中共党员	中专	高级教师	全国教育系统劳动模范
张仕荣	道县新车中心小学	女	汉	道县	1951.4	中共党员	中专	高级教师	全国教育系统劳动模范
柏先前	道县第一中学	男	汉	道县	1966.12	中共党员	本科	高级教师	省特级教师
欧阳先博	道县第一中学	男	汉	道县	1942.10	中共党员	本科	高级教师	省特级教师
陈波浪	道县第三中学	男	汉	道县	1970.2	中共党员	本科	高级教师	省特教教师
陈超群	道县第五中学	男	汉	道县	1929.12	中共党员	高中	一级教师	省劳动模范
张　球	道县第五中学	男	汉	冷水滩区	1929.4	中共党员	本科	高级教师	全国关心下一代工作先进个人
周彩莲	道县祥霖镇中心心小学	女	汉	江华瑶族自治县	1958.2	中共党员	专科	一级教师	全国三八红旗手
何忠高	道县第一中学	男	汉	道县	1956.6	中共党员	本科	一级教师	省优秀教育工作者

姓　名	工作单位（部门）	性别	民族	籍贯	出生年月	政治面貌	学历	专业技术职称	获得的主要荣誉
盘喜元	道县第三小学	男	汉	道县	1956.11	中共党员	专科	一级教师	省先进教育工作者
何新优	道县教育局	男	汉	道县	1962.6	中共党员	本科	高级教师	省优秀教师
周松玲	道县教育局	女	汉	道县	1962.11	群众	中专	一级教师	省优秀教师
何国富	永州市工贸学校	男	汉	道县	1967.8	中共党员	专科	高级教师	省优秀教师
蒋德成	永州市工贸学校	男	汉	道县	1962.4	中共党员	本科	高级教师	省优秀教师
周跃辉	永州市工贸学校	男	汉	道县	1967.4	中共党员	专科	高级教师	省优秀教师
杨碧七	道县教师进修学校	男	汉	道县	1971.11	中共党员	本科	高级教师	省优秀教师
廖照路	道县第一中学	男	汉	道县	1966.8	中共党员	本科	高级教师	省优秀教师
唐顺海	道县第一中学	男	汉	道县	1974.11	中共党员	硕士	高级教师	省优秀教师
魏优湘	道县第一中学	男	汉	道县	1963.9	中共党员	本科	高级教师	省优秀教师
周家卫	道县第二中学	男	汉	道县	1957.3	中共党员	本科	高级教师	省优秀教师
胡朝新	道县第四中学	男	汉	道县	1945.5	中共党员	本科	高级教师	省优秀教师
何国治	道县第五中学	男	汉	道县	1963.10	中共党员	本科	高级	省优秀教师
蒋顺德	道县第三小学	男	汉	道县	1946.1	中共党员	中师	高级教师	省优秀教师
何平桂	道县第三小学	女	汉	道县	1949.5	中共党员	中师	高级教师	省优秀教师
尹仁珍	道县濂溪学校	男	汉	道县	1951.10	中共党员	中专	一级教师	省优秀教师
陈桂梅	道县祥霖铺镇下蒋学校	女	汉	道县	1954.2	中共党员	中专	高级教师	省优秀教师
何树昌	道县牛路口学区	男	汉	道县	1956.6	中共党员	中专	一级教师	省优秀教师
李庆章	道县牛路口学区	男	汉	道县	1948.1	中共党员	中专	一级教师	省优秀教师
胡凌秀	道县梅花中心小学	男	汉	道县	1957.9	中共党员	中师	一级教师	省优秀教师

姓　名	工作单位（部门）	性别	民族	籍贯	出生年月	政治面貌	学历	专业技术职称	获得的主要荣誉
李芝媛	道县横岭中心小学	女	汉	道县	1948.12	中共党员	中专	一级教师	省优秀教师
唐乔宗	道县久佳学区	男	汉	道县	1965.5	中共党员	中专	一级教师	省优秀教师
吴跃富	道县梅花镇车头中心小学	男	汉	道县	1954.5	中共党员	中专	一级教师	省优秀教师
谢芝云	道县桥头林场学校	女	汉	道县	1956.4	中共党员	中专	一级教师	省优秀教师
熊苏昌	道县乐福堂学校	男	汉	道县	1952.12	中共党员	中专	一级教师	省优秀教师
柏解吉	道县乐福堂学校	男	汉	道县	1951.9	中共党员	中专	一级教师	省优秀教师
赵荣智	道县洪塘营学区	男	汉	道县	1955.11	中共党员	中专	一级教师	省优秀教师
曾欣生	道县清塘镇中学	男	汉	道县	1956.5	中共党员	高中	高级工	省优秀教师
王　磊	道县营江学校	男	瑶	道县	1969.11	中共党员	本科	高级教师	省优秀教师
何远姣	道县杨家中心小学	男	汉	道县	1945.11	中共党员	中师	一级教师	省优秀教师
邓志国	蓝山县第二中学	男	汉	蓝山县	1965.12	中共党员	本科	高级教师	全国优秀教师
贺锦志	蓝山县第二中学	男	汉	蓝山县	1963.9	中共党员	本科	高级教师	全国优秀教师
卢体强	蓝山县第二中学	男	汉	蓝山县	1941.10	中共党员	本科	高级教师	全国优秀教师
李冠华	蓝山县第二中学	男	汉	蓝山县	1973.7	中共党员	本科	高级教师	全国优秀教师
李国喜	蓝山县第二中学	男	汉	蓝山县	1956.3	中共党员	本科	高级教师	全国优秀教师
黄少雄	蓝山县第二中学	男	汉	蓝山县	1956.2	中共党员	本科	高级教师	省特级教师
陈本汉	蓝山县新圩学校	男	汉	蓝山县	1942.5	中共党员	专科	高级教师	全国优秀教师
黄民菊	蓝山县大洞中小	女	汉	蓝山县	1944.9	中共党员	中专	一级教师	全国优秀教师
赖良彬	蓝山县教育局	男	汉	蓝山县	1955.3	中共党员	中师	高级教师	全国优秀教育工作者
彭彩玲	蓝山县第二中学	女	汉	蓝山县	1966.8	中共党员	本科	高级教师	省特级教师

姓名	工作单位（部门）	性别	民族	籍贯	出生年月	政治面貌	学历	专业技术职称	获得的主要荣誉
唐艳兰	蓝山县教育局	女	汉	蓝山县	1962.4	中共党员	中专	高级教师	省特级教师
欧阳新竹	蓝山县教育局	女	汉	蓝山县	1946.1	中共党员	专科	高级教师	省模范教育工作者
陈学春	蓝山县教育局	男	汉	蓝山县	1963.7	中共党员	大专	高级教师	省优秀教师
义旺湘	蓝山县教育局	男	瑶	江永县	1966.9	中共党员	本科	高级教师	省优秀教师
黄少敏	蓝山县教育局	男	汉	蓝山县	1970.4	中共党员	本科	高级教师	省优秀教师
梁绍兴	蓝山县第二中学	男	汉	蓝山县	1967.1	中共党员	本科	高级教师	省优秀教师
颜学力	蓝山县第二中学	男	汉	蓝山县	1962.9	中共党员	本科	高级教师	省优秀教师
曾文杰	蓝山县第二中学	男	汉	蓝山县	1973.6	中共党员	本科	高级教师	省优秀教师
刘从尧	蓝山县第二中学	男	汉	蓝山县	1939.11	中共党员	本科	高级教师	省优秀教师
黄旭彪	蓝山县第二中学	男	汉	蓝山县	1962.10	中共党员	本科	高级教师	省优秀教师
王运忠	蓝山县职业中专	男	汉	蓝山县	1971.1	中共党员	本科	一级教师	省优秀教师
史章仁	蓝山县三蓝学校	男	汉	蓝山县	1964.4	中共党员	中专	高级教师	省优秀教师
黄民彪	蓝山县第三中学	男	汉	蓝山县	1953.7	中共党员	大专	高级教师	省优秀教师
胡汉祝	蓝山县太平学校	女	汉	蓝山县	1966.1	中共党员	专科	高级教师	省优秀教师
李显悦	蓝山县犁头中小	男	汉	蓝山县	1930.3	中共党员	中师	高级教师	省优秀教师
邓从宇	蓝山县正市学校	男	汉	蓝山县	1937.4	中共党员	中师	高级教师	省优秀教师
陈菊英	蓝山县龙溪中小	女	汉	蓝山县	1960.12	中共党员	中专	高级教师	省三八红旗手
陈常红	新田县第一中学	男	汉	新田县	1967.3	中共党员	本科	高级教师	全国优秀教师
唐代翠	新田洞心小学	女	汉	新田县	1960.11	中共党员	本科	一级教师	全国优秀教师
黄德福	新田县教育局	男	汉	新田县	1954.4	中共党员	本科	一级教师	全国优秀教师

姓　名	工作单位（部门）	性别	民族	籍贯	出生年月	政治面貌	学历	专业技术职称	获得的主要荣誉
郑东辉	新田县二完小	男	汉	新田县	1954.1	中共党员	本科	一级教师	全国优秀教师
唐能璋	新田双碧小学	男	汉	新田县	1963.2	中共党员	本科	一级教师	全国优秀教师
贺菊莲	新田县第一中学	女	汉	望城县	1941.9	中共党员	本科	高级教师	全国模范教师
龙启群	新田县第一中学	男	汉	新田县	1950.12	中共党员	本科	高级教师	全国模范教师
陈真雄	新田县第二中学	男	汉	新田县	1966.2	群众	本科	高级教师	全国模范教师
谢贵生	新田新隆中学	男	汉	新田县	1943.8	中共党员	本科	一级教师	全国优秀教育工作者
刘大启	新田县第一中学	男	汉	新田县	1952.7	中共党员	本科	高级教师	省特级教师
沈继国	新田县第一中学	男	汉	新田县	1947.6	中共党员	本科	高级教师	省特级教师
宋艾德	新田县第一中学	男	汉	新田县	1961.7	中共党员	本科	高级教师	省特级教师
谭荣安	新田县教育局	男	汉	新田县	1956.5	中共党员	本科	高级教师	省特级教师
张　晖	新田县第二中学	男	汉	新田县	1962.5	中共党员	本科	高级教师	湖南省先进工作者
黄　威	新田县第一中学	男	汉	永州市	1971.11	中共党员	本科	一级教师	省优秀教师
黄象秀	新田县第一中学	女	汉	新田县	1939.12	中共党员	专科	高级教师	省优秀教师
胡华仁	新田县第二中学	男	汉	新田县	1957.9	中共党员	本科	高级教师	省优秀教师
谭家秋	新田县第二中学	男	汉	桂阳县	1941.10	中共党员	本科	高级教师	省优秀教师
张　松	新田县四完小	男	汉	新田县	1962.11	中共党员	本科	一级教师	省优秀教师
陈桐富	新田县金盆中学	男	汉	新田县	1963.12	中共党员	专科	一级教师	省优秀教师
何金梅	新田县新隆中学	女	汉	新田县	1946.11	中共党员	高中	一级教师	省优秀教师
雷功生	新田新圩中心小学	男	汉	新田县	1958.10	中共党员	中师	一级教师	省优秀教师
刘华寿	新田县毛里中心小学	男	汉	新田县	1942.10	中共党员	中师	高级教师	省优秀教师

姓 名	工作单位（部门）	性别	民族	籍贯	出生年月	政治面貌	学历	专业技术职称	获得的主要荣誉
刘满翠	新田县龙泉镇一小	女	汉	新田县	1943.12	中共党员	高中	高级教师	省优秀教师
欧祖翠	新田县龙泉镇一小	女	汉	新田县	1955.9	中共党员	中师	高级教师	省优秀教师
沈仕豪	新田县门楼下学校	男	汉	宁远县	1928.3	中共党员	专科	一级教师	省优秀教师
周慈云	新田县龙泉镇二小	女	汉	新田县	1955.10	中共党员	中师	高级教师	省优秀教师
肖慧琼	新田县瑞华学校	女	汉	新田县	1964.10	中共党员	专科	一级教师	省优秀教师
杨 云	新田县瑞华学校	男	汉	新田县	1957.12	中共党员	本科	高级教师	省优秀教师
陈桂香	新田县教育局	女	汉	新田县	1963.8	中共党员	专科	一级教师	省优秀教师
章龙飞	新田县进修学校	男	汉	新田县	1969.8	群众	本科	高级教师	省优秀教师
谢国庆	新田县教育局	男	汉	新田县	1956.10	中共党员	本科	高级教师	省优秀教师
陈楚玉	新田宏发圩中心校	女	汉	新田县	1963.11	中共党员	中师	一级教师	省师德标兵
陈清祥	宁远县第一中学	男	汉	宁远县	1965.1	群众	本科	正高级教师	全国优秀教师
郑 适	宁远县第一中学	男	汉	宁远县	1940.9	中共党员	本科	高级教师	全国优秀教师
仝显顺	宁远县第一中学	男	蒙古	宁远县	1964.8	群众	本科	高级教师	全国优秀教师
欧雁宾	宁远县第一中学	男	汉	宁远县	1951.2	中共党员	本科	高级教师	全国优秀教师
蒋洪春	宁远县第三中学	男	汉	宁远县	1947.12	中共党员	专科	高级教师	全国优秀教师
郑月光	宁远县桂冠中学	男	汉	宁远县	1948.7	中共党员	本科	高级教师	全国优秀教师
王 毅	宁远县莲花小学	女	汉	宁远县	1977.03	群众	专科	高级教师	全国优秀教师
何吉兰	宁远县城关镇一小	女	汉	江华瑶族自治县	1934.11	中共党员	中专	高级教师	全国优秀教师
杨玉璋	宁远县禾亭完小	男	汉	宁远县	1944.1	群众	高中	高级教师	全国优秀教师
吉典坤	宁远县湾井中学	男	汉	宁远县	1933.5	中共党员	专科	高级教师	全国优秀教师

姓　名	工作单位（部门）	性别	民族	籍贯	出生年月	政治面貌	学历	专业技术职称	获得的主要荣誉
王承尧	宁远县岭头源完小	男	汉	宁远县	1940.11	中共党员	初中	高级教师	全国优秀教师
刘朝凤	宁远县鲤溪完小	男	汉	宁远县	1939.6	中共党员	中专	高级教师	全国优秀教师
杨慈秀	宁远县舜陵三小	男	汉	宁远县	1957.1	中共党员	专科	高级教师	全国优秀教师
蒋先惠	宁远县天堂完小	男	汉	宁远县	1936.3	中共党员	中专	高级教师	全国优秀教师
马承湘	宁远县教育局	男	汉	宁远县	1948.1	中共党员	专科	高级教师	全国优秀教师
罗丽菊	宁远县教育局	女	汉	衡南县	1954.11	群众	本科	高级教师	全国优秀教师
黄隆森	宁远县梅岗完小	男	汉	宁远县	1932.8	中共党员	初中	高级教师	全国优秀教师
蒋逢喜	宁远县教师进修学校	男	汉	宁远县	1945.8	中共党员	专科	高级教师	全国优秀教师
陈朝荣	宁远县新开完小	男	汉	宁远县	1939.11	中共党员	初中	高级教师	全国优秀教师
蒋龙贵	宁远县新开完小	男	汉	宁远县	1950.1	中共党员	高中	一级教师	全国优秀教师
肖　铁	宁远县教育局	男	汉	宁远县	1944.3	中共党员	中专	高级教师	省特级教师
柏太瑞	宁远县教育局	男	汉	宁远县	1963.12	中共党员	本科	高级教师	省特级教师
廖金明	宁远县第一中学	男	汉	宁远县	1955.11	中共党员	专科	高级教师	省特级教师
唐湘玲	宁远县舜陵二小	女	汉	东安县	1968.8	中共党员	本科	高级教师	省特级教师
欧咏梅	宁远县第八中学	女	汉	宁远县	1971.7	群众	本科	高级教师	省特级教师
郑　青	宁远县莲花小学	女	汉	宁远县	1970.9	群众	本科	高级教师	省特级教师
欧阳祥华	宁远县实验中学	男	汉	宁远县	1964.7	中共党员	本科	高级教师	省特级教师
欧阳先趣	宁远县第一中学	男	汉	宁远县	1968.7	中共党员	本科	高级教师	省优秀教师
李加甫	宁远县第一中学	男	汉	宁远县	1930.1	中共党员	本科	高级教师	省优秀教师
李友德	宁远县第一中学	男	汉	宁远县	1948.9	中共党员	本科	高级教师	省优秀教师

姓　名	工作单位（部门）	性别	民族	籍贯	出生年月	政治面貌	学历	专业技术职称	获得的主要荣誉
张映华	宁远县第二中学	男	汉	宁远县	1962.12	群众	本科	高级教师	省优秀教师
骆贤勖	宁远县第二中学	男	汉	宁远县	1938.2	中共党员	中专	高级教师	省优秀教师
郑　颖	宁远县委党校	男	汉	宁远县	1938.10	中共党员	高中	讲师	省优秀教师
欧阳顺生	宁远县第三中学	男	汉	宁远县	1943.10	中共党员	专科	高级教师	省优秀教师
胡玉辉	宁远县教师进修学校	男	汉	宁远县	1946.1	中共党员	高中	高级教师	省优秀教师
雷运英	宁远县第三中学	女	汉	宁远县	1971.6	群众	本科	高级教师	省优秀教师
谢运华	宁远县教师进修学校	男	汉	宁远县	1948.7	中共党员	专科	一级教师	省优秀教师
张明贤	宁远县云潭中学	男	汉	宁远县	1944.2	中共党员	专科	一级教师	省优秀教师
黄夏清	宁远县舜陵一小	男	汉	宁远县	1946.9	中共党员	高中	高级教师	省优秀教师
段六平	宁远县实验中学	男	汉	宁远县	1960.11	中共党员	本科	高级教师	省优秀教师
蒋成亮	宁远县实验中学	男	汉	宁远县	1942.8	中共党员	专科	高级教师	省优秀教师
奉慧坤	宁远县实验中学	男	汉	宁远县	1959.11	中共党员	专科	高级教师	省优秀教师
钟国松	宁远县湾井完小	男	汉	宁远县	1949.3	群众	中专	一级教师	省优秀教师
欧阳喜赐	宁远县中和中心校	男	汉	宁远县	1956.9	中共党员	专科	高级教师	省优秀教师
李陶洵	宁远县上宜完小	男	汉	宁远县	1947.8	中共党员	高中	高级教师	省优秀教师
赵生红	宁远县九嶷完小	男	瑶	宁远县	1958.9	中共党员	中专	高级教师	省优秀教师
李平昌	宁远县九嶷完小	男	汉	宁远县	1967.1	群众	中专	高级教师	省优秀教师
蔡文斌	宁远县实验小学	男	汉	宁远县	1966.7	中共党员	本科	高级教师	省优秀教师
李慧萍	宁远县实验小学	女	汉	宁远县	1972.8	中共党员	专科	高级教师	省优秀教师
范明清	宁远县香花铺完小	男	汉	宁远县	1951.12	中共党员	中专	高级教师	省优秀教师

姓　名	工作单位（部门）	性别	民族	籍贯	出生年月	政治面貌	学历	专业技术职称	获得的主要荣誉
姜初生	宁远县永安完小	男	汉	宁远县	1965.12	中共党员	中专	高级教师	省优秀教师
毛敬东	宁远县教育局	男	汉	宁远县	1947.09	中共党员	本科	高级教师	省优秀教师
成石华	宁远县县委党校	男	汉	宁远县	1955.12	中共党员	本科	高级教师	省优秀教育工作者
柏兴培	宁远县柏家坪中学	男	汉	宁远县	1940.8	中共党员	专科	高级教师	省优秀教育工作者
杨柏荣	宁远县教育局	男	汉	宁远县	1957.11	中共党员	本科	高级教师	省优秀教育工作者
黄国亮	宁远县教育局	男	汉	宁远县	1940.5	中共党员	高中肄业	高级教师	省先进生产者
姜汉中	宁远县柏万城中学	男	汉	宁远县	1921.9	中共党员	中专	高级教师	省先进工作者
蒋景保	宁远县天堂中学	男	汉	宁远县	1927.1	中共党员	高中	一级教师	省先进工作者
蒙吉瑛	江华瑶族族自治县教育局	男	瑶	江华瑶族自治县	1962.11	中共党员	本科	高级教师	全国五一劳动奖章
费希斌	江华瑶族族自治县第二中学	男	汉	江华瑶族自治县	1962.9	中共党员	本科	高级教师	全国优秀教师
郑际都	江华瑶族族自治县第二中学	男	汉	宁远县	1936.5	中共党员	中师	一级教师	全国优秀教师
周大贵	江华瑶族族自治县第四中学	男	汉	江华瑶族自治县	1941.6	中共党员	本科	高级教师	全国优秀教师
朱庆维	江华瑶族族自治县职业中专学校	男	汉	江华瑶族自治县	1942.9	中共党员	本科	高级教师	全国优秀教师
吴圣婉	江华瑶族族自治县沱江镇二小	女	汉	江华瑶族自治县	1933.2	中共党员	初师	高级教师	全国优秀教师
陈　凯	江华瑶族族自治县宝昌九年制学校	男	汉	零陵区	1938.3	中共党员	中师	高级教师	全国优秀教师
刘大志	江华瑶族族自治县教育局	男	汉	江华瑶族自治县	1936.11	中共党员	本科	高级教师	全国教育系统先进工作者
贺美玉	江华瑶族族自治县桥市中学	女	瑶	江华瑶族自治县	1971.4	中共党员	本科	高级教师	全国模范教师
彭发健	江华瑶族族自治县教育局	男	瑶	江华瑶族自治县	1929.11	中共党员	中专	高级教师	省劳动模范
杨　硕	江华瑶族族自治县第二中学	男	瑶	江华瑶族自治县	1967.5	中共党员	本科	高级教师	省特级教师
蓝忠武	江华瑶族族自治县职业中专	男	瑶	江华瑶族自治县	1942.1	中共党员	专科	高级教师	省特级教师

姓　名	工作单位（部门）	性别	民族	籍贯	出生年月	政治面貌	学历	专业技术职称	获得的主要荣誉
黄春云	江华瑶族族自治县大路铺中学	女	瑶	江华瑶族自治县	2017.1	中共党员	本科	高级教师	省特级教师
赵广兴	江华瑶族族自治县贝江乡村小	男	瑶	江华瑶族自治县	1940.3	中共党员	中专	高级教师	省模范教育工作者
黎恩念	江华瑶族族自治县教育局	男	瑶	江华瑶族自治县	1961.11	中共党员	本科	高级教师	省优秀教师
李均林	江华瑶族族自治县教育局	男	瑶	江华瑶族自治县	1950.1	中共党员	专科	高级教师	省优秀教师
郑冬旺	江华瑶族族自治县教育局	男	瑶	江华瑶族自治县	1934.1	中共党员	专科	高级教师	省优秀教师
夏飞洋	江华瑶族族自治县第一中学	男	瑶	江华瑶族自治县	1977.2	群众	本科	高级教师	省优秀教师
罗理万	江华瑶族族自治县第一中学	男	汉	江华瑶族自治县	1939.9	中共党员	本科	高级教师	省优秀教师
唐富强	江华瑶族族自治县第一中学	男	瑶	江华瑶族自治县	1967.2	中共党员	本科	高级教师	省优秀教师
左艳玲	江华瑶族族自治县第一中学	女	汉	江华瑶族自治县	1970.9	群众	本科	高级教师	省优秀教师
刘国玉	江华瑶族族自治县第二中学	女	瑶	江华瑶族自治县	1973.11	中共党员	本科	高级教师	省优秀教师
罗时智	江华瑶族族自治县第二中学	男	瑶	江华瑶族自治县	1943.9	中共党员	本科	高级教师	省优秀教师
何建英	江华瑶族族自治县职业中专学校	女	瑶	江华瑶族自治县	1954.3	中共党员	专科	高级教师	省优秀教师
何永辉	江华瑶族族自治县白芒营镇村小	男	瑶	江永县	1942.6	中共党员	中专	高级教师	省优秀教师
孔繁芝	江华瑶族族自治县东田镇村小	男	瑶	江华瑶族自治县	1957.12	中共党员	中师	高级教师	省优秀教师
刘金龙	江华瑶族族自治县凌江学区	男	汉	江华瑶族自治县	1954.3	中共党员	中师	高级教师	省优秀教师
李谋行	江华瑶族族自治县涛圩中心小学	男	瑶	江华瑶族自治县	1953.12	中共党员	中师	高级教师	省优秀教师
罗舜武	江华瑶族族自治县涛圩中心小学	男	瑶	江永县	1950.9	中共党员	中师	高级教师	省优秀教育工作者
莫露香	江华瑶族族自治县刘家小学	女	瑶	江华瑶族自治县	1958.11	中共党员	专科	高级教师	省优秀教师
莫业新	江华瑶族族自治县小圩中学	男	瑶	江华瑶族自治县	1953.1	中共党员	专科	高级教师	省优秀教师
吴观奇	江华瑶族族自治县蔚竹口乡中心小学	男	汉	江华瑶族自治县	1966.9	中共党员	专科	高级教师	省优秀教师
余莲秀	江华瑶族族自治县码市中学	女	瑶	江华瑶族自治县	1982.10	中共党员	本科	一级教师	省优秀教师

姓　名	工作单位（部门）	性别	民族	籍贯	出生年月	政治面貌	学历	专业技术职称	获得的主要荣誉
朱耀德	江华瑶族族自治小贝中心小学	男	汉	江华瑶族自治县	1935.8	中共党员	专科	高级教师	省优秀教师
王小惠	江华瑶族族自治县第一中学	女	瑶	江华瑶族自治县	1960.3	中共党员	专科	高级教师	省师德先进个人
赵利民	江华瑶族族自治县第二中学	男	汉	邵东市	1949.10	中共党员	本科	高级教师	省优秀教育工作者
蒋湘全	江永县第一中学	男	汉	江永县	1953.8	中共党员	大专	高级教师	全国优秀教师
何定文	江永县第三中学	男	瑶	江永县	1948.7	中共党员	大专	高级教师	全国优秀教师
欧阳春湘	江永县黄甲岭学校	男	瑶	江永县	1947.12	中共党员	大专	高级教师	全国优秀教师
李翠兰	江永县桃川镇中心小学	女	瑶	江永县	1960.2	中共党员	中师	高级教师	全国优秀教师
王治政	江永县粗石江镇中心校	男	瑶	江永县	1956.1	中共党员	大专	高级教师	全国模范教师
谢志勇	江永县允山中心小学	男	瑶	江永县	1960.6	中共党员	中师	高级教师	全国模范教师
胡芳桂	江永县教育局	男	汉	江华瑶族自治县	1950.11	中共党员	中专	高级教师	全国教育系统劳动模范
杨铁文	江永县教研室	女	汉	道县	1942.2	中共党员	中师	高级教师	全国优秀班主任
何淑清	江永县第一小学	女	汉	道县	1934.6	中共党员	初师	高级教师	省特级教师
李品菁	江永县第一中学	女	汉	长沙市	1944.7	中共党员	本科	高级教师	省特级教师
费得意	江永县第一中学	男	汉	江华瑶族自治县	1931	中共党员	本科	高级教师	省特级教师
吴忠心	江永县教育局	男	瑶	江永县	1928.1	中共党员	简师	高级教师	省先进生产者
义远瑚	江永县第二中学	男	汉	江永县	1931.10	中共党员	简师	高级教师	省文教卫先进工作者
蒋金娥	江永县第一中学	女	汉	江永县	1940.2	中共党员	本科	高级教师	省优秀教师
莫健全	江永县第一中学	男	瑶	江永县	1965.10	群众	本科	高级教师	省优秀教师
张朝杰	江永县第一中学	男	汉	江永县	1963.9	中共党员	本科	高级教师	湖南省优秀教师
周共明	江永县第一中学	男	瑶	江永县	1966.10	中共党员	本科	高级教师	湖南省优秀教师
卢季清	江永县职业中专学校	男	瑶	回龙圩管理区	1963.3	中共党员	专科	高级教师	省优秀教师

姓　名	工作单位（部门）	性别	民族	籍贯	出生年月	政治面貌	学历	专业技术职称	获得的主要荣誉
翁光英	江永县第一小学	女	汉	宁远县	1943.4	中共党员	中师	小学高级教师	省优秀教师
陈学文	江永县源口瑶族乡学校	男	瑶	江永县	1955.3	中共党员	中师	高级教师	省优秀教师
陈文耀	江永县黄甲岭学校	男	瑶	江永县	1947.6	中共党员	大专	高级教师	省优秀教师
顾汝辉	江永县第二中学	男	汉	江永县	1929.11	中共党员	高中	高级教师	省优秀教师
何利全	江永县桃川镇中心小学	男	汉	江永县	1962.4	中共党员	大专	高级教师	省优秀教师
何孟诗	江永县教育局	男	瑶	江永县	1950.9	中共党员	大专	一级教师	省优秀教师
何显学	江永县松柏瑶族乡中学	男	瑶	江永县	1955.10	中共党员	大专	高级教师	省优秀教师
欧阳美务	江永县潇浦中心校	男	瑶	江永县	1948.11	中共党员	中师	高级教师	省优秀教师
宋友富	江永县桃川镇中心小学	男	汉	江永县	1962.10	中共党员	中师	高级教师	省优秀教师
唐道埠	江永县职业中专学校	男	汉	江华瑶族自治县	1944.1	中共党员	本科	高级园艺师	省优秀教育工作者
黄先任	江永县教育局	男	瑶	江永县	1952.3	中共党员	本科	高级教师	省优秀教育工作者
邓先华	金洞林场中学	男	汉	祁阳县	1963.8	中共党员	本科	高级教师	全国模范教师
邓联好	金洞管理区白果市乡中心小学	男	汉	祁阳县	1954.11	中共党员	中专	一级教师	全国林业系统优秀教师
谢冬阳	金洞林场中学	男	汉	祁阳县	1963.11	中共党员	本科	高级教师	省优秀教师
邓铁球	金洞林场中学	男	汉	祁阳县	1980.12	中共党员	本科	一级教师	省优秀教师
肖绍定	金洞林场中学	男	汉	祁阳县	1940.5	中共党员	中专	一级教师	省优秀教师
杨　云	金洞镇中心小学	男	汉	祁阳县	1959.5	中共党员	大专	一级教师	省优秀教师
李兰香	金洞镇中心小学	女	汉	祁阳县	1937.10	中共党员	中专	一级教师	省优秀教师
满顺元	金洞管理区小金洞乡中心小学	男	汉	祁阳县	1956.1	中共党员	中专	一级教师	省优秀教师
徐曼青	回龙圩小学	女	汉	长沙市	1944.8	党员	高中	一级教师	全国农垦系统先进教师
张国生	回龙圩小学	男	瑶	江永县	1964.7	党员	大专	一级教师	省优秀教师

后 记

历经七载，在市教育局党组的正确领导和市地方志编纂室的精心指导下，经过市、县教育部门的共同努力，《永州市教育志（1992—2015）》编修终于告罄付梓。我们感到欣慰，亦有不安。

本部志书，是《零陵地区志·教育志》的续修，上限为1992年，下限为2015年。本志编纂，在精心策划、全面收集资料、认真撰写初稿的基础上，经过多次研讨修改，重新设置篇目，调整编纂构架，形成了更为合理的编写结构。全志共分十二章，总计70万余字，从概述、大事记、学前教育、义务教育、普通高中教育、特殊教育、中等职业教育、高等教育、成人教育、民办教育、教师队伍、教育经费与设施建设、教育科学研究和现代教育技术、教育管理等方面，着重对教育理念、教育体制、教育管理、教育内容、教育方法、办学条件及效益等方面进行客观记述，资料翔实，全景式反映了永州教育跨世纪的发展变化，突出了时代特色和永州教育特色。编纂《永州市教育志（1992—2015）》，对借鉴和汲取历史经验、科学制定永州教育发展战略具有积极的现实意义，对更好地把握时代脉搏，推动教育高质量发展，建设教育强市将起到重要的资鉴作用。

《永州市教育志（1992—2015）》的编修成功，得益于市教育局领导的关心和重视。蒋俊林、张建坤、黄赞校三任局长高度重视修志工作，亲自审定志书编目结构，多次调度编纂进展情况，及时解决编纂工作中的困难和问题。市教育局成立永州市教育志编纂委员会，设立了永州市教育志编纂委员会办公室，制定了编纂工作方案，在人员、办公场地、工作经费等方面给予充分保障。局机关各科室、直属单位以及各县市区（管理区）教育局大力支持编纂工作，积极提供相关资料，确保了编纂工作的有序推进。

《永州市教育志（1992—2015）》，凝聚了各位同仁的心血和智慧。修志近七年来，编委会及办公室数次调整。编纂工作启动后，陈岩同志欣然受命，牵头负责志书编纂工作，吕国康、唐寿淑、王红军、唐洪友等同志不辞辛劳，完成了志书相关篇目资料收集和起草工作。因为人员变动，李正华同志牵头负责了志稿的后期统稿和修改工作，吕国康、李杰分别负责了部分章节的修改，徐志高、艾志飞、蒋先权、凌铭、石玉星、赵雨婷等同志先后参与了志书资料的搜集、修改、校对等工作。此外，教育界的退休老同志也为我们提供了很多有价值的素材和数据图片。这部志书是全市教育系统广大干部教师共同努力的结果，是集体智慧的结晶。

本志能顺利完稿，离不开有关领导、专家及相关部门的指导和支持。市地方志编纂委员会蒋政平、张泽槐、周明礼、高波等领导和专家对志书的总体结构、章目设置以及内容记述都进行了精心指导，提出了许多宝贵修改意见。同时，在我们走访、搜集资料过程中，市档案局等有关部门也给予了大力支持。

在本志书即将问世之际，我们谨向各级部门、各级领导和各位同仁为志书编纂所倾注的精力、给予的指导以及无私帮助，表示衷心感谢！

由于编写人员水平有限，加之史实材料收集不完整，纰漏谬误在所难免，敬请各级领导及各位同仁不吝赐正。

永州市教育志编纂委员会

2023 年 5 月

索 引

说明：本索引中章节目名称按第一个字的汉语拼音首字母顺序排列。

B

C

D

F

G

H

J

M

N

P

R

S

T

X

Y

Z